手筋的妙用

ShouJinDeMiaoYong

（布局篇）

孔祥明　著

人民体育出版社

手筋的妙用

（布局篇）

孔祥明　著

人民体育出版社

前　言

一直在想写一本关于布局的书，却一直感到迷茫而无从下笔，布局初始，虽廖廖数子，却是一局棋中最多选择的阶段，它没有绝对的好坏，只有相对的定论，特别是将布局与中盘混为一体的现代快速流行布局，将从前“金角、银边、草肚皮”的观念彻底推翻了，而且，任何一种样本式的布局在实际的对局中都会发生改变，很难照本宣科，这也是我下不了笔的原因。

思考了很久，我想，介绍布局的基本知识和理论才是最重要的，而要介绍这些布局的基本知识和理论必须要有实例，不能凭空而谈，否则，就没有感觉。一流棋手们的精彩对局过于专业化，只适合于欣赏，不适合做普及的教材资料，于是，从网上下载了两百余盘业余棋手的对局，从中找出一些有代表性的布局作实例一一评解，以一个个不同的图形来介绍布局的基本知识和理论。当然，这些评解仅仅是我对这些图形的认知，是一种参考。在布局上，不光是水平的高低会认知不同，就是棋风不同认知也不同，不用要求相同，更不用去模仿，只是去了解一种思维方法，掌握一些布局的基本理论，在不同的对局中加以运用，就能提高布局的水平。

此书51个实例中，以黑棋的走法分为了几章，但这并不是黑布局，是对黑白双方发生的失误所进行的评解，大家若能参照着专业棋手们的实战对局来进行比较，可能收获会更大一些。

这本书若能对提高爱好者的布局水平有一些帮助，就是我最大的喜悦了，请大家对书中可能产生的错误提出批评、指正，并加以谅解，谢谢！

孔祥明

2010.1.18

目 录

第一章

向小目布局

第1局　自杀开劫

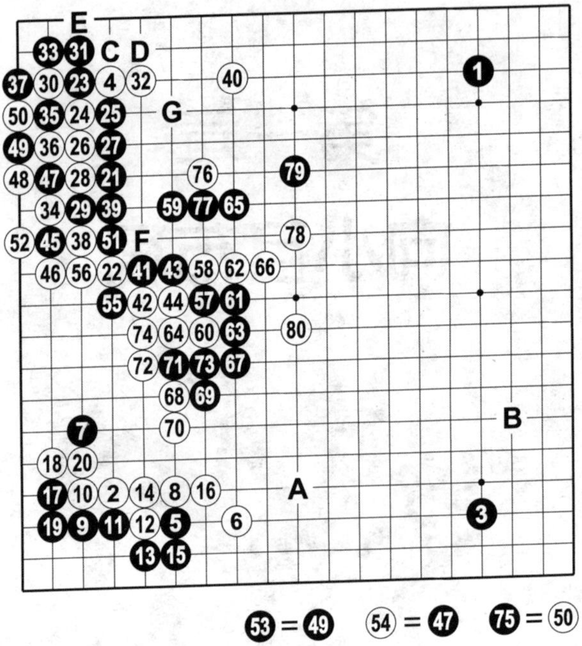

综述：至白80的局面，明显是白棋大优，但在这个进程中，白棋在左上角的定式中犯了一个极大的错误，几乎一举败北，可是黑棋却没能抓住机会，而且在打劫中次序错误，终于将自己推向了困境。

双方最大的问题手是——

白26和黑51。

其次的问题手是——

白 24、白 28、白 32、黑 35、黑 45。

黑 1、3 走向小目，白 2、4 走星小目对抗，黑 5 挂角时，白 6 如果在 7 位小飞，黑棋走 A 位，白棋走 B 位，这又是一种局面。实战进行至白 20 的变化，双方都无可非议，虽然有各种变化可以选择，但这也不失为一种走法，关键是之后的下法。

黑 21 二间高挂，其目的是不愿意让白棋夹击，这是一种不错的想法。还有一种走法，黑 21 直接在 56 位分投，保留两边开拆的余地，是更从容的构思。

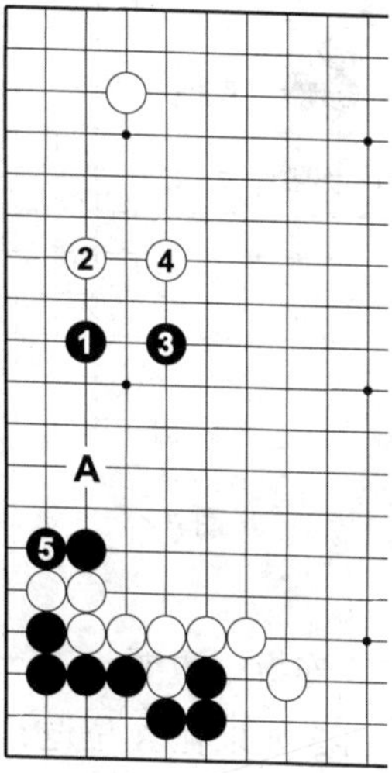

图 1

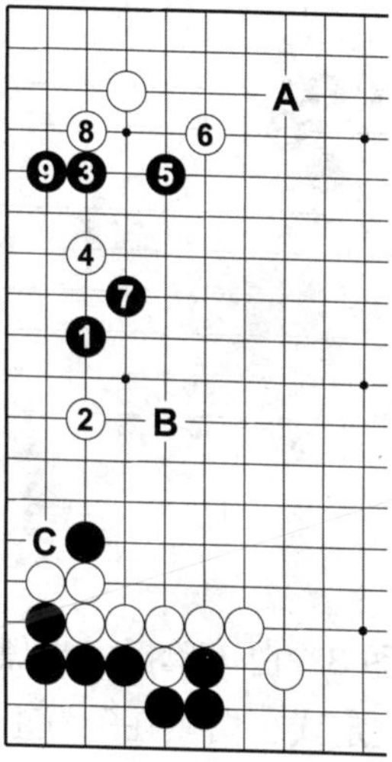

图 2

图 1　黑 1 分投，白 2 从上面逼，黑 3 跳后，再走 5 位夹，形状十分不错。当然，白 4 也可以考虑在 A 位先夹击，但被黑棋跳到 4 位后，白棋全部被压在低线，黑棋外势很有潜力。

图 2　白 2 换一个方向逼，黑 3 再挂角，使白棋无法夹击，白棋选择最严厉的 4 位打入，进行至黑 9 的定式，黑棋在 A、B

位都是好点，并且黑棋还有在 C 位夹的强硬手段。

从以上两个图的结果来看，黑棋没有不满。所以，如果不愿意被白棋夹击，黑 21 分投是一个很好的选择。

白 22 二间高夹注重左下厚势的发挥，想法很好。

黑 23 托，此手在黑 21 走在 28 位时是常见的下法，这里虽然只是高低差了一路，但双方的对应都会有很多不同。

白 24 扳是一个疑问手，正常的定式应该如图 3。

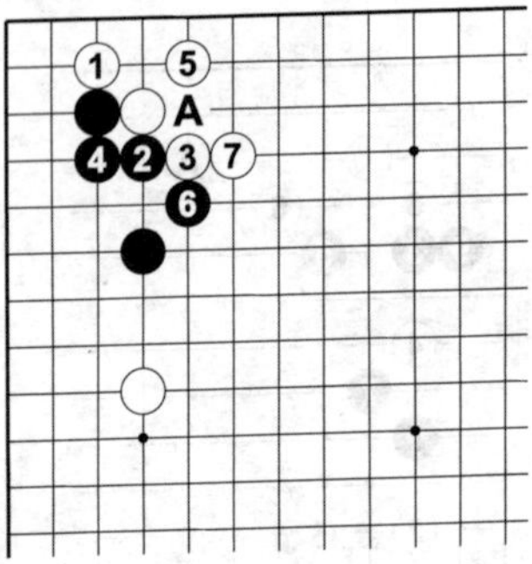

图 3

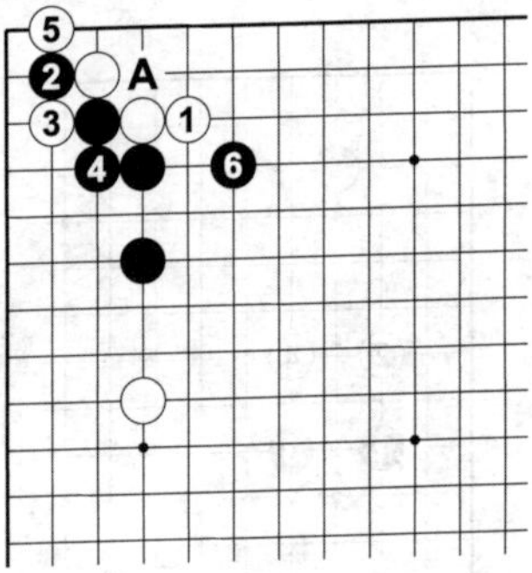

图 4

图 3　白 1 单扳，当黑 2 扳时，白 3 连扳很重要，进行至白 7 完成定式，白棋在配置上没有不满。白 3 如果在 A 位退，会走成图 4。

图 4　白 1 退时，黑 2 不是在 4 位单接，而是在 2 位连扳弃子，由此走到 6 位的跳，由于白棋有在 A 位断的缺陷，已经无法出头了，这样在外势上落后于黑棋。

白 24 扳，被黑 25 断后，白棋如果在 C 位下立会成为图 5。

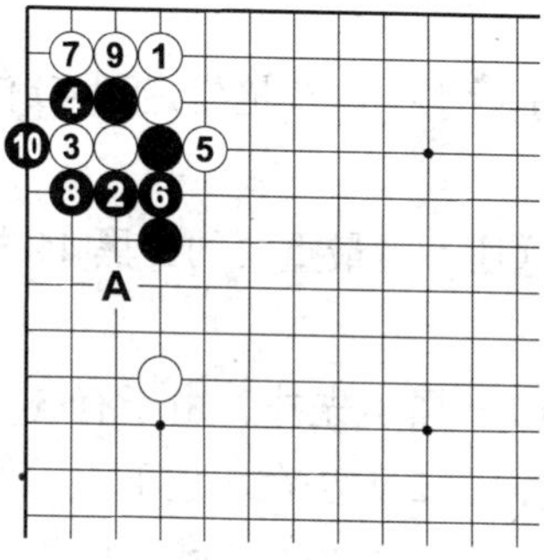

图 5

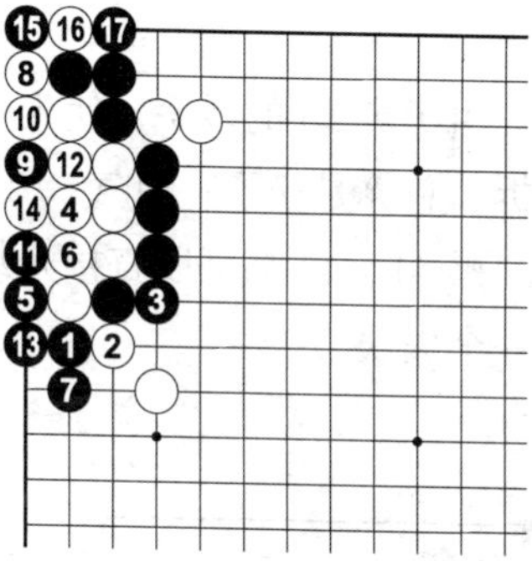

图 6

图 5　白棋弃掉两颗子争先手，将来伺机在 A 位小飞，这是很有魅力的一个点。白 1 下立时，黑棋如果想争外势取先手，黑 2 也可以在 5 位长，白棋走 4 位，黑棋走 2 位，白棋走 3 位，这样是白棋取地、黑棋取势的结果了。

白 26 以下都是俗手，棋形很坏。

白 32 如果在 33 位挡虽然大势上很损，但可能也是没有办法的善后处理，黑棋走 32 位，白棋走 C 位，黑棋走 D 位，白棋走 E 位，黑棋走 F 位，白棋角上只有 10 目棋，而黑棋筑成一道漂亮的外势。

黑 35 断打一子太缓，如果直接在 45 位扳更为严厉，白棋走 38 位，黑棋走 39 位，白棋走 47 位，黑棋走 35 位，白棋走 46 位，黑棋走 G 位，白 4 和白 32 两颗子几乎无法出逃，如果出逃则全被压在低位，帮助黑棋筑成一道坚固的外势。黑 35 在 45 位连扳后，白棋没有顽强手段。

图 6　白 4 虎后，黑 7 如果在 10 位打吃，白棋走 7 位，黑棋走 12 位提一子成为后手，所以黑 7 长是必然的一手，白 8 扳

进角后，黑 9 至黑 17 的手段非常有效，由于初棋无劫，白棋崩溃。

由于黑 35 的缓手，使先手变成了后手，白棋抢先走到 40 位的拆，总算是松了一口气。

黑 41、43 都可以直接开劫，但这还不是最重要的，黑 45 断是一个失误。

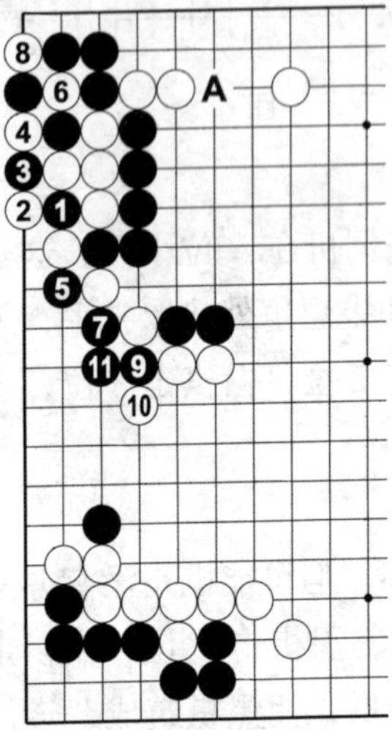

图 7

图 7　黑 1 先扑，由于有 5 位的断点，白 2 无法在 3 位下立，黑 3 先扑劫后，再在 5 位断，白棋由于没有劫材，只能在 6 位提，黑 7 打吃至黑 11 形成转换，这样，黑棋角上虽然被吃，但在左边的收获也不小，而且上边还有 A 位碰的搜刮手段，双方可下。

黑 45 先断，使自己失去了一个本身劫，最要命的是黑 51 打吃看似是劫材，但被白 52 提后，黑 49 再提时，已经无法吃白棋了，黑棋不仅帮助白棋补掉了打劫，更可悲的是将角上净活的黑棋走成了劫活，还需落一个后手去补，这样等于是帮助白棋补了一手棋，又让自己多补一手棋，白白损出去两手棋，黑棋陷入困境也就不难理解了。虽然黑棋在此之前犯了不少错误，但黑 51 应该如图 8 进行。

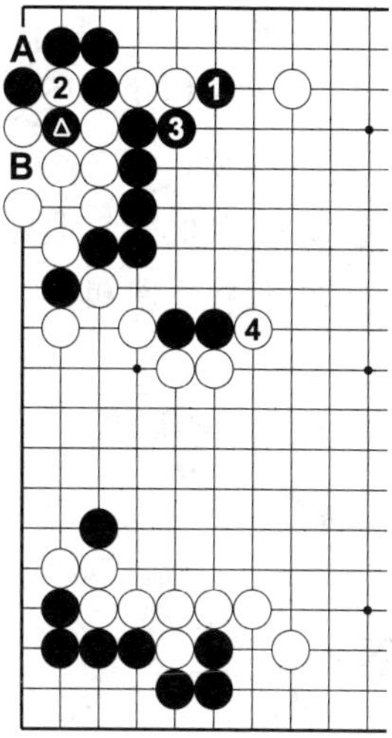

图 8

图 8　黑棋只能在 1 位找劫，白 2 只能消劫，黑 3 吃掉白棋上边两颗子，白 4 在 A 位提很大，但 4 位扳是全局的中心点，黑棋走▲位，白棋走 B 位，这样黑棋虽然亏损，但也比实战要强许多。

黑 57 以后虽然双方应接都有些问题，但都不是太大问题，黑棋最终将自己彻底陷入全局被动的，是黑 75 的粘劫。

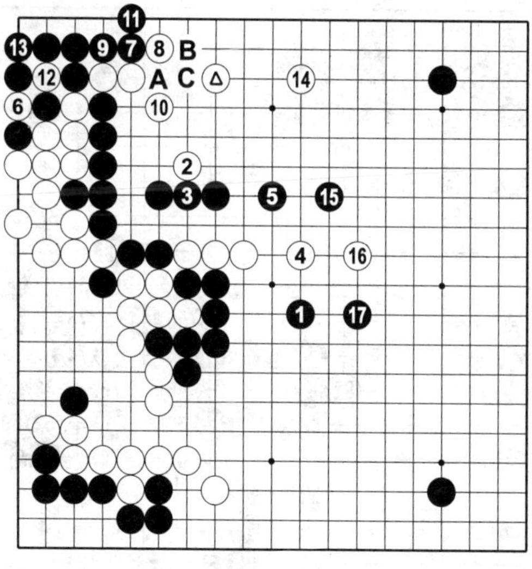

图 9

图 9　黑 1 先抢全局中心点，白 6 提劫时，黑 7 托是做活的

好手，白8如果在9位冲，黑棋走A位，白棋走8位，黑棋走B位，白棋走11位，黑棋走C位，白棋走12位，白棋角上还没有吃净黑棋，而白◬之子已经被隔断，白棋反而亏损，白8、白10是冷静的对策，进行至黑17，虽然白棋左边的空很大，但黑棋在右边和下边还有发展，借助攻击中央白棋的孤棋，黑棋还是有机会的。

实战黑75落后手，中央的攻守逆转，黑棋形势大坏。

第2局　攻守不妥

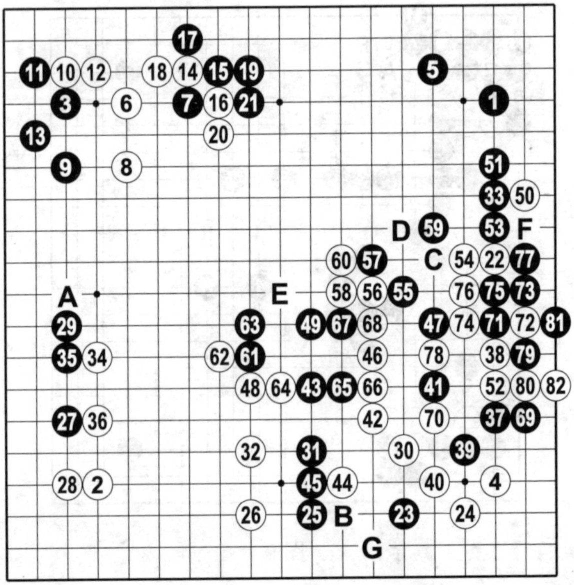

综述：每一种布局都讲究棋子的搭配，一定要高低有致，相互配合，才能发挥出每一个子最大的效率。如果一味埋头于局部，不看全局，局部再好的走法也筑不成全局的优势。

最大的问题手是——

黑 69。

其次的问题手是——

黑 29、黑 37、黑 39、黑 53、黑 59、黑 71、白 46、白 78。

黑棋依然是向小目布局，白棋走星小目，黑 5 立即守角，白 6 在左上角高挂，进行至黑 21，完成了一个现代定式。

白 22 一般在 75 位拆，现在考虑到黑棋右上的宏伟模样，白22 多进了一步，防止黑棋在 53 位拆逼，但同时白 22 与白 4 之间相隔太宽，也给黑棋留下了 71 位打入的好点，各有利弊。

黑 23 大飞挂，是最简单的定式，与黑棋在 13 位虎补一样，不与白棋纠缠作战，看来黑棋喜欢平稳的走法。

有了白 22 之子，白 24 肯定小尖守角。

黑 25 拆二，白 26 逼均属正常。

黑 27 挂没有问题，但被白 28 扎钉后，黑 29 的拆二效率太低，与左上角黑 9 的硬头重复，都在三线缺乏发展，形状也不漂亮。黑 29 至少应该在 34 位小飞，将重心放在外边，由于黑棋左上角坚实，白棋在 A 位打入，仅仅是破空而已，没有攻击力，反而会遭到黑棋的攻击。黑 29 也可以考虑图 1 的下法。

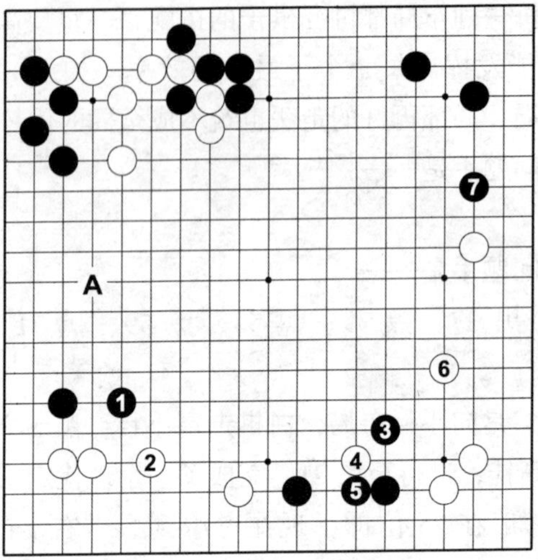

图 1

图 1　黑 1 跳与白 2 交换后，黑 3 抢先在下边补强，待白 6 补后，黑棋争到 7 位拆很大，左边白棋对黑二子并无严厉的攻击手段，黑棋有机会在 A 位补也是大场。这样，黑棋全局的配置很有发展潜力，而不是被局限在低位。

白 30 先动手攻击黑棋下边，是很积极主动的下法。

白 32 跳之前应该先在 44 位点，黑棋一般在 B 位挡，白棋再在 32 位跳，这是正确的次序。

黑 33 拆二是一个大场，下边准备腾挪作战。

白 34、36 虽然很大，但既然黑棋在下边脱先，白棋就应该主动出击。

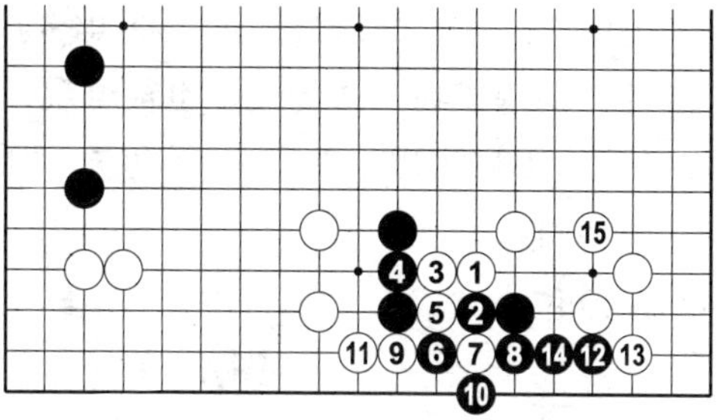

图 2

图 2　白 1 至白 11 分断黑棋，黑 12、14 虽然可以做活，但白棋借助攻击黑棋外边三颗子，左边和下边的空都会顺势而成，这是很有力的一种走法。

黑 37 打入方向错误，在 71 位打入会更合适一些，因为黑棋对白棋没有任何攻击力，自己的出路也十分狭窄，与下边一块被白棋缠绕攻击，有点自找麻烦的味道。

白 38 应该先在 44 位点试黑棋应手。

黑 39 应该及时转身，弃掉 37 虽然可惜，但却是最明智的选择。

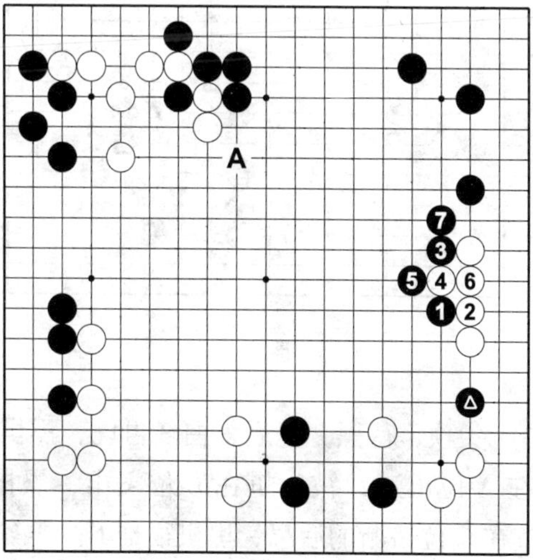

图 3

图 3　黑 1 至黑 7 以上边的形势为重，将黑▲子留给白棋去吃，虽然实空不小，但黑棋右上边的模样也很可观，如果再被黑棋走到 A 位跳，那么黑棋可以成为立方形的空，白棋即使有再多的边角空，也难以抗衡。

黑 39 应该在 40 位小尖。

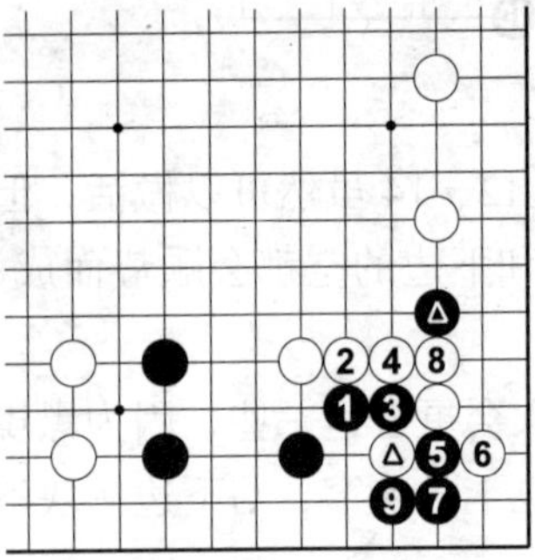

图 4

图 4　黑 1 小尖，借助黑▲子的帮助，可以在 5 位断吃掉白△之子，虽然左边有所亏损，但毕竟安顿好了下边，并有一定的实空，比实战勉强出逃要理智得多。

白 46 出头并不是坏棋，但不够紧凑。

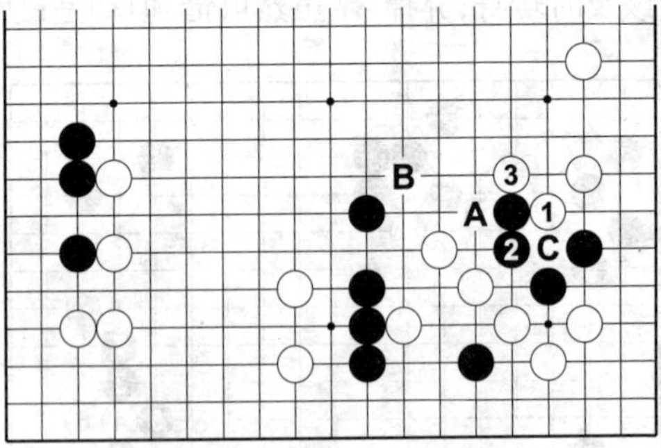

图 5

图 5　白 1 尖顶，待黑 2 退后，白 3 再虎，黑棋没有合适的应手，如果在 A 位出逃，被白棋在 B 位飞出，黑棋出口不畅，还留有被白棋在 C 位挤断的后患，黑棋很难下。

白 46 单跳让黑棋松了一口气，但黑棋依然步履艰难。

白 48 过于强调下边的形势，没有必要，应该以右边的黑棋为重点。

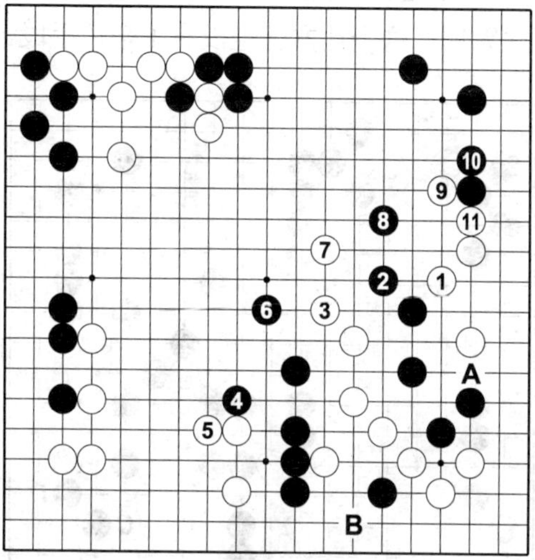

图 6

图 6　白 1 先补强，逼黑 2 出逃，白 3 顺势出头，黑 4 压与白 5 交换，白棋左下角已经成为了实空，这是黑棋必须付出的代价，白 7 至白 11 顺其自然，虽然哪块黑棋都没有吃到，但在不知不觉中，黑棋上边的模样变小了，而白棋在左下边 A 位和 B 位的手段依然存在，这样白棋的行棋很自然。

黑 53 顶没有必要，反而凑白棋调子，应该单在 C 位跳，被白 54 挺头后，黑 55 小尖出头，再被白 56 靠出，黑棋两块都要忙于整形，十分辛苦。

黑 59 应该在 D 位虎补，会少一个断点，跳枷是失策的一手。

白 60 拐后，黑棋的断点依然存在，白 60 如果先在 63 位跳，待黑棋在 E 位小尖后，白棋再在 60 位拐效果更好，使白 48 之子的作用也得到了充分的发挥。

黑 65、67 虽然是先手，但让白棋走厚了，对右边的黑棋不好。

黑 69 下立无理，这个地方已经没有了合适手段，只能脱先。

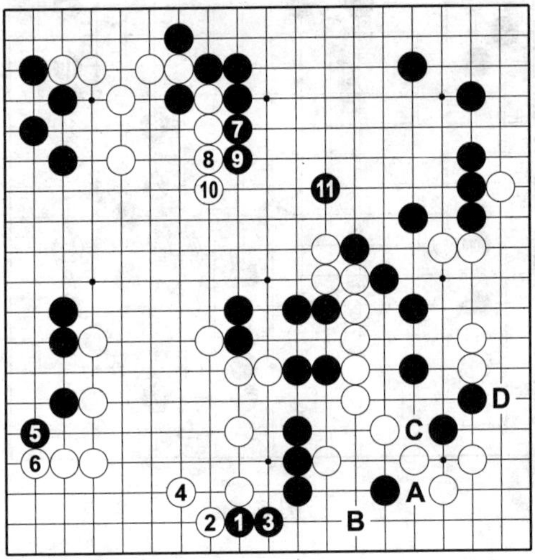

图 7

图 7　黑 1、3 先手托退，为大块棋的眼位打基础，再在 5 位小尖，确保左边的安危，争得先手后再走黑 7、9 连压，黑 11 完成大空，如果白棋对黑棋的薄弱棋形没有有效的冲击手段的话，黑棋的形势不错。

右下怎么定以后看情况而定，可以利用 A 位挤的先手，防止白棋在 B 位点，也可以利用 C 位的先手，强行在 D 位立，把种种可能留着，对白棋反而是一种负担，在条件不成熟时，千万不能过早定形。

黑 69 下立与白 70 交换是损己利人，解决了白棋的隐患。

黑 71 应该单在 73 位点，效果会更好一些。

白 78 挖太着急了，应该先在 79 位接，待黑棋在 5 位接后，白棋再走 78 位挖，目数要便宜不少。但即使如实战进行至白 82，黑棋仅仅占了左边一个官子，就将几颗黑子全部送死，而且没有给白棋留下一点隐患，以后白棋在下边 G 位点毫无顾忌，黑棋全局陷入了被动。

第 3 局　定式后续

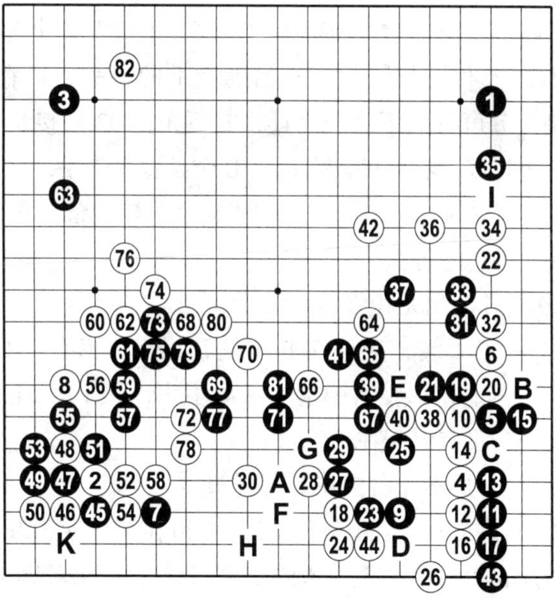

综述：在这局棋中，下边左右双方各演变了一个定式，定式本身的应接并没有大的错误，只是选择上的问题，但当定式告一

段落时，定式之后双方的错误就明显多了起来。

双方最大的问题手是——

黑51、白36。

其次的问题手是——

黑37、黑43、白22、白30、白42、白50。

白棋以二连星对抗黑棋的向小目。黑5在右下挂角后，再在7位挂，是一种灵活的走法。

白8在55位小飞的比较多，角上要坚固一些，当然，白8在下边夹击也是一种思考方法。

黑9在右下双飞燕，是在走黑7挂时就想好的构思。

白10至黑15是现代流行的一种定式，黑17后，白18如果在20位顶或19位退是一种平衡的走法，虽然下边让黑棋先手抢占，比如在A位开拆，但白棋借助右下的厚势，再在18位打入，也是充分可行的下法。而且，右下角白43扳接是先手，对白棋在下边打入大有帮助。白棋在B位挡也是先手，对白棋在右边的发展也很有好处。所以，有时落后手是储备力量，以静制劫，是有效的思考方法。

黑19立即动出是积极的走法。

白22拆二太缓，应该在B位挡，黑棋走C位，白棋走33位，这样白棋的棋形很有弹形，又出了头，黑19、21两颗子反而脱不开身，没有时间在23位顶。

黑23顶，是不让白棋在D位托过。

白22如果走33位的话，白24在40位跳出成为好点，下一手在E位压也是好点，但由于白22在低位，白棋对黑19、21两颗子的压力不大，所以白24选择在二路下立，黑25跳封时，白26一路小尖渡过，白棋虽然连通，但棋子都处于低位，效率很低，并让黑43下立成为先手，白棋布局明显落后。

被黑 27、29 扳长后，白 30 一间跳不是棋形，应该在 5 位虎补，白 30 跳给黑棋留下先手在 G 位拐的手段，黑棋外边得到了加强，而且，黑棋在腾挪黑 7 之子时，在 H 位大飞也是先手，黑棋有种种利用。

由于黑 43 下立成为先手，白棋在 B 位挡便成为了后手。白 32 不如图 1 的下法。

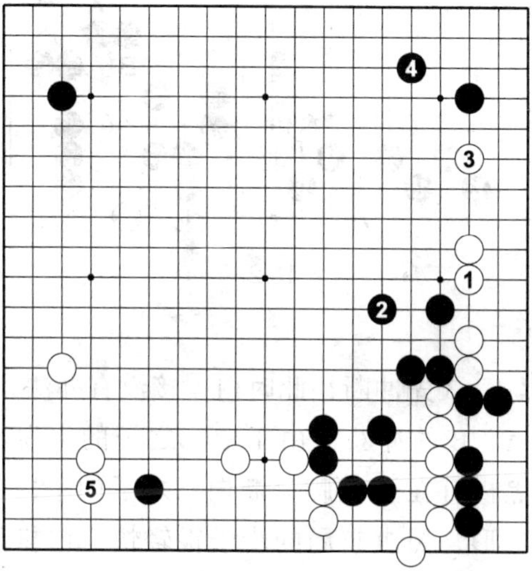

图 1

图 1　白 1 并，黑 2 跳补，白 3 拆二安定右边，黑 4 守角与白 5 守角成为见合，虽然下边白棋有些亏损，但可以慢慢等待机会。

白 32 爬，被黑 33 长，对中央形势不利。

黑 35 逼，一点也不放松。

白 36 在跳之前，在 I 位先顶一手是必要的次序。

黑 37 跳不在棋形上。

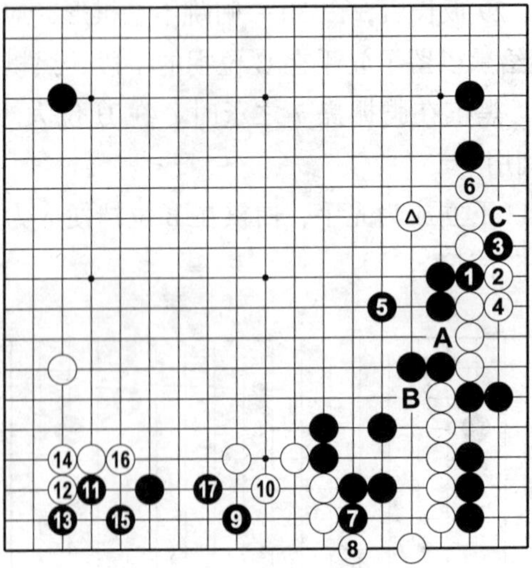

图2

图2　黑1、3先冲断，此时白4接没有办法，黑5跳补，防止白棋在A、B的冲断，由于白◎之子的失误，白6补必然，否则，黑棋有在C位爬分断白◎之子的手段，黑7争得先手在下边定形，黑棋布局的步子很轻快，白棋显得有些落后。

因为黑37没有补在棋形上，白38冲，黑39如果在40位挡，白棋便在E位断，十分严厉。

黑41虽然也可以通连，但形状变薄，给了白棋许多利用。

白42完全忽视图2的冲断手段，看似在往外跳，却给自己留下一个很大的隐患，应该在I位顶补，或者在B位挡补，注重实空。总之，白棋应该补断，而不是留着后患去出头。

黑43单立没有必要，应该在44位先挡，将来再在43位立，角上的劫白棋不敢轻易开，因为是白重黑轻，黑棋没有必要着急去补。而且，即便是要在 43 位立，也应该先在 44 位挡，这与白棋整块的厚薄眼位有关。

黑 45、47 扭断是一种腾挪手段，但黑 47 单在 K 位连扳更为简明。

白 48 打吃是俗手，一般在被扭断的情况下，白棋选择长一边，成为定式后的一种定形。

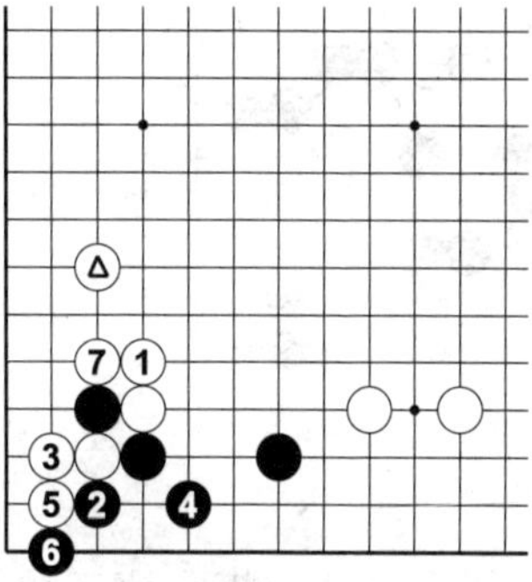

图 3

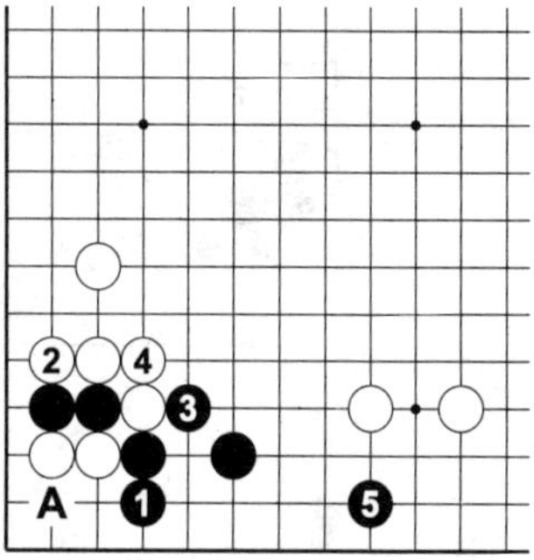

图 4

图 3　白 1 单退，黑 2 至黑 6 成为先手，这是没有办法的，虽然黑棋整形安定了左下，但白棋左下也非常厚实，双方各有所获。

黑 51 断打是大恶手。

图 4　黑 1 单立是本手，白 2 打吃，黑 3 打成为先手，白 2 如果在 4 位接，黑棋在 A 位夹成为先手，这才是黑棋定形的要点，而且，黑 5 大飞后，对白棋下边一块棋还有影响。

黑 51 的恶手造成了白 54 的冲吃，如果在征子有利的情况下，白 54 在 55 位接也是可以成立的，但结果不如实战。

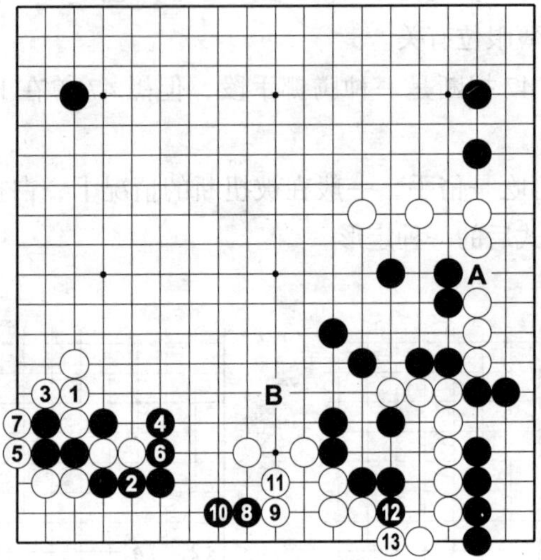

图 5

图 5　黑棋征子不利时，黑 4 可以枷，让白棋吃掉三颗子，黑 8 以下可以对白棋下边一块进行威胁，而且，黑棋始终留有 A 位的冲断，白棋的发展受限了。

白 54 至白 58 将下边成为实空，收获很大，而黑 55 提白一颗子并没有什么了不起，对白棋的影响不大，黑棋仅仅是逃出来了而已。

黑 63 应该继续在中央走棋。

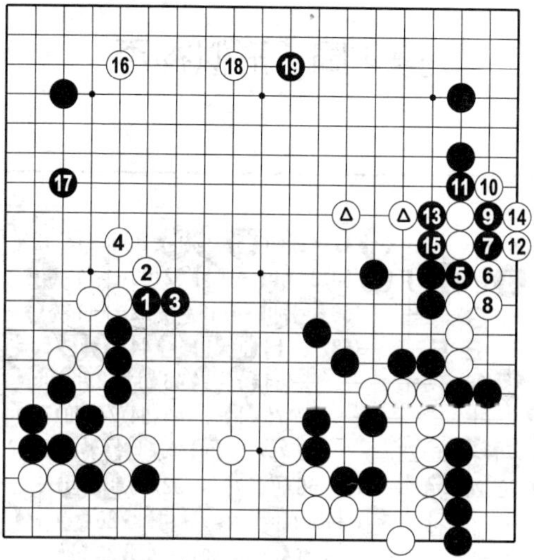

图 6

图 6　黑 1、3 先控制白棋在中央的跳，再走 5、7 冲断，此时白 8 不肯弃掉三颗子，黑 9 至黑 15 将白棋分断，白◎子成为孤子，白棋虽然争到先手在 16 位挂，但进行至黑 19 逼的局面，黑棋的潜力无限，虽然左下有较大亏损，但充分利用了白棋右边的缺陷，在大局上可以抗衡。

黑 63 拆二虽然很大，但被白 64 至白 80 一连串的先手，黑棋在中央的形势一扫而光，仅仅是连在了一起。而且，由于白棋中央几颗子的接应，黑棋在右边的冲断手段也失去了严厉性，进行至白 82，黑棋形势落后。虽然胜负还早，但白棋有利，黑棋的布局作战方针失败。

第4局　形似神否

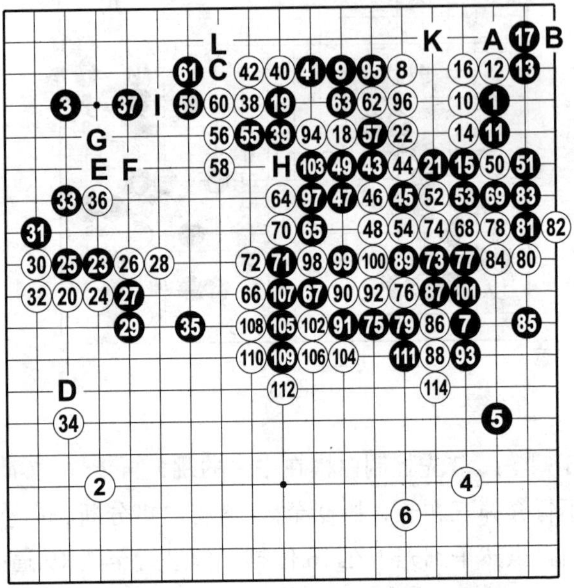

113＝98

综述：在定式中犯了错误，将导致形势落后，但在攻防中发生错误，就将是最终的失败，而攻防中的错误往往又是布局时的错误埋下的种子，一个错误的思考方法会引发一连串的错误。

最大的问题手是——

黑 43、黑 77、黑 91。

其次的问题手是——

黑 23、黑 33、黑 37、黑 39、黑 57、白 14、白 16、白 20、白 34、白 38、白 56。

与前一局一样，白棋二连星对抗黑棋向小目，黑 5 挂时，白 6 没有夹击，采取了小飞守角，将作战的中心转移到右上方。

黑 7 大飞守回，在现在已经走得比较少了。

白 8 大飞挂，减轻黑棋夹击的严厉性。

黑 9 面临着攻与守定式的选择，最终将侧重点放在了夹击上。

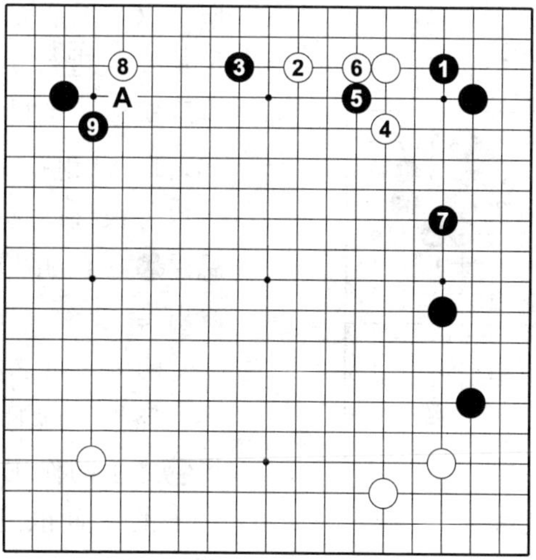

图 1

图 1　黑 1 小尖守角，进行至白 6 是常见的定形，黑 7 也可以选择在 A 位跳守左上，不论是守右边还是左上，都是一局漫长的棋，黑棋的基地比较完整，并没有被分散。

白 10 碰也是定式的一种，将来会有几种变化。

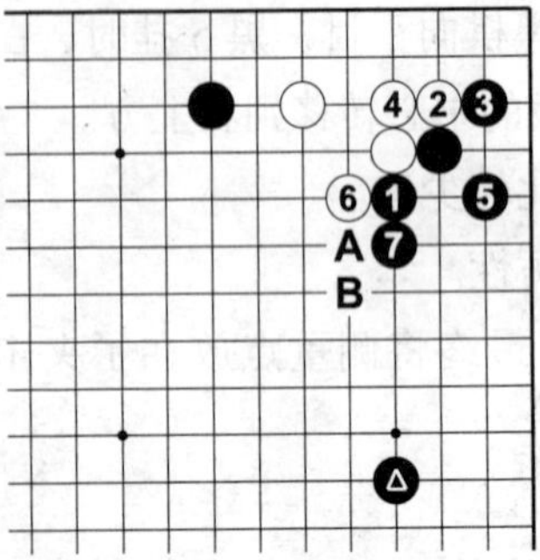

图 2

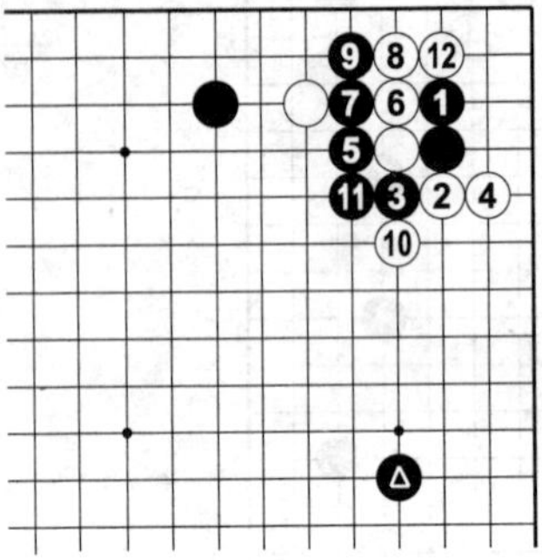

图 3

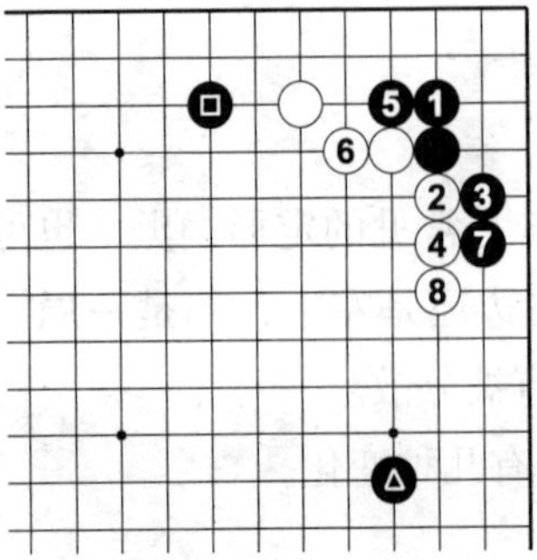

图 4

图 2　黑 1 扳是最常见的定式，借助黑▲之子，将来白棋在 A 位压时，黑棋可以在 B 位扳，所以白棋会暂时不出动，在左上开辟新战场，伺机而定。

图 3　黑 1 长在三·三，白 2 扳，黑 3 断，白 4 下立很重要，进行至黑 9，是白棋取实地、黑棋取厚势的变化，白 10 单在 12 位拐争先手也是很好的选择，因为顾忌黑▲之子的配置，白 10 打吃出头。

图 4　白 2 扳时，黑 3 在二路扳是软弱的下法，使黑▲之子的作用减小，黑■之子的位置也离白棋太近，所以这个变化已经很少看见了。

从全局的结构来看，黑棋选择图 2 的变化比较合适，实战黑11 长虽然与黑 7 高低配合，但却有被白棋压在低位的危险。

白 14 压是俗手，帮助黑棋弥补了黑 11 的不足。

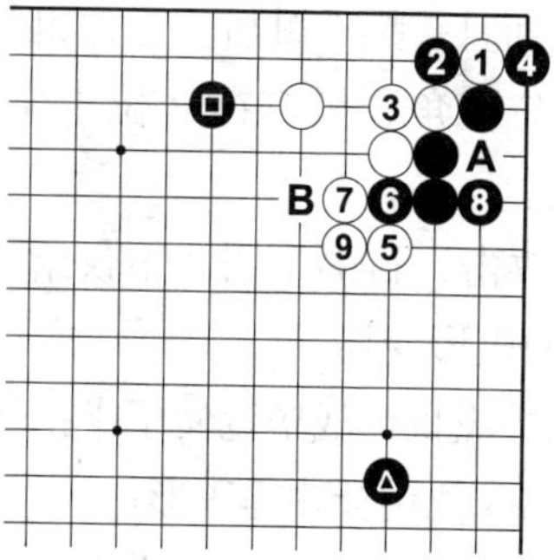

图 5

图 5　白 1 连扳很重要，由此产生了白 5 跳的手段，进行至白 9，黑△与□的位置都不好。黑 8 如果在 9 位断作战，白棋不要急于在 A 位断打，而应该在 B 位长，让黑棋先决定动向是最有效的，白棋保留各种变化，黑棋反而难以行动。

被黑 15 扳头后，白棋已经亏损了，但即使这样，白 16 也应该在 17 位扳，黑棋走 A 位，白棋走 16，黑棋走 B 位，白棋将来在 50 位断吃，黑 15 之子的厚薄不如实战。

白 16 接，让黑 17 长在角上，黑棋右边的棋形完整，白在 50 位断的手段失去了严厉性。

白 20 虽然是大场，但在 C 位打入攻击才是积极的下法，在右上角定式吃亏的情况下，单纯占一个大场，将会把主动权让给黑棋，使自己陷入更加被动的局面。

黑 23 肩冲不合时宜。

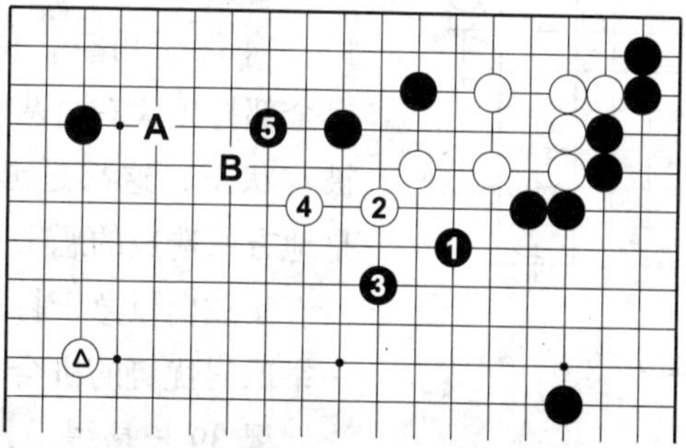

图 6

图 6　黑 1 小飞攻击白棋右上一块，白 2 只能小尖，黑 3 再

飞，右边的模样顺势形成非常可观，而且，黑5跳后，上边也马上要成为实空，白棋虽然可以在A位挂角，黑棋在B位小尖，白棋大龙没有活干净，白棋负担沉重。

黑23、25既不是围空，也不是攻击，目的不明，不仅给白棋创造了26位扳的好点，还让自己的棋形变坏。

黑27断势在必然，但被白28长，黑棋作战毕竟慢了半拍。

白30、32扳接后，黑33应该在36位跳补才是正形。

白34在D位补比较稳妥，避免黑棋以后在D位碰的手段。

白36靠试黑棋应手，想法不坏，但直接在37位挂角会更好一些。

黑37守角不好，无视白棋的反击手段，应该在E位扳，白棋走F位，黑棋走G位，这样不仅安全，也保住了角空。

白38打入错失良机，应该利用黑棋现在不能弃子的机会，将黑棋边空一举扫光。

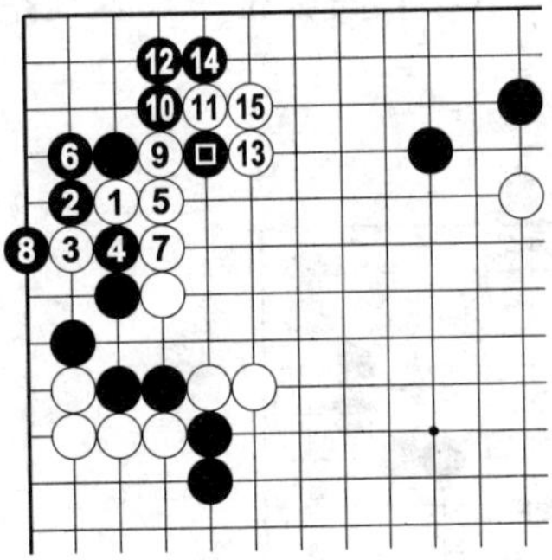

图7

图7　白1碰，黑2只能扳，白3连扳，进行至黑8成为必然，白棋再走9、11冲断，黑棋已经无法逃出黑◘之子，黑12、14保全角空，但上边被白棋全部打光，右边两颗子也处于被攻状态，这都是黑37补得不是地方所造成的恶果。

实战白棋急于打入，失去了一举取得优势的机会。

黑39长是缓手，应该在55位扳，白棋走60位，黑棋走40位，白棋走56位，黑棋走H位，这样白棋要顾忌两块棋，而黑棋只有一块孤棋，紧急时在L

位小飞就能做活，白棋反而给自己带来麻烦。

白 40、42 扳接不仅很大，破掉了黑棋的眼位，而且给黑棋留下了一个断点，这都是黑 39 单长造成的。

黑 43 点是为了补断，心情可以理解，但因此而使右边已经成形的模样付之东流，代价太大了，单在 94 位忍耐补断是没有办法的办法。

白 44、46 冲断，让黑棋产生多个断点。

白 50 也可以在 52 位断吃，无需先损。

黑 53 单在 59 位提是正着。

黑 55 拐时，白 56 在 59 位跳是本手，黑棋走 56 位、白棋走 I 位，白棋在上边求活。

黑 57 冲吃一子太小。

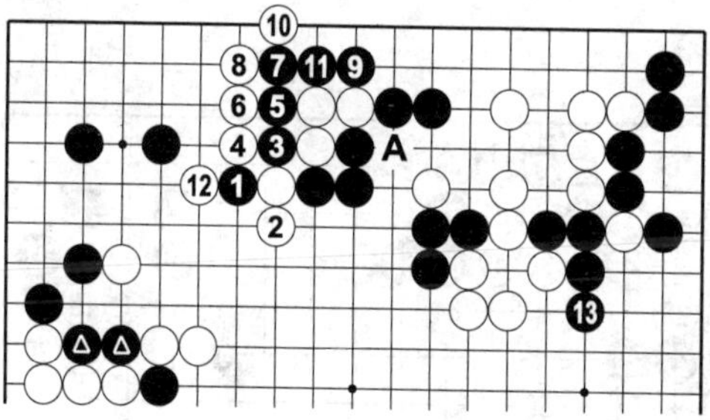

图 8

图 8　黑 1 夹，白 2 长必然，黑 3 以后吃掉白棋三颗子，不用担心白棋在 A 位的断点，白 12 征吃时，黑 13 走到右边要点，白棋左上一块棋眼位不完整，还需要加强，黑棋再在下边寻找机会。左上角由于黑▲两颗子已经变得不太重要，白棋的手段也就不严厉了。

既然黑 57 为了补断花了一手棋，白 58 也就不用长了，如图 7 的走法不错，单在 59 位补也行。

黑 61 下立太缓，此手 68 位长很大。

被白 64、66 抢先攻击，黑棋处于被动地位。

以后黑棋强行攻击白棋有些无理，因白棋在 K 位倒虎就是活棋，而黑棋在上面也是活棋，所以——

白 70 应该在 110 位跳。

黑 71 应该在 108 位压，黑 77 应该在 79 位挡，黑 91 应该在 92 位提，虽然形势不好，但比实战全军覆没要好。

白棋右上定式的错误使黑棋占据了主动，但黑棋左边黑 23 开始的错误将棋局一步步带入深渊，最后局面支离破碎，惨不忍睹。

第 5 局　引征错误

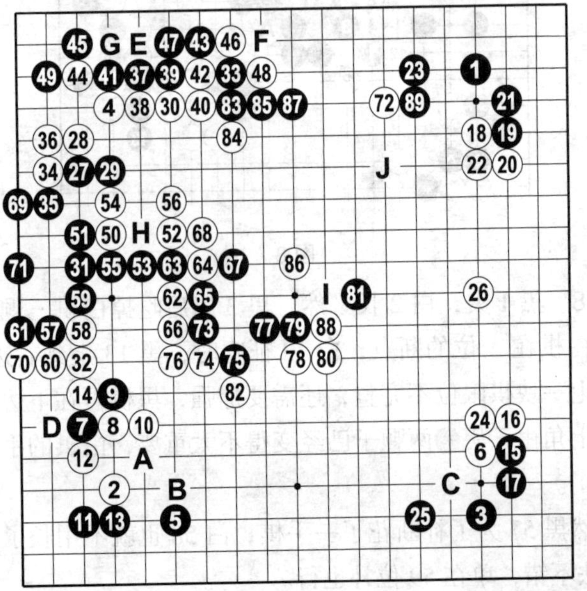

综述： 定式与定式都是相互关联的，如果只顾完成一个又一个定式而忽略整体，就会导致自己的配合不好，或者效率不高，特别要注意定式之后的走法，切不可前后矛盾，失去连贯性，将局面陷入被动。

最大的问题手是——

黑 45、黑 57、黑 83、白 72。

其次的问题手是——

黑 41、黑 55、黑 75、黑 81、白 28、白 34、白 54、白 62、白 70。

黑 5 挂角时，白 6 也立即挂角，黑 7 继续左下角的定式，双方都不愿让对方如愿，才各走各的。

白 8 压是一种选择，在 A 位小尖争先手，或在 B 位压将重心转向下边，都是可行的。实战白棋选择至 14 的定式，考虑到黑 5 之子与黑 3 之子都处在低位，白棋没有不满。

因此，黑 11 点三·三的一手选择在 12 位长的走法也可以考虑。

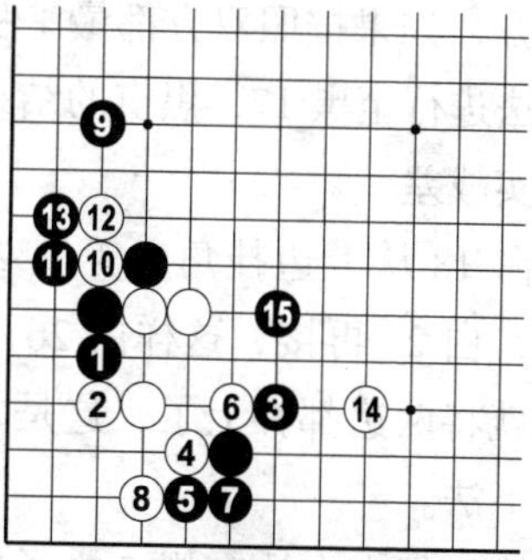

图 1

图 1 黑 1 长也是一种定式，这样白棋虽然得了角，但黑棋两边都走到了，这是一种作战姿态，双方都可以下。

黑 15 争得先手在右下角托，看来黑棋对角空是很看重的，其实从边上夹击或下边飞，也是不坏的选择。

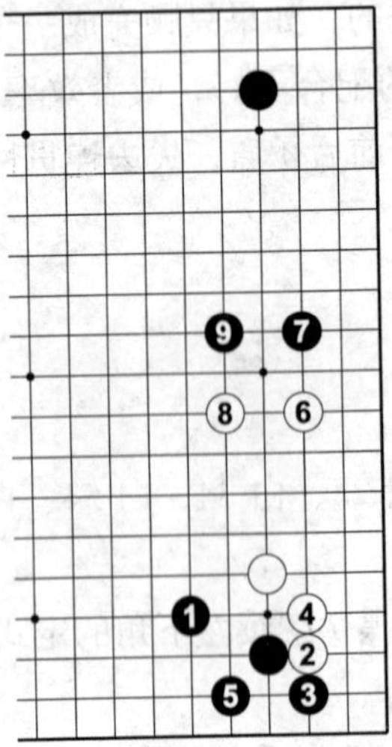

图2

图2　黑1小飞，白2至白6完成定式，黑7逼成为好点，同时，黑1与左下角的黑5高低有致，配合得很协调。

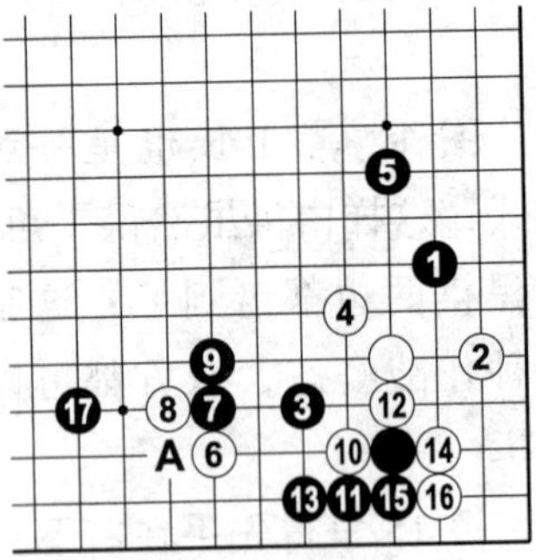

图3

图3　黑1紧夹，进行至白14也是一个定式，现在白棋在边上开拆不严厉，黑15可以接，也可以在A位断，甚至脱先走其他地方，如果按照双方都最平稳的下法进行至黑17，黑棋的结果不比实战差。

白18从上边挂角，等黑23跳后，白24再接，这样白26一手棋就将两边都补上了，这是常用的下法。

黑25跳是定式的走法，并没有错，但在左边有黑5之子的情况下，黑棋的配置不大好，黑25与黑5都在三线，黑25应该在C位小尖会好一些。

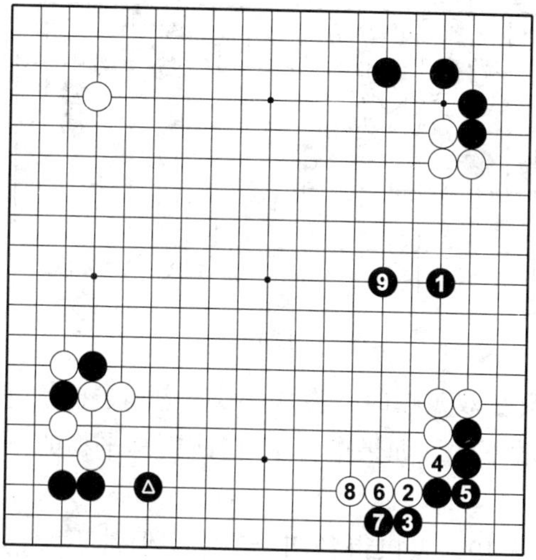

图 4

图 4　黑 1 直接分投，白 2 至白 8 的手段很舒畅，将黑角压缩了，但此时有黑▲之子，白棋左下的厚势难以得到发挥，黑 9 跳后，白棋右上三颗子需要出逃，再让黑棋劫手，白棋就会被攻得很苦，而黑棋顺势往中央行棋，对白棋右下角和左边的形势都是限制，在白棋下边得不到发展时，白 2 以下的手段就不是那么有力了。

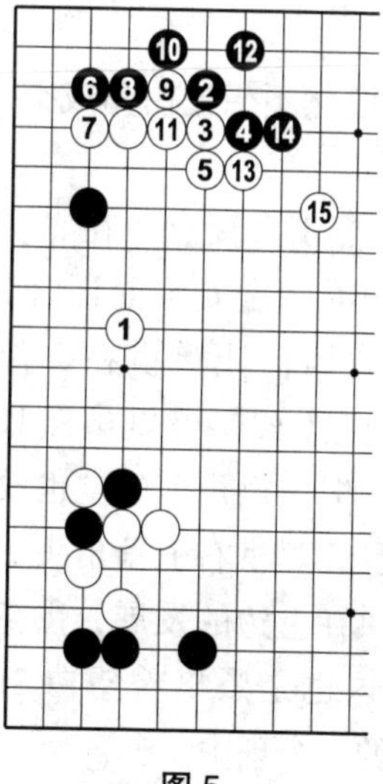

图 5

黑 27 挂时，由于黑 23 在低位，白 28 可以先夹，黑棋不会立即反夹。

图 5　白 1 二间高夹，黑 2 双飞燕，白 3 压是不想作战的走法，进行至白 15，白棋在中央的势力很可观。

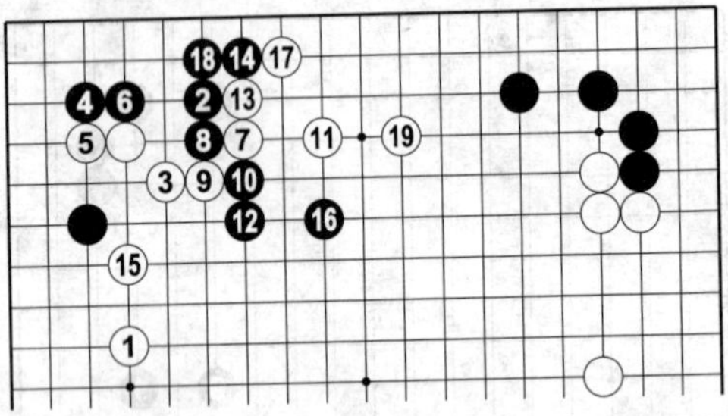

图6

图6　黑2双飞燕时，白3小尖，黑4、6点角，白7飞压是喜欢作战的下法，如果单在10位跳则是平稳的下法，这里都可以选择。

进行至白19，黑棋得到四个角空，但都不大，白棋得到了两个边空，还不太完整，但中央的发展是白棋有利，所以仍然是两分的局面。

白28至白30虽然没有错，但被黑31拆二成为先手，白棋为防止黑棋在D位出逃，白32落后手补，这一点是白棋不能满意的。所以，白28想从边上夹击。

黑33逼是对白棋角空的限制，其实，既然不想让白角成空，黑33不如按图7进行。

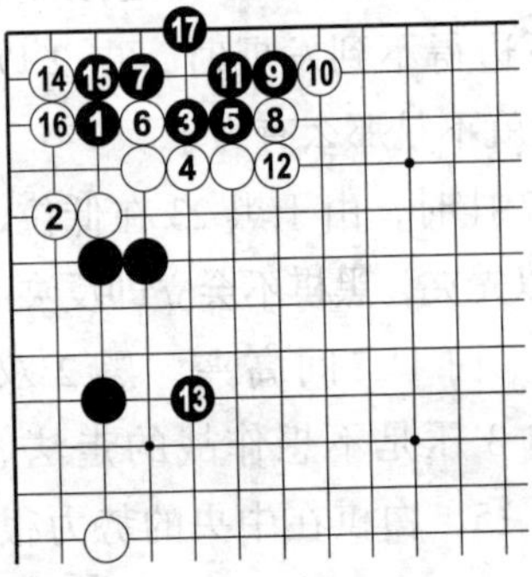

图7

图7　黑1直接点，在黑左边三颗子没有完全安定前，白2不肯在6位挡，让黑棋在2位扳，进行至黑17，黑棋虽然只有两目棋，但白棋角上的空也没有了，而且，黑棋右上角出头正好限制白棋在上边的发展，黑棋很实惠，这也是黑棋希望白28从边上夹的一个理由。

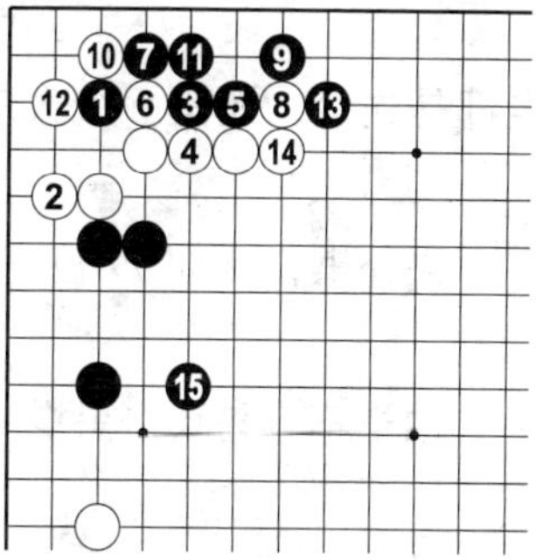

图 8

图 8　白 10 断可以将黑 1 之子吃掉，但黑 13 打吃后，黑棋在上边有很大收获，结果与上图相差不多。

白 34、36 立即扳接效率太低了，既没有守住角上的空，也没有攻击到黑棋，如果要守空，白 34 就应该在 39 位扎钉，如果要攻击，白棋就应该在 53 位镇，让黑棋没有机会去破眼。

被黑 37、39 点退后，白棋如果再在 41 位挡，白 34、36 两颗子明显多余，白 40 长必然。

黑 41 应该在 42 位接，这是关系自己厚薄的大问题，下一手能直接跳在 44 位，而不是在 41 位爬。

白 42 冲、44 虎，黑棋反而不好补棋了，在 E 位补是目数上最不吃亏的，但白棋在 83 位压成为先手，黑棋在 F 位虎，白棋在 G 位扳成为先手，白棋角上可以不应，这都是黑 41 冒进的结果。

黑 45 至黑 49 转向角空，目数上不小，但被白 48 征吃，白棋取得先手，这不是黑棋的最佳结果。

白 50 点开始攻击，同时形成中央的外势。

黑 51 挡后，白 52 跳不错，但被黑 53 点时，白棋在 54 位接，为了贪一个小官子，让黑棋在 55 接成为先手，白棋并不便宜。

由于白 54 贪图小利，黑棋终于可以出头了，黑 57 应该在 65 位小飞，赶快向中央增加兵力，被白棋封住后再去浅消，黑棋就更加被动了。

实战黑 57 至黑 61 就地求活太早。

白 62 在 65 小飞是好形，对黑棋同样有攻击力量，被黑 63、

65 冲断后，白棋的棋形不完整。

白 70 应该保留，此手什么时候走都是先手，还是一个大劫材，走掉很可惜。

白 72 不失为一个好点，但应该在中央补棋，比如 77 位点，这样白棋的模样可观。

白 72 脱离主战场，被黑 73 压之后，白棋不容易攻击黑棋。

黑 75 是俗手，应该在 76 位断。

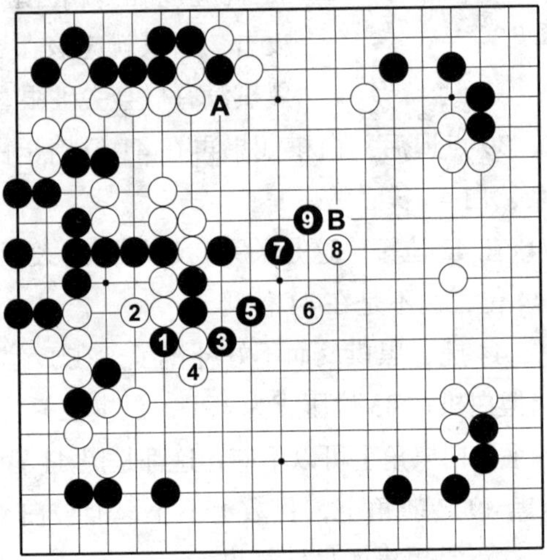

图 9

图 9 黑 1 断，白 2 只能曲，黑 3 打吃后，再在 5 位虎，白棋已没有攻击的好点了，白 6、8 尽可能扩张左边，黑 9 小尖后，在 A 位逃征子和在 B 位压成为见合，形成黑棋头绪很多的局面，这都是白 72 过于贪心的责任。

白 78 点想法很好，使 82 扳与 I 位小飞成为见合，不管成败如何，思路上值得赞赏。

黑 79 选择往中央进取，因为在 82 位长对白棋没有影响。

黑 81 继续在 88 位压更有力。

白 82 扳头必然。

黑 83 如愿出逃征子。

白 84 至白 88 弃子是简明的下法，虽然上边又被黑棋吃了回去，但白棋中央太大，黑 89 后，白棋可以在 J 位跳，将 72 之子弃掉，黑棋将边空全围起来，也无法抗衡白棋的中腹大空。

本局四个角的定式双方都出现了一些小的失误，但从左上角定式之后的下法，形势一下子倾向于一边，几经反复，黑棋最后的贪图实空陷入了劣势。

第 6 局　缺乏灵活

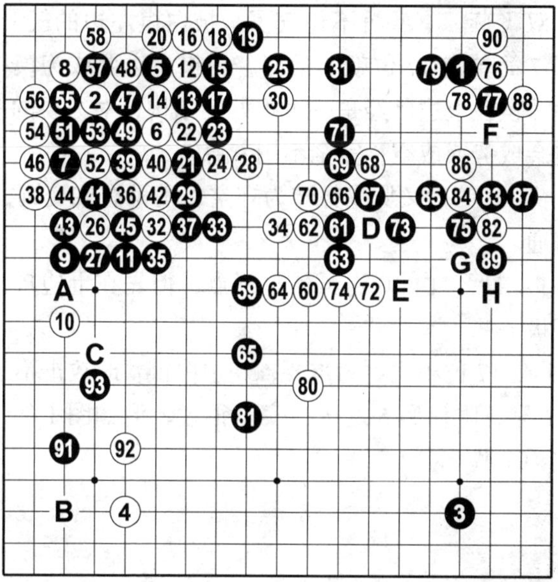

50=5

综述：行棋一定要有连贯性，特别是在布局阶段，要有一个整体的构思，虽然根据对方的应手要不断修正自己的策略，但一步一个主意，就会顾此失彼，造成被动。

最大的问题手是——

黑35、白32、白36、白66。

其次的问题手是——

黑21、黑25、黑47、黑51、黑79、黑83、白10、白12、白22。

白棋以星目外抗衡黑棋的向小目，将棋子都走在外边，是一种策略。

黑5先挂星位，避开目外定式，寻求简明的下法。

白6小飞按理说有些过早，在左边大场还没有配置的情况下，小飞是有些损的。

黑7双飞燕，有些沉不住气了，被白棋左边的气势所震摄，其实，黑7简单走17位就非常好，白棋左边要成为模样还有待时间，而黑棋在上边已经是一个很好的结构，对方要的模样，自己必然也会成势或成空，完全不用着急。

白8尖三·三，又从成势转为守空，稍稍有些变调，在A位夹比较普通。

黑9拆二后，白10逼虽然是好点，但先在上边攻击黑5之子比较积极一些。

黑11在17位小飞更为重要，左边白棋暂时攻击不了黑棋。

白12靠，吃住黑5之子，实空很大，但如图1的走法在大局上更主动一些。

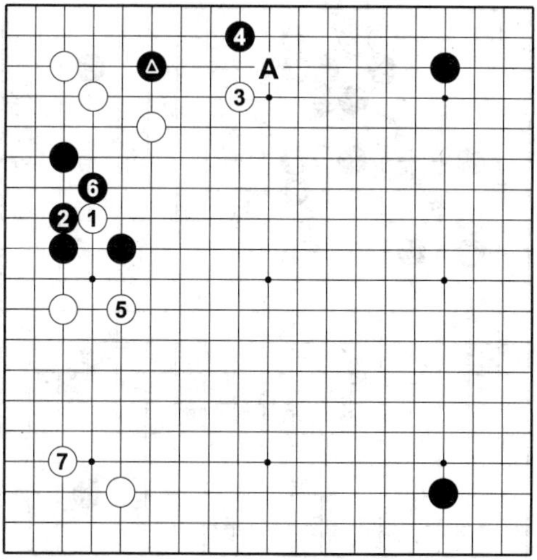

图 1

图 1　白 3 大飞，下一手在 A 位吃住黑▲之子就太大了，黑 4 逃是一般走法，白 5 回到左边，待黑 6 补后，白 7 再守角，白棋左下的模样十分可观，左上白棋虽然有些薄，但黑▲与黑 4 两颗子也不强，黑不好对白棋用强，这样白棋的局面十分舒展。

实战白 12 至白 20 吃掉黑 5 之子，让黑棋顺势在上边增添兵力，白棋不一定便宜。

黑 21 立即封住白棋的出头过早，本手是在 30 位跳，如果为了避免复杂定式，在 89 位挂角也行，白棋走 90 位，黑棋走 B 位进角，白棋走 B 位，黑棋便在 C 位飞封住白子。

白 22 立即冲断不必，换个方向出动会更好。

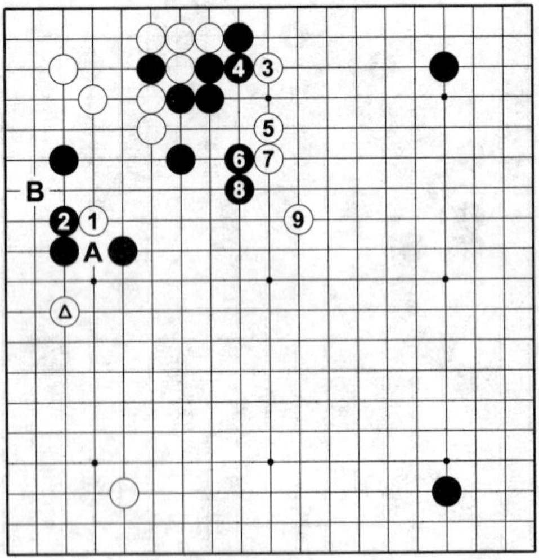

图2

图2　白1先点，对白◎之子很有帮助，黑2一般是在边挡，但实战中黑棋常常会在A位接，这不太好，因为将来白棋在B位小飞太大，黑棋在A位接的意思基本上是还准备再补一手。

有了白1与黑2的交换后，白3从上边入手，进行至白9，白棋将黑棋上边的模样完全打破，黑棋上边与左边两块棋连接不稳固，白棋还有冲击的机会，而且，白9小飞在中央，对白◎之子也是一种援助。

实战白22、24冲断过早，如果不能攻到黑棋的话，反而会被黑棋利用。

黑25虎补位置不对，应该在30位跳，这是常形。

对白26的点，黑27只能接。

白28长很好，如果在29位打，黑棋可能在28位反打弃子成势。当然，白28长也是因为黑25补得不好，给了白棋在30位靠的好点。

白 30 靠，黑 31 只能跳，黑棋全处在低位，将来白棋还有种种利用，这充分暴露出黑 25 的失策。

白 32 立即分断黑棋很严厉，但如果先在上边做一些准备工作效果会更好。

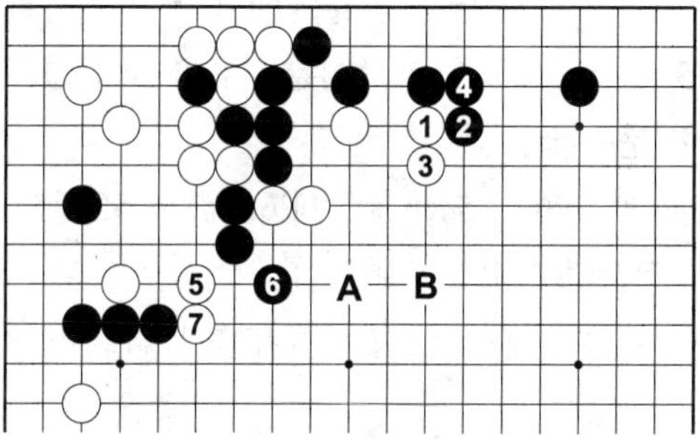

图 3

图 3 白 1、3 压长都是先手，然后再在 5 位点断，黑 7 小尖时，白棋可以直接压出来，不用着急在 A 位小飞，黑棋如果在A 位跳，白棋在 B 位跳，黑棋攻不着白棋。

由于白 34 花了一手棋，白 32 分断已经失去了攻击性，反而成为黑棋反击的机会。

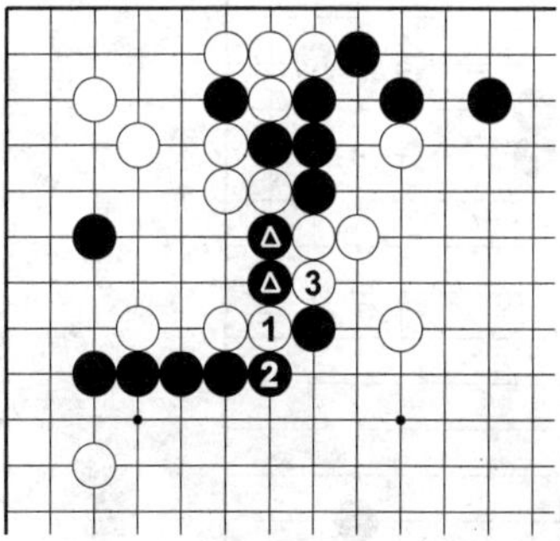

图 4

黑 35 应该在 39 位跳，白 26、白 32 两颗子就成为了牺牲品，实战挡看似很厚，其实反而给白棋留下了反攻的机会。

图 4 白 1 挤，黑 2 只能挡，白 3 断，棋形虽然不太美观，但黑△两颗子却已经无法逃出去了，这样，白棋在中腹完全没有后顾之忧。

白 36 与黑 37 交换，再在 38 位飞攻黑 7 之子，是忽略大局追求小利的走法。

黑 39 至黑 45 救回一子没错，但黑 47、49 撞气却是坏棋，将先手走成了后手。

黑 51 应该脱先，以后有机会再接回几颗子，而且，就算黑不肯弃子，黑 51 也应该单在 52 位接，保留 54 位扳的大官子，实战黑 51 长同样是一步坏棋。

白 52 没有必要，单走 54 位就可以，被黑 55、57 提白一子后，白棋反而只能打劫吃黑棋几颗子了。

黑 59 终于醒悟了过来，没有继续在左上角纠缠，抢先在中央小飞。

白 60 还是应该按图 3 的走法，先加强自身为好。

黑 61 点是很好的想法，借攻击白棋形成右边的模样，但由于攻击效果并不明确，黑 61 先在 91 位挂角比较实惠一些。

白 66、68 的手段过于笨拙。

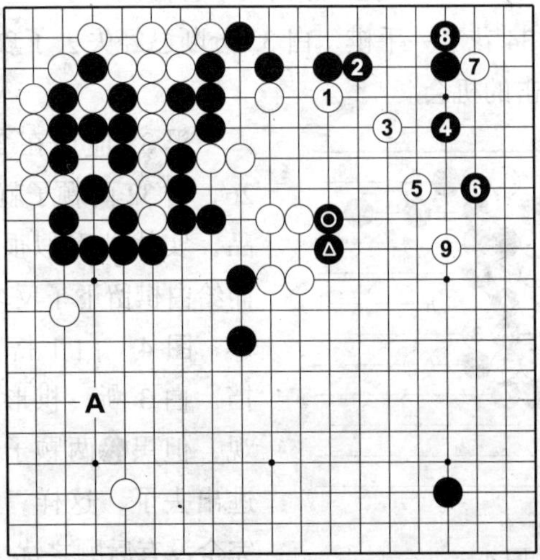

图 5

图5 白1压，黑2单退比较合适，白3再小飞出头，黑4、6虽然围住了角空，但白7之子并未死净，还有种种活动余地，而且，黑△两颗子不能被白棋全部吃掉，白棋在攻击黑△子时如果争到先手在A位补回，黑棋左边的厚势就起不了什么作用了。

不过，由于白66、68的失误，黑69、71后，右上成为黑棋的大模样。

帮助黑棋在上边封住白棋的出头之后，白棋仅仅走了一步在72位跳的先手。同样是利用黑D位的断点，白72不如在74位压，黑棋走73位，白棋至少可以在E位跳。

黑75在80位跳也是不错的选点。

白76、78是常用的破空手筋。

黑79在F位长要好一些，白棋的利用更少。

白80先加强中央，很有必要。

黑81在91位或92位挂角，吃掉白10之子更现实。

白82碰是常用手筋，利用角上的种种手段，黑棋无法用强。

黑83最简明的走法是在F位长，先吃净角上白棋，左边白棋如果在84位扳，黑棋便在G位长，白棋如果在G位扳，黑棋就在84位长，白没有什么了不起的手段。

黑83扳给白棋造成了84位断的手段，黑87面临着吃角还吃边上的选择，实战黑87选择了吃边上，白88、90活角很大。不过，白88在打吃之前如果在G位先打吃一手，效果就更好了。

右上局部的变化明显是白棋占了便宜，但由于白66、68造成的大局损失比较严重，被黑91走回左下角后，白棋形势依然落后。

第二章

错小目布局

第1局　大小不清

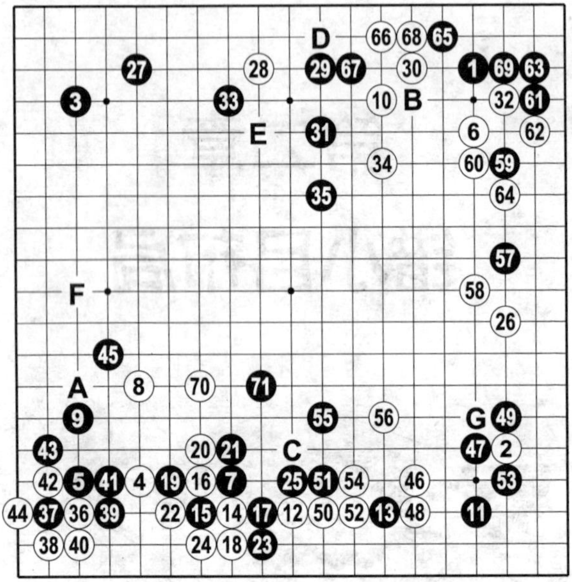

综述：我行我素，贯彻自己的意图是很好的一种战术，但最终双方都会将置之不理的棋子重新行动起来，在这里产生的战斗，按理应该是有准备的一方有利，但结果往往适得其反，这是为什么呢？那一定是因为哪一方在战术上发生了失误。

最大的问题手是——

黑 17、黑 29、白 14、白 28。

其次的问题手是——

黑 39、黑 45、黑 53、白 30、白 32、白 36、白 46、白 48、白 60。

黑棋走错小目布局，白棋走目外与高目，这是很容易想到有什么套子的布局，黑棋没有顾虑直接在5位挂角，不惧怕对方的虚张声势。

白6也挂角，右上与左下成为黑棋的小目角，白棋外挂的情形，黑棋都在内角，白棋都在外部，黑棋应该比较主动。

黑7选择在左下角二间高夹，可能是对白棋目外的一种戒备。

白8大跳，避免大形定式，并争得先手选择别处。

黑9跳是很坚实的选择，在A位大跳的定式也有，出头会宽敞一些，各有利弊。

白10争得先手在右上角动手，选择了大飞，这虽然是一种走法，但比较松缓，对黑1之子影响不大，不如在B位小飞紧凑一些。

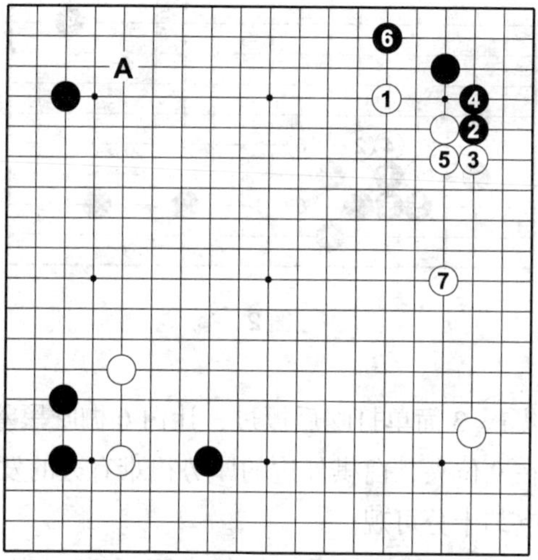

图1

图1　白1小飞，黑2如果脱先，白棋在6位跳下非常大，同时产生在A位挂的好点，进行至白7，白棋在整体配合上十分

满意，当然，黑 2 和黑 6 都可以有别的选择，但白 1 小飞比实战严厉是肯定的。

黑 11 脱先在左下挂角，各自推行自己的布局方针，想法上非常好。

白 12 夹击黑 7 之子，右下角的变化又交给黑棋去选择。

黑 13 既是反夹，又是拆二，是很好的一个点。

白 14 托，将白 12 夹的作用完全破坏了，应该在 C 位跳大攻黑 7 之子，这才是正确的走法。这种地方千万不要急于渡过，现在的任务是攻击黑棋，而不是就地求活。

黑 15 扳只此一手，但黑 17 打劫是大俗手，被对方断开后，打一下后长是常用的手段，但用在此处却不妥当。

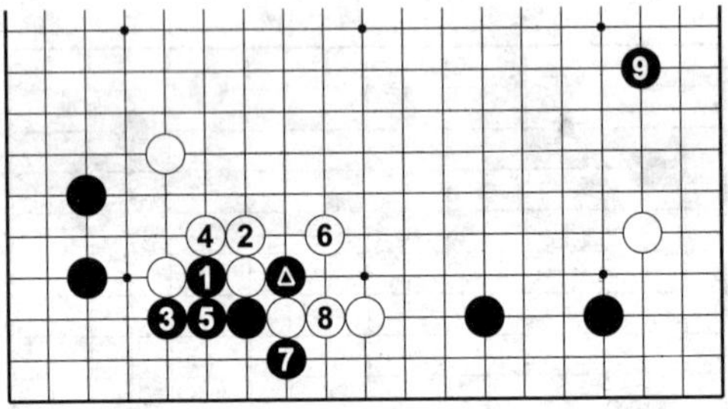

图 2

图 2　黑 1、3 简单打吃后扳过，让白 6 枷吃黑△之子，黑 7 先手打吃后在 9 位夹，白棋外边的厚势很难有大的发展，而黑棋左下角的实空却十分可观。

黑 17、19、21 都是俗手，虽然走到了 23 位的挡，但被白 22、24 提一子，黑棋实空大损，对黑棋左下角也产生了极大影响。

黑 27 守角很大，也可以考虑在右上角行动。

白 28 开拆似是而非，既没有占到边空，也没有守住角空，感觉有些落空。

黑 29 打入催促白棋在左上角动手，太不好了，应该先活角。

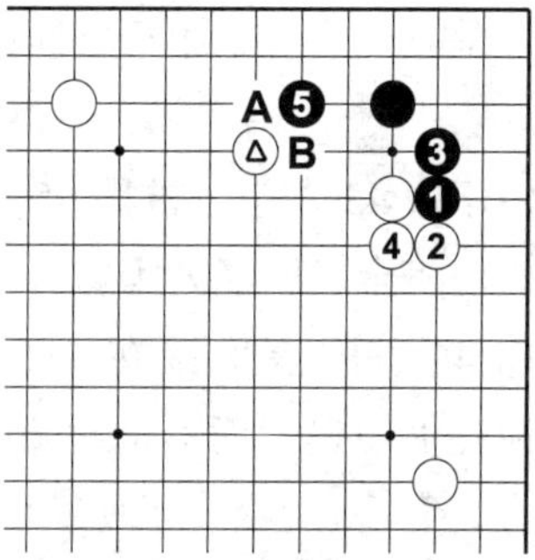

图 3

图 3　黑 1、3 按正常的定式走，虽然白棋已经有了△之子，但黑 5 仍旧可以跳出，白棋如果在 A 位挡，黑棋有在 B 位冲的下法，白棋如果在 B 位挡，黑棋有在 A 位爬的下法，虽然有落后一拍的感觉，但毕竟是在白棋已经有了三颗子的情况下，白棋占一些主动也是情理之中的。

白 30 是对黑棋角上一子的常用走法，但此时跳在 66 位更为合适，对白 28 之子是一个兼顾，黑棋如果要防止白棋在 D 位托过，必然会走损棋，白棋对黑棋右上角一颗子攻击力就更大了。

黑 31 跳出后，白 32 不能忙着去吃角，应该先在 E 位跳出，白 28 这步棋虽然不好，但也不能马上弃掉，被黑 33 飞封太大。

白 36 托角很大，但现在的重点是黑棋左上方的形势，所以白棋应该在 A 位靠，以左边为中心才能寻找全局的平衡。

黑 39、41 拘泥于常形，在白方左下角如此厚实的情况下，黑 39 应该在 42 位接，白棋走 39 位，黑棋走 45 位，这才是正确的走法。

白 42 贪图小利，黑 39、41 是一个失误，白棋应该抓住这个机会。

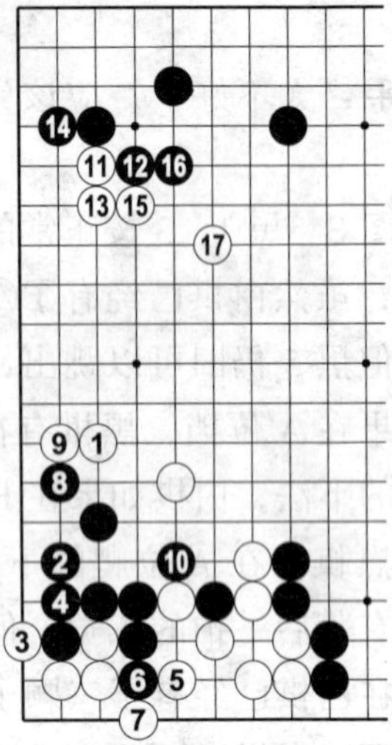

图 4

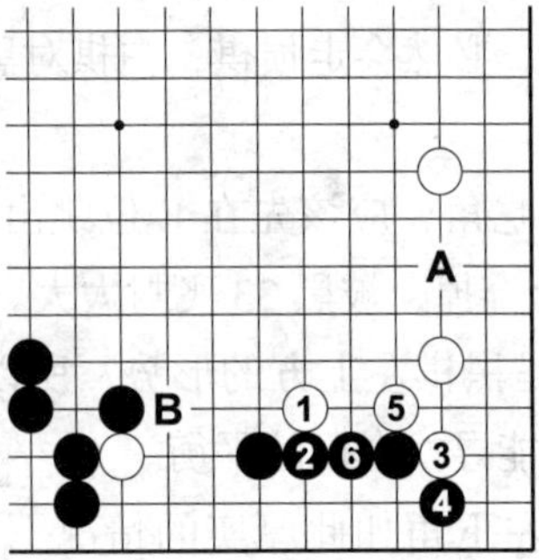

图 5

图 4　白 1 赶快在边上飞封，黑 2 虎确保眼位，进行至黑 10，白棋脱先在左上动手，白棋在左边形成了一个大模样，这个收获远远大于在角上吃掉黑棋一颗子，也有利于全局的平衡。

由于白 42 贪空，被黑 45 飞起后，白棋全局已经处于劣势。

白 46 着眼点应该在左边，比如说在 F 位逼，而不是纠缠于小地方。

黑 47 反击很严厉，不按白棋的意图行棋，非常好，白 46 点是希望走成图 5。

图 5　白 1 点，黑 2 挡，白 3、5 先手利用，使黑棋在 A 位打入的严厉性减弱，白棋还留有 B 位扳的利用，黑棋下边显得重复，白棋再争先走其他地方。

黑 47 反击，白棋反而脱不开身了。

即使是被黑 47 压出，白 48 也应该在 G 位。

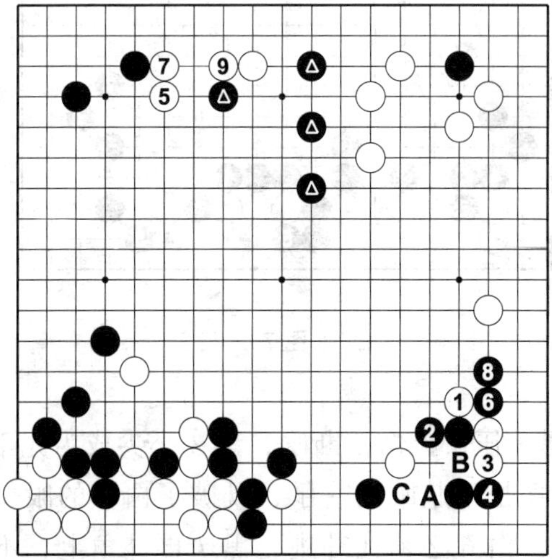

图 6

图 6　白 1 扳、3 长，黑 4 如果在 A 位并，那么白棋留有 4 位长角很大，黑 4 如果挡角，白 5 点是引征，下一手在 B 位冲断很严厉，黑 6 断防征子，白 7 挡，进行至白 9 形成转换，虽然黑棋右下角很大，但白棋还留有 C 位挡的手段，而且上边的黑空被白棋全部破掉，黑▲几颗子也成为孤子。

即使白棋要在 48 位挡，也应该在 G 位先扳一下，避免黑棋轻松吃掉白 2 之子。

黑 49 扳住，白棋在左边的模样变薄了。

白 50 终于逃出了，但这并不是很重要的一颗子。

黑 53 应继续走 54 位压。

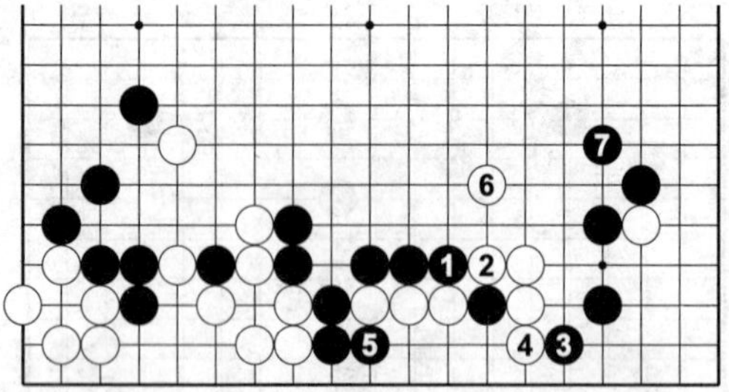

图 7

图 7　黑 1 压，让白 2 断吃，黑 3 小尖成为先手，白 4 如果挡，黑 5 拐是不起眼的一手，既破了白棋的眼位，又留有一个后手眼，白 6 必须往外逃，黑 7 再补角上，不仅实空大了许多，下边与白棋还形成了互攻的局面。

黑 53 单纯补角，被白 54 拐后，黑棋下边一块变薄。

黑 57 打入很严厉，白棋已经很难进行有效的攻击，因为白 26 之子也不是很厚。

对于黑 59 的点，白 60 只能在 61 位下立，既然花了好几手吃住的角空，还是守住为好。

黑 61 至 65 转身在角上活棋，非常灵活，使白 34 与黑 35 的交换变损。

白 66 与黑 67 的交换没有必要，将来要走也是单在 68 位挡，至黑 71，白在实空上明显落后，而黑棋的发展远多于白棋。白 28、白 32 要负主要责任，加上其他连带的错误，使自己陷入了被动。

第2局　定式错误

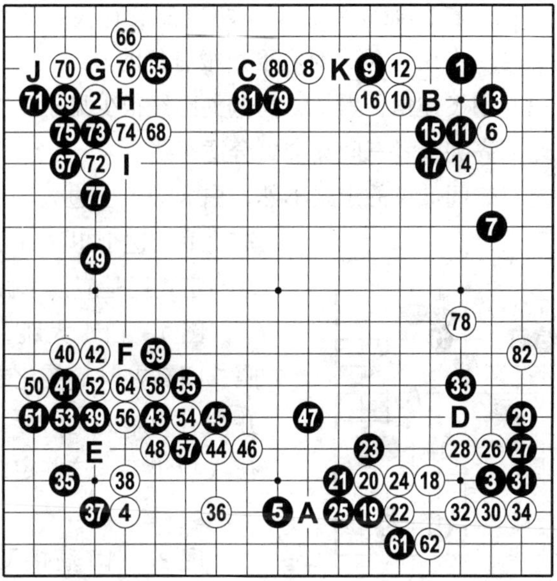

⑥⓪=⑤④　❻❸=❹❸

综述：一盘棋四个角上都演变一个定式，已经比较少见了，更多的是一两个定式后就扭杀在了一起。走四个定式不容易，将四个定式选择合适，相互间搭配有利，就更不容易了。但每个定式以后的发展、厚薄、着重点，都是在选择定式时就决定了的，需要有长远的打算。

最大的问题手是——

黑55、黑73、白48、白72。

其次的问题手是——

黑 39、黑 65、黑 71、黑 79、白 10、白 12、白 20、白 36、白 66。

白 4 选择面向黑棋小目的目外，使黑棋很难在左下挂角。

黑 5 开拆是一个大场，但对守右下角和影响左下角，位置都显远了点，两边都想兼顾到，反而两边都没有很好兼顾到。所以，黑 5 退后一步在 A 位，对右下角很有帮助。

对于白 6 小飞挂角，黑 7 二间低夹已经很少见了，在现在的配置下，二间高夹或者三间夹会更合适一些。

或许是对二间低夹的定式不熟，白 8 去占上边大场，让黑棋先动手，这个想法并不坏，但基本定式还是应该掌握。

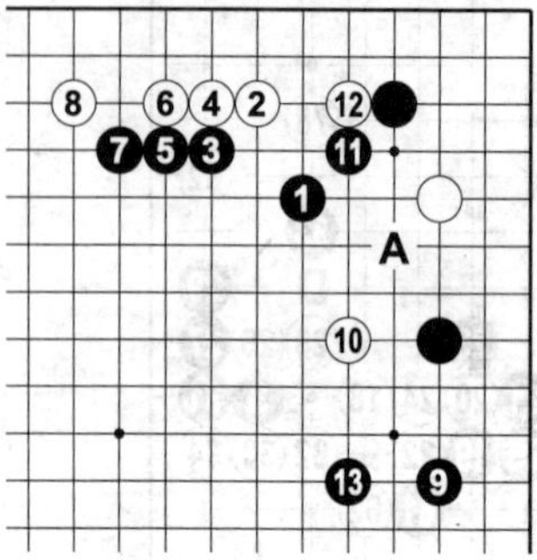

图 1

图 1　白 1 大跳，完全按照二间高夹时的变化走，白棋并没有为难的地方，或者白 1 在 A 位小尖，这些定式都可以采用。

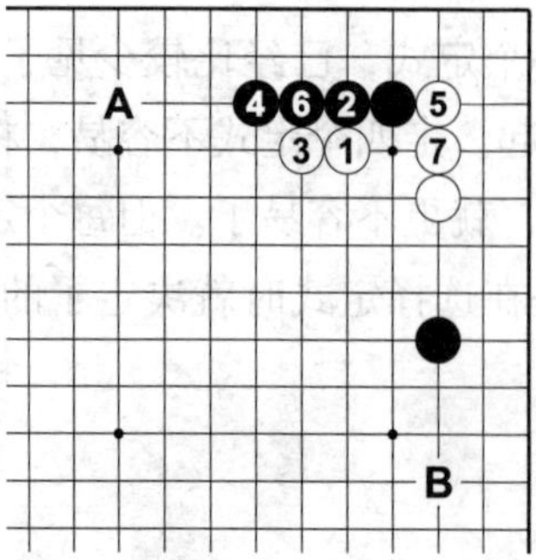

图 2

图 2　白 1 直接飞压，进行至白 7，留有 A、B 两个夹击黑棋的位置，也是充分可下的局面，白棋完全没有必要脱先。

实战白 8 位置选择与黑 5 很相似，远近不合适，白 8 如果想占大场，也是退一路在 80 位比较好。

黑 9 拆二不应该是坏棋，但没能充分使白 8 之子的位置变坏，效率不高。

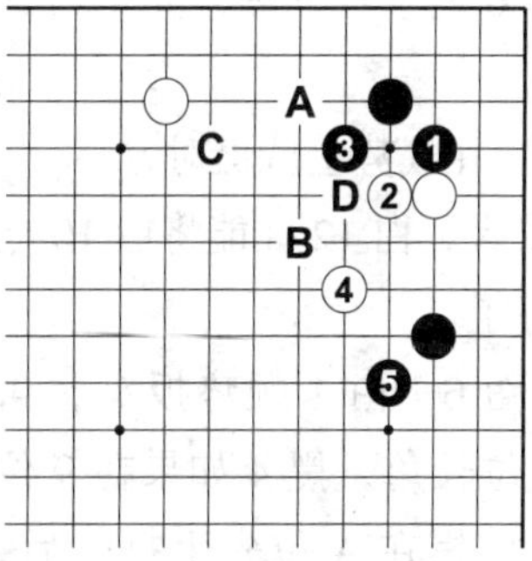

图 3

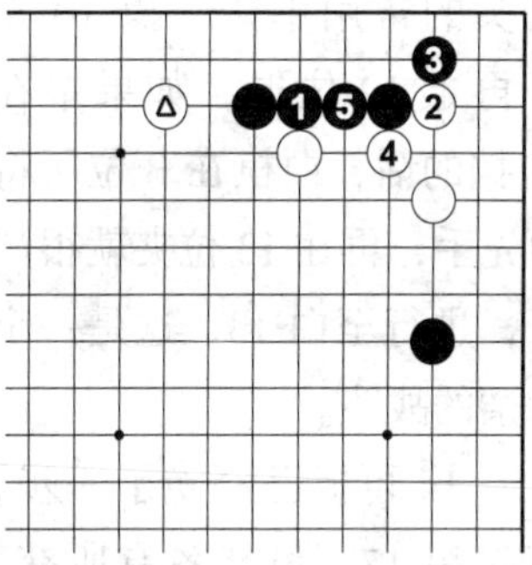

图 4

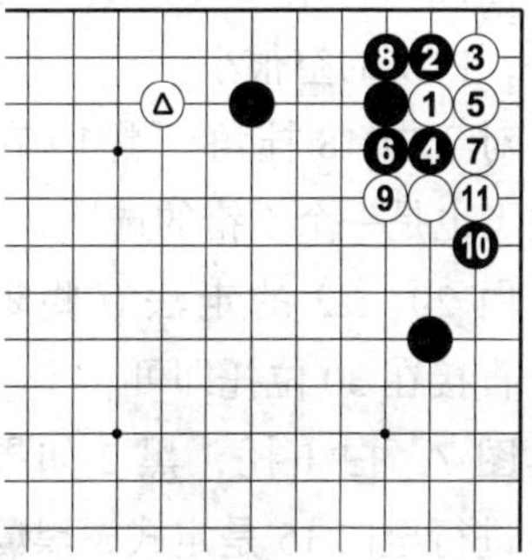

图 5

图 3 黑 1 尖顶，不给白棋做眼的余地，白棋如果在 A 位拆，那么黑棋在 2 位虎，吃掉白一子，是非常满意的结果。白 2 长，黑 3 小尖不放松，白 4 当然也可以在 B 位小飞，但正好给了黑棋在 C 位肩冲的好点，白 4 换个方向避开风头，但黑 5 小尖后，白棋没有合适的下一手，虽然在 A 位点是一个好点，但被黑棋在 D 位压，白棋右边三颗子如何处理有些为难。

白 10 点一厢情愿，期待走成图 4。

图 4 黑 1 挡，白 2、4 先手利用，这是一个老定式，但即使走成这样，白△之子离黑棋太近，又攻击不着黑棋，白棋也没有什么好处，这个定式选择不合适。

白 10 可以考虑图 5 的下法。

图 5 白 1 直接靠角，然后在 3 位连扳，就地寻求安定，进行至白 11，黑棋要想对白棋进行有力的攻击已经不大可能，这样，白△之子的作用也得到了发挥。

白 10 还可以考虑脱先，索性将白 6 之子轻处理，先抢占其他地方，这是一种灵活的思路。

黑 11 压出反击，不肯如白棋所愿，在气势上威慑对方。

白 12 立即挡下太早，被黑 13 虎太大，白 12 如能将白 10 之子做为诱饵引黑棋出动，顺势动出就好了。

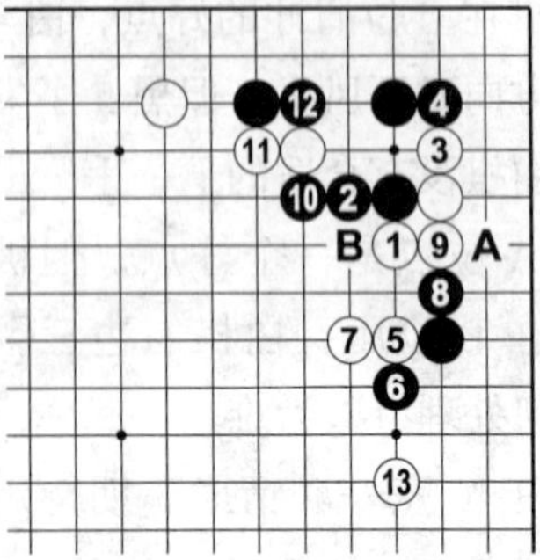

图 6

图 6　白 1 顺势扳头，再走 3 位长角，黑 4 如果在 9 位断，白棋在 A 位先手打吃后，在 4 位挡，角空很大，白 5 靠是出头的常用手法，黑 10 先压，再走 12 位退，如果单在 12 位挡的话，白棋在 B 位压将成为先手，再在 13 位夹就很严厉了，进行至白 13，这是一个很复杂的战斗。

白 14 再扳已经晚了一步，进行至黑 17，虽然各有所获，但白棋亏损，上边吃掉黑 9 之子，但黑棋将来在 C 位逼成为先手，白棋的空很小。

对于白 18 挂角，黑 19 在 D 位飞也是一个不错的选择。

白 20、22 的走法有些笨重，直接在 30 位托即可。

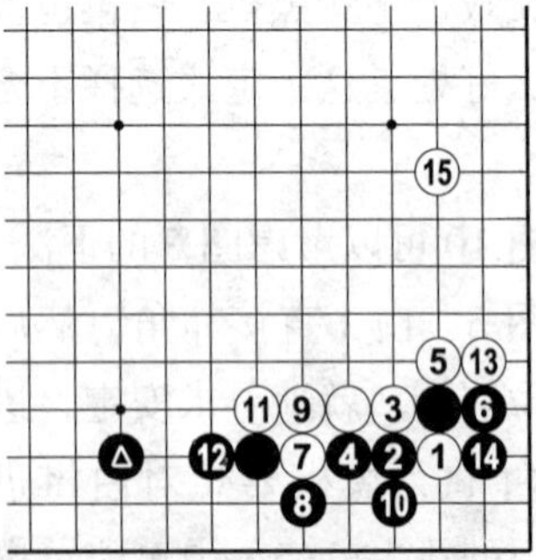

图 7

图 7　白 1 托，黑 2 如果扳，进行至白 15 是定式，黑▲之子反而显得有些多余。

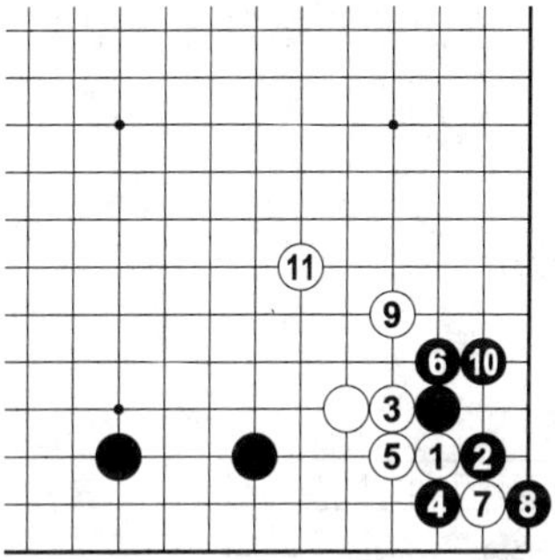

图 8

图 8　黑 2 扳角，白 3 如果在 5 位退，黑棋在 10 位虎，白很难在右边行棋，白 3 顶是实战的一手，进行至白 11，虽然把角给了黑棋，但白棋能将棋子走在外边，可以限制黑棋右上角的发展。

白 26 至白 34 仅仅是为了在角上求活，被黑 33 先手小飞，右边构成一片形势，白棋不好。

黑 35 在左下角挂角，在将黑棋下边撞得很厚的情况下，白 36 拆二没有必要，直接在角上演变图 2 的定式比较好。

虽然白 36 拆二求安定，但被黑 37 尖顶后，白棋下边的眼位并不充分。

黑 39 在 E 位小尖为好，下一手在 44 位镇很严厉，待白棋在 43 位飞补时，黑棋再在 52 位跳，形成好形，黑 39 小飞虽然不坏，但被白 40 逼住，黑棋有些难受。

黑 41 本手应该在 53 位下立，尖顶是为了争到 43 位的跳。

黑 45 单在 49 位夹更好，黑 47 也是如此。

白 48 是缓手，应该在 49 位补，左下一块棋在下边可以做活，外边留有出头，没有必要立即补，右上与右下的两个定形白棋都不便宜，再不走积极一点，全局就越来越落后了。

黑 49 很机敏，终于抢到了攻击的要点。

白 54 是大恶手，事已至此，单在 56 位挖是作战的唯一方法，或者，白 50、52 不交换，单在 59 位跳，不论是哪种走法，都比实战要好。

黑 55 打吃不灵活，如果在 64 位虎，白棋会更难办。白棋只能在 55 位长，黑棋在 F 位压，白棋左边四颗子已经没有什么活路了，而白棋根本无法攻击下边一块，下边的厚势发挥不出来。

黑 55 打吃，让白 56、58 打通，不仅让白棋大大喘了一口气，黑棋外边几颗子也成了包袱。

黑 65 挂方向错误，应该在 67 位挂。

白 66 失去机会。

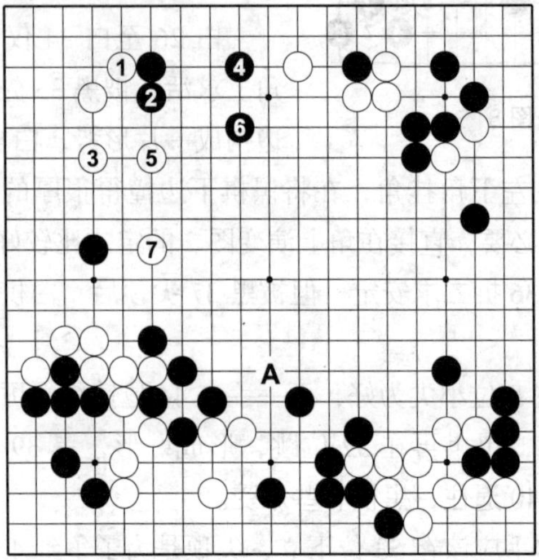

图 9

图 9　白 1 尖顶，不给黑棋脱先的机会，黑 4 拆二后，白 5 跳是好点，这样 6 位与 7 位成为见合，白棋一举挽回劣势，下一手在 A 位飞出非常严厉。

白 66 是缓手，使黑棋走回了 67 位的挂，白 68 也应该在 75 位先尖顶，黑棋走 72 位，白棋再在 68 位飞，这样便避免了黑棋在 69 位的托，实空要好一些。

黑 71 下立不好，应该在 75 位接，白棋走 G 位，黑棋走 C 位，这样，黑棋已经可以满意。

白 72 应该在 73 位长，这是本手。

黑 73 在 G 位断是机会，白棋只能在 76 位打，黑棋走 73 位，白棋走 H 位，黑棋走 I 位，这样白 72 之子就完全损进去了，将来黑棋在 J 位拐吃还是先手。

黑 79 肩冲不如在 C 位逼，因为有 K 位顶的手段，白棋不好补棋，现在反而让白棋补干净了，黑棋只是单调地逃跑，效果不好。

进行至白 82 进入中盘战斗，双方在布局中都有失误，但白棋的失误要多于黑棋，所以黑棋还保持着优势。

第3局　变着无效

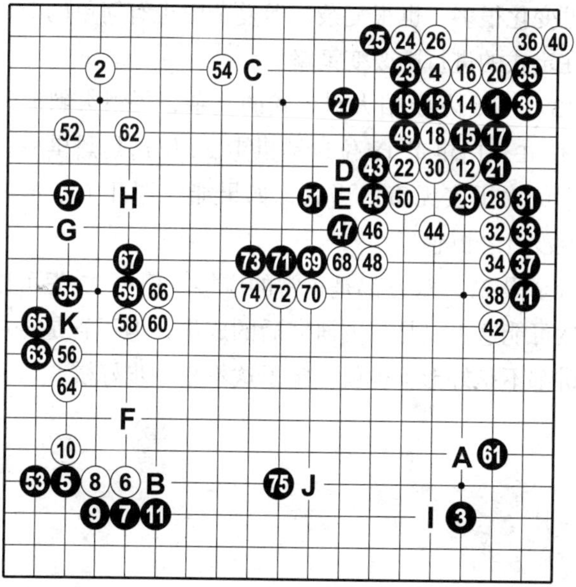

综述：在定式中求变是一个不错的想法，但变一定要变得合理，变得不吃亏，否则，就不要贸然求变。反之，对对方的变着没有应对把握时，应该挑最简单的下，避免复杂化后上当受骗。

最大的问题手是——

黑41、黑63、黑65、白22。

其次的问题手是——

黑43、黑49、黑55、黑57、黑59、白56、白62、白68。

白2与黑1形成错小目，白4立即挂角，是曾经很流行的走法。

黑7有太多的选择，实战只是其中的一种。

白12没有在B位压，演变成大雪崩定式，而是选择了在右上角大飞，形成目外大斜定式。大斜定式有“大斜百变”的称谓，可见变化很多，也很复杂，但复杂中也有简单的对应，双方都可以在定式的进行中改变策略。

黑13压出，不惧怕大斜定式的复杂，畏惧大斜的人可以选择在17位并，白棋走18位，黑棋走28位这是黑棋稍稍不满的结果，但绝对平安无事。当然，如果能掌握几个基本的大斜走法，也就没有恐惧感了。

进行至黑21，双方都是正常的应接。但白22虎可以说是新手，虽然可能这手棋是白方研究后的成果，但不管是否成立，从棋形上讲都不是好形，也就注定了这不是一步好棋。

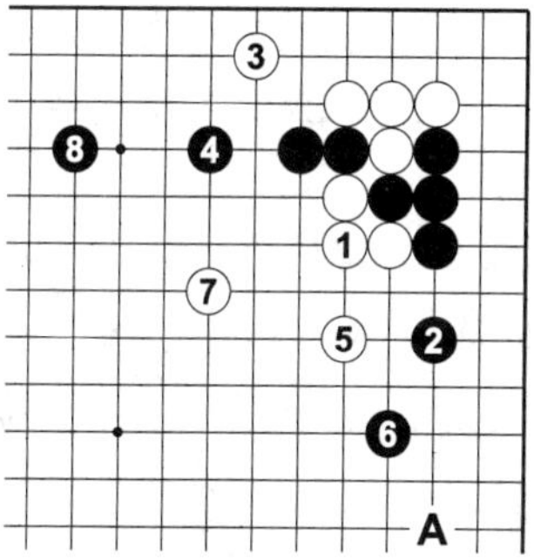

图 1

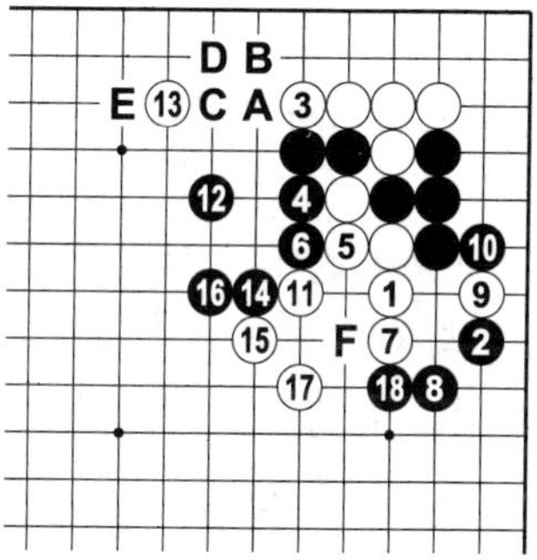

图 2

图 1　这是双方都简单的定式，但由于黑棋在右下方有小目为背景，白棋在 A 位逼的威力减小，是黑棋没有不满的变化。

图 2　白 1 长，黑 2 小飞，进行至黑 18，也是一个定式。图中白 13 也可以在 16 位跳，黑棋走 A 位，白棋走 B 位，黑棋走 C 位，白棋走 D 位，黑棋走 E 位，这也是一种变化，白棋得中央势力，黑棋取上边。还有，黑 18 也可以脱先，但在现有的配置下，黑 18 很厚实，下一手可以在 F 位扳，白 9 之子自然消亡。

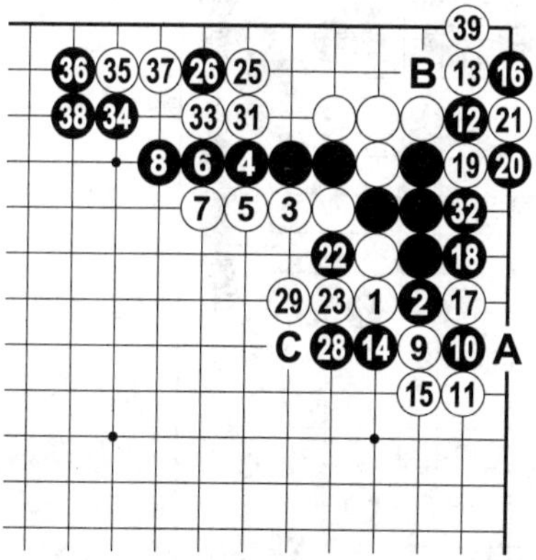

❷❹❸⓿=⓬　㉗=㉑

图 3

图 3　白 1 长时，黑 2 紧贴，这样演变成一个手数比较多的大定式，需要注意的是图中黑 14 先断打很重要，否则白 19 便不会断打，而在 A 位提一子，黑棋在 B 位断打时，白棋再在 19 位断吃，黑棋只能在 20 位开劫，但由于没有黑 14 与白 15 的交换，黑棋没有劫材。

黑 38 接后，白 39 也可以脱先，但这步棋实空很大，黑棋在 B 位断吃是先手，而且，有了白 39 以后，白棋在 A 位提成为先手，当然，此时白棋在 C 位拐也是好点。

图 3 中的定式对白棋的配置有利时，白 1 可以先在 3 位压断，至黑 8，白棋再在 1 位长，但黑棋也可能选择单在 10 位小飞。

图 2 中的定式对黑棋的配置有利时，黑 2 可以先在 3 位拐打，再在 10 位小飞。

无论哪种变化，双方都可以随机而变，但一旦进入轨道，就不能乱变了。

实战白 22 虎，让黑 23 至黑 27 先手封住白棋的出头，而白棋在右边又是软头，无法对黑棋进行强有力的封锁，明显吃亏。

白 28 扳是软头，虽然黑 31 无法在 32 位打吃，但黑 31 至黑 37 先手爬活，黑棋没有不满。

黑 41 多余，因为白棋在 41 位拐是后手，所以黑棋没有必要走，黑 41 最积极的走法是在 44 位小尖出逃。

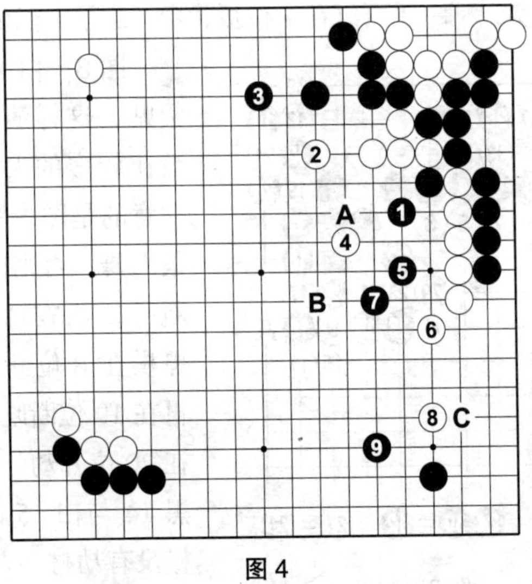

图 4

图 4　黑 1 小尖，白 2 与黑 3 交换是黑棋所欢迎的，白 4 无法枷吃黑子，只能飞攻，如果走在 5 位，黑棋走 A 位，白棋上边一块棋变薄，白 6 小飞后，虽然可以争到 8 位的挂角，但黑 9 小飞后，白棋的棋形并不完整，黑棋在 B 位跳、C 位挂都是好点，白棋比较辛苦。

黑 41 与白 42 交换，仅仅只多了边上一目棋，而中央 44 位逃出的严厉性已经大打折扣了。

黑 43 没有必要，单在 C 位或 54 位开拆即可，保留在 44 位出逃的手段比较好。

白 44 如果在 45 位先扳的话，黑棋可能会在 E 位连扳挑起战斗，也可能会在 D 位单退争取先手，这是双方都想求变的地方。

如果黑 41 没有与白 42 交换，白棋在 46 位靠可以成立。

图 5　黑 1 挖很严厉，黑 5 断打时，白 6 只能在 8 位单长，如果继续顽强，进行至黑 17，白棋全死。

实战黑 41 多余，使图 5 的变化不成立了。

黑 49 是俗手，没有必要，在帮助对方成形、成空、成眼，单在 51 位虎要好很多。

白 52 守角很大，同时在 B 位压、A 位挂、54 位拆都是大棋，每一种选择都会形成另一种结构。

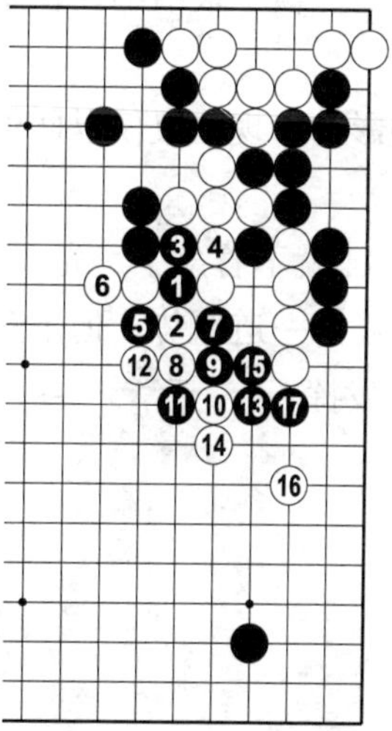

图 5

黑53、白54各占一个大场，黑55分投却不在要点上，因为中央已经有了黑47、黑51的厚势，黑棋并不担心白棋在左上方做大，而应该将攻击的重点放左下，比如在F位点。

由于已经有了黑53立，白56拆二就不大了，白棋应该在F位跳整形，将来从G位开拆。

黑57不应着急拆二，在58位飞攻是一个不错的选择，白棋只能在F位跳，那么白56与黑58小飞的交换就吃亏了。

黑57拆松缓，被白58小飞，攻守逆转。

黑59靠也不是好棋，应该尽量避免将白棋走厚，失去冲击白棋左下一块棋的机会，单在H位跳对白棋左上角有直接影响，对左下方也有间接影响。

黑61守回最后一个空角，很大。

白62缓，在I位直接侵入下方更大一些。

黑63托忙于做活过于胆小，左边黑棋三颗子根本不存在生死问题，在J位占大场是首先要考虑的。

黑65应该在K位顶，对白棋有一些影响，现在仅仅退回做活，效率太低。

白棋左下已经得到加强，白68至白74就不着急了，先在I位破空比较好，进行至白74，白棋虽然成为一道厚势，但下边被黑棋先占大场，白棋的厚势得不到充分发挥。

黑75走在J位会更合适一些。

第4局　缺乏主动

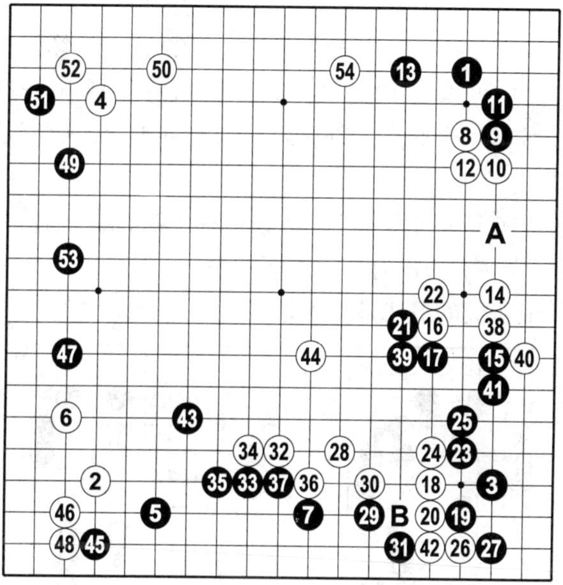

综述：布局中虽然有很多变数，但有一个基本构思却是非常必要的。为了实现这个构思，就要考虑每一种选择的结果，如果走一步看一步会失去整体性，不仅棋子相互间得不到配合，还有可能互相牵制，那样可就是最糟糕的事了。

最大的问题手是——

黑 17、黑 31、白 16、白 38、白 42。

其次的问题手是——

黑 29、白 32、白 36、白 42。

白棋走二连星，黑 5 挂后，再在 7 位拆回成为迷你中国流，是常见的走法。

白 8 高挂至白 14 是最基本的定式。

黑15拆三并逼住白棋，本来是很普通的下法，但战斗却因此打响。

白16小飞的目的是为了防止黑棋在A位打入，并对黑15产生一定影响，但却欲速则不达，反而使黑棋在右边产生种种手段，白16如果要补，就应该堂堂正正在22位跳，黑棋如果仍在17位应，白棋可以在18位挂入，黑棋如果在18位守角，白棋在17位拐跳是一个好点。补棋就一定要补干净，而不是似是而非不着边际。

由于白16位置不正，黑17有多种下法，最平稳的是在18位守角，白棋在右边没有合适的下一手。

黑17最积极的下法是打入。

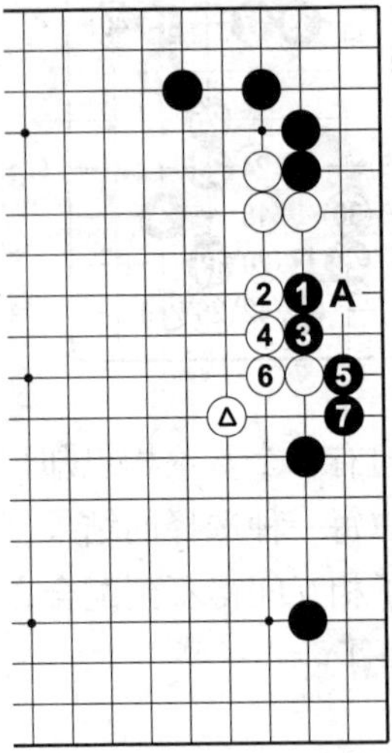

图1

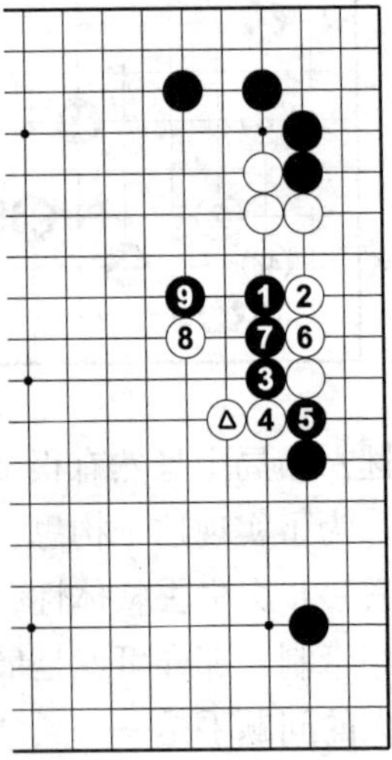

图2

图1 黑1打入，白2只能压，进行至白6几乎是必然，黑7退是为了加强右下角，此手如果在A位下立，实空上会更好一些，而白◬之子的位置明显重复。

图2 由于有了白◬之子，黑1、3、5的靠断严厉，而且使

白棋没有别的选择，进行至黑 9，白棋两块棋都需要安顿，十分辛苦。

黑 17 靠是大恶手，反而让白 16 的坏棋变成了好棋，这种跟着对方应的走法一定要注意纠正。

白 18 恨空，此手在 21 位长或 39 位扳都是好点，白棋在中央有了兵力，对全局的发展有利，无需为了一点边角的空，失去控制全局的中心点。

黑 19 小尖，不给白棋做眼的机会，白棋反而脱不开身。

白 20 至白 28，双方都是普通的应接，有可以选择的地方，但都不是大问题。

黑 29 拆一强调对白棋眼位的破坏，此手单在 37 位小尖是本形。

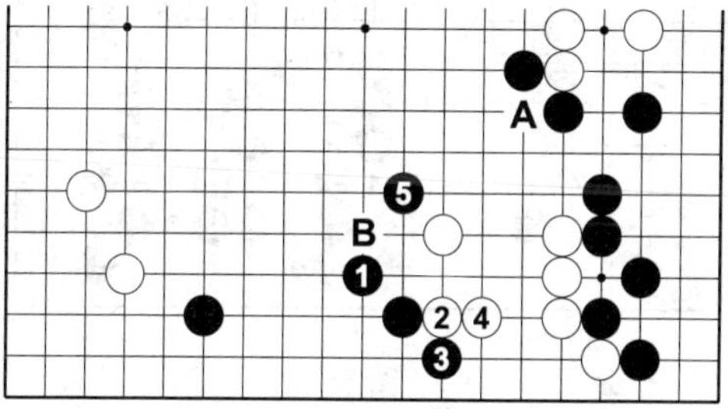

图 3

图 3　黑 1 小尖，白 2、4 如果就地做活，黑 5 小飞是好点，使白棋在 A 位的断点不那么严厉，下边的白棋如果脱先还是有些冒险，补一手又不甘心，所以当黑 1 小尖时，白 2 选择在 B 位靠或在 5 位小尖的可能性要大一些。

白 30 小尖缓，直接在 37 位飞压是好机会，一举将黑棋压在低位，黑棋很难反击。

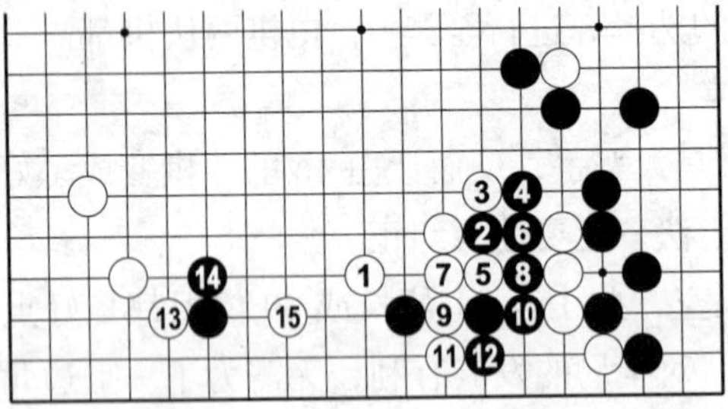

图 4

图 4　白 1 飞压，黑 2、4 连扳是手筋，但白 5 以下至白 11 先手弃子，争到白 13、15 两点，黑棋在左下边受到的损失远远大于右下方所得，黑棋不成立。

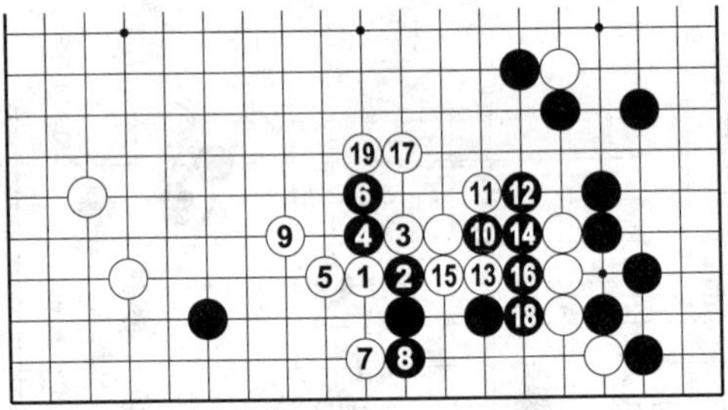

图 5

图 5　黑 2 直接冲断，白 7、9 是以左边为主，进行至白 19，黑棋吃到白 4 之子，但不足以抵抗白棋在左下方的形势，黑棋仍旧不好。

白棋如果不想弃子，白 7 也可以在 13 位尖顶，双方形成对杀，结局很有可能是双方都无生死之忧，但黑 4、6 二颗子却成为孤棋。

白 30 缓，黑 31 更坏，不论从目数上还是厚薄上，这都不是一步好棋，不仅花费了宝贵的一手棋，对白的眼位也没起到大的破坏作用。

白 32 应该在 37 位飞压，有了白 30 之子，白棋没有什么可以担心的。

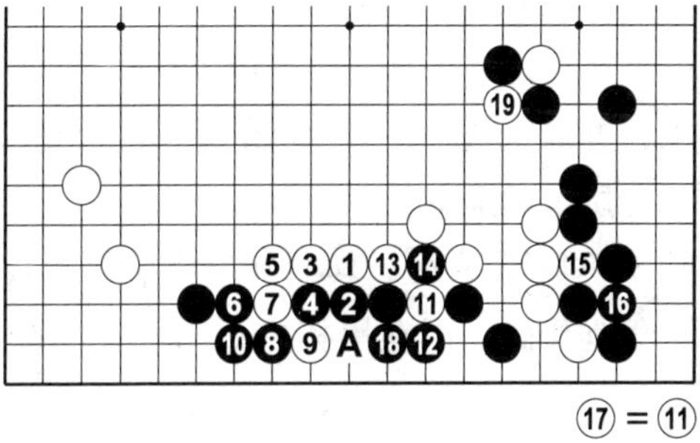

图 6

图 6　白 1 飞压，黑 2 爬过，进行至白 5 时，黑 6 如果并，白棋有 7、9 的冲断，黑 10 不肯在 A 位接，白 11、13 先手补强，再在 19 位断，中央就全部成为白棋的势力。

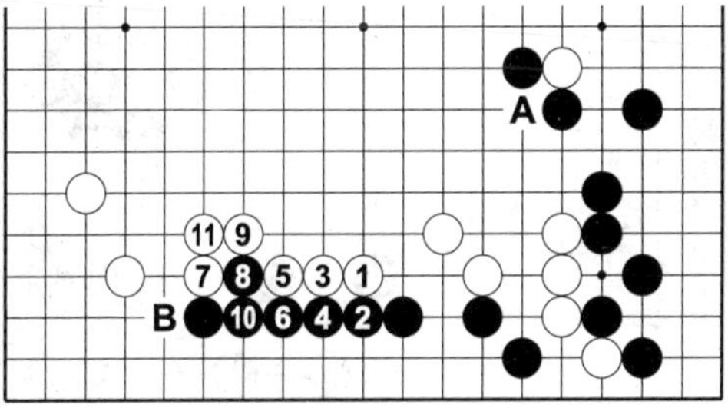

图 7

图 7　本图的结果与图 6 大同小异，白棋虽然没有走到 A 位的断，但下边将黑棋全部封了进去，白棋角上在 B 位虎也很大，黑棋依然不好。

白 32 过于温柔。

黑 33 飞到成形，与图 6、图 7 大不一样。

白 36 多余，应该保留。

白 38 顶不知是什么意思，此手单在 39 位断是正着，即使黑 39 在 40 位应，白 38 顶也是损着。

白 42 见小，这只是一个官子，不应该在布局时走。

黑 43 出头，并成为先手，白 44 在黑棋的厚势下只能出逃，白 38 的失误越发显露了出来。

黑 45 至黑 53 调子非常好，转眼间就将形势挽救了回来，白 54 虽然最大限度地开拆，但在黑棋左边与中央的配置下，白棋难有大的发展。

第 5 局　忽略大局

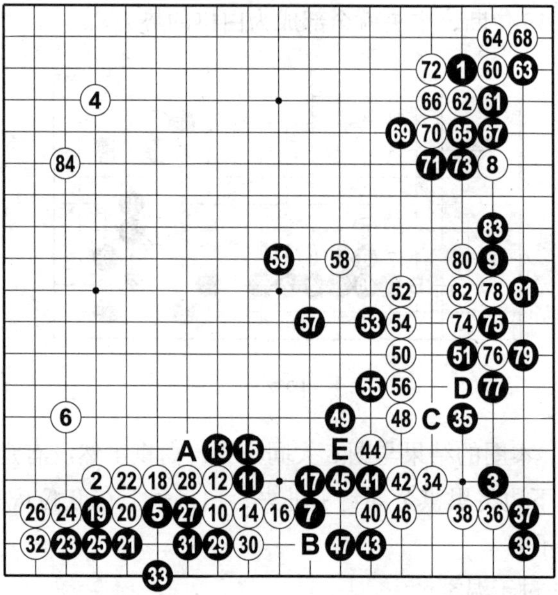

综述：不论是做空还是做模样，一定要顺其自然，如果勉强生硬去围，往往是“赔了夫人又折兵”。而且，如果已经决定做模样了，就不能再计较边角空的得失，否则就是自己跟自己打仗，对方不费力气就会取得优势。

最大的问题手是——

黑 23、黑 39、黑 43、白 36、白 48。

其次的问题手是——

黑 11、黑 29、黑 35、黑 41、白 30、白 40、白 52。

本局与上一局一样，只是白 8 挂的位置发生了改变，不是在 65 位高挂而是走大飞挂，黑 9 也选择了夹击，而不是注重角空，这样完全成为了另外一种格局。

白 10 脱先在左下方打入，此手不能说不好，但左下方如果落一个后手，被黑棋在 61 位尖到，就太大了，白 10 还是正常完成定式合理一些。

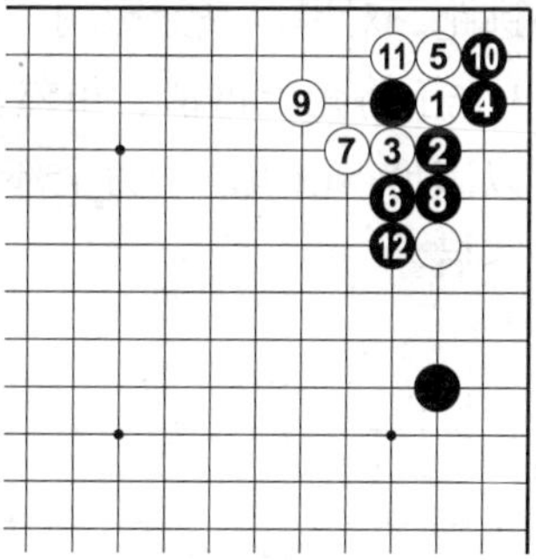

图 1

图 1　这个定式白棋虽然在角空上没有占到便宜，但却很厚实，而且还是先手，再去抢占别的地方也来得及。

而且，就打入而言，白 10 在 11 位、14 位的走法也有。

黑 11 想做右边的模样，想法并不坏。

其实，黑棋脱先不应也是一个好的想法。

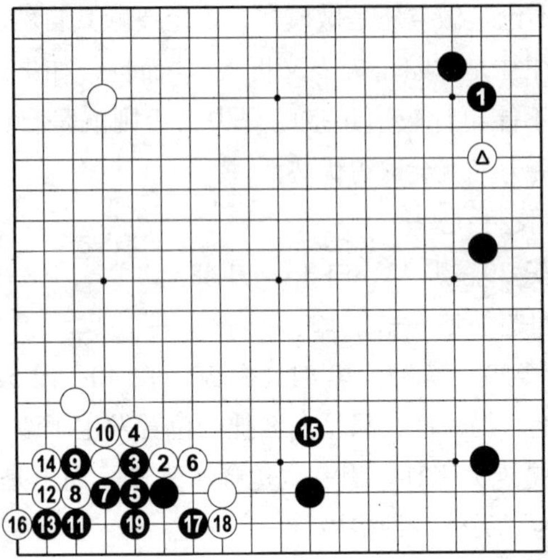

图 2

图 2　黑 1 先抢右上角的小尖，白△之子处于危险被攻状态，动出也只是单纯逃跑，对黑棋毫无影响，左下白 2 如果想封住黑棋，黑 3 至黑 13 先手将角上做活，虽然活得很小，但黑棋抢到了两个大场，可以满足，白棋的子力全部集中在左下角，得利并不多，白棋全局落后。

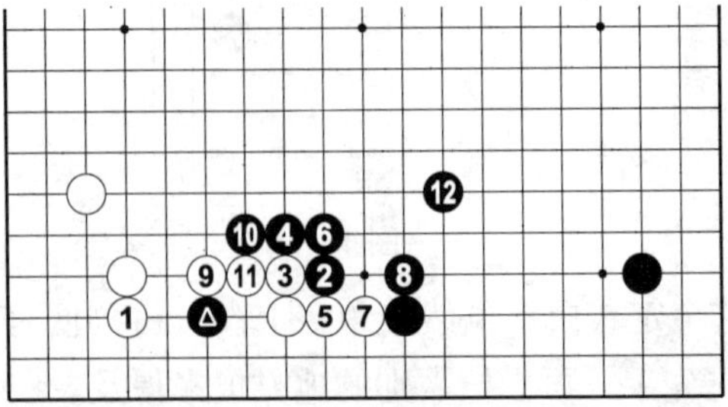

图 3

图 3　白 1 扎钉先守角，将黑▲之子赶出去攻击，此时黑棋

再如实战的走法弃子也非常充分，黑棋的外势十分可观。

黑 11 立即在左下角定形，效果大不一样。

进行至白 18，黑棋已经不能如图 3 那样弃子，因为黑棋走 A 位长时，白 20 虎一手补净，白棋在角上省略了一手棋，这是黑棋无法接受的。

黑 19 托时，白 20 在 24 位扳是一种下法。

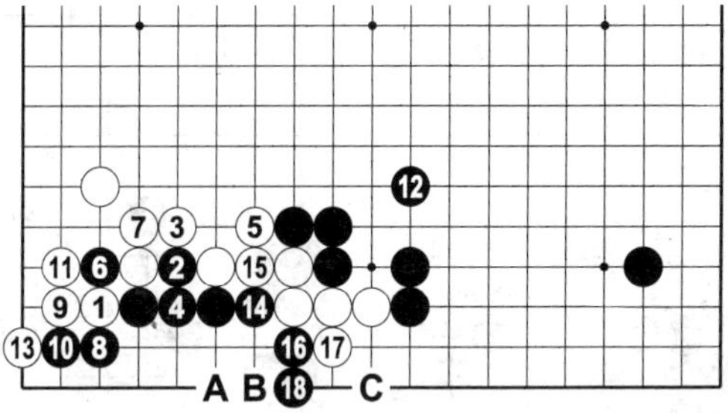

图 4

图 4　白 1 扳，黑 2 只能挖，进行至黑 18，黑棋将来在 A 位点可以吃掉黑 16、18 两颗子，黑 18 如果补在 B 位，白棋在 C 位小尖成为先手，对黑棋右下方影响增大。

白 20、22 挖接也是一种选择，黑 23 应如图 5 进行。

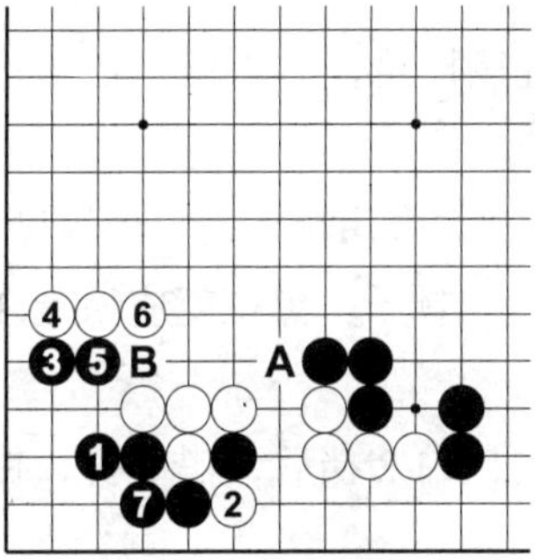

图 5

图 5　黑 1 长进角必然，白 2 断吃，黑棋借 3、5 的先手，再在 7 位接，角上活干净了，并把白棋的角空全捣空，将来还留有 A 位长、B 位冲断的余味，白棋的结果不如图 4 好。

实战黑 23 虎太坏，使白 20 挖的效果发挥到了极致，白

26 下立，黑 27 必须靠顶才能做活，白 28 顺手接上，黑棋没有任何利用手段，明显大亏。

虽然已经是大亏损，但黑 29 也应该在 31 位单立，白棋走 32 位，黑棋走 33 位就地做活，黑 29 扳是一步大俗手。

白 30 挡随手，应该单在 32 位拐。

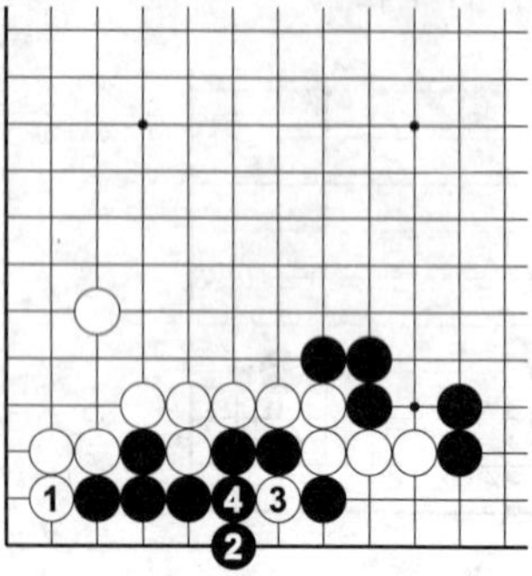

图 6

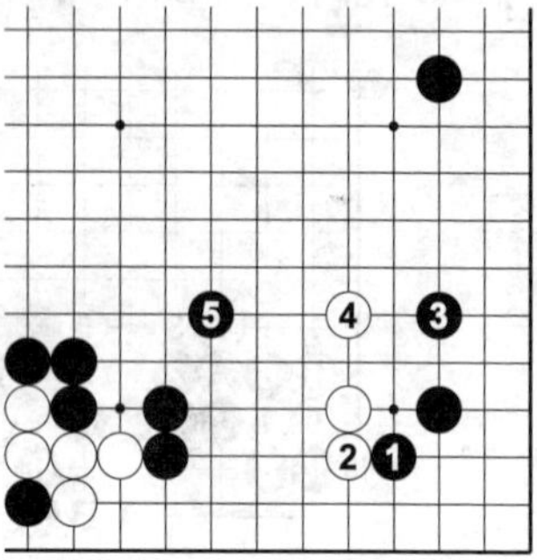

图 7

图 6　白 1 单拐,黑 2 只能倒虎,这是活得最干净的,白 3 打吃后,将来在下边有各种各样的先手,而且还是劫材,黑棋更亏。

白 30 挡后，白 32 再拐时，黑 33 活干净了，黑 29 和白 30 的错误相互抵消。

借助白棋在左边的厚势，白 34 直接挂角，对黑棋下边一块棋发起进攻。

黑 35 小飞，尽量走在高位，对黑棋下边几颗子是一个援助，想法没有错，但正因为要援助黑棋下边几颗子，黑棋就应该走在低位，不给白棋借用。

图 7　黑 1 小尖是保持实地的走法，白 2 挡后，黑 3 拆，白 4 跳成为后手，黑 5 补回左下一块棋。

白 36 托角见小。

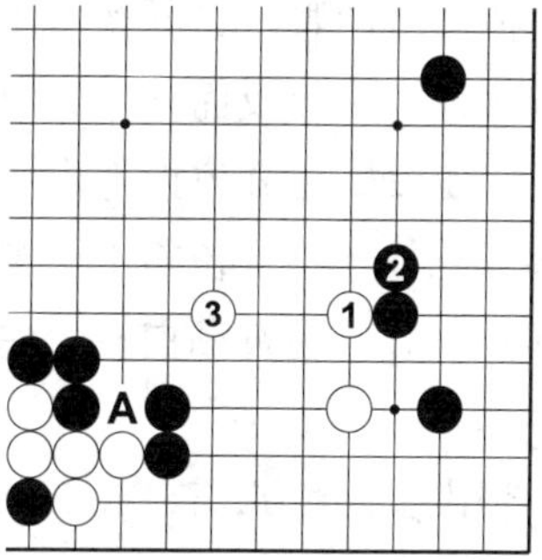

图 8

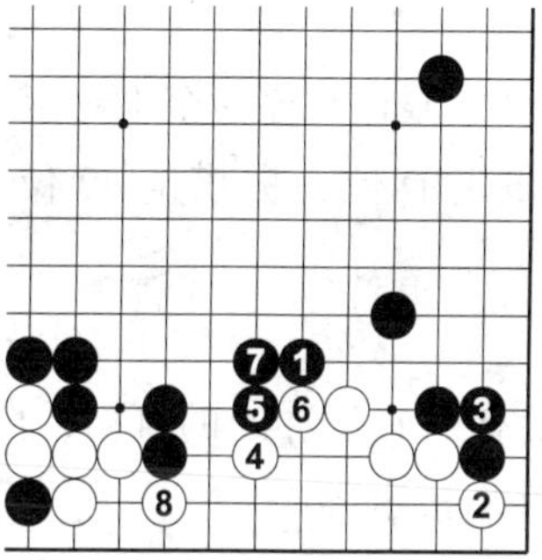

图 9

图 8 白 1 借势压，黑 2 长后，白 3 大跳是好点，由于有 A 位的冲断，黑棋行动不便。

黑 39 是一个机会，此时在外边封住白棋出头是一个关键。

图 9 黑 1 很重要，白 2 扳角是局部小利，黑 3 可以脱先他处，即使是接，进行至白 8，白棋在下边也就 15 目棋，但黑棋外边的势力却无法估算，所以说当初白 36 是一个失误。

黑 39 错失良机，白 40 小飞着点有误，下边双方走都是小地方，不用着急，还是应该如图 8 的走法。

黑 41 跟着白棋犯错误，双方都在小地方纠缠不清，没有全局观念。

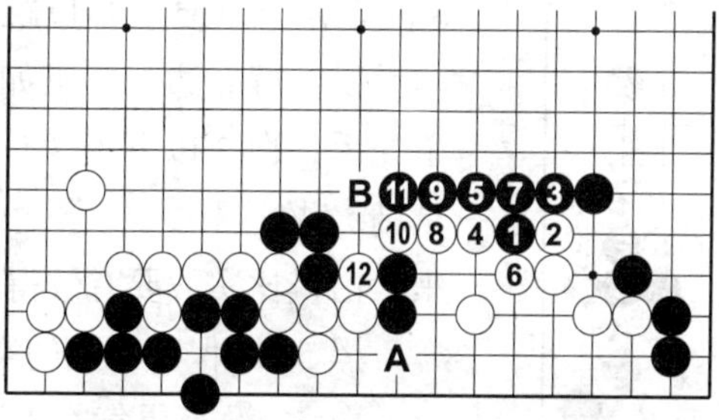

图 10

图 10 黑 1 飞封，白 2、4 俗手出头，当然也可以在 A 位扳

过，黑棋也可以脱先。进行至白 12 吃掉黑棋两颗子，并留有 B 位扳出，有一定的收获，但黑棋的外势太厚，白棋反而吃亏。白 12 如果脱先，黑棋在 12 位接是先手，并使白棋在 B 位扳不再成立，价值很大。当初白 2 如果不去撞厚黑棋，单在 4 位靠出，黑棋走 5 位，白棋走 8 位，黑棋在 9 位压后，在 6 位冲断白棋，白棋也不好。因此，实战白 40 是一步坏棋。

黑 41 压在一般情况下是手筋，但却用错了地方，被白 42 顶后，黑棋再也封不住白棋了。

黑 43 夹过分，只能在 44 位长整形，让白棋留有在 B 位扳过，这也是没有办法的。

被白 44 先手打吃后，黑棋棋形变坏，眼位与厚薄全不对了。

白 48 缓，应该在 C 位先压，黑棋走 D 位，白棋走 49 位，这是双方棋形的要点，十分重要。

黑 49 跳，终于可以宽松出逃了。

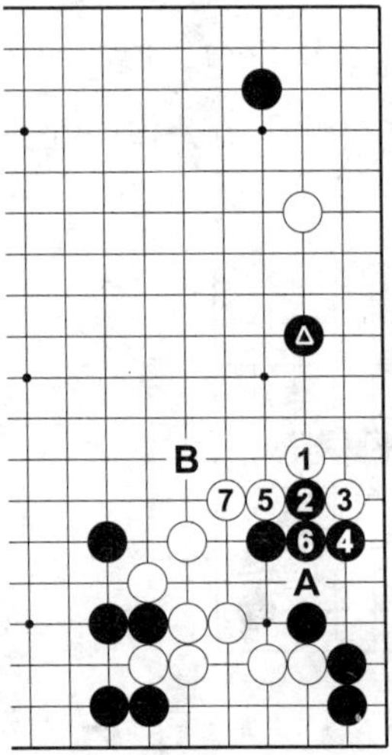

图 11

如果没有在 E 位冲断的打算，白 50 不如先在右边定形。

图 11　白 1 先打入，为了防止白棋在 A 位夹，黑棋必须补，如果单在 6 位立，白棋便在 B 位跳，黑棋难以一手棋补好右边，黑棋如果在 2 位顶争先手，白 3 以下虽然是俗手，但却是清楚的连接，黑▲之子被分隔开来，白棋比实战要有效得多。

黑 51 跳保住右边的空。

白 52 没有勇气在 E 位冲断，仅仅是又跳了一步，这样使白 50 成为缓手。

黑 53 以下整形，黑棋下边一块孤棋不仅可以安心，在中央还形成了一点势力，这是白 48、50 失误造成的。

白 60 终于走回右上角，在下方有一块没有完全活干净的棋，白 60 托的作用今非昔比。

黑 69 注重对白棋下边一块棋的攻击，但没有必要，因为白棋做活很容易，黑现在要注重的是对空的争夺。

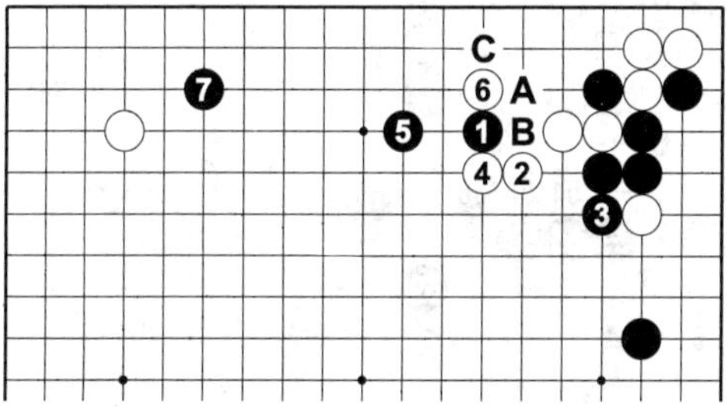

图 12

图 12　黑 1 从上边逼，白 2 小尖后，黑 3 再补，进行至黑 7，由于黑棋在左上有 A 位扳，白棋走 B 位，黑棋走 C 位的利用手段，上边有许多先手，使白棋难以打入，黑棋在上边也能建立一个新阵地，这样可以保持全局实空的平衡，等待机会。

实战黑 69 至黑 73，虽然隔断了白棋的连接，但白 74 以下先手做活，抢到白 84 小飞的大场，黑棋全局明显落后。

第6局　被吃无奈

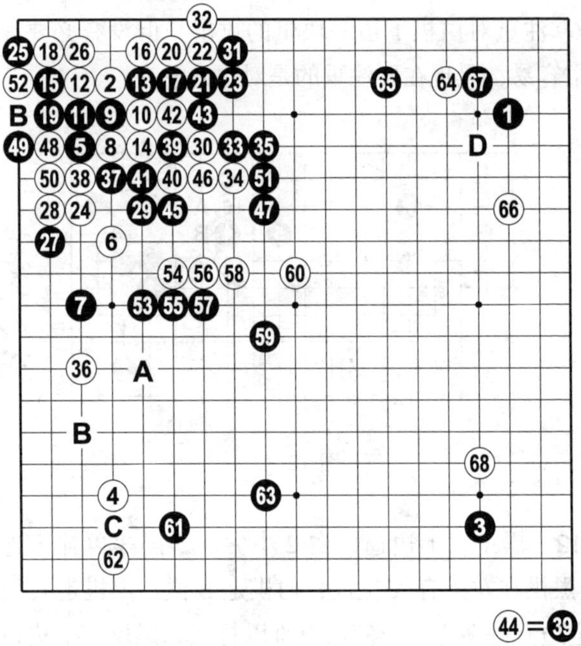

综述：弃子是一个很好的战术，但在定式中就弃子，未免太早了一些，而接受弃子的一方，绝不能因为吃掉了对方几颗子就束手束脚，反而影响了布局的速度，到最后反而得不偿失。

最大的问题手是——

黑13、黑55、白36。

其次的问题手是——

黑19、黑61、黑63、白32、白54、白62、白66。

白棋以星向小目对抗黑棋的错小目。

黑 5 低挂，白 6 二间高夹，都属于正常。

黑 7 反夹开始变着，先在 39 位跳，白棋走 21 位，黑棋再在 7 位反夹比较合适。

白 8 压是不让黑棋再次脱先的走法。

黑 9 单在 11 位长是正着，但由于有了黑 7 之子，黑棋可能担心白棋如图 1 的下法。

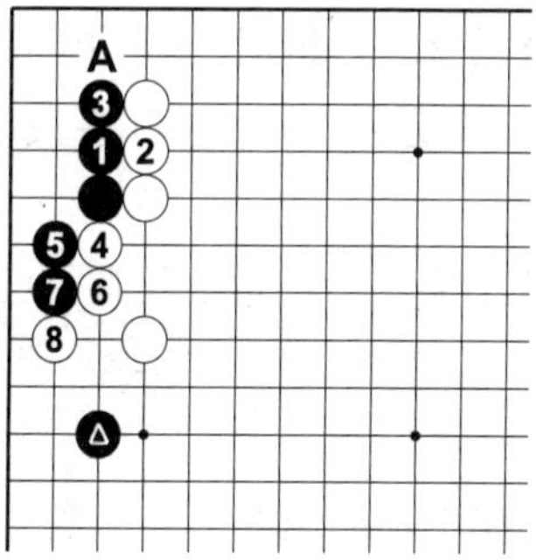

图 1

图 1　黑 1 长，白 2 接，进行至白 8，黑▲子的位置非常不好，显得有些多余，角上白棋在 A 位扳接还是先手。

不过，白 2 接时，黑棋可以如图 2 进行。

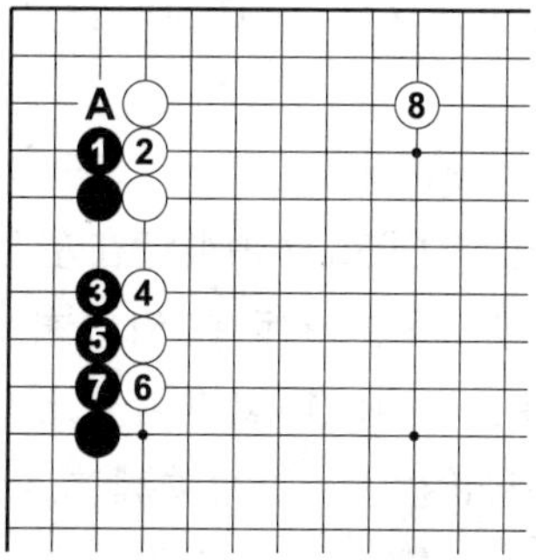

图 2

图 2　黑 3 先跳，白 4 如果在 5 位挡，黑棋有在 4 位冲的反击手段，成为激战，白 4 压稳健，黑 5 爬回，白 8 可以开拆大场，也可以直接在右上方挂角，左上角白棋在 A 位拐也很大，这是黑棋取地，白棋取势的走法。

黑 9、11 挖接后，黑 13 断无理，在上方没有任何配置的情况下，黑 13 只能如图 3 进行。

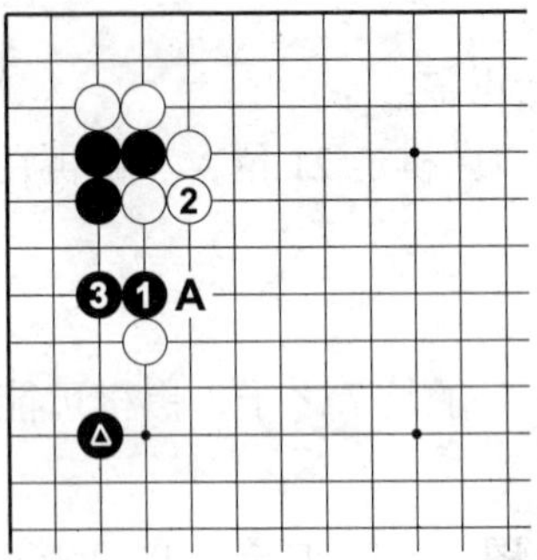

图3

图3 黑1碰是常用的手段，白2接是本手，黑3之后，白棋可以选择脱先，也可以选择在上边开拆，也可以选择直接在A位扳住。从局部上讲，白棋有主动选择的权力，对黑棋不是一件愉快的事。但由于黑棋过早走了黑▲之子，只能以此善后。

当白18扳角后，黑19在27位大飞是唯一的应急手段，不能再贪图角上的一两颗子。

白20、22两步是先手，再在24位小尖，黑棋角上几颗子已经失去了活路。

黑27先手飞不能减少角上的损失。

黑29点冲击白棋的要点，但白棋哪里都能出头，也就失去了严厉性。

黑31拐虽然是先手，但白32不应该贪恋边上目数，而应该在38位补，黑棋在外边很难有利用手段，这样是白棋有利的结果。

黑33、35靠退扩张上方的模样，十分正确。

白36反夹太着急了，由于白32失误，白36必须继续在左上角应对，如果平稳的话在40位倒虎，如果积极的话在51位压，此时绝不能脱先。因为一旦被黑棋封住，白棋吃掉黑棋角上几颗子的价值就变小了，反而不如黑棋的外势价值大，这很关键。

黑37至黑51是非常漂亮的手段，一气呵成让白棋收气吃黑棋，黑棋在外边先手筑成一道铁壁，黑棋因为定式错误，反而成为弃子成功。

黑 53 跳出后，形势已经从劣势转为了优劣不明，由此可见白棋被滚包后招致了多大的损失。

白 54 飞出急躁，虽然优势不在，但也应该在 A 位跳，下一手再去分断黑棋，这样才能起到攻击的效果，黑棋如果在 57 位补，白棋就可以抢先占领别的大场了。

黑 55 方向完全错误，应该在 A 位跳。

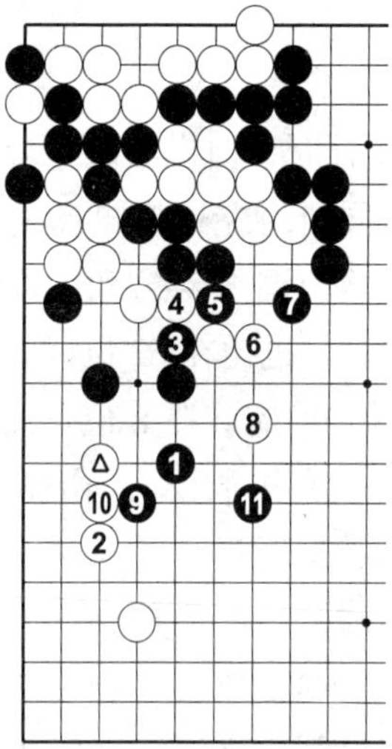

图 4

图 4　黑 1 先跳加强自身，白 2 如果在 3 位贴，黑棋便在 9 位靠，白◬之子就逃不出去了。白 2 不肯退让，进行至黑 11，白棋在中央也出现了一块孤棋，对黑棋在上边和下边成势大有好处，这比黑棋自个逃跑要强许多。

黑 55 至黑 59 在帮助白棋走强，同时，还使自己几颗子落在了白棋的口中，白棋在 B 位单提，黑棋就回不了家了。

黑 61 挂角方向不好，既然有了黑 53 至黑 59 几颗子，黑棋就应该在 B 位打入。

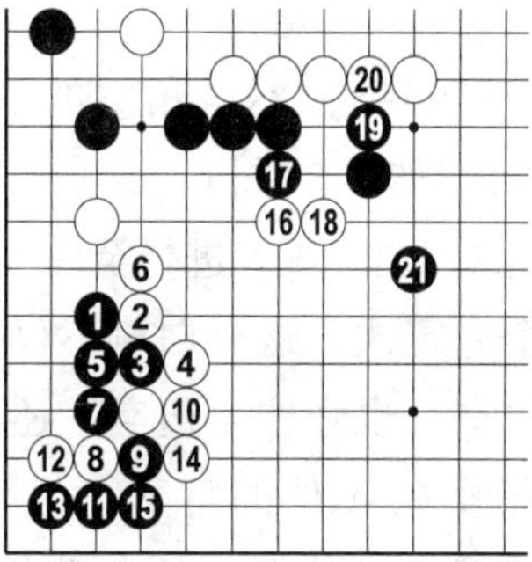

图 5

图 5　黑 1 打入，白 2 压，黑 3、5 挖接，白 6 如果一颗子都不肯弃的话，进行至黑 21，黑棋不仅得到了角空，而且左边一块棋出头在外，白棋难以进行攻击。

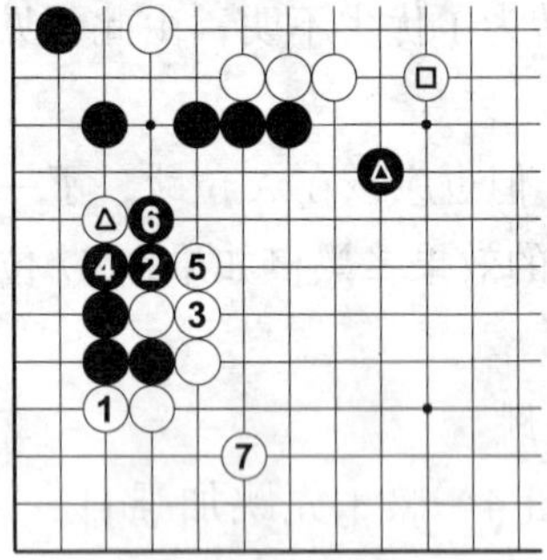

图 6

图 6　白 1 挡角，让黑棋吃掉白△之子，虽然对黑棋左边一块棋再也没有攻击的可能，但白 7 小飞后实空很大，还有一道外势。同时，使黑▲之子白□之子的交换成为了坏棋，白棋虽然落了后手，但还有价值，这是双方各有所得的结果。

黑 61 挂时，白棋应该尽量顾及左边，同时对左边黑棋产生影响，白 62 绝不能单纯守角，即使要守，在 C 位也比在 62 位好。

黑 63 仍旧应该在 B 位打入。

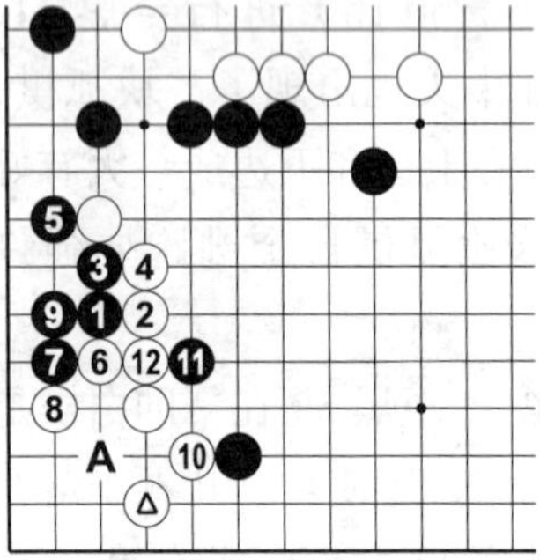

图 7

图 7　黑 1 打入，白 2 压时，黑 3、5 顶过，白 6 虎时，黑 7、9 扳接既补了自身的不足，又产生了 A 位的断点，白△之子的不妥就显露出来了，白棋无论补在哪里，黑棋都已经得到了便宜。

白棋如果舍不得角空的话，白 62 可以如图 8 进行。

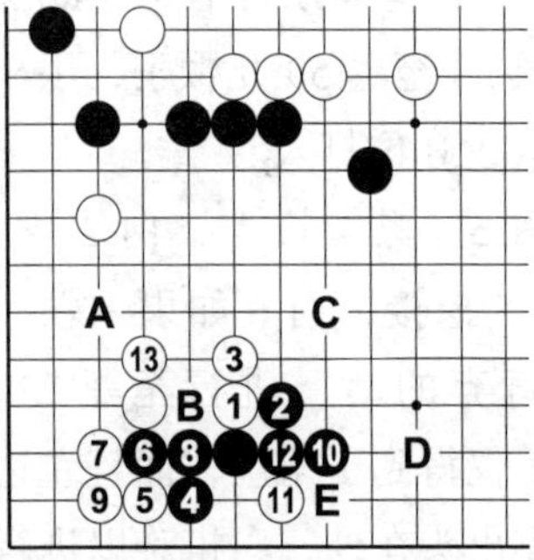

图 8

图 8　白 1 压，进行至白 13，是一个老定式，这样白棋不仅守住了角空，也守住了边空，还解消了黑棋在 A 位的打入。黑 10 如果直接在 A 位打入，白棋在 B

位接先手，立即产生 12 位的断点。所以，黑棋在下边没有补断前很难打入。

进行至白 13 后，黑棋下边虽然得到了加强，但白棋在 C 位可以继续攻击黑棋左边一块，在 D 位逼后可以伺机在 E 位爬回，比实战变化多而且生动。

黑 63 大飞补回松缓，应如图 7 进行，效率要高许多。

白 64 抢得先手在右上挂角，很大。

黑 63 一间夹是最紧凑的一种走法。

白 66 变调没有必要。

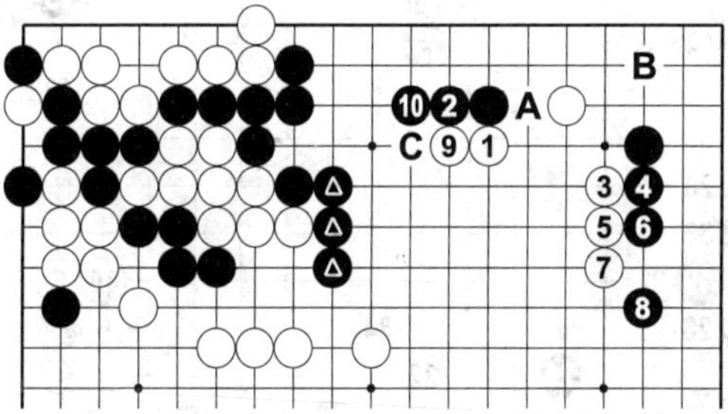

图 9

图 9　白 1 先压，为了不给白棋借用，黑 2 只能退，白 3 飞压，进行至黑 10，白棋可以在 A 位顶，产生在 B 位小飞、C 位压的后续手段，也可以脱先。由于白 1 至白 9 几颗子的存在，黑▲之子的厚势价值所剩无几。

被黑 67 尖顶后，白棋将来只有在 D 位飞弃子，实空有些损，但出逃的话又有些笨重。不过，黑 67 的最佳下法是在 D 位小尖，收获会更大一些。

第7局　掉入陷阱

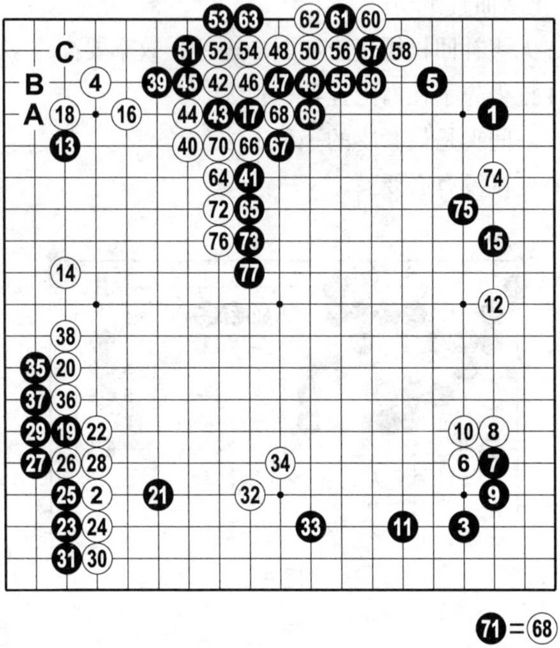

综述：由于现代围棋追求快速布局，双方在布局中就发生战斗是常有的。全局一盘棋，任何阶段都是一个大概的划分，但不论是在哪个阶段发生战斗，没有计算盲目而行，再好的布局优势也会付之东流，这是很可惜的。

最大的问题手是——

黑35、黑39、白42、白50。

其次的问题手是——

黑 17、黑 23、黑 33、白 22、白 36、白 50。

黑 5 没有在左上挂角，而是在右上守角，这是很平衡的一个选择。

白 6 高挂至白 12 拆，双方都选择了最常见的定式。

对黑 13 挂，白 14 三间低夹，贯彻平稳布局的方针。

黑 15 脱先抢占右边拆三是一个好点，但继续在左上演变定式也不坏，对于白棋三间低夹，在这里介绍几个最基本的定式。

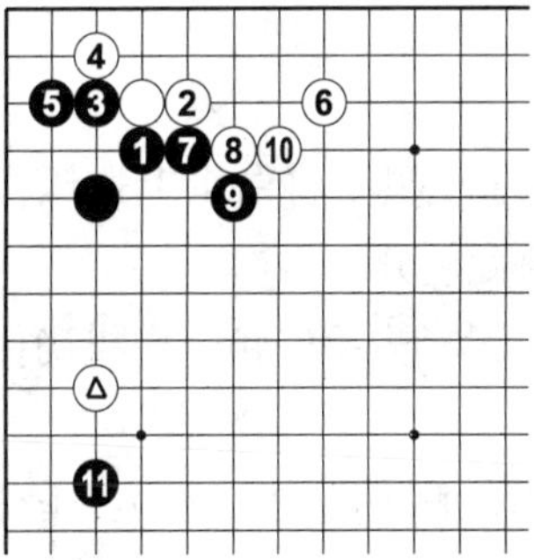

图 1

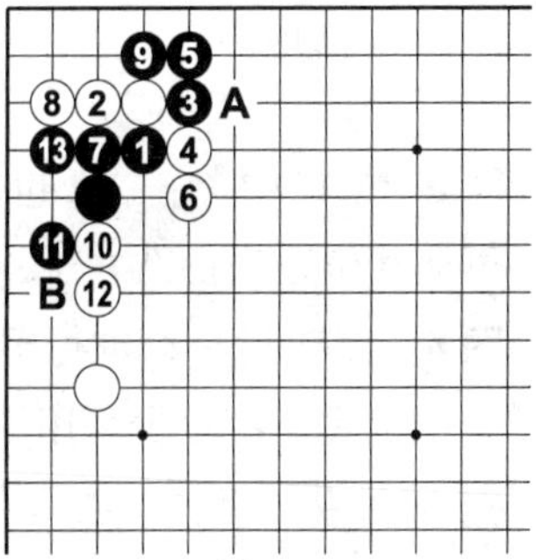

图 2

图 1　黑 1 尖顶至黑 5 是黑棋就地安定的定式，根据上边的配置，白 6 可以在 10 位小飞。还有，黑 7、9 与白 8、10 交换很有必要，如果单在 11 位夹，被白棋在 9 位小飞，黑棋无法对白△之子进行攻击，自己反而要忙于安顿。

图 2　这是黑棋得角空、白棋取外势的定式，黑 13 挡后，白棋脱先的比较多，保留在 A 位扳与 B 位拐的先手，是各取所需的结果。

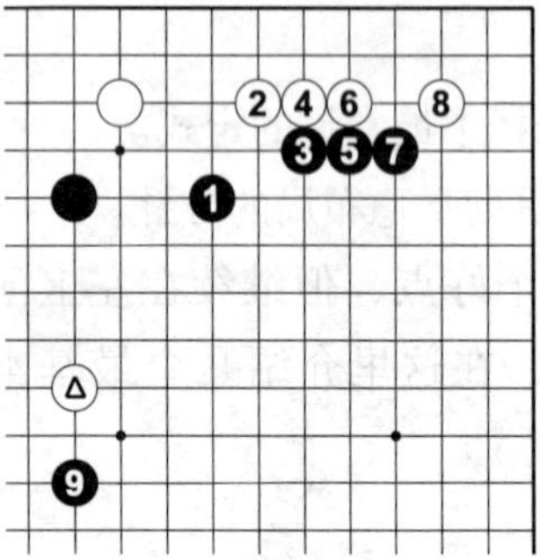

图 3

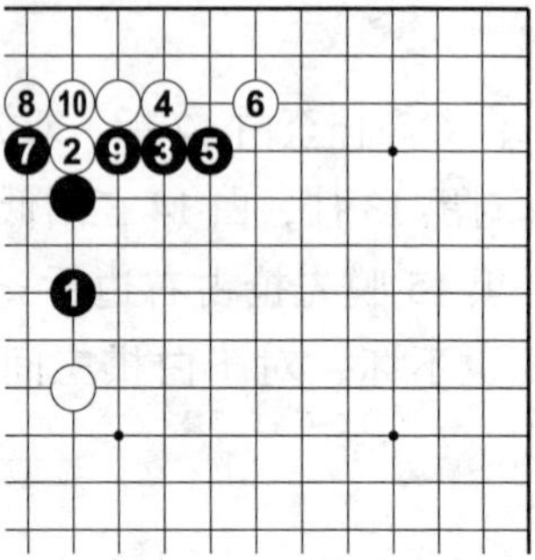

图 4

图 3 黑 1 大跳，白 2 也跳，黑 3 至黑 7 将白棋上边压在低位，再从 9 位攻击白◎之子，战斗由此展开。

图 4 黑 1 拆一，进行至白 10，黑棋先手安顿，白棋确保角空，这个定式现在较少采用了。

白 16 小尖，黑 13 之子处在白棋三颗子的攻击之中，十分孤单。

黑 17 再次脱先，抢占上边大场，想法不错，但占大场的位置不好，还是在 68 位比较合适，留有在 44 位、45 位的大拆，白棋在上边打入也会困难一些。

白 18 尖顶，黑 13 之子难以再动出了，以后黑棋只能设法浅消白棋左上方的大模样。

黑 19 挂角，白 20 夹是眼见的好点。

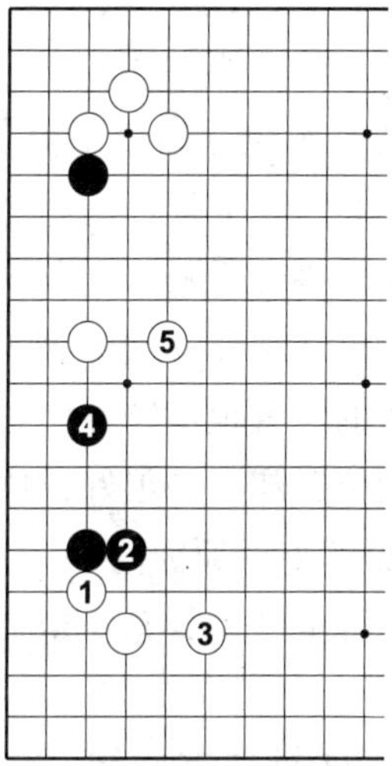

图 5

图 5　白 1 尖顶，黑 4 拆二时，白 5 跳，一边对黑棋左边三颗子攻击，又扩大加强了左上方的模样。

黑 21 反夹时，白 22 压过于普通，对黑棋的攻击性不强，白棋应该充分利用在左边的强势，借助攻击黑棋将左上方的模样变成实空。

图 6　白 1 尖顶，让黑棋走重，黑 2 长时，白 3 尖断，黑 4 至黑 8，虽然吃掉白棋一颗子，但眼位并不确定，黑 10 下立时，白 11 跳，黑棋已经很难出头了，如果在 A 位压，白棋在 B 位拐，黑棋左右两块成为自相残杀，黑棋不能出头，只能靠在 C 位断打劫争，这是唯一的办法。

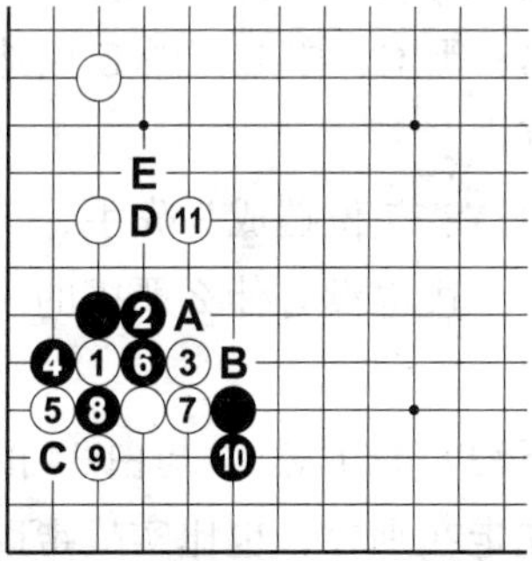

图 6

图中黑 10 也可以先在 D 位压，白棋走 E 位，黑棋走 11 位，白棋走 10 位，黑棋左边一块依然没有安定，但白 10 扳后角空非常大。因此，白 3 小尖时，黑 4 不能贪吃白 1 之子，可以考虑先在 D 位压，形成变化比较多的一种走法。

白 22 压，黑 23 点角是常规的走法，根据双方现有的结构，黑棋可以选择图 7 的下法。

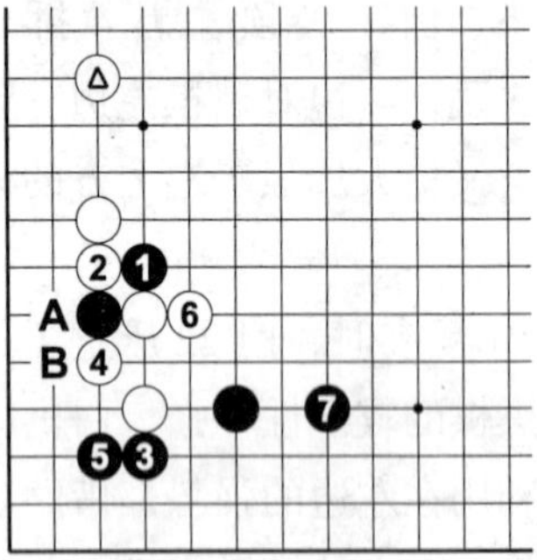

图7

图7　黑1扳，进行至黑5必然，白6当然可以不补，但黑棋走A位，白棋走B位，黑棋在6位先手打吃，对白棋左边的形势有所限制，白6长忍耐，黑7跳补，这样黑7与右下角的配置很不错，而白◎之子的位置却不是很好，这也是白22不好的原因。

进行至黑31，角上定式告一段落。

黑33拆二有些缓，应该立即如图8进行。

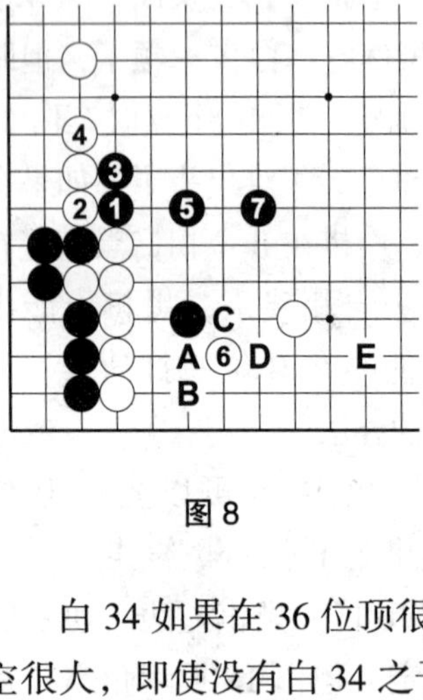

图8

图8　黑1直接扳出，进行至黑7，黑棋自然将白棋左边的大模样打散，白棋在左下边也成不了大空，将来黑A、白B、黑C、白D、黑E仍然是好点。

白34如果在36位顶很坚实，并且在37位挡成为先手，实空很大，即使没有白34之子，黑棋在下边也没有什么严厉的手段。

黑35见小，仍旧应该按图8的下法，有了黑33与白34的交换，黑棋更加有利。黑35哪怕脱先走在别处，也比实战帮助白棋筑成厚势要强许多。

黑39离白棋太远，容易让白棋借势成空，现在全局的焦点在中央，而不是边角。而且，黑39即使要走，也应该在A位扳，与白棋在B位挡交换，将来黑棋有在C位点的手段，如果将黑13之子完全送死，以后再在A位扳，白棋就不会在B位挡了。

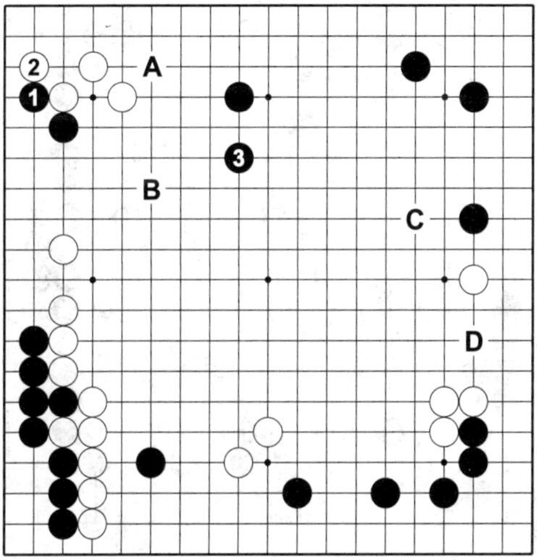

图9

图9　黑1与白2交换，然后凭空在3位跳，为逃出左上方两颗子做准备，同时保留A位的大官子，白棋在B位补的话，黑棋在C位跳，一方面又觑着D位打入，右上角的模样也成为立体形。

在没有交换角上的次序之前，黑39大飞方向有误，被白40小飞后，黑棋再也没有机会在A位扳了。

黑4跳及时回头非常好，如果继续在43位应，白棋走41位，那样黑就没有什么希望了。

白42突然变调，将很有趣的布局变成败势。在这个地方白棋不要与黑棋纠缠，保留在45位的靠已经可以满足，先在中央72位飞才是大局的要点。

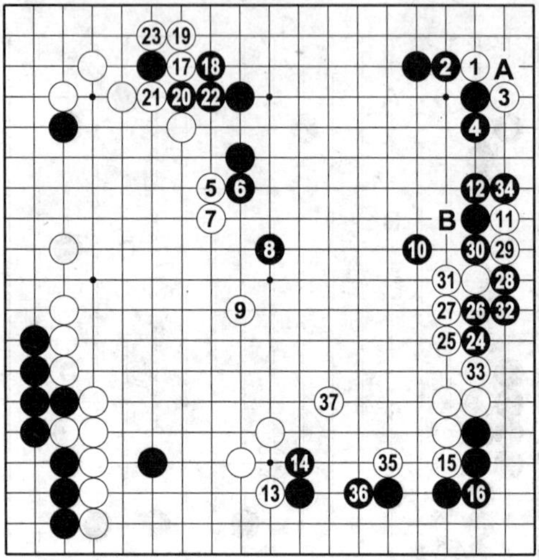

图 10

图 10　白 1、3 先在右上角留下活角机会，黑 4 如果在 A 位吃，白棋在 4 位先手打后，就可以在 B 位先手压缩黑棋的大模样。以后的走法双方都可以有不同的选择，但按照一般走法来定形的话，进行至白 37，是白棋有望的局面。

被黑 43 冲断后，白 42 之子已经是骑虎难下、进退两难了。

白 46 以下硬着头皮往外逃，没有一点计算，如果白 50 先在 51 位扳的话，还可以勉强吃掉黑棋三颗子。

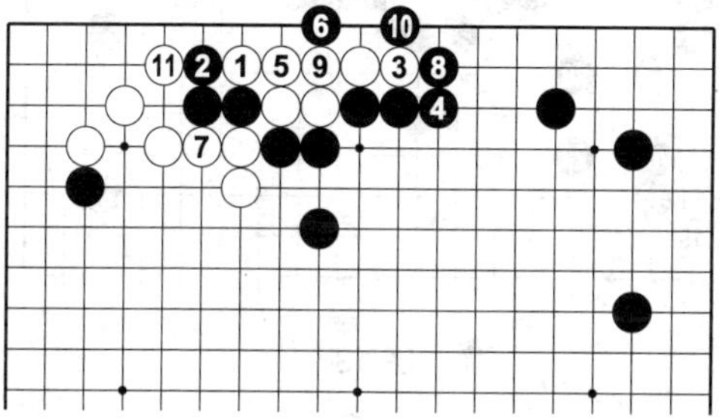

图 11

图 11 白 1 先扳，避免让黑棋先手立，黑 2 挡后，白 3 再爬，这样进行至白 11，白棋正好快一口气杀黑。

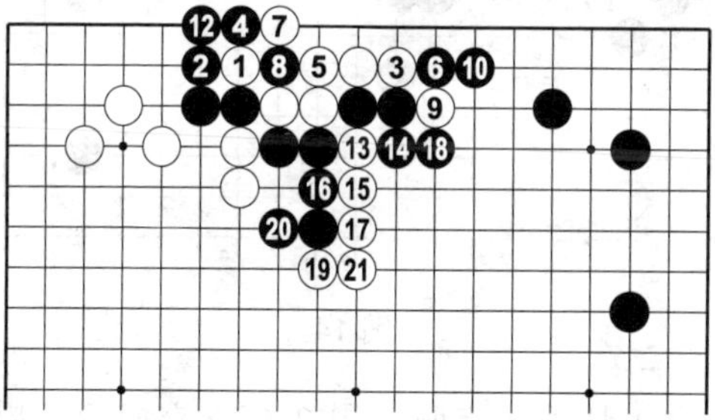

⑪ = ①

图 12

图 12 白 3 爬时，黑 4 在一路先打，白棋此时不能在 8 位接，否则差一口气，黑 6 也不能在 9 位退，只能扳住杀气，进行至白 21 后，双方成为生死大劫，黑棋相当危险。所以，黑棋会采用更为安全的走法。

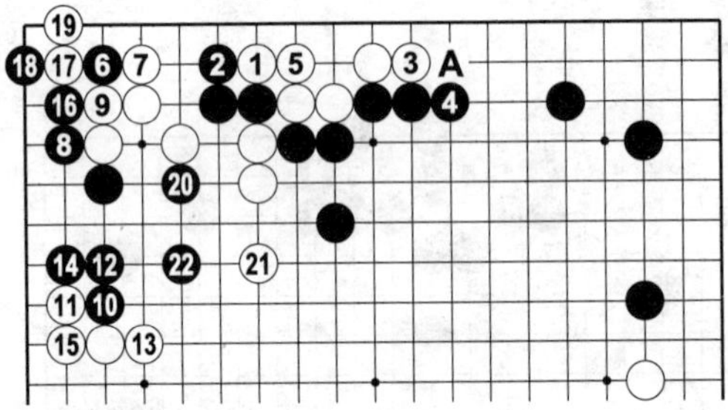

图 13

图 13　白棋接时，黑 6 先点，此时白 7 只能挡，黑 8 开始在左边做活，进行至黑 22，白棋基本上已经无法杀黑棋了。黑棋活干净后，在 A 位拐仍然是先手，白棋吃掉黑棋三颗子也不便宜。

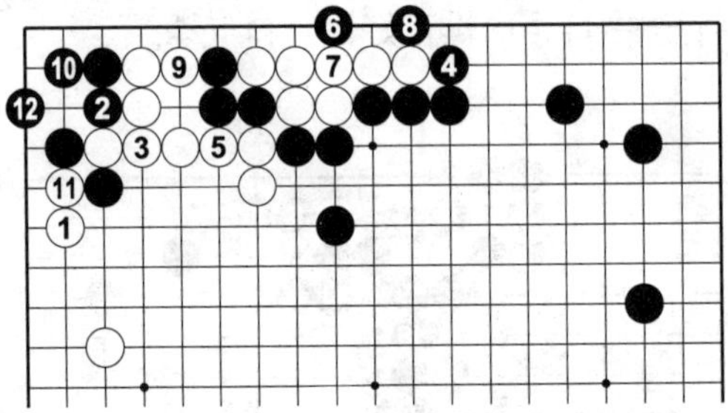

图 14

图 14　白 1 从外边点眼，黑 2 打吃交换后，黑 4 至黑 8 先手收官，再活出左上角，白棋同样损失惨重。

所以，即使白棋勉强吃掉黑棋三颗子，也是吃亏的结果。当然，这比实战全部送死要好，进行至黑 63，白棋等于送给黑棋一份大礼。

白 64 再回到中央已经晚了一步，关键是上边白白损失太多，还帮助黑棋把薄的地方全部补强，局面一下子变成白棋处于劣势之中的局面。

第 8 局　作战失败

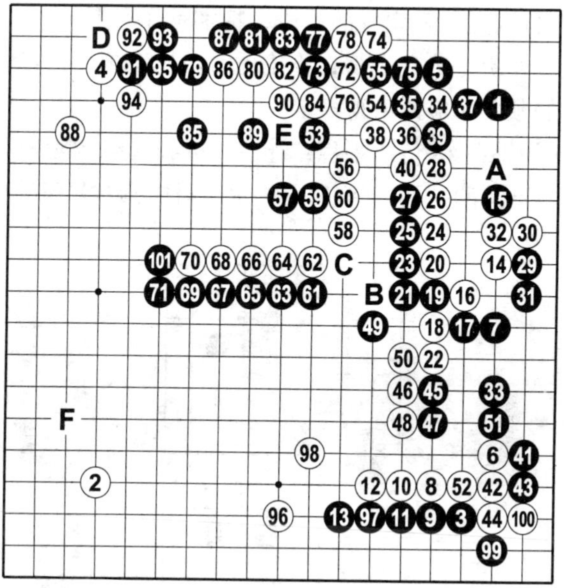

综述：布局中的战斗虽然没有生死的问题，但往往决定了一局棋的流向、双方今后的发展和形势的好坏。所以，在作战之前，必须有一个全局的规划、整体的构思，而不能为了作战而作战。

最大的问题手是——

黑 41、白 18、白 34。

其次的问题手是——

黑 29、黑 37、黑 49、黑 53、黑 57、黑 81、白 38、白 88、白 96。

白 6 与上一局不同，采用了小飞挂，格局就完全不一样了。

黑7三间低夹，更多的意味是在右边拆一个大场。

白8飞压的定式是为了在14位打入，是白棋的一种策略。

黑11直接在97位跳更为普通，此时多爬一手再在13位跳，让白棋在外边多了一手棋，黑棋并不便宜。

白14打入是早就想好的手段，特别是在右下又多了白12之子的情况下，更是势在必得，不论此时白棋有多少选择，能贯彻实现自己的预案，应该值得肯定。

黑15如果在18位跳平稳，让白棋拆到A位也没有什么大不了的，黑棋不满的是黑11多爬了一手，对白棋右下角的攻击性减弱了。

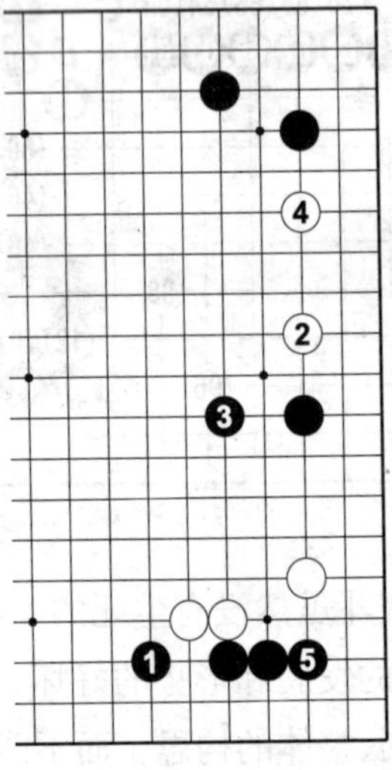

图1

图1 黑1跳，白2如果仍然打入，白4拆二时，黑5可以获得角空，又可以攻击白棋。实战黑15再在18位跳，虽然对白棋的威力减小了，但从全局来看，还是很不错的一个点。

白棋依仗着右下方的厚势，在16位小尖强攻黑棋，有些着急，此时平稳地在20位跳，头已经出在黑棋前面了。

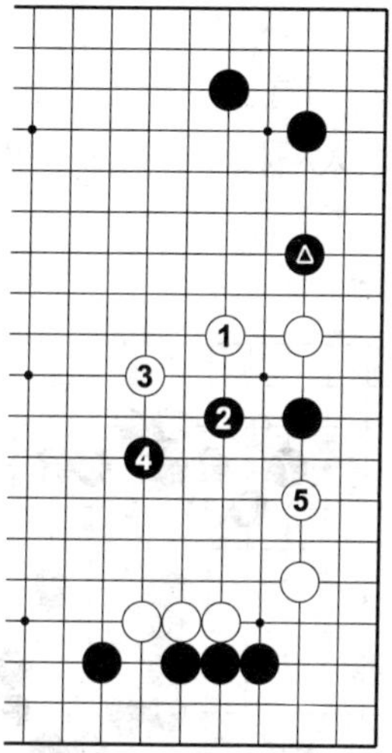

图 2

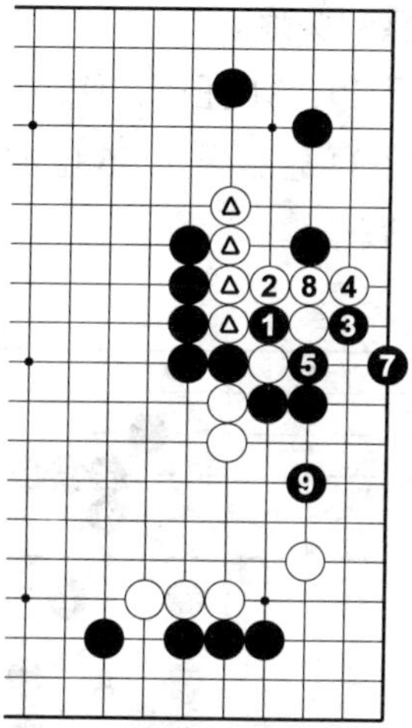

图 3

图 2　白 1 单跳，黑 2 再跳时，白 3 先飞封，黑 4 小飞出头，白 5 拆一安定自己，逼迫黑棋去补断点，黑棋成为孤棋往外逃，当初黑▲之子就是为了扩大角空而忽略大局的坏棋了。

黑 17、19 正面作战非常有力，在这个时候一定不能退让，宁肯把黑 7 之子弃掉，也一定要分断白棋，争取在中央的主动。

为了安全，白 22 可以在 23 位再贴一手，待黑棋在 B 位长后，白棋再在 22 位长，这样，黑棋不容易封住白棋左边一块棋的出路。

黑 27 以下连压很畅快，白棋的棋形一下子就变坏了。

黑29托看似没有问题，但却失去了一个一举取得优势的机会。

图 3　黑 1 扑是绝对的次序，白 2 如果在 5 位接弃掉白△四子太大，白棋不情愿，只能提子，黑 3 再托，当白棋在 4 位扳时，黑棋在 5 位打不能错过，白 6 只能粘，黑 7 再虎，白 8 接成为愚形，不仅气紧，而且眼位也小了，黑 9 拆一后，已经基本活干净了。白棋攻击的打算不仅落空，反而要为自己怎么出

逃而感到头疼。

黑 29、31 托退，使白棋大大喘了一口气。

白 34 碰，再在 36 位虎出头的手法太糟糕了，应该在里面就地求活。

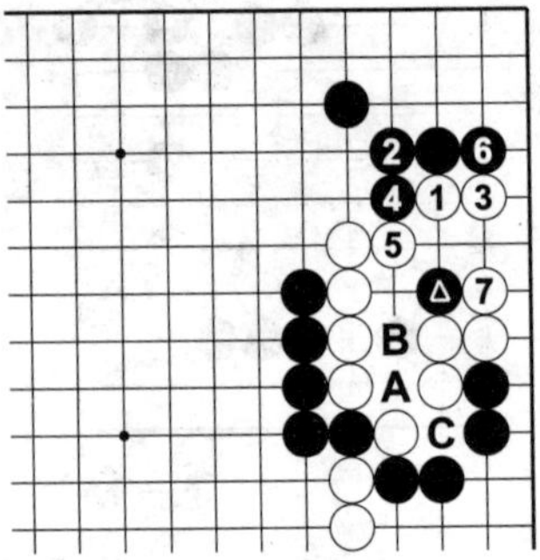

图 4

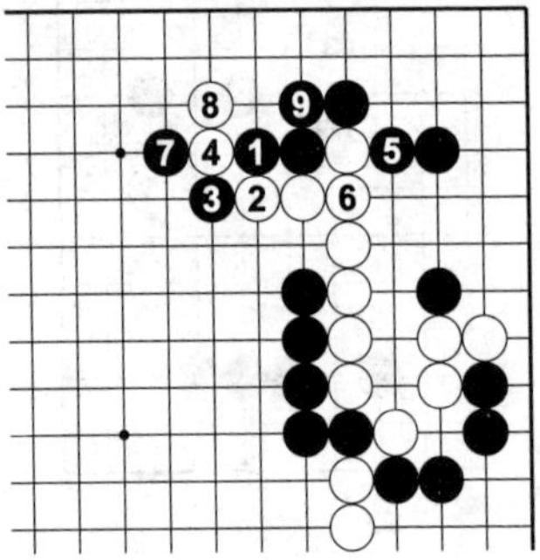

图 5

图 4 白 1 碰，要求吃掉黑▲之子，黑 2 长是最少被白棋利用的走法，进行至白 7，白棋在里面已经清清楚楚做出了两只眼，虽然从大局上看白棋并不乐观，但至少局部安定。

黑 37 打吃太早，应该在 54 位长，白棋已经在角上没有好棋下了。

图 5 黑 1 退，当白 4 断时，黑 5 再打是机会，此时白 6 只能接，进行至黑 9，白棋不知道应该顾全哪一块了。

白 38 是俗手，应该在 54 位反打，黑棋走 39 位，白棋走 40 位，黑棋走 55 位，白棋走 56 位，白棋已经出头了，将来在 76 位长可以成形，还可以成眼，黑棋攻不到白棋，这就是黑 37 的错误。

黑 41 托，确保边上一块的眼位，为了安全这没有错，但黑 41 应该在 45 位靠，看看白棋的应手。

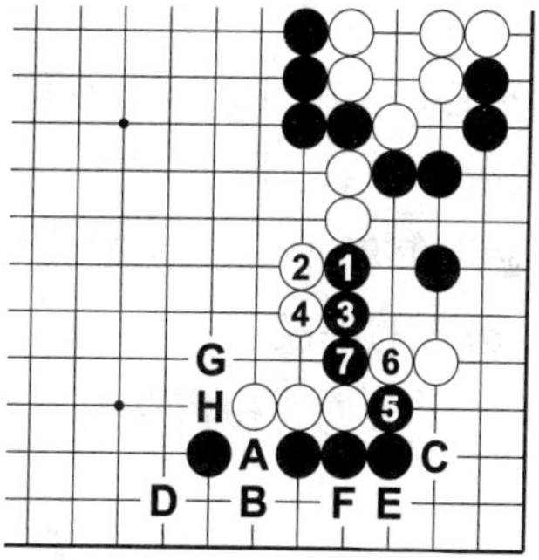

图 6

图 6　黑 1 先靠，白 2、4 仍然封住黑棋，黑 5、7 冲断，白棋角上两颗子没有活路了。

图中白 4 如果在 5 位压，黑棋在 4 位拐，白棋走 A 位，黑棋走 B 位，白棋走 C 位，黑棋走 D 位，白棋走 E 位，黑棋下一手可以在 F 位挡，也可以在 G 位封。最有效的走法是白棋在 C 位扳时，黑棋直接在 H 位贴，此时白棋只能在 E 位扳，黑棋在 F 位先手位挡，这个走法最为有力。

黑 41 至黑 51 做活手段太损，让白棋在 44 位补强，黑棋在局部上很亏。

白 52 接后，产生了在 97 位的冲断，黑棋下边一块棋受伤。

黑 53 镇头的想法很好，但没有必要，特别是在已经没有 50 位断的手段之后，黑 53 单在 59 位跳比较平稳。

白 56 小尖出头很委屈，但由于黑 49 与白 50 的交换，黑棋在 C 位跳的先手没有了，黑 61 不敢强封白棋。

白 62 尖顶很俗，但这是一种实战手段，黑 49 的失误再次被显露出来。

白 62 至白 70 压，让黑棋在中央连长七手，肯定不便宜，但由于黑 53、57、59 三颗子被白棋扳头后，成为了孤棋，白棋还是有收获的。

黑 79 拆三大了一点，在 86 位拆二比较安全。

白 80 打入此手直接在 84 位冲也不错，黑棋已经无法连接了。

黑 81 在 84 位接，正面作战是最顽强的走法，黑 53 之子如果被白棋吃掉，实空很大。

白82顶太俗，应该在84位单冲，黑棋没有合适的应手，黑棋如果在82位顶，白棋走86位，黑棋走87位，白棋走90位，黑棋中央几颗子已死，上边还要后手做活。

白82虽然犯了错误，但白86也应该在89位跳，黑棋依然没有活干净，对白棋左上角也产生不了厉害的手段。

白88仅仅是守了一个角，被黑89先手跳回，白棋在上边得利的机会又失去了。

黑91碰不如在93位小尖。

白92是为了争先手，但不如在94位上扳，黑棋在95位，白棋走D位，这样棋形比较好，同时，黑棋上边做出两只眼还差一手棋，黑棋多少有一点顾虑。

白96无论如何应该在97位先冲，即使不去断黑棋，再走96位压也要好得多。现在被黑97一手补干净，白棋失去了利用的机会，黑99还可以先手扳做法，白棋步子太慢了。

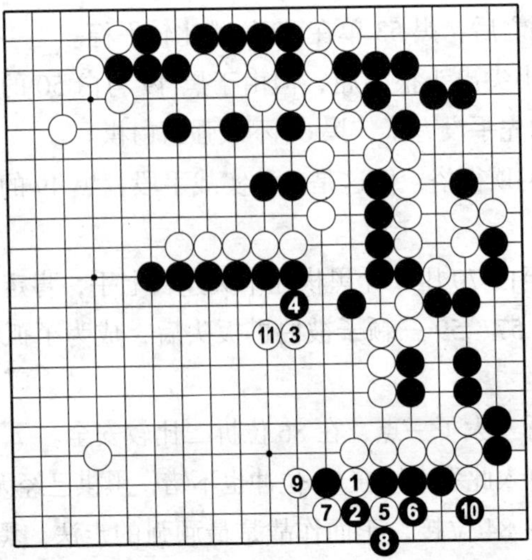

图7

图 7　白 1 先冲，再在 3 位先手利用，进行至白 11，黑棋中央厚势反而有受攻的可能，这是白棋明显领先的局面。

黑 101 拐厚实，但白棋必要时有在 E 位冲的下法。目前黑棋难以攻击白棋大龙，可先在 F 位挂看得清楚一些。

第 9 局　互有差错

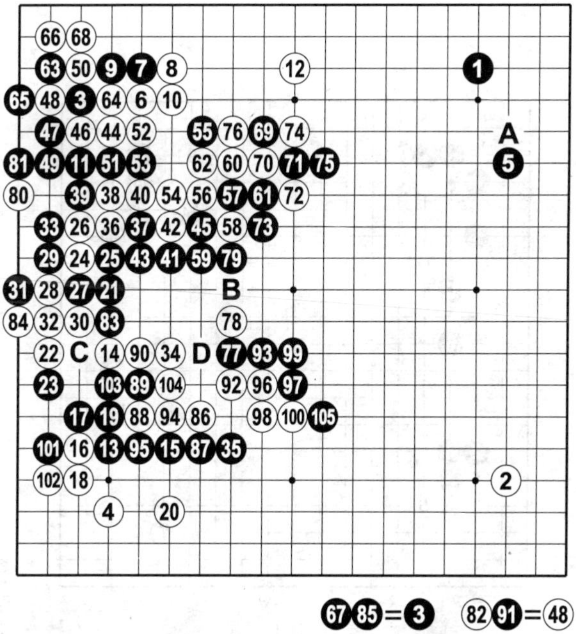

综述：本局虽然与前一局的配置有所不同，但同样都是从序盘开始作战，从定式开始就燃起了火花。但双方对局面有利或不

利没有一个明确的概念，所以导致了应接的错误。

最大的问题手是——

黑 45、白 24、白 50。

其次的问题手是——

黑 69、黑 85、黑 89、白 52、白 84。

白棋走错小目，黑 5 采用大飞守角，白 6 高挂，进行至白 12，虽然黑 5 的大飞不如 A 位守角好，但都不是错误，问题是这以后的变化。

黑 13 高挂，白 14 在左上角有黑棋硬头的情况下，应该单在 16 位托。

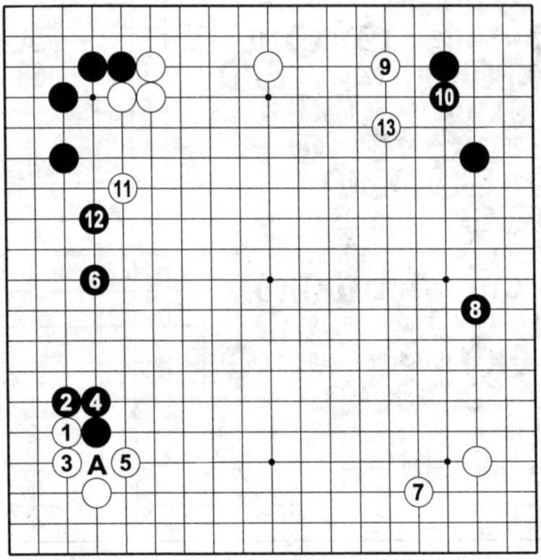

图 1

图 1　白 1 托，黑棋如果在 2 位扳，进行至白 13，双方都是很正常的应接，但这个局面白棋比较生动，黑棋的发展性不大。

因此当白 1 托时，黑棋采用在 A 位顶的可能性很大，那样将形成另外一种格局。实战白 14 先夹，等黑 15 跳后，再在 16 位托，看似顺调，却忘记了让黑棋多了黑 15 之子，对白棋下边的影响很大。

进行至黑 21 时，可以这样分析，白 14 等于在 16 位先托角，进行至黑 21 开拆，白棋在 14 位打入，黑棋在 15 位跳，从这两手棋的交换上可以看出白棋肯定不便宜，因为白 14 打入本来就显得无理，况且这其中黑棋还有别的对应。

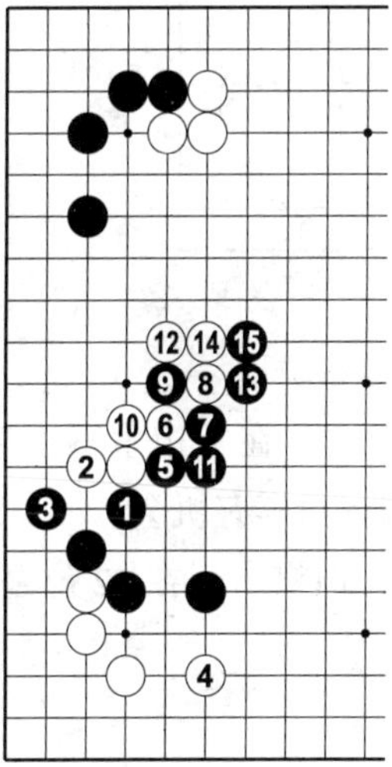

图 2

图 2　黑 1 尖顶，逼白 2 下立，黑 3 小尖，使白棋左边变重，然后黑 5、7 连扳，从中央压过去，这样白棋全部被压在了边线，制空权在黑棋手中。

白 22 跳虽然阻挠了黑棋的连接，但对白角的厚薄和实地有不利影响。

白 24 在 34 位跳出是正着，虽然这个战斗白棋并不见得有利，但也不至于陷入脱不开身的境地，实战的手段太直接，在没有接应的情况下，显得过急了。

黑 25 至黑 33 分断白棋很严厉。

白 36 出逃仍然太早，继续在 77 位跳是本手。白 36 以下分断黑棋，使局面简化了，白棋出逃的几颗子成为了包袱，再也不能舍弃了。

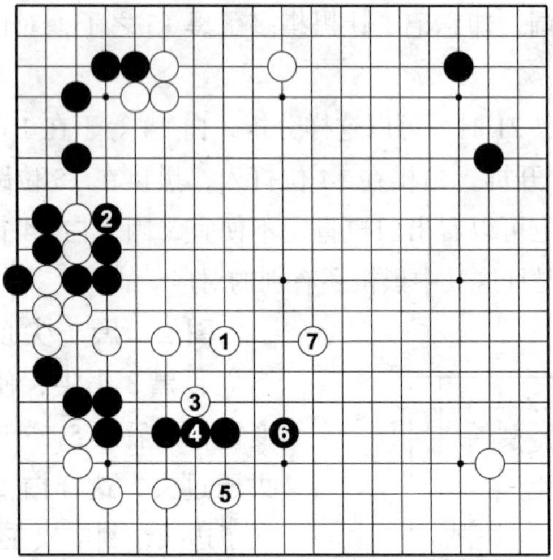

图 3

图 3　白 1 先跳，黑 2 补回，白 3 至白 7 在下边争得主动，不能说这个结果白棋就好，但局面很广阔，白棋有机会。

白 44 小尖时，黑 45 应该在 46 位接，白棋由于在 42 位是软头，对黑棋没有致命的杀手。

黑 45 反打出于气合，但有些危险。

白 46、48 冲断很严厉。

白 50 打吃是缓手，应该在 63 位长，同样被黑棋在 51 位冲，白棋在 52 位团的话，角上就少了黑棋断打的手段，不仅目数上相差甚远，黑棋也必须立即补棋。

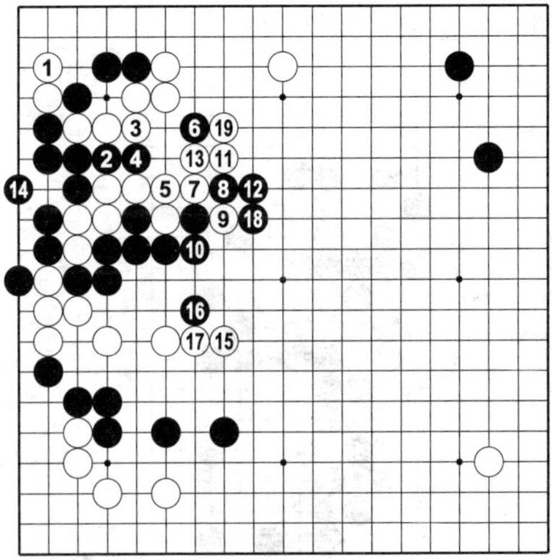

图 4

图 4　白 1 退，已经将角上黑棋吃掉了，进行至白 19，白棋虽然依然是一块孤棋，但黑棋只能攻击，无法一手棋就封住白棋，这个关系太大了。

由于白 50 过于松缓，黑 51 冲时，白棋只能在 64 位提，黑棋走 53 位，白棋走 77 位，这样形成转换。

黑 55 以下逼白棋撞厚黑棋，想法和手段都不错。

黑 63 断打是角上的手筋。

白 66、68 无奈，因为没有合适的劫材。

黑棋左边成为劫活，而外边一团白棋正好是黑棋的劫材，黑棋因此可以脱先。

黑 69 应该保留，单走 77 位，白棋更加难办。

黑 77 再镇时，白 78 靠成为先手。

白 82 开劫，但黑 83 挤时，白 84 只能在 C 位接，白 84 为了紧气在一路挡，左边也成为了一个劫。

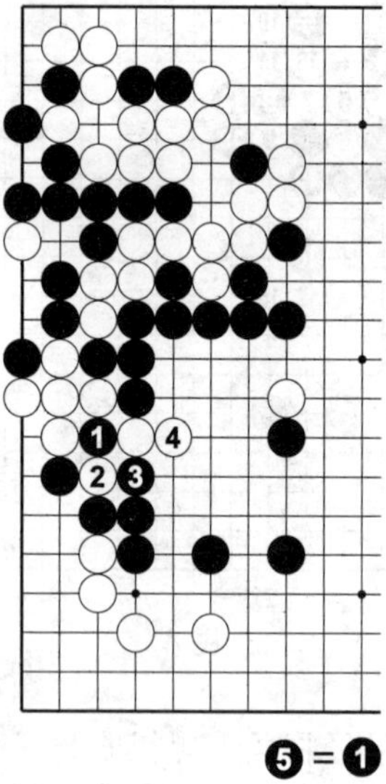

图 5

图 5 黑 1 直接扑，白 2 提，黑 3 直接开劫，当黑 5 提劫时，白棋没有合适劫材，左边几颗子被黑棋吃掉了。

黑 89 仍旧应该按图 5 进行，这样就不用在 91 位补一手。进行至黑 105，虽然黑棋留有在 C 位扑劫的手段，黑棋左下一方还有活路，但白棋已经从绝望中看见了曙光，局势已经很复杂了。途中白 104 如果走在 D 位，使白 78 之子发挥作用，黑棋就有点不妙了。

第三章

星向小目布局

第1局　作战不利

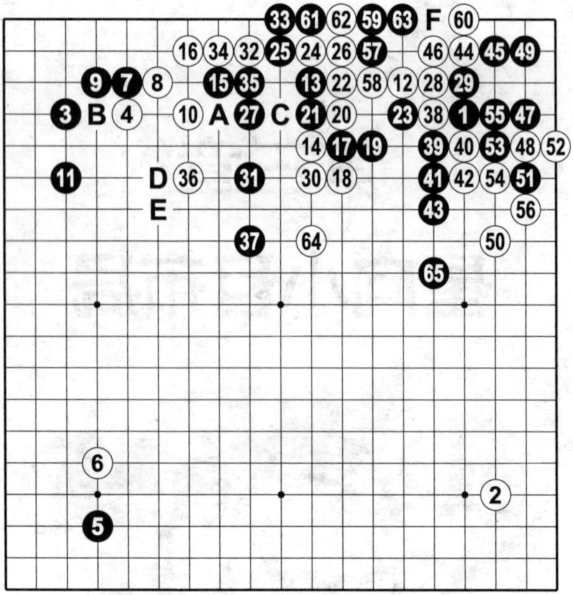

综述：布局中希望一颗子发挥两个作用的想法，但一定要注意先后次序，不能将一边定式都基本定形后，再去挂另一方，这样就会给对方有新的选择，从而使早先定形的棋子缺乏灵活性，使自己趋于被动。

最大的问题手是——

白14、白18、白20、白46、白52。

其次的问题手是——

黑13、黑17、黑23、黑29、黑59、白32。

黑棋走星向小目，白4立即挂角。

黑 5 再占空角，白 6 又挂，左边上下两个角黑棋都在内角，白棋在外角，从配置上讲黑棋有利。

黑 7 托注重角空，此手在 A 位二间高夹也不错。

在有白 6 之子的情况下，白棋选择在 B 位顶的定式也是可行的。

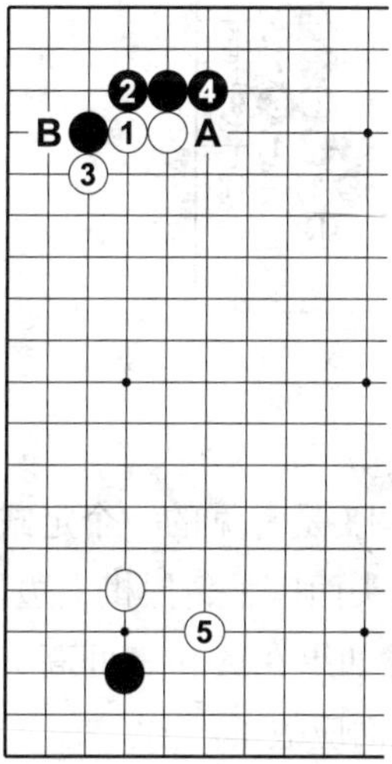

图 1

图 1　黑 4 长后，白棋保留在 A 位压成为大雪崩、或在 B 位打的手段，在 5 位先动手，根据黑棋在左下的选择，白棋再决定左上的走法，这样变化会多一些。

白 10 与黑 11 交换之后，再走白 12 挂，次序上有错误。

图 2　白 1 挂，黑 2 应之后，白 3 两边都兼顾到了，可以成为好形，但却忽略了黑棋可以不在 2 位小飞的变化。

有了白 10 与黑 11 的交换后，黑 13 在 C 位三间高夹是好点，对白棋左上方几颗子也是一个威胁，如果白 10 先在 12 位挂，黑棋仍然

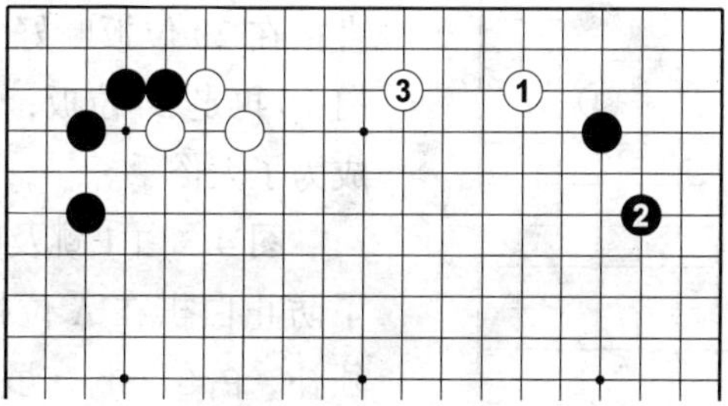

图 2

在 13 位夹的话，将来左上角白棋就不会在 10 位虎，而是在 D 位直接出头，这就是行棋次序的重要性。

白 14 无理，应该在 54 位挂寻求转换。

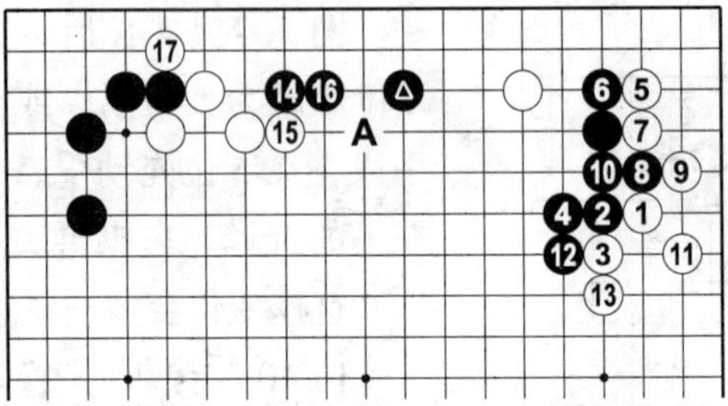

图 3

图 3 白 1 从右边双飞燕，进行至白 13 是常见的一个定式，黑 14 再点攻击白棋左上方，白 15 压后出头面广了，黑棋上边的规模也显得不那么大了。所以，当初黑▲如果在 A 位三间高夹，白棋就很难选择这样转身的变化，只能正面应战了。

黑 17 靠出没有必要，应该在 A 位贴，先攻击左边，白棋反而难办。

白 18 扳，再在 20 位断，不讲道理，如果要扳断，白 18 就直接在 20 位扳断好了，先走了白 18 再走 20 位扳，两步棋就都成为了大俗手。

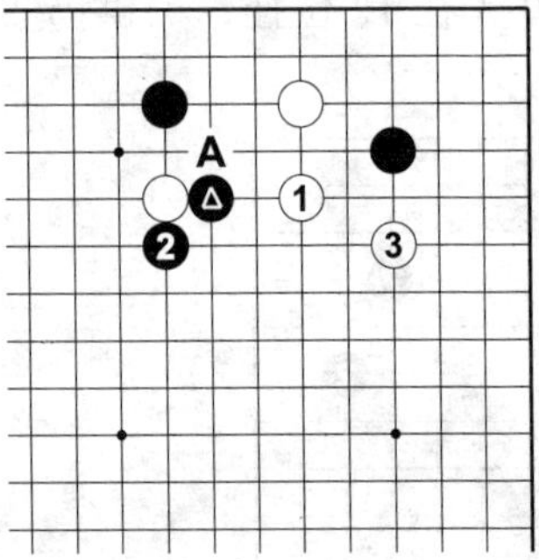

图 4

图 4 白 1 跳及时转身，为了防止白棋在 A 位扳，黑 2 必须补，白 3 飞封，虽然说并不能吃掉黑棋右上角，但将黑棋右上

角限制在角上做活，白棋在外边增加了势力，总是一个收获。至于左上方孤棋，只能以后再腾挪了。

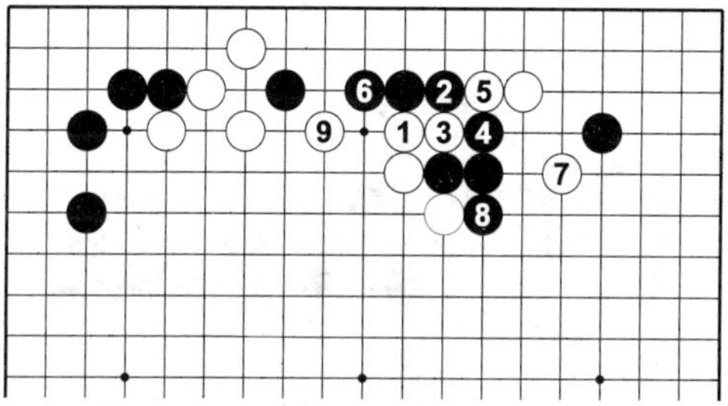

图 5

图 5　白 1 直接顶断，进行至白 9，黑棋反而处在危险之中，所以，白 1 顶时，黑 2 只能按图 6 进行。

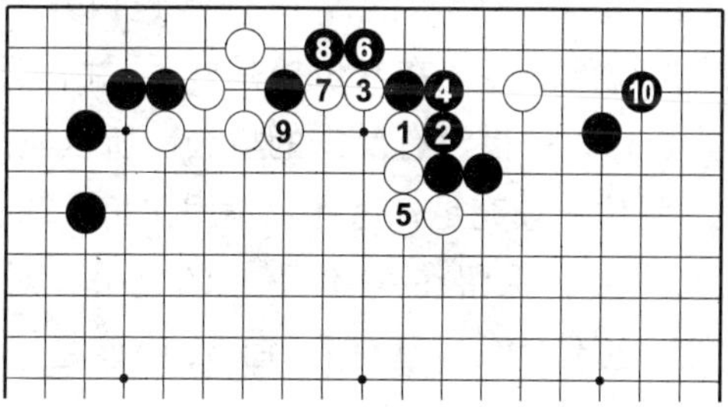

图 6

图 6　黑 2 挡，此时白 3 在 4 位断不成立，进行至黑 10，黑棋右上得到一个大角，白棋先手处理好孤棋，形势上虽然落后，但还能抵抗。

白 20 扳是逆水行舟，将自己置于困境。

黑 23 在 26 位扳效果更好，白棋的棋形崩溃。

白 26 应该在 57 位虎，眼位要更丰富一些。

黑 29 挡应该在 38 位接，角上已经不大了，让白棋进角，黑棋取得先手。

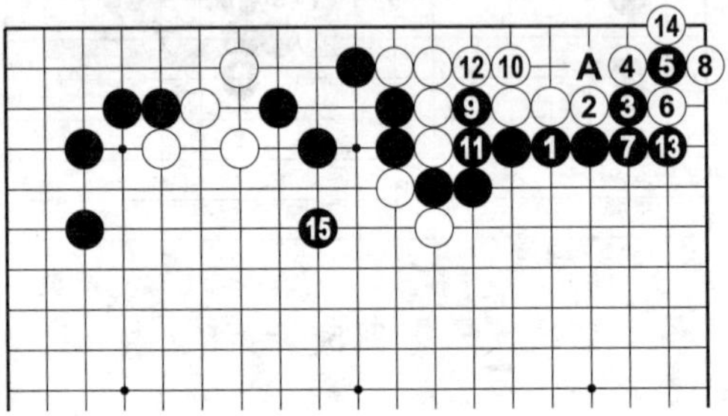

图 7

图 7 黑 1 接，白 2 爬求活，黑 3、5 连扳弃子，白 8 打吃后，黑棋借助 A 位的断点，在 9 位挖是好手，白棋只能在 10 位忍耐，进行至黑 15，白棋没有反击的机会。所以实战中白 26 应该在 57 位虎，眼位比较充足，这样就不用在角上补棋了。

白 32 没有必要，保留在 61 位下立的先手，对上边一块棋很有帮助，黑棋也不会在 34 位挡，白 32 应该赶快在 E 位大飞出头。

白 38、40 冲断寻求战机，但有些勉强，应该单在 44 位扳，黑棋走 45 位，白棋走 F 位先手做活，黑棋在 38 位接补后，白棋慢慢等待机会。

实战白 40、42 是大俗手，对白 14 等三颗子非常不利。

白 46 接是最后的败着，导致上边一块棋眼位不全，此手应该在 F 位虎，这样就活干净了。

黑 47 跳后，白 40、42 两颗子已经不好出逃了，应该立即弃子做活上边。

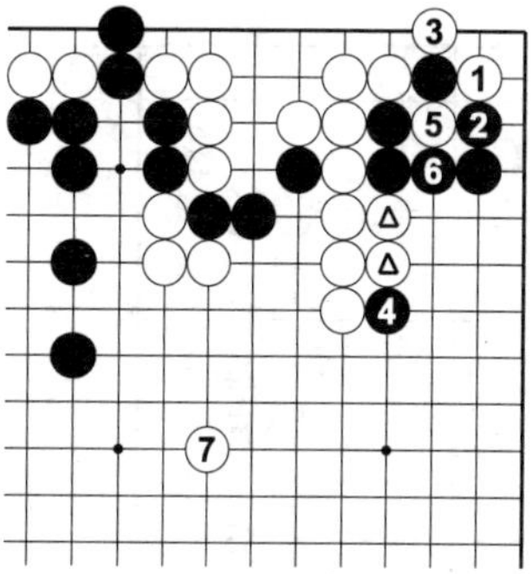

图 8

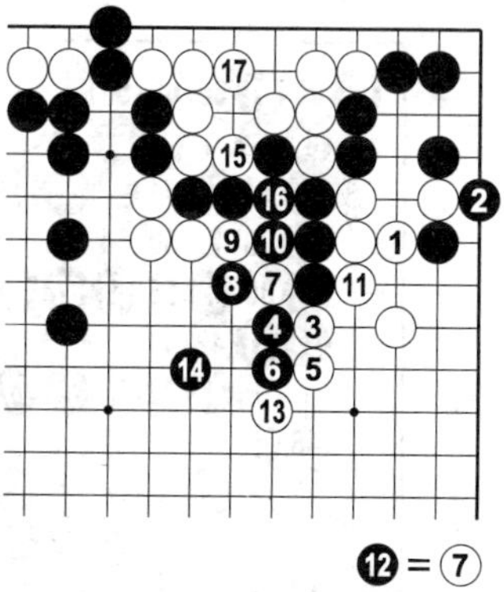

图 9

图 8　白 1 夹，此时黑 2 只能顶，白 3 打吃时，黑 4 拐弃子，这样白棋虽然两颗子被吃，但上边一块棋活干净了。

黑 49 补角机敏，已经开始惦记着去杀白棋大龙了。

白 50 飞出时，黑 51 夹多余，应该在 65 位单跳。

白 52 应该在 54 位顶，黑棋反而不能脱先，否则角上将成为劫活。

图 9　借助白 1 顶，白 3 可以靠，进行至白 17，白棋虽然弃掉了中央几颗子，但黑棋吃得并不大，白棋右边还成了形势，同时，白棋少了一个包袱，这是白棋唯一还能继续作战的走法。

白 52 至白 56 甘落后手，对黑棋没有影响，黑 57 点后，白棋上边的大龙被杀死了。

第2局　忽视中央

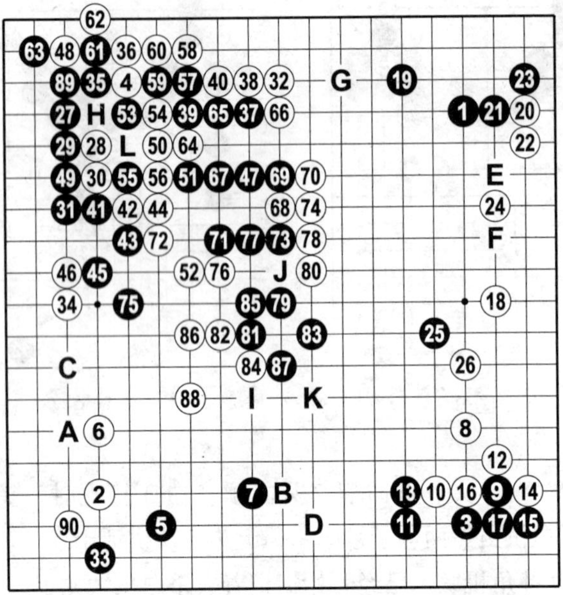

综述：定式的结果是两分的，但走成两分的结果次序很重要，常常有些棋形虽然是定式的结果，但双方的次序却发生了错误，如果能抓住这些错误，就可以在序盘取得领先，掌握全局的主动权。

最大的问题手是——

黑51、黑63、黑75、白48、白78。

其次的问题手是——

黑13、黑37、黑55、黑83、白10、白32、白46、白48、白84。

白 4 的目外面向黑棋的星位，黑 5 先从左下挂角，扩大黑棋小目的结构，这是一个很好的想法。

白 6 没有在 A 位小飞，而是走高跳，黑 7 也就相应地进行了改变，没有在 B 位拆，而是在 7 位大飞，将来在 C 位逼要严厉一些。

白 8 二间高挂是一种走法，走一间高挂、12 位低挂、二间低挂，或者直接在 D 位打入都是可以选择的。

黑 9 小尖以角空为主，一般在 12 位低飞或在 13 位高飞。

白 10 单在 18 位开拆比较普通，现在直接压制黑棋是一种挑战的走法，在四周没有援助的情况下，这个作战不一定有利。

黑 11 弱软，应该立即分断白棋，这是严厉的下法。

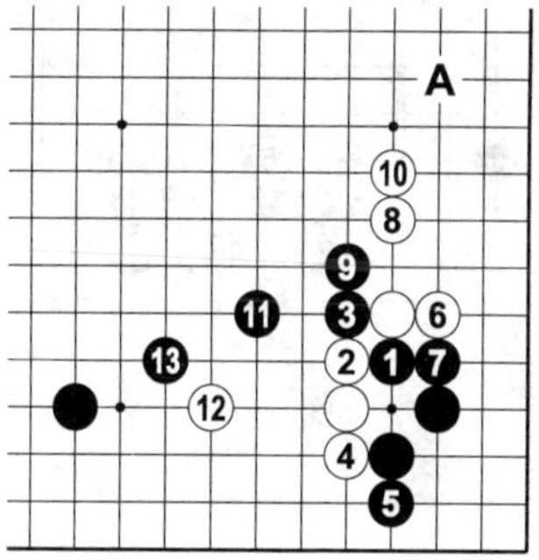

图 1

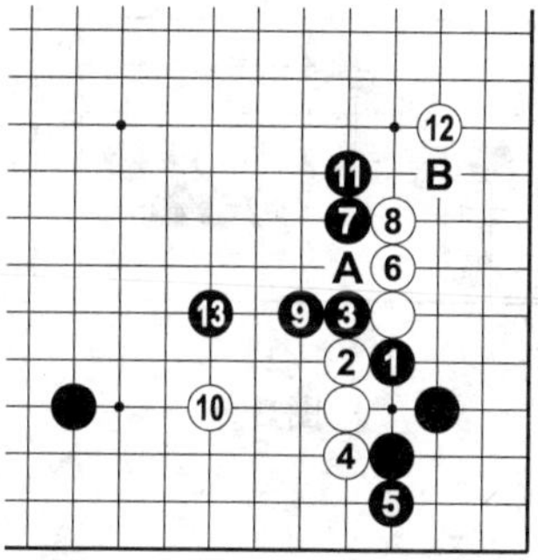

图 2

图 1　黑 1 尖顶，白 2 只能挡，黑 3 断后，白 4、6 虽然都是先手，但进行至黑 13，白棋不仅使下边一块棋做活十分辛苦，右边一块棋被黑棋在 A 位逼住后，仍旧是没有根据地的孤棋，这是黑棋有利的作战。

图 2　白 6 单长，黑 7 跳试白棋应手，此时白棋顾及下边三

颗子，不能在A位冲出，只能先爬，黑9长后再在11位挺头，进行至黑13，白棋左右都是孤棋，仍然是黑棋有利的战斗。图中黑7如果在9位长，白棋走10位，黑棋再在7位跳时，白棋可能直接在B位小飞，黑棋中央的厚势稍差一点。黑7跳时，白棋如果在B位飞，黑9就在A位接，白棋更不好。所以，黑7先跳试白棋应手是很有效率的一手棋。

黑11即使不想与白棋作战，也不应该跳。

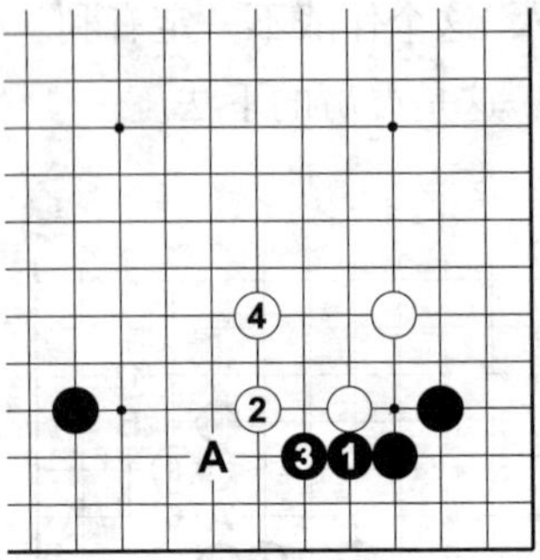

图3

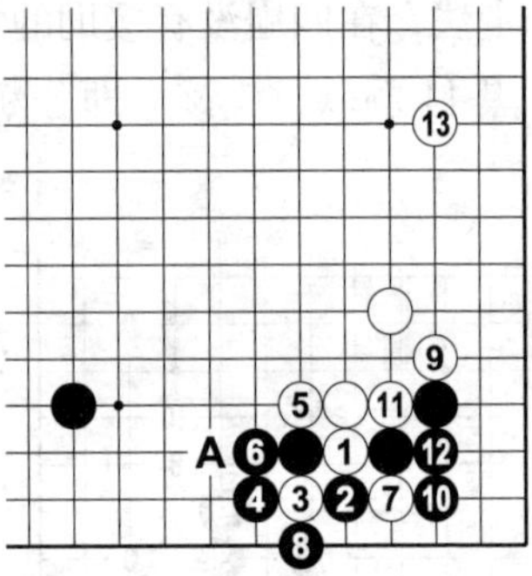

图4

图3　黑1爬，进行至白4，黑棋可以争得先手抢占其他大场，将来有时间后再考虑在A位跳过，这是最平稳的下法。

黑11跳给自身造成了缺陷，白12应该立即冲击。

图4　白1、3冲断，黑4打吃时，白5拐吃十分重要，此时黑棋如果在8位提，白棋便在6位打，黑棋走3位，白棋走A位，黑棋完全被限制在了角上。

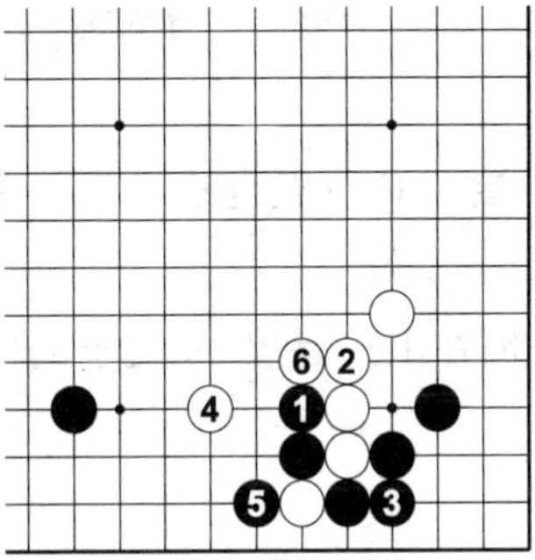

图 5

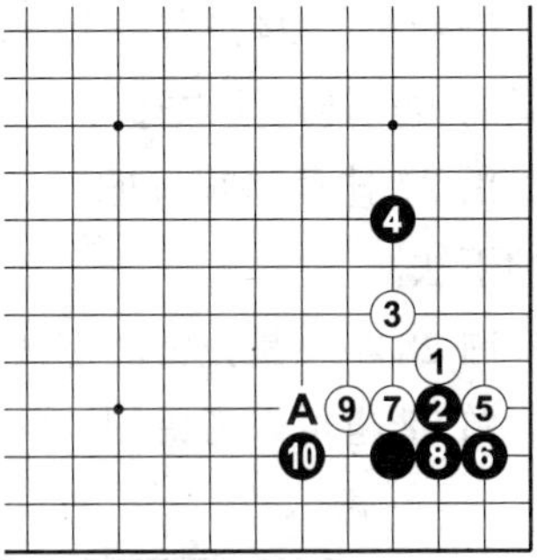

图 6

图 5　黑 1 先贴，白 2 长，黑 3 直接在角上接，已经成功防止了白棋的征子，但白棋有在 4 位点的下法让黑 5 吃掉白棋一颗子，白 6 拐头很厚实，以后白棋在中央的作战或者发展都很有利。

实战白 12 尖顶，进行至黑 17，还原成小目定式。

图 6　这个定式现在已经很少有人用了。现在黑棋将 4 位改在了 3 位，与黑棋左下边可以构成不错的配合。

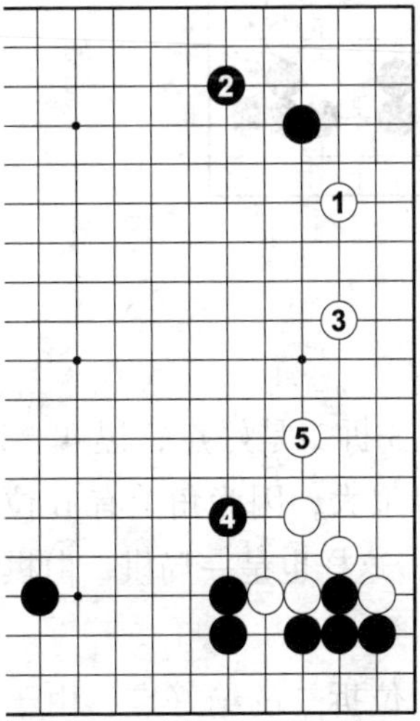

图 7

白 18 直接在 E 位挂很积极。

图 7　白 1 直接挂角，由于白棋右下角棋形并不弱，黑棋夹击的可能性不大，黑 2 小飞，白 3 拆二后，黑棋将来在右边走棋一般是在 4 位跳扩大下方，而不会在右边打入，走出一块孤棋，白 5 再补也来得及，这比实战步调要快一些。

黑 19 小飞后，下一手在 F 位逼极大，白 20 立即在二路侵分是白棋的一种策略。

进行至白 24，右边上下两个角都已经定形，双方平安无事，全局的重点转向了左边。

黑 27 挂角是很好的一点，但直接在 C 位逼也不失为一个有力的下法。

白 28 小飞是正常的定式走法，但在上边有黑 19 之子的情况下，白 28 也可以考虑图 8 的下法。

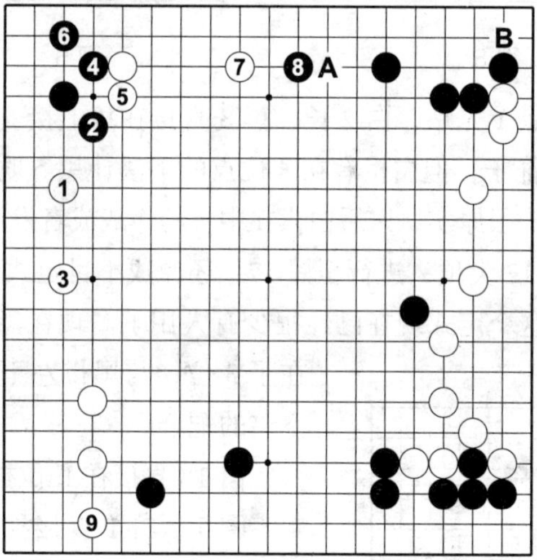

图 8

图 8 白 1 反夹，黑 2 小尖后，白 3 拆二是好点，黑 4、6 占取角空，白 7 拆三，下一手在 A 位逼很大，因为角上有 B 位夹的下法，黑 8 拆二刻不容缓，白 9 跳，这样也是一局棋，白棋的发展空间要优于黑棋。

白 32 应该在 38 位开拆，留下在 G 位拆二的绝好点，由于白 32 多进了一步，G 位的价值就小了一些。

黑 33 小飞的形状不好，还是在 C 位逼比较普通。

白 34 拆左边大场，是一种灵活的下法。

黑 35 与白 36 交换后，已经防止了白棋在 89 位的靠，左上一块棋已经安全，黑 37 应该在 90 位尖角。

黑 37、39 两颗子不仅将白棋撞厚了，还成了孤棋，使 G 位的拆一不再成为好点。

黑 41 贴时，白 42 扳改在 56 位跳是最平稳的走法。

黑 45 虎不在棋形上，单在 49 位接是本手。

白 46 爬没有必要，应该直接走在 72 位。

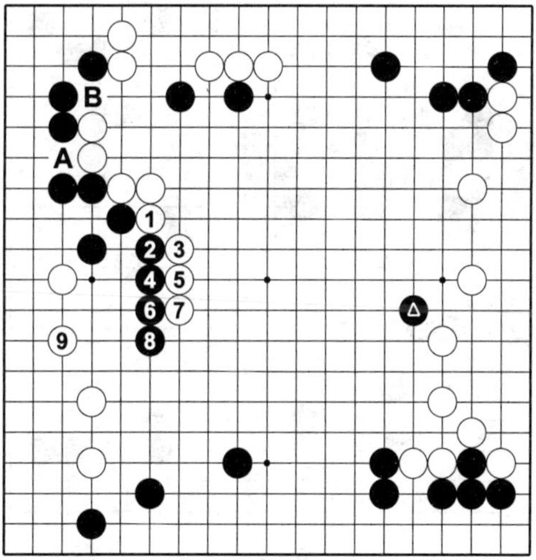

图 9

图 9 白 1 拐，3 扳后一直压，进行到黑 8 长后，白 9 再补回，由于有 A 位的冲断，白棋在 B 位是绝对先手，黑▲子要全身而退太难，中央白棋的势力太大了，将目光放在中央，这是双方都要争抢的地方。

黑 47 跳太重，应该在 49 位接。

白 48 在二路跳太早，这仅仅是一个官子，白棋应该在 72 位拐，黑棋走 49 位，白棋走 H 位，黑棋走 61 位，白棋走 75 位，现在的重点不是边角上的一点小空，而是中央的制空权，可惜这一点双方都忽略了。

白 48 与黑 49 交换之后，白棋在 H 位挤的手段消失了。

白 50 跳是后手补，这是白 48 的过失。

黑 51 点太早，最简明的下法是弃掉上边几颗子。

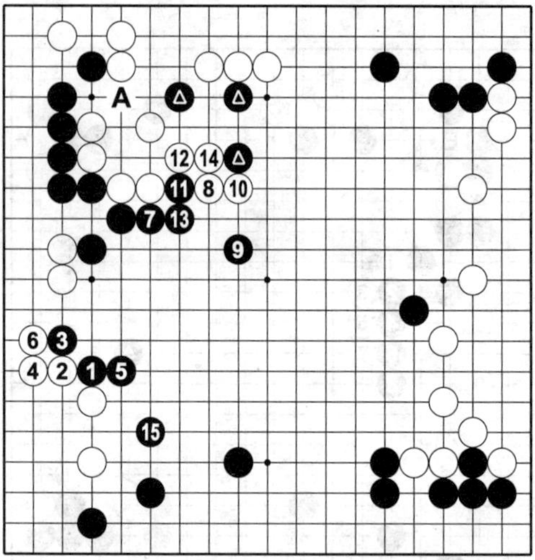

图 10

图 10　黑 1 碰，先让白棋在左边委曲连接，黑 7 至黑 13 是弃子走法，当然也可以直接在 13 位跳封锁白棋，这是最严厉的下法，但需要计算准确。此手如果在 7 位压平稳，进行至黑 15，是黑棋的一种选择，上边黑棋有 A 位扳的官子，白棋吃掉黑▲三子并不大，而黑棋下边和中央的模样已经十分可观了。

黑 51 画蛇添足，反而将自己走重了脱不开身，失去了一个转身领先的机会。

白 52 小飞有点薄，应该单在 72 位拐。

黑 55 与白 56 交换大损，应该单走 57 位，白 60 接后，黑棋在 L 位冲，白棋走 56 位，这样白棋少了一只眼，黑棋如果依然想在 63 位夹，黑棋在 H 位接，白棋也得在 56 位接，将来白棋在 L 位是一只后手眼。

黑 61、63 的手段也不成立，在白棋有 89 位打吃的先手的情况下，黑棋要想走 63 位，只能先在 H 位接。

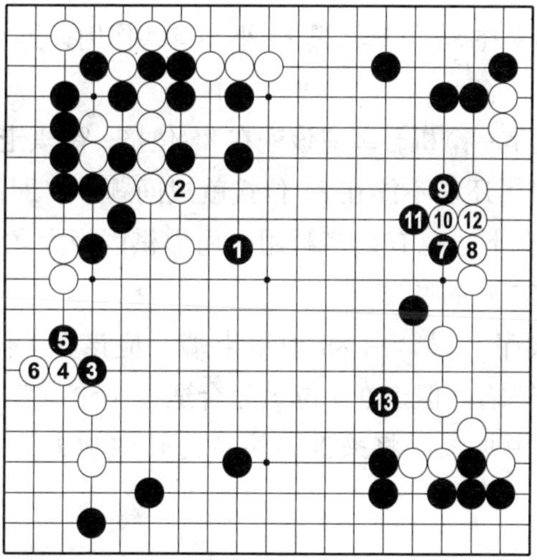

图 11

图 11　黑 1 大跳很重要，白 2 拐补断，黑棋上边几颗子已经没有了价值，黑 7 至黑 11 先手利用后，黑 13 跳，中央自然成为黑棋的大模样，左边黑棋还有各种先手利用，黑棋掌握着全局的主动。

黑 63 是后手，将双方攻守的机会让给了白棋。

白 64 至黑 69 将黑棋走重，意图很好，但单在 72 位拐比较合适，让黑棋没有弃子的机会。而且白棋也不会被牵涉进去。

黑 75 不明轻重缓急，应该在 76 位压，白棋走 86 位，黑棋走 81 位，先逃出中央孤棋才是最重要的，在左上角没有死活之忧时，这里只是官子问题。

白 78 方向错误，应该在 79 位小飞，黑棋要想逃出困难许多。

被黑 79 跳后，白棋没有攻击的好点。

黑 81 小尖不如在 85 位并，减少断点。

黑 83 如果在 84 位长，黑 81 小尖有些作用，黑 83 小尖棋形很坏。

白 84 又是一个机会，应该先在 85 位挤，黑棋走 J 位，白棋走 84 位，黑棋还能不能在 81 位接就成问题了。即便是在 K 位跳回，白棋在下边也有诸多利用，而黑棋因为大龙不活顾虑很多，这是黑 83 犯的过失。

白 84 次序有误，白 88 中途半端，应该在 I 位长，黑 89 补了角上的缺陷，但走在 I 位更为合适，不论从实空上还是厚薄上，都是中央大。将来谁将注意力转向中央，谁就会掌握主动。

第3局　得失不明

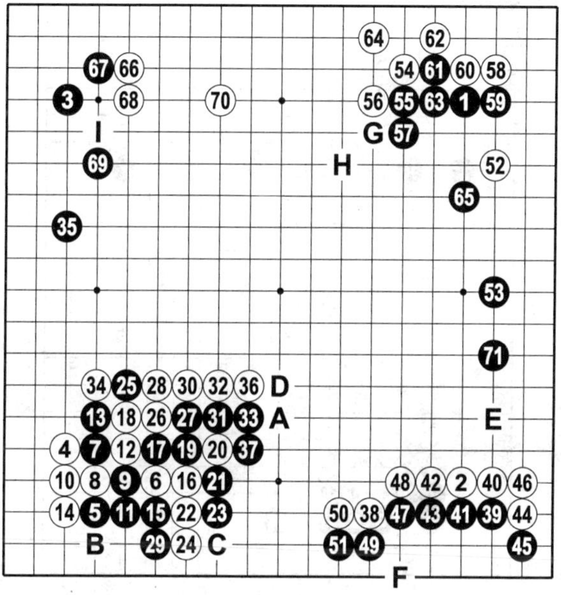

综述：创造新定式是非常好的想法，在大型定式中求变，但求变的基础应该是不吃亏，或者少吃一点亏，但大局配置上正好。当然能占便宜是最理想的。不论如何，定式求变都不能亏得太多，那样就不是定式了。

最大的问题手是——

黑 17、白 20。

其次的问题手是——

黑 51、白 38、白 40、白 52、白 68。

黑棋星小目的位置与白棋星目外的配置与上局不同，黑 5 立即去挂目外。

白 6 大飞，对大斜定式没有畏惧，这一点非常好。但此时黑 3 小目是开向白棋的，白棋走大斜并不是最合适的。

黑 7 不肯示弱，演变大型定式，这没有什么不好，但可以选择图 1 的下法。

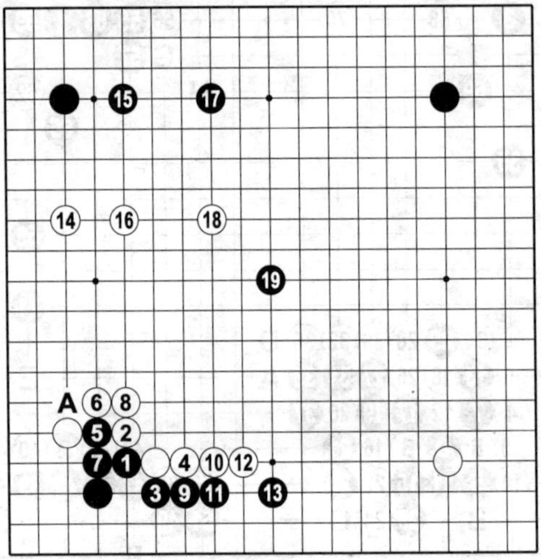

图 1

图 1 黑 1 尖顶，再在 3 位扳，进行至黑 13 是最简明的定式之一，白 14 开拆是一个好点，但黑 15、17 顺势占据左上，白 18 再跳时，黑 19 走天元侵消，由于白棋的大空里留有 A 位的断点，白棋以势赌胜风险比较大，黑棋完全可以下。

白 8 至白 16 是基本的定式走法，无论黑 17 是选择在 18 位打还是在 22 位爬，都是正常的定式应接。

白 20 过分，应该在 34 位征吃黑棋二子，让黑 21 吃掉，白棋再在 47 位小飞，可以满足。同样是吃两颗子，白棋却比黑棋便宜多了。

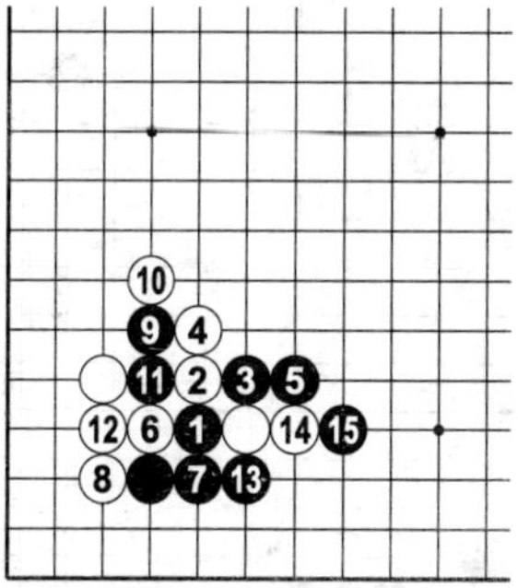

图 2

图 2　黑 1、3 直接顶断，白 8 扳时，黑 9、11 两颗子明显受损，虽然白 14 逃被黑 15 扳吃也损，但这个损失比起黑棋来说小多了。由此可以看出，实战白 20 在 34 位打吃大占便宜。

白 20 画蛇添足，反而增加了自己的损失，进行至黑 29，白 30 以下虽然痛快，却在 34 位落了后手，这个差别太大了。

白 34 再断打已经是后手，而且本来只弃掉两颗子，现在却死了五颗子，没有必要，虽然整体还不坏，但得利有限。

黑 35 拆三选点很好，白棋左边很厚，黑棋不能靠得太近。

白 36 压是先手。

黑 37 在 A 位长很好，由于将来白棋基本上是在 B 位扳，黑棋在 C 位打吃定形，白棋在 D 位压的可能性就小了，黑棋在 A 位挺出头，对中央和右下都有影响。

白 38 大飞，由于左下角是白棋走 B 位，黑棋走 C 位的定形，黑 37 没有走在 A 位，下边已经不大了。白棋直接在 52 位挂角比较合适，以后在右下守角也应该在 47 位小飞或在 E 位小飞。

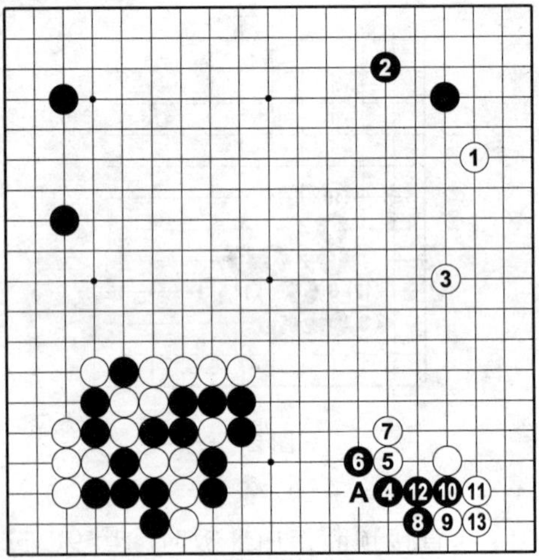

图 3

图 3 白 1 挂角，黑 2 小飞，白 3 拆大场，黑 4 在右下挂角，白 5、7 是最简单的定式，右边构成了大模样，由于有 A 位的断点，黑棋在右边的打入受到牵制，这样，白棋在中央的厚势充分得到了发挥。

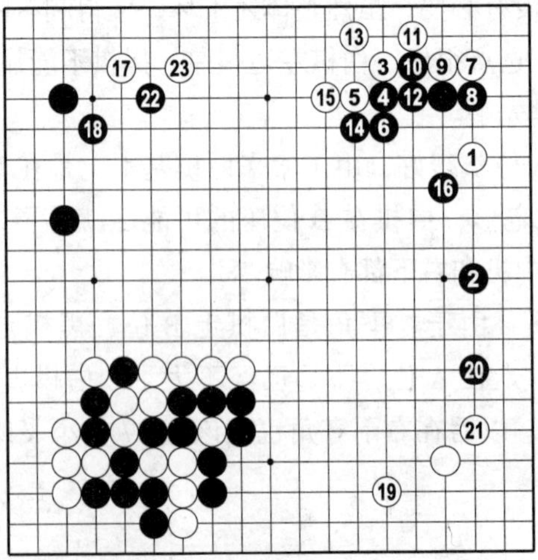

图 4

图 4　黑 2 如果夹击，完全按实战进行，进行至白 23，由于白棋在中央存在铁壁，黑棋左右两边的势力都难有大的发挥，这样的结果白棋比实战要好许多。

黑 39 立即点角注重实空，在右边拆大场也很大。

白 40 挡方向有误，既然走了白 38 的大飞，白 40 就应该在 41 位挡。

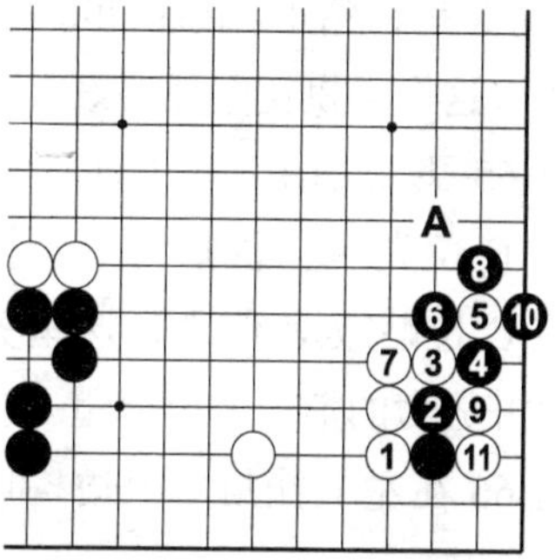

图 5

图 5　白 1 挡 3 扳、5 连扳，吃掉黑棋角上两颗子，黑棋右边虽然吃了白棋一颗子，但白棋仍有 A 位的点，这样比较实惠一些。

进行至黑 49,双方都按照自己的既定方针,但白 50 长太缓。

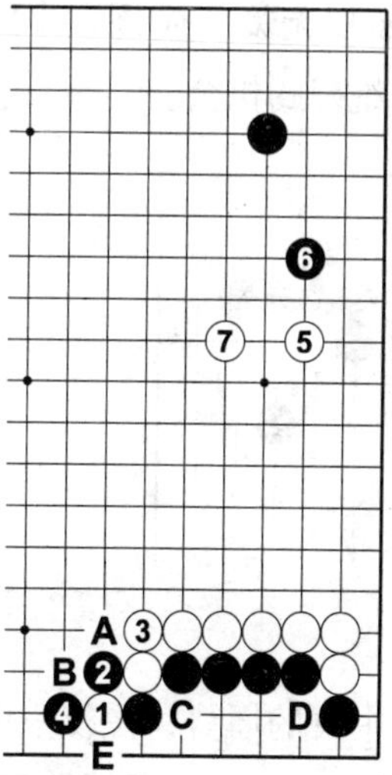

图 6

图 6　白 1 连扳，黑 2、4 断吃后，白 5 抢先在右边开拆，进行至白 7，白棋在右边的模样十分宏大，而且右下有 A 位的拐打，黑棋如果在 B 位接，白棋在 C 位断吃后，还有在 D 位断的收官妙手，黑棋如果在 E 位提，白棋在 B 位打又成为先手，这样，白棋右边形势与中央厚势连成了一片，黑棋不好侵消。

白 50 长是缓气，在黑棋左边已经十分坚实的情况下，白棋在这个地方加强无益。

黑 51 爬跟着白棋走，也是缓手，应该在 53 位开拆，白棋在 51 位拐，黑棋在 F 位虎，角上做活就行，右边的大场才是最重要的。

白 52 在 53 位开拆比较好，既然右下将实空让给了黑棋，白棋做成的厚势就应该有所发挥，这是棋子相互间的配合。

黑 53 夹机敏，一定不要让白棋在右边形成大模样。

对于白 54 的双飞燕，黑 55 不如图 7 的下法。

图 7　黑 1 小尖，进行至黑 5，同样是将角上让给白棋，但黑棋留有在 A 位飞压和 B 位逼的下法，这样黑棋比实战要好。

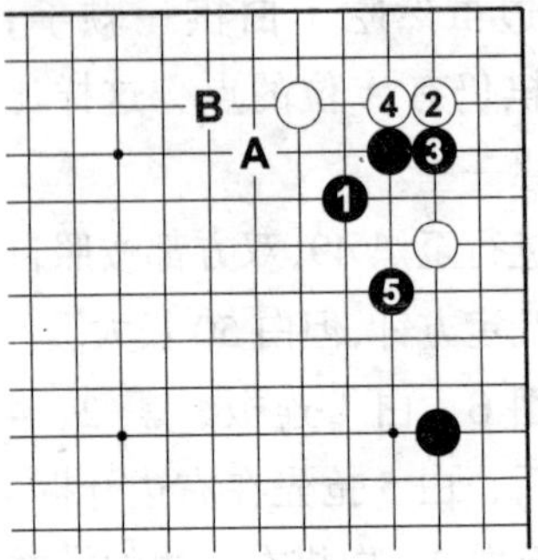

图 7

黑 65 飞封白 52 之子前，一定要在 G 位先压，否则将来会被白棋在 G 位贴或 H 位飞，这里关系着双方势力的消长，十分重要。

白 66 在左上挂角，上边构成了一片形势。

黑 67 应该在 G 位拐。

白 68 长无策，应该在 I 位飞压，这是绝好的机会。

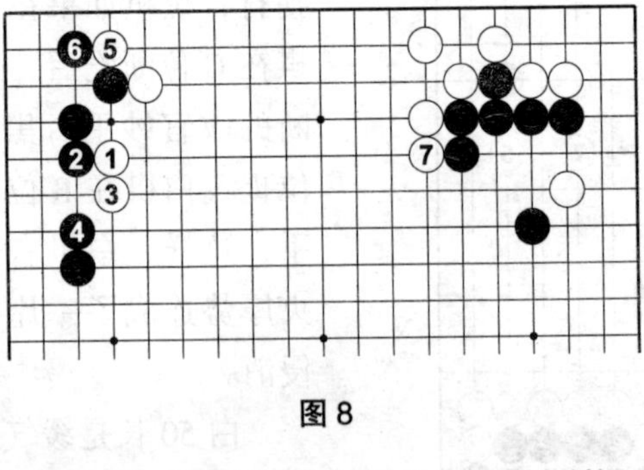
图 8

图 8　白 1 飞压，由于顾忌白棋在中央的厚势，黑棋只能在 2 位忍耐，白 5 先手扳后，白 7 贴，黑棋在右上没有好的应手，

对白棋左上几颗子也没有严厉攻击手段，这样白棋中央的厚势就完全发挥出来了。

实战白 68、70 缺乏灵活应变的想法，反而落了后手，被黑 71 抢占左边后，白棋左下的厚势成为孤棋，这无疑是一个极大的损失。

第 4 局 方向不明

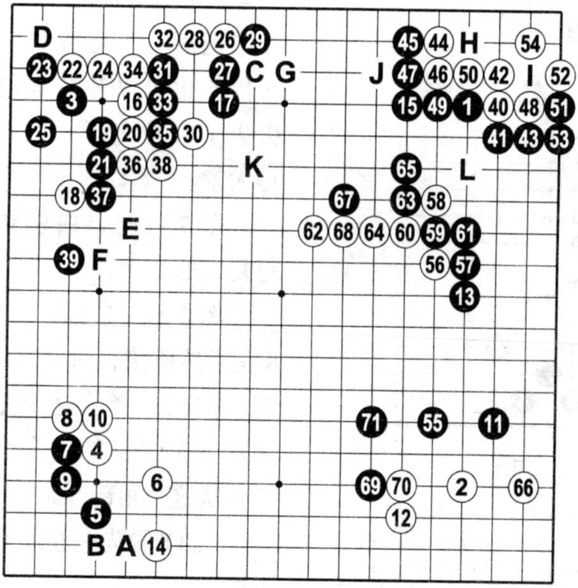

综述：每一个局部都是与全局相关联的，如果认识不到这一点，各个局部定形之后，就会发现全局已经落后了。似乎自己没有走出特别的坏棋，原因就在于棋子相互间的配置不协调，每一步棋的效率没有得到应有的发挥。同样的，抓住对方配置不妥也是十分重要的，切不可随波逐流，反而把自己卷进去。

最大的问题手是——

黑35、白18、白26、白30。

其次的问题手是——

黑25、黑31、白40、白62。

白4采用高目，尽量把棋子走向中央。

黑5立即挂角。

白6至白10是定式的一种。

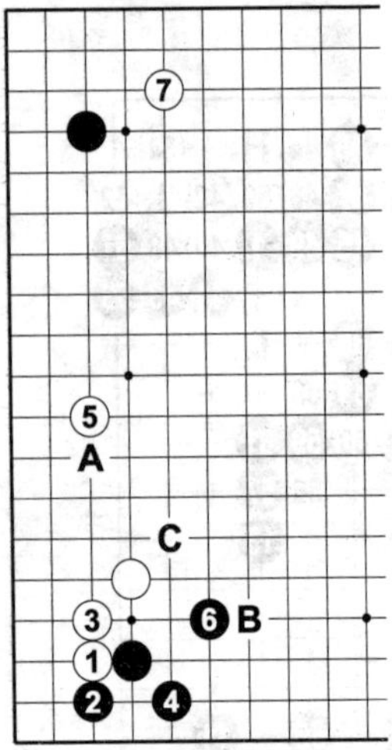

图1

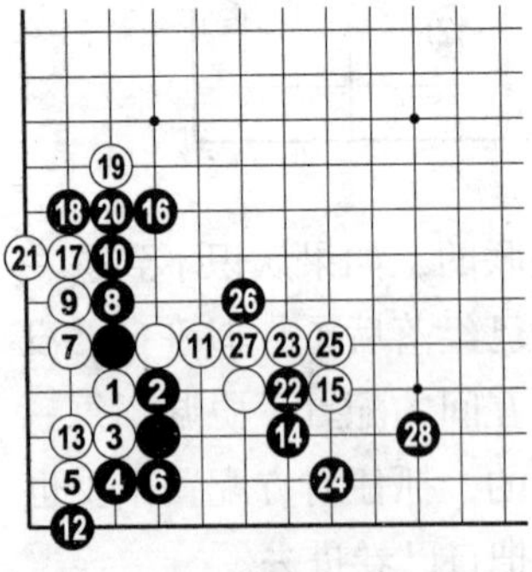

图2

图1 白1托角，进行至黑6是常见的定式之一，图中白5如果退后一步在A位大飞，那么黑6也可以补在B位，因为失去了C位飞压，黑6无需走得太紧。

黑7托时，白棋在9位扳是复杂的变化。

图2 白1扳后，进行至黑8是必然应接，白9开始双方都有不同的选择，这个图只是其中双方都平稳的一个变化，战斗将从这个角部开始。

黑11脱先是快步调的一种走法。

白12继续平稳战略，以守为主，此手在右边夹击也是一种走法。

黑13拆四很大。

白14跳是一步很大的棋，

但却是后手。如果为了抢先在左上挂角，白 14 也可以在 A 位小飞，黑棋必须在 B 位挡，白棋可以脱先。

黑 15 如果占 C 位大场的话，全局的配置会生动一些。

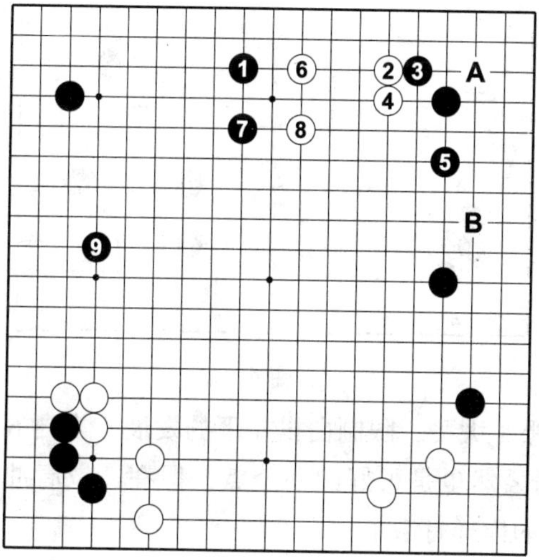

图 3

图 3　黑 1 占大场后，白 2 要从右上入手，否则再被黑棋在 4 位跳补，白棋就不容易进去了。进行至黑 7，黑棋在左上方自然形成一个外势，使白棋左下方的厚势发展自然受到限制，而黑棋左上方连成了一片，虽然还不是空，白棋还有在 A 位点角、B 位打入的手段，但无论白棋打入在哪里，都不可能将黑棋的形势全部破掉。

白 16 挂时，顾忌到白棋左下方的厚势，黑 17 在 37 位大飞比较合适。

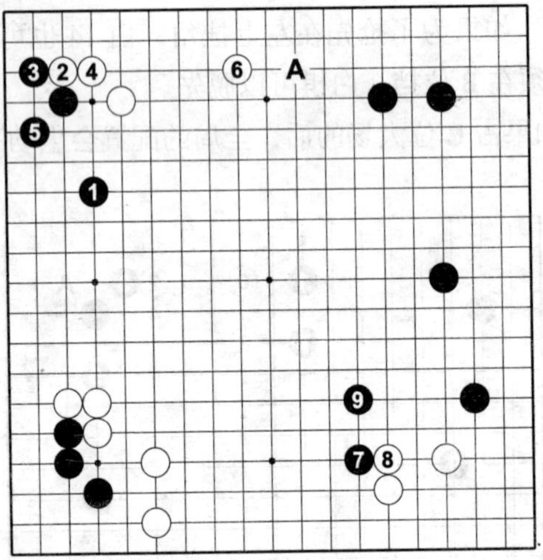

图 4

图 4　黑 1 大飞，限制白棋左下的发展，当白 6 开拆时，黑棋在 A 位逼虽然也是很好的一个点，但在 7 位肩冲也不小，这样就把白棋的模样打散了。

白 18 二间反夹，位置太不协调，应该在 37 位大飞。

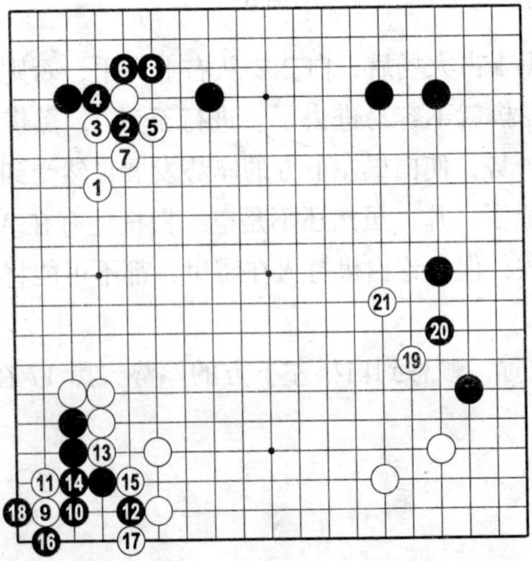

图 5

图5　白1大飞，黑2靠出时，白3一般是在5位扳，演变成另一个定式。进行至黑8，是白棋实空稍损的变化，但在全局的配置下，进行至白21，白棋充分可下。

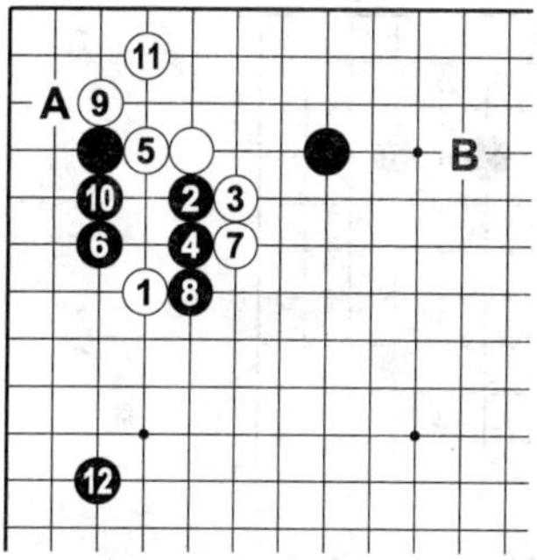

图6

图6　黑2靠时，白3外扳，进行至黑10，由于白棋右下有被黑棋引征的手段，白11不能在A位下立，在二路倒虎比较安全，这样进行至黑12后，白棋获得先手，可以考虑在B位夹，也可以选择其他大场。总之，无论白棋选择什么样的定式，都会比实战白18的二间低夹要好。

黑19小尖出头看似笨拙，但却使白棋分成两块，白棋不好。

白20尽早转身很好。

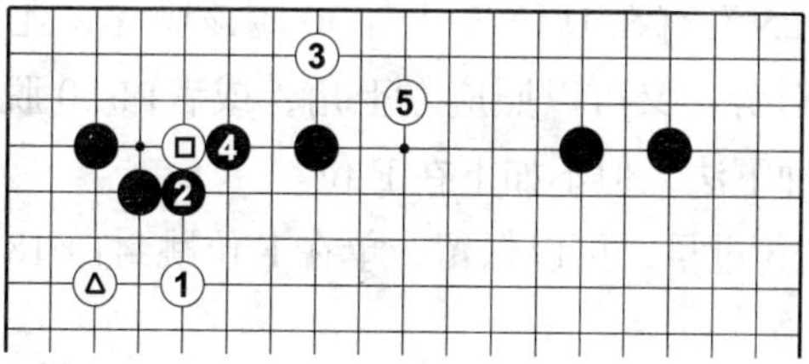
图7

图7　白1跳，使白△之子发挥出应有的作用，将白□之子作为弃子，进行至白5，虽然白棋比较薄，但左上白棋两颗子对左边形势大有帮助，将注意力放在左边，这是白棋不能忽略的问

题。虽然这个变化不如图 5 好，但也比实战要强。

黑 25 是缓手，应该在 D 位长，不给白棋眼位，白棋更难下。

白 26 忙着在二路做活太早，虽然已经亏损，但也要把棋走在外面。

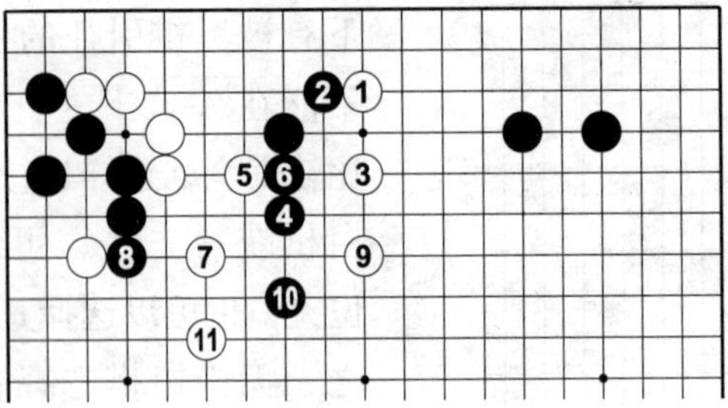

图 8

图 8 白 1 从上边反夹，进行至白 11，是双方出逃的战斗，白棋比单纯做活要好。

黑 29 扳住后，黑棋右上边成为了外势，而白 18 之子完全失去意义，白棋这个损失太大。

由于黑 25 没有在 D 位长，白 30 应该脱先，比如在 E 位飞扩张左边的形势，又可以照应左上角，或者白 30 脱先扩张下边模样也是一种下法，但不如下在 E 位。

黑 31、33 过早，可以保留，单在 F 位跳封白 18 之子就可以了。

黑 35 冲，虽然让白 36 压，黑 37 顺势长出得利，但被白 38 拐头后，黑棋的棋形也加强了。而且，白棋在外边成为硬头，黑棋不便宜。黑 31 至黑 35 三手棋有些多余。

白 40 托角不好，应该在 G 位点，先攻击黑棋上边几颗子，由于黑棋自己把自己撞重了，反而不好弃子，白棋可以借攻击黑棋趁势将黑棋右边的模样消减掉。

实战白棋后手活一个角，太小了。

黑 45 一般是在 46 位虎，白棋走 H 位，黑棋走 45 位，白棋 54 位，黑棋走 48 位，白棋走 I 位，这样从目数上黑棋要便宜一些，但外面留下 J 位的点，双方各有利弊。

黑 51、53 扳接过早，把劫材浪费掉了。

黑 55 是一个好点，在 K 位飞也不错，由于白棋为了活棋在右上角将黑棋接厚，白棋在 G 位点的威力减小了。

白 56 肩冲温和，如果直接在 L 位点是积极的手段，这是黑棋接紧气给自己留下的缺陷，白棋可以从根本上将黑空破掉。

白 62 在 67 位小飞比较好，下一手可以在 G 位点，十分严厉。

黑 63 断吃白 58 之子很厚。

白 66 应该在 G 位点，先攻击黑棋，让黑棋逃，白棋中央自然加强。

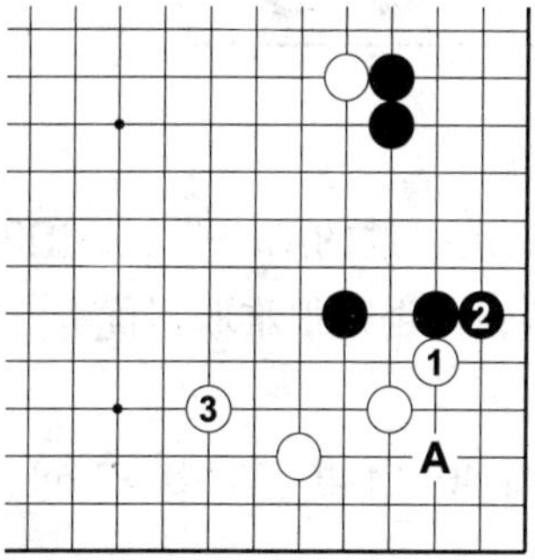

图 9

图 9　白 1 尖顶后，在 3 位小飞，确保下边的边空，在 A 位点三三只是一个官子，黑棋不会现在就去走，中央才是全局的关键。

黑 69 肩冲后，白棋下边已经成不了大空，局面应该是黑棋好下，但白棋能否注意到 G 位点攻击黑棋，是中盘战一个很重要的因素。

第5局　战术失败

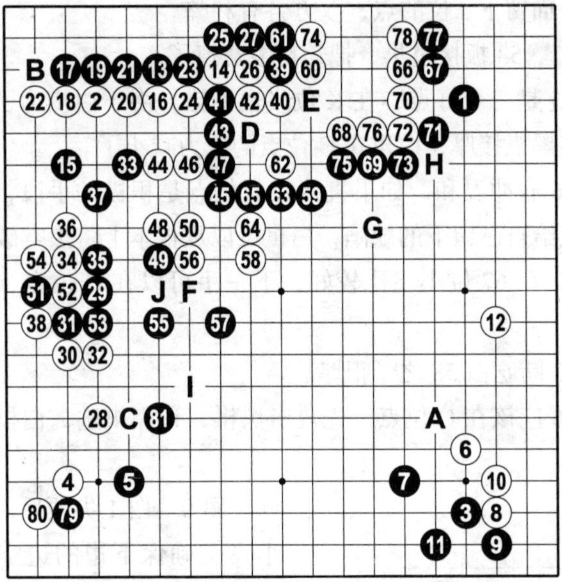

综述：当战机来临的时候，抓住战机是关键的第一步，运用正确的手段是关键的第二步，这二者不可缺一，否则很难取得优势。

最大的问题手是——

黑35、黑41、黑61、黑67、白28、白40、白46、白50、白58。

其次的问题手是——

黑31、黑39、黑45、黑57、黑79、白30、白34、白66、白80。

白4小目面向黑棋，黑5立即挂角是当仁不让的一手。

白6也可以在右下挂角。

黑 7 小飞选择了注重下边的定式，进行至白 12，局部双方告一段落。

既然黑 7 小飞注重下边，今后在 A 位飞压又是先手，那么黑 13 在左下角先动手更为主动，比如在 28 位小飞，这样既连贯了黑 7 的意图，又构成了下边的大模样。实战黑 13 在左上挂角虽然也是一种下法，但不如在左下动手积极。

白 14 夹缺乏灵活性，在 28 位小飞是双方的好点，白 14 不应该放弃。

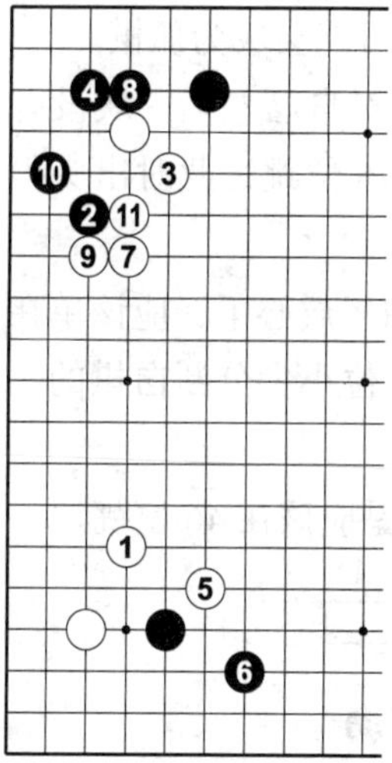

图 1

图 1　白 1 抢占左下小飞，黑 2 双飞燕时，白 3 就小尖出头，进行至白 11 是最普通的走法，黑棋虽然得到了左上角，但黑棋下边的模样已经被化解，当初黑 7 之子的作用减小，而且白棋在左边构成一个大模样，这样的布局白棋更加主动。

由于白 14 反夹方针错误，被黑 15 双飞燕后，白棋反而为难。

对于黑 17 单点三三，白 18 在 21 位虎有些委曲，因为还没有吃掉黑 13 之子，将来黑棋有在 23 位顶逃出的手段。所以白 18 挡也是势在必然。

白 22 下立是为了防止黑棋在 24 位的扳断，此手单在 23 位顶的走法也有。

黑 23 应该脱先，因为 23 位与 B 位形成了见合，黑棋没有死活之忧。黑 23 至黑 27 虽然使角上活得大了一点，但全在低位，把白棋也撞厚了，黑棋并不便宜。

白 28 在 29 位夹很有必要，要使白棋左上方的厚势发挥作用，就必须使黑 15 之子无法安宁，下边小飞虽然很大，但不是急所，而且，白 28 如果走在 29 位，对白 4 之子也是一种援助。

白 28 松缓，让黑棋占到 29 位拆后，白棋全局的配置极不协调，左上的厚势有可能落空。

白 30 再逼已经晚了一步，没有必要再走了，此手可以在 36 位打入，安顿左上方一块，同时搜去黑棋的根据地，这是很重要的。

黑 31 与白 32 交换是损着，使白 28 之子的头变硬了，黑棋在 C 位压的可能性完全失去，黑 31 应该在 33 位单跳，由于白 30 没有及时在 36 位打入，白棋左上的厚势可能会成为孤棋。

白 34 再打入，仅仅是对黑棋的破坏，对自己左上一块没有什么帮助，所以不宜现在走，此手应该在 46 位跳，此时出头很要紧。

黑 35 至白 38 的交换没有必要，帮助白棋放心了，应该单在 46 位跳，这是双方的要点。黑棋保留在 51 位小尖分断白棋的手段，白棋更麻烦。

黑 39 扳头虽然很大，但方向有误，还是应该在 46 位跳。

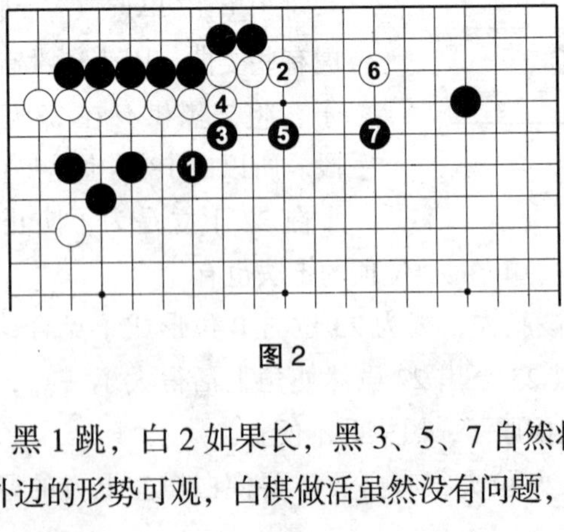

图 2

图 2　黑 1 跳，白 2 如果长，黑 3、5、7 自然将白棋封在里面，黑棋外边的形势可观，白棋做活虽然没有问题，但吃亏太大。

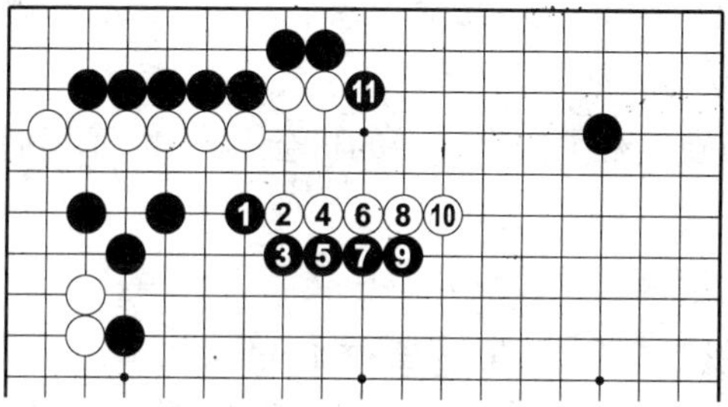

图 3

图 3　黑 1 跳时，白 2 先靠，进行至黑 11，黑棋在中央多出了一道铁墙，再扳回上边，白棋仍然不好。

白 40 应该抓住机会在 46 位跳，对于黑 39 扳，白棋任何时候都不能在 40 位扳，从局部来说，白 40 扳也是一步俗手，在 D 位跳是棋形，如果在 40 位扳，被黑棋在 E 位连扳，白棋就没有应手了，更何况黑棋还有更严厉的走法。

黑 41 断直接开战很严厉，但却忘记了自己的安危，此手在 46 位跳，效果会更好一些。

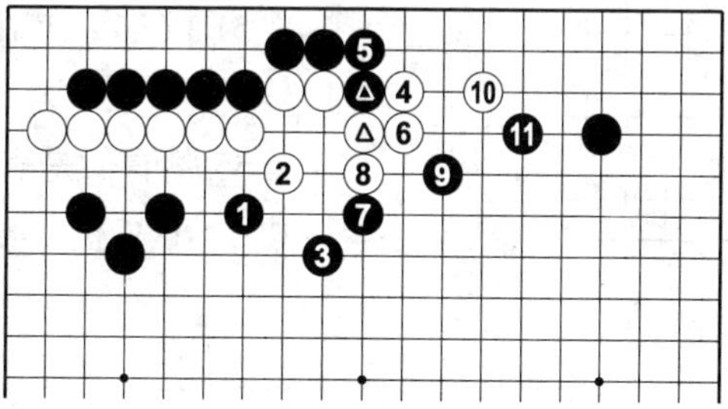

图 4

图 4　由于黑▲与白△的交换，黑棋已经便宜了，黑 1 至黑 11 从外边封住白棋，所得利益远远超过了在上边吃白几颗子，

最重要的是黑棋左边一块完全安顿了，不仅没有后顾之忧，还形成了一个大模样。

黑 41 强硬，给了白棋反击的机会，白 44 靠出后，黑棋左边也很为难。

黑 45 跳没有成算，在 E 位扳会简明一些。

白 46 刺次序错误，应该在 48 位单跳。

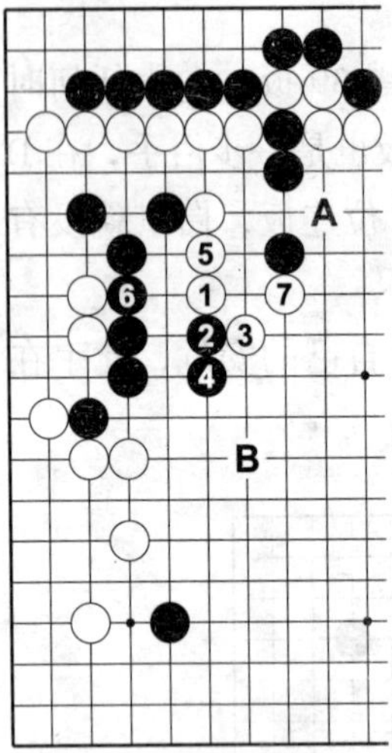

图 5

图 5　白 1 单跳，黑 2 依然靠，白 3 扳后，在 5 位直接接，再在 7 位虎，很清楚就出了头，而且，下一手在 A 位点、B 位跳封都是可怕的杀着，黑棋攻击白棋反而将自己陷进了困境，这是黑棋战术上出现了问题。

白 46 刺不好，但被黑 49 靠时，白 50 还是应该按图 5 的走法，虽然上边没有 A 位的点，但出头很畅。

黑 51 扳是为了在 53 位的先手。

黑 55 跳看似是棋形，但却不是好棋，在 F 位小尖要厚实一些。

白 56 拐，黑棋没有好点补棋。

白 58 应该立即冲击黑棋。

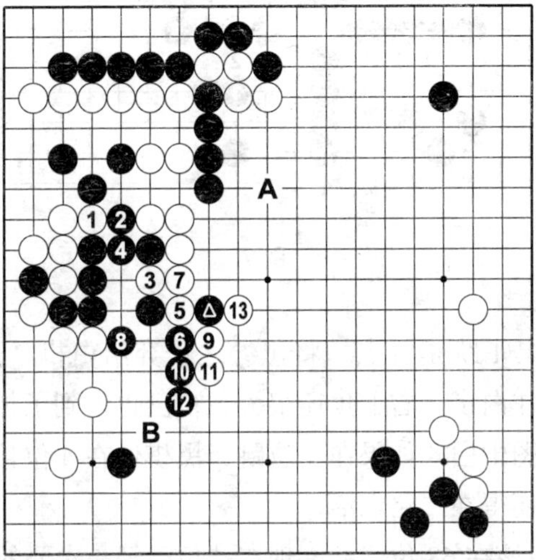

图 6

图 6　白 1 直接冲，再在 3 位打，进行至白 13 成为必然结果，下一手白棋在 A 位跳或 B 位穿象眼，都是让黑棋头痛的手段，而且，白棋在中央吃掉黑▲之子，也不必有后顾之忧，比实战单纯出逃要强许多。

白 58 与黑 59 交换，白棋上边四颗子就不好处理了，而白棋对黑棋左边一块没有严厉的后续手段，这与图 6 整整差出了一手棋。

白 60 打吃已经不是绝对先手了。应该在 62 位点后再在 68 位小飞。

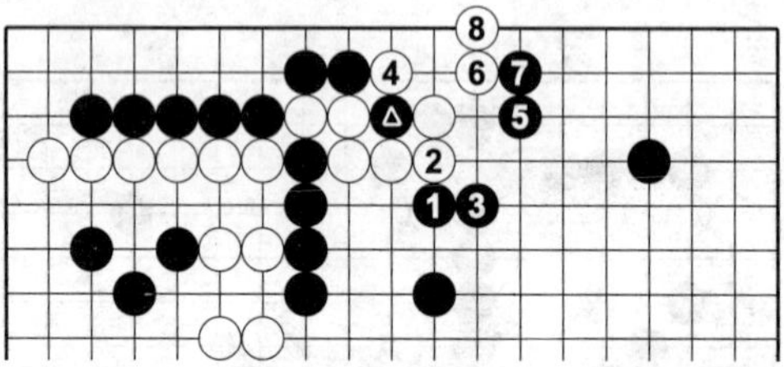

图 7

图 7　黑 1 跳是要点，将黑▲之子弃给白棋，进行至白 8，黑棋先手封住白棋，右上角还很大，自己也得到了加强，这是明智的走法。图中白 4 如果在 5 位跳，黑棋便在 4 位接，白棋依然无法出头，还得在二路求活。

白 66 应该在 68 位飞补，现在挂角已经是次要的事情了。

黑 67 跟着应不好，直接在 E 位断吃白棋几颗子很大。

白 68 应该在 70 位长，这是对自己走过的棋子负责任的下法。

黑 69 出于气合也要在 70 位虎，白棋走 69 位，黑棋走 G 位，双方形成混战，虽然很复杂，但黑棋比实战有利。

进行至白 78，白棋虽然是后手活，但给黑棋留下在 H 位的断点，对黑棋是一大隐患。而且，白棋做活的目数也不小。

黑 79 只能在 81 位飞。

白 80 在 I 位飞出后，黑棋必须立即补 J 位的断点，这样黑棋反而陷入仓徨出逃的境地。

黑 79、白 80 互相失误，黑棋反而稍稍便宜了一点。黑 81 勉强飞回，但仍旧没有补上 J 位的断点，白棋如图 6 的手段依然存在，而且，白棋在 H 位切断十分严厉，局面黑棋不能乐观。

第6局　致命失误

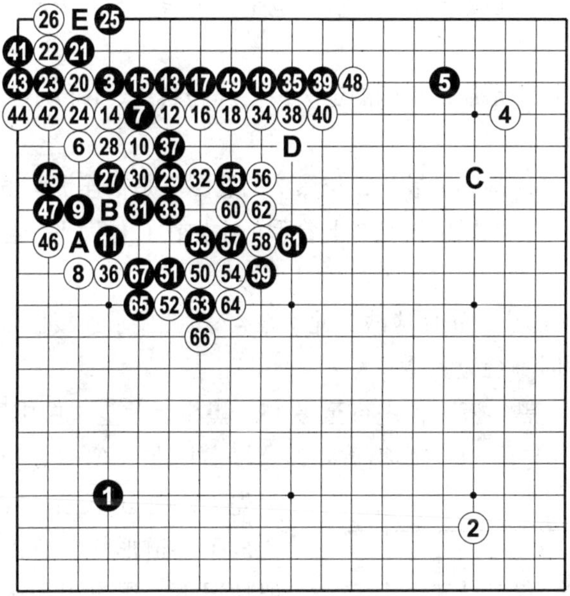

综述：当一块棋发生危险时，最重要的就是想办法做活，而不是寸土不让，必要的时候，宁肯委曲求活，也不能堂堂正正地死。如果在序盘时就死去一块棋，而且没有留下什么利用，那么一局棋就基本上没有机会了。

最大的问题手是——

白32、白44。

其次的问题手是——

黑13、黑19、黑27、黑29、黑39、黑57、白12、白28、

白 34、白 36。

白 2、4 以错小目对抗黑棋星小目，黑 5 挂角是很好的着点。

白 6 也挂角，应该说是在走白 4 时就预定的方案，否则白 4 不会走面向黑棋的小目。

黑 7 小尖是最坚实的走法，也是为了与黑 5 之子形成高低搭配。

白 8 拆三是加快步调的走法，在 A 位拆二，B 位小飞都是定式的选择。

黑 9 打入挑起了战斗，与黑 7 的意图不是很连贯，虽然也是定式的选择，但黑棋先在右上着手，比如在 C 位大飞，会比较生动一些。

白 10 靠出，正面应战，此手在 47 位托要求连接也是一种走法，黑暂时不会应。

图 1 黑 1 扳下，进行至黑 15，黑棋得角空，白棋取外势，其中白 10 与黑 11 交换很重要，这样白棋在 A 位或 B 位都将成为先手，白 16 长后，在外边也构成了一道形势。所以，在一般情况下，黑棋很少选择这种走法，但当周围的配置使白棋外势无法发展或发展不大时，黑棋走成图 1 的角空还是很大的，但绝不是现在。

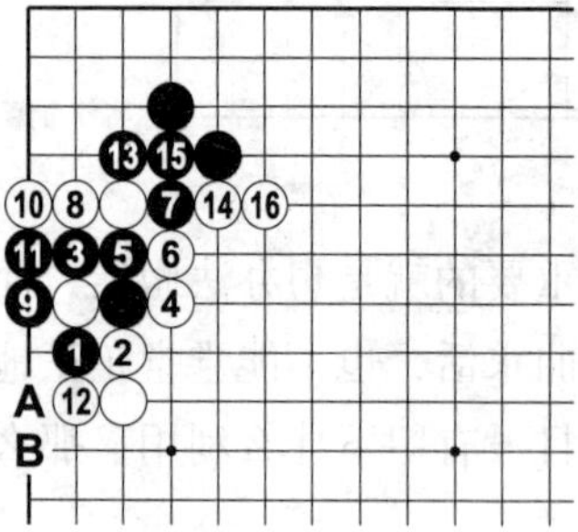

图 1

白 10 靠正面作战，稍稍有些勉强。

黑 11 没有必要出逃黑 9 之子。

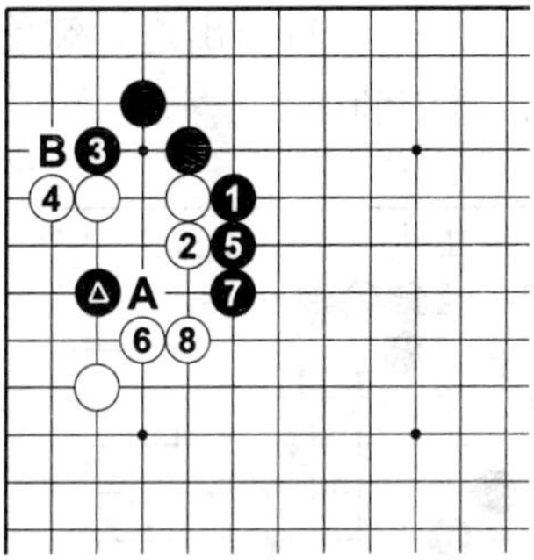

图 2

图 2　黑 1 扳，白 2 只能退，黑 3 顶时，白 4 如果下立，黑 5、7 都是先手，为防止黑棋在 A 位冲断，白 8 不能省略，黑棋争得先手弃掉黑▲之子，可以满意，将来在 A 位点、B 位挡都是让白棋味道变坏的好点，黑棋很充分。

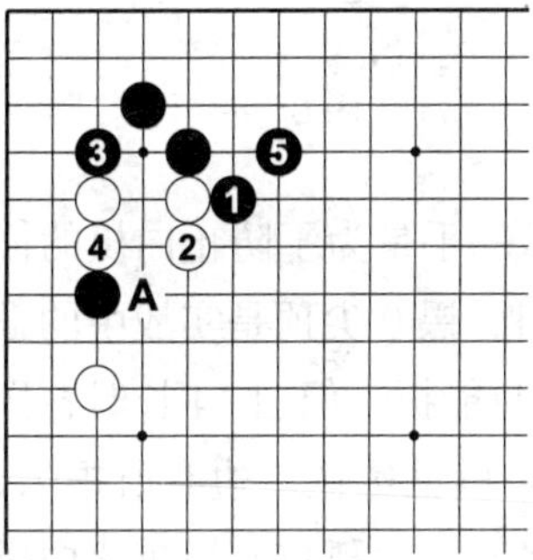

图 3

图 3　黑 3 尖顶时，白 4 顶忍耐，黑 5 也忍耐，黑棋角上的空很多，棋形也好，并且将来在 A 位的出逃也很严厉。

黑 11 小尖出逃，将上边让给白棋选择,从大局上讲是吃亏的。

白 12 扳有些无理，如果单在 37 位长会更加厚实。

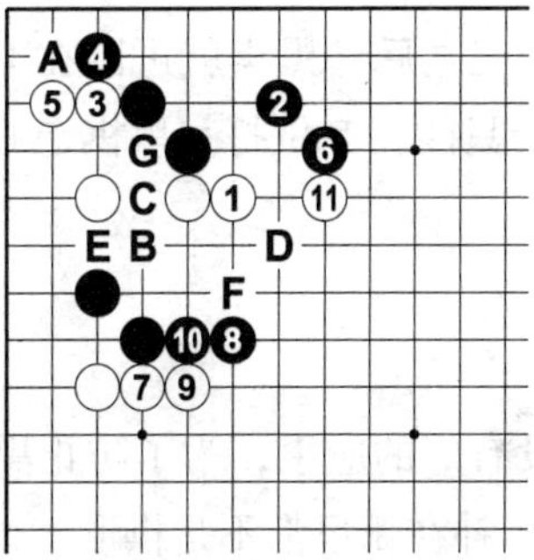

图 4

图 4　白 1 长，黑 2 出头也只能在三路小飞，白 3、5 在角上建立眼位，黑 6 尖补是本手，白 7、9 从左边利用后，再在 11 位靠出，这是白棋并不惧怕的战斗，白棋在角上 A 位拐就是活棋。

图中黑 10 如果在 B 位刺，白棋走 C 位，黑棋在 D 位飞封，白棋在 E 位挤渡过，黑 10 如果在 D 位飞封，白棋有在 F 位靠的手段，由于白棋在 G 位是先手，以后黑棋在 B 位刺不一定能走到。

黑 13 扳，没有抓住白棋的无理手，只想着自己出逃，缺乏作战的积极性，此时在 37 位断，是白棋难下的作战。

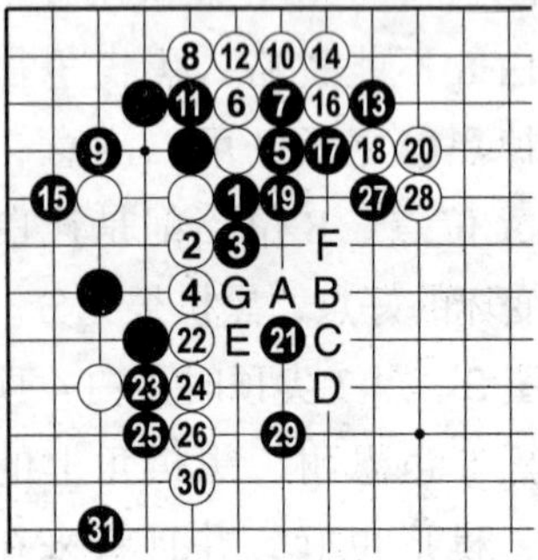

图 5

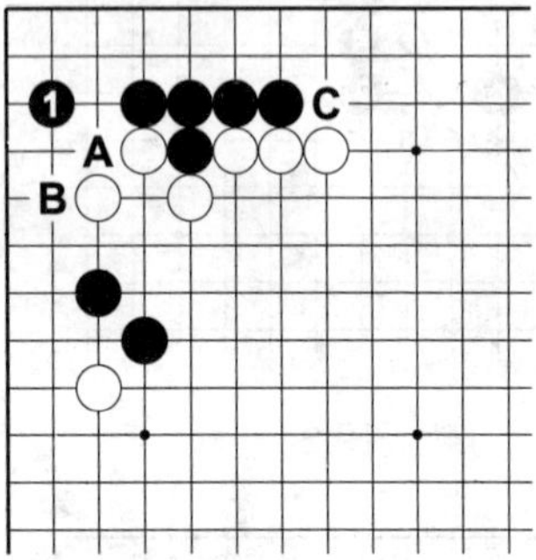

图 6

图 5　黑 1 断，白 2 长，黑 3 再压一手是为了防止白棋的征子，同时也是将白棋走重。白 8 小尖时，黑 9 尖顶是实战中的强手，为了上边三颗子不被吃掉，白 10 只能扳，但白 14 长时，黑 15 扳过，以下进行至黑 33 的战斗，黑棋虽然在上边有所损失，但在左边获得了不少利益，外边黑白各有一块孤棋，黑棋比白棋厚实一些，眼位也多一些，是黑棋稍稍有利的作战。

图中黑 29 与白 30 交换是为了防止白棋在 A 位靠，黑棋走 B 位，白棋走 C 位断的手段，有了黑 29 三之后，`黑棋就可以在 D 位打，白棋在 E 位打的手段就没有了，只能在 F 位打，黑棋走 G 位，白棋安全连通。

白 14 打是俗手，应该 16 位长。

黑 19 已经不必再跳了。

图 6　黑 1 单跳补角冷静，白棋没有好的应手，为了防止黑棋在 A 位打，白棋在 B 位扳过，但白棋补在哪里都不是棋形。

有了黑 19 跳，白棋产生了在 20、22 连扳的手段。

为了防止白棋在 49 位冲断，黑 25 无法在 26 位打吃，只能自补。

白 26 下立一是为了确保眼位，二是为了收官，但在 33 位小飞加强中央，更能顾全大局。

有了白 26 之后，黑 27 点已经不是先手了，将来要走在 30 位夹是棋形的话，让白棋在 29 位扳后，黑棋再在 27 位退，下一手在 28 位打吃，白棋只好在 28 位接，黑棋在 33 位扳，立即就会产生在 32 位的打吃，这是很紧凑的下法。现在黑 27 直接在 36 位压比较普通。

白 28 可以脱先，在 D 位飞，黑棋走 35 位，白棋走 36 位，黑棋走 28 位，白棋走 29 位，黑棋断开白棋也没有什么了不起的。

黑 29 点不必，但白 32、34 却是大俗手，白 32 无论如何也应该在 33 位断，黑棋无法出逃黑 29 之子，虽然被黑棋在中央连扳几下有些难受，但白棋毕竟活干净了，而且还是先手。

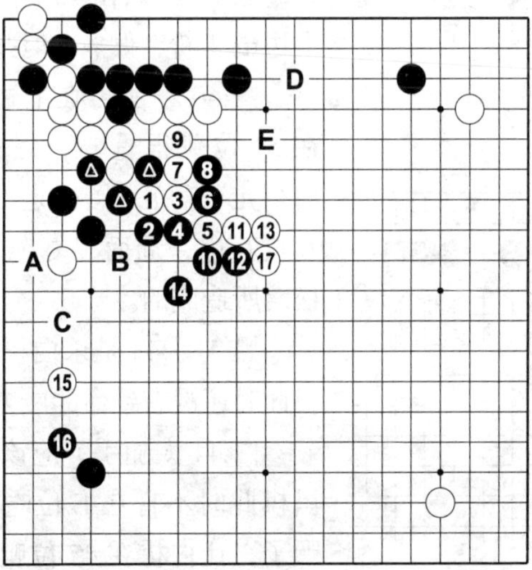

图 7

图7　白1断，进行至黑14几乎没有变化，白15先安顿左边，由于白棋在A位立是先手，又有B位点，所以不必担心黑棋在C位打入，白17抢占中央，白棋右边的发展潜力增大，而且上边白棋既可以在D位攻击黑棋，又可以在E位守空，黑6、8两颗子没有什么价值，黑▲几颗子也成为废子，这是白棋优势的局面。

白32帮助黑棋补棋，白34也只好在37位接，有了白32、34后，白36再贴不合时宜。与其如此，当初白30时就在36位贴，效果会好许多。

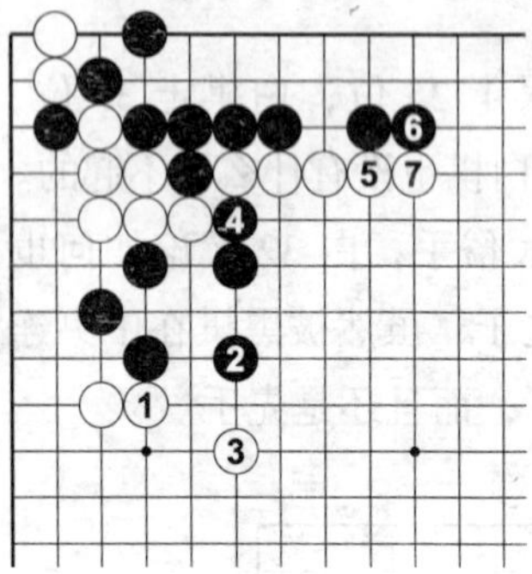

图8

图8　白1单贴，黑2跳补断，白3小飞，黑4断，白5、7出逃上边，同样是被黑棋断开，白棋的形状要比实战强许多。

白32帮黑棋补丁断点，黑37直接将白棋分断。

黑39应该在40位扳更为严厉，上边虽然断点很多，但并没有棋。

白40不能再在上边落后手了，在51位跳很重要，黑棋走53位，白棋走58位，黑棋走50位，这样互攻互逃，局面很复杂，这是黑39松缓所造成的。

黑41、43是杀白棋的手筋，但在此时还没有致命的威力。

白44太随手，应该在45位尖，黑棋此时不肯在E位吃白棋角上两颗子，让白棋在47位爬过的，所以只能在47位挡，白棋再在44位打。

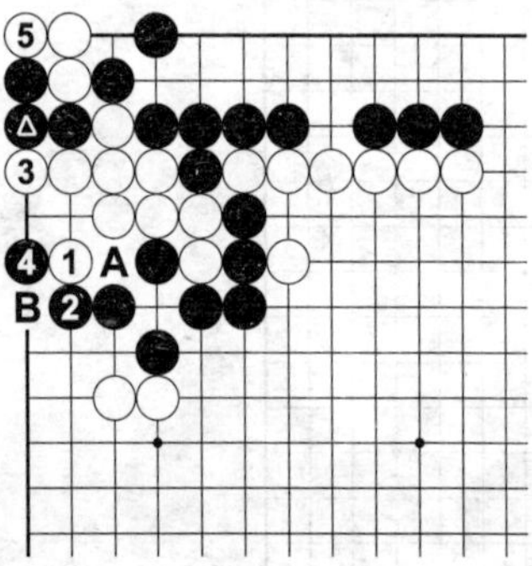

图9

图 9　白 1 与黑 2 交换之后，再在 3 位挡就成为了活棋，黑 4 扳时，白 5 单提，虽然以后黑棋在 A 位、B 位都是先手，但白棋在▲位能做出两只眼。

实战被黑 45 小尖，白棋角上顿死，这盘棋就无法再下了。白棋的损失无法弥补，而且白棋外边也并不比黑棋厚，产生不了利用，可以说全局到此结束。

第 7 局　引征不利

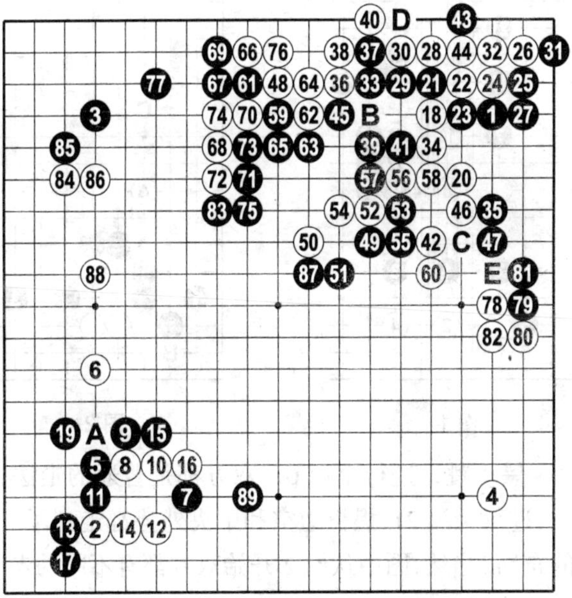

综述：当一个定式结束后，往往会存在一个后续定式的引征问题，如何有效利用引征的手段，左右着序盘的形势。所以学会引征很有作用。

最大的问题手是——

黑 45、黑 55、黑 79、白 46、白 80。

其次的问题手是——

黑 39、黑 73、黑 87、白 18、白 42、白 52。

黑 5 挂角，白 6 二间高夹，从整体配置上看是黑棋有利，因为黑 3 星位对攻击反夹的白 6 之子很有力。

黑 7 大飞是常见的定式。

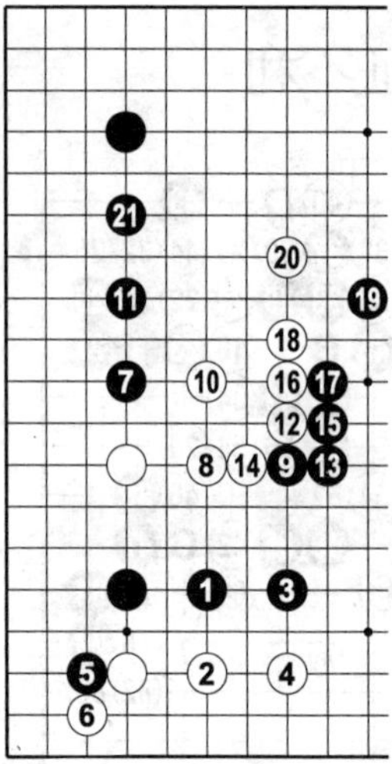

图 1

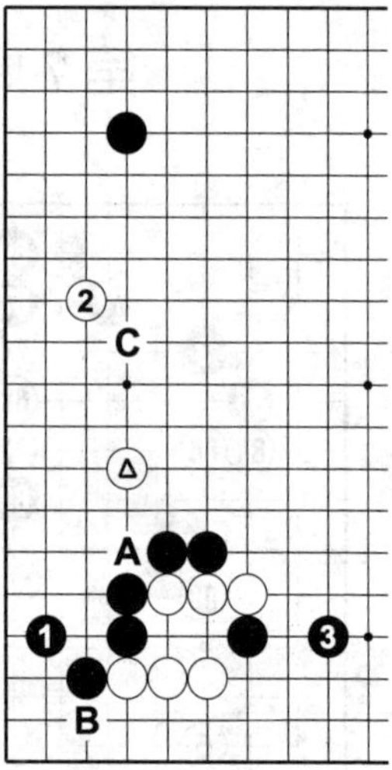

图 2

图 1　黑 1 跳，进行至白 6，双方都是普通的走法，黑 7 反夹很有力，进行至黑 21，黑棋边空和中央外势都走到了，是黑棋步调较快的布局。当然，图中从白 2 开始双方都有不同的走法，但最终黑棋都能从左边反夹白棋，相对来说白棋是比较被动的。

从白 8 靠出到白 16，是现代很常见的一个定式，不过，黑 17 是有选择的，此手在 17 位下立是不让步的一种走法，但给白棋留下了引征的隐患。

图 2　黑 1 虎，既防止白棋在 A 位的断，也解消了白棋在 B

位的扳，白棋如果不愿让黑棋占C位夹的好点，可以先在左边开拆，黑3跳也是好点，白棋左下成为孤棋，白棋如果按定式在下边开拆，黑棋在C位夹，白◎之子成孤子，两个好点黑棋总能占到一处，这样局势简明。

白18虽然是引征，但显得不够紧凑，无论如何应该先在A位断。

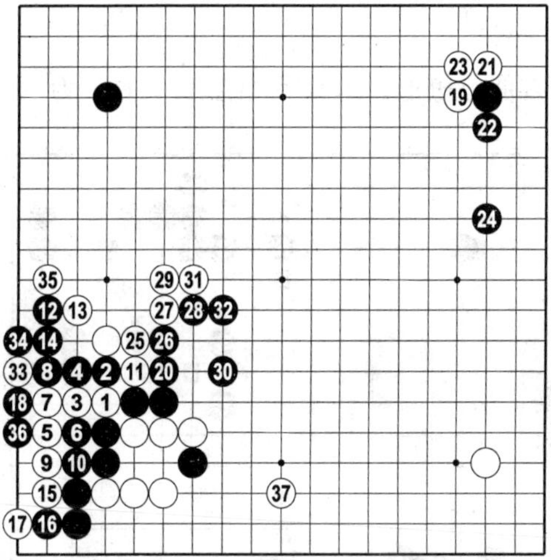

图3

图3　白1先断，至黑18，白棋再在左上引征，为避免危险，黑20补是稳妥的下法，白21扳角占实空，如果在22位外扳是取外势的走法。进行至白37，黑棋虽然吃掉白棋左下几颗子，但并不是太大，右上被白棋占了便宜，左边一块白棋的弹性很足，黑棋基本无法攻击，反而成为白棋广阔的局面。

白18松缓，黑19虎补非常大，白棋在左下两边都欠一手棋。

白20小飞仅仅是在走定式，对黑棋没有大的影响，显得步调太慢。

黑21直接在89位动出是很好的选择，在攻击白棋左下一块棋的同时，白 6 之子将会受到更大伤害。遗憾的是，黑棋始终没有抓住这个战机。

白 22 内扳是变化比较多的定式，手数也比较长，在没有完全掌握的时候，最好避免。

进行至黑 35，双方都在定式的范围内。

白 36 靠是一种变着，但被黑 37 拐后，已经把自己的眼位缩成了一只。

黑 39 跳看似是棋形，但却不如在 B 位曲有力。

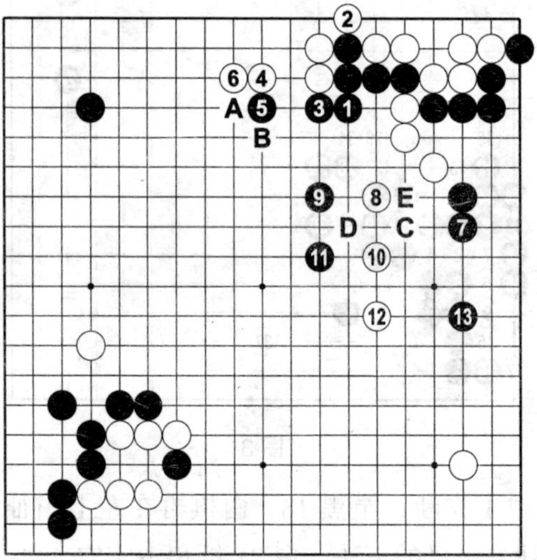

图 4

图 4　黑 1 单拐，白 2 扳过后，黑 3、5 是先手，白 6 在 A 位扳的下法也有，但与黑棋走 B 位交换，白棋仍旧需要回补，对白棋右上三颗子不利。黑 7 单并冷静，白 8 如果在 C 位飞，黑棋走 D 位，立即产生在 E 位靠的下法，白棋不好选择下一点。进行至黑 13 是普通的应接，黑棋的棋形比实战强。

白 42 小飞不好，无论如何都要抢占 C 位的跳。

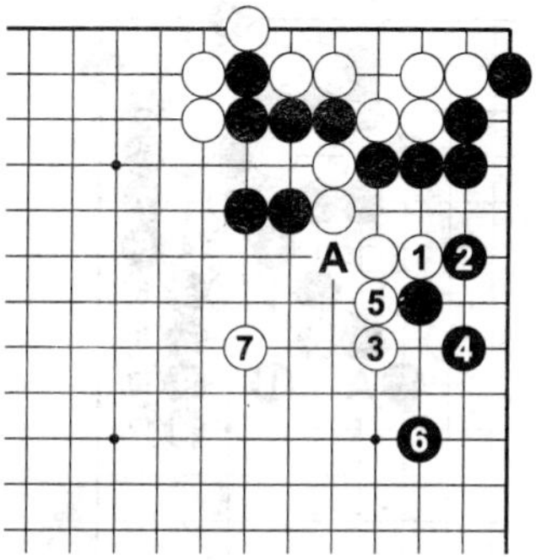

图 5

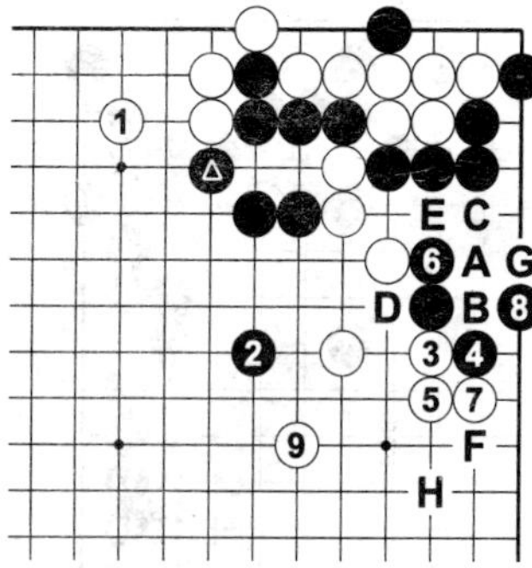

图 6

图 5　白 1 先冲与黑 2 交换，是为了防止黑棋在 A 位挤吃白棋两颗子的手段，这样进行至白 7，黑棋右上几颗子成为白棋的攻击目标。

黑 43 点没有必要，因为白棋上边已经只有一只眼了，什么时候黑棋在 D 位扑都是先手。

黑 45 虎不在棋形上，应该在 47 位并，让白棋在 53 位补后，黑棋在 63 位跳，实战黑 45 虎实际上自紧了一口气，还没有出头。

白 46 是大恶手，帮助黑棋补棋，应该在 48 位单跳，黑棋仍然需要在 47 位并，白棋在 53 位小尖后，黑 45 与白 48 交换亏损大。黑棋如果不在 47 位补，而是在 49 位跳，会成为图 6 的结果。

图 6　白 1 单跳，黑 2 如果抢占中央，白 3 靠将黑棋封在里面，黑 6 如果在 7 位爬，被白棋在 A 位点，黑棋走 6 位，白棋走 B 位，黑棋走 C 位，白棋走 D 位，黑棋走 E 位，白棋走 F 位，黑棋走 G 位，白棋走 H 位，黑棋被收刮得更惨。所以，黑 6 退回是没有办法的，进行至白 9，白棋在左边形成了外势，黑棋在里面委曲做活，黑▲与白 1 的交换就显得更没有必要了。

由于白 46 的错误，黑 49 直接走到中央，差出几乎一手棋。

白 50 仍旧应该在 E 位阻止黑棋出头。

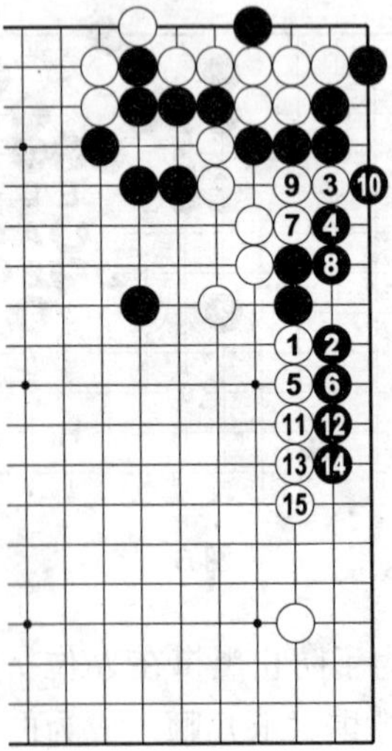

图 7

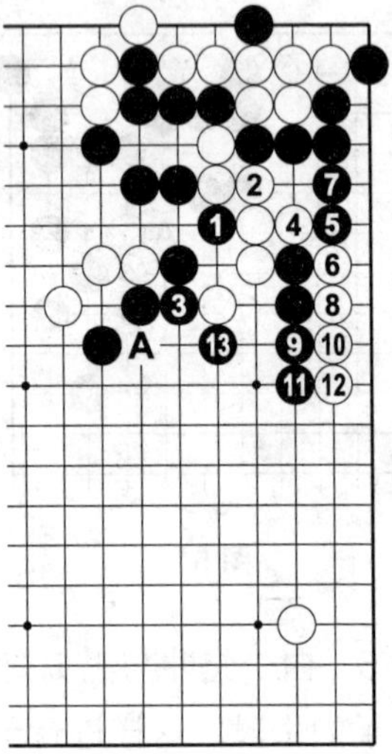

图 8

图 7　白 1 顶，黑 2 扳，白 3 靠是次序，此时黑 4 只能尖顶，进行至白 15，虽然效果远远不如图 6，但白棋毕竟与右下角连在了一起，没有了后顾之忧，同时也让黑棋左上一块棋活得很小，实战白 50 以下几手的手段有些无理。

白 52、54 靠断并不成立，黑 55 应该在 58 位挤。

图 8　黑 1 要先断吃白棋两颗子，白 2 如果不肯，黑 3 接后，白 4 以下的手段是自取灭亡，对杀白棋大败。因此黑 1 挤时，白 2 只能在 3 位断，黑 2 吃通后全体都变厚了，白棋无法在 A 位征吃黑棋两颗子，等于是在帮黑棋走厚之后攻击自己。

黑 55 退缩，被白 56 挖断后，黑棋反而成为了愚形。

黑 59 必须出逃，否则会被白棋快一口气吃掉。

白 60 也出头，当初白 50 无理手反而奏效了。

黑 61 扳本来是很严厉的手段，但由于自身气太紧，也就失去了应有的威力。

对于白 68 点,黑 69 太贪,应该在 73 位顶,这是没有办法的。

白 70 断，黑棋上边一块棋成为孤棋。

黑 73 打吃是大俗手，应该在 75 位长，这样对上边三颗子影响要小一些。

白 78 是先手，黑 79 托有些过分，单在 81 位小尖是本手。

白 80 扳轻率。

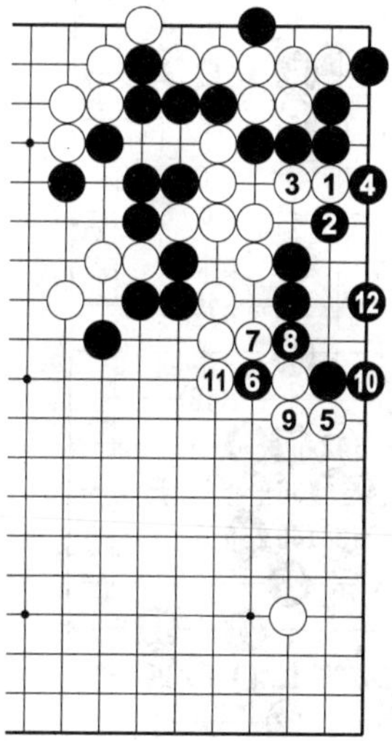

图 9

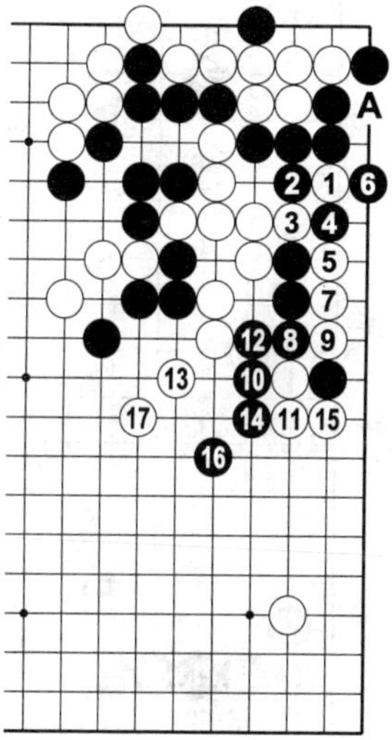

图 10

图 9　白 1、3 先交换后，再在 5 位扳，黑棋在里面做不活，黑 10 下立后，白 11 补，黑 12 后手做活，中央的黑棋就要受苦了。

图 10　白 1 靠时，黑 2 直接冲吃，进行至白 17，黑棋角上欠一手在 A 位的补活，外边两块又被白棋缠绕攻击，黑棋仍旧陷在深渊之中。

白 80、82 简单落后手，失去了一个绝好的取胜机会。

黑 83 抢到在中央先动手，形势又稍稍偏向了黑棋。

黑 87 如果在 88 位继续攻击的话，白棋会更艰难。

第 8 局　抓错要点

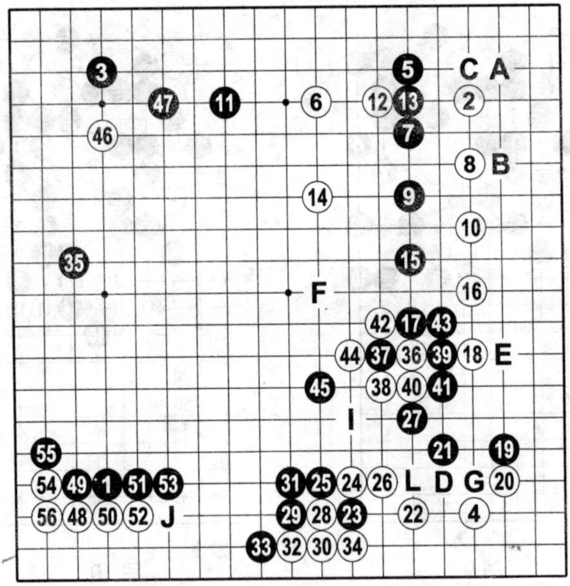

综述：从第一步棋开始，我们对布局就大致构成一种策略，虽然在根据对方的应手不断改变着战略和构思，但任何一种改变都不能前后矛盾，失去章法，否则乱的一方会导致局面的被动，甚至成为劣势，但要抓住这种机会考验另一方的棋力，如果跟着对方乱了阵脚，就得是最糟糕的事了。

最大的问题手是——

黑 19、黑 23、黑 35、黑 93、白 20、白 28、白 38、白 86。

其次的问题手是——

黑 21、黑 57、黑 85、白 20、白 48、白 54、白 82。

黑 5 挂角时，白 6 走二间高夹，不给黑棋在上边成势的机会，这是打散局面的一种考虑。

黑 7 如果在 A 位点三三、B 位双飞燕都是可以考虑的下法，将会形成完全不同的布局，实战黑 7 跳是为了在 11 位夹，这是连贯的想法。

进行至黑 15，双方都按照自己的意愿在行棋，不管是否可以改进，都贯彻自己的意图就非常不错。

白 16 可以考虑在 57 位跳，以中央为中心。黑棋走 16 位，白棋走 C 位，黑棋走 19 位，白棋走 D 位，这样白棋的棋子倾向于中原，步调较快，黑棋在左边难以成势。

黑 17 再跳有些过分，如果在 57 位镇头，占据中央制空点很重要，将来右边直接在 19 位挂，还留下在 E 位拆二的余地。

白 18 跟着跳没有必要，此手在 F 位大跳是绝好点，黑 5 至黑 17 全是没有目的单关跳，效率太低，黑棋必须对白棋左边或上边有所影响，才能使单关跳产生价值，如果仅仅是出逃，那么当初黑 7 就应该要求其他走法了。

有了黑 17 与白 18 的交换，黑 19 更应该在 57 位镇，借着对白棋上方的攻击，黑棋在左上和左下都可以成为形势或实空，而白棋全盘所有的实利都被限制右边，以后有机会时黑棋再在 19 位挂也来得及。

白 20 太贪空了，黑 19 犯的就是恨空的错误，白 20 尖顶跟着犯同样的错误，使黑 19 反而起作用了。

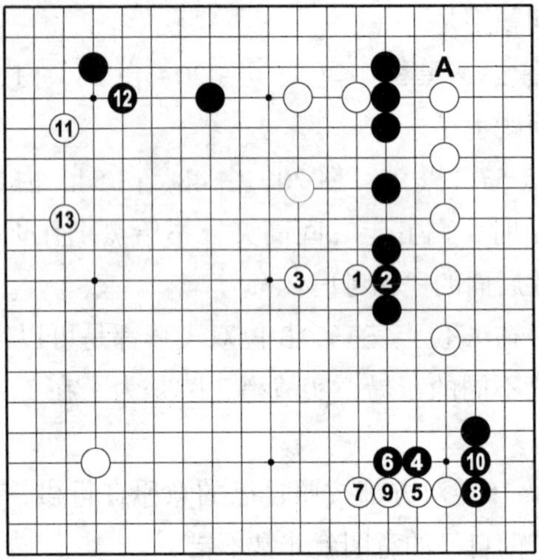

图 1

图 1　白 1、3 先占中央，黑棋为了与上边一块棋加强联系，只能在 4 位飞压，进行至黑 10 是一个定式，白棋脱先抢占左上方，黑棋完全被打散了，而白棋没有了孤棋，将来在 A 位下立后，不仅目数大，而且黑棋大龙也有些不安定。

白 20 尖顶多余，即使要走也应该走在 D 位小尖。

黑 21 在 D 位飞是绝好点，白棋无法忍耐，只能在 G 位团作战。

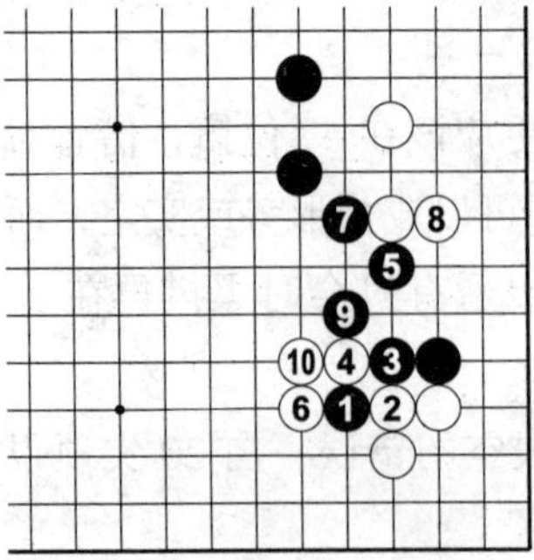

图 2

图 2　进行至白 10 的结果，黑棋并无便宜可言，但至少先手连在了一起，减少了被分断的后顾之忧。

白 22 无论如何应该在 L 位小飞，现在这个棋形黑棋不能在 24 位反夹，最多是在 41 位飞压通连，白棋走 24 位拆一，继续瞄着在 39 位冲断，黑棋形不太完整，这是黑 19 过早进角给自己找的麻烦。

白 22 拆一过于软弱，最重要的是忽略了对外势和中原的加强，一味守些边角小空，缺乏大局观念。

白 22 低拆给黑棋创造了在 26 位飞压的绝好点。

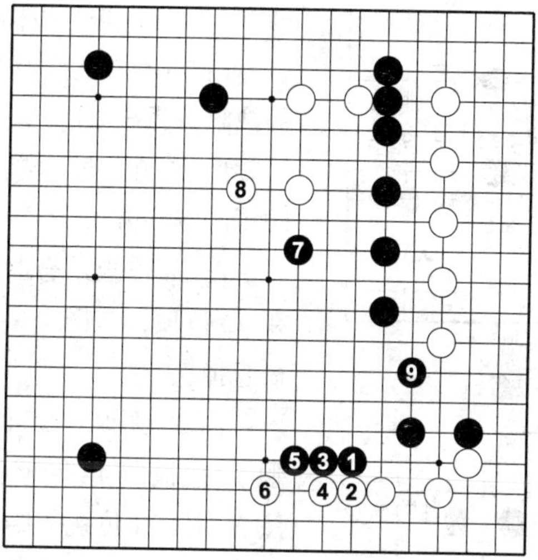

图 3

图 3　黑 1 至黑 5 将白棋压在低位，黑 7 镇是先手，黑 9 跳封后，黑棋中央一块棋基本上成空，收获巨大。

遗憾的是黑 23 犯了一个方向性错误，不仅失去了如图 3 那样一举取得优势的机会，还将自己推进了深渊。

白 24、26 靠出，自然而又有力。

黑 27 在 41 位跳比较好，以后白棋在 39 位冲断后，黑棋在边上很容易做活。

白 28 贪空，太见小了。

图4　白1从上边扳很严厉，黑2只能退，白3靠，黑4如果仍然外扳，进行至白9，黑棋很难做出两只眼，右下被白棋吃掉，这个收获远比实战中白棋吃掉黑23之子大许多。

图中黑4可能只能在A位跳，白棋在4位长，这样黑棋上边一块棋也出现了危险，是白棋有利的作战。

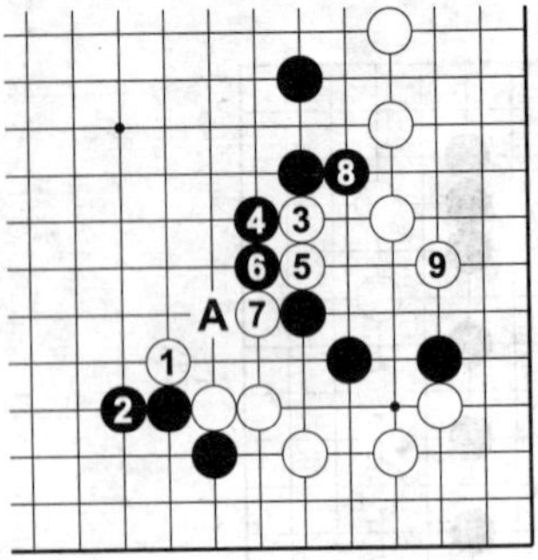

图4

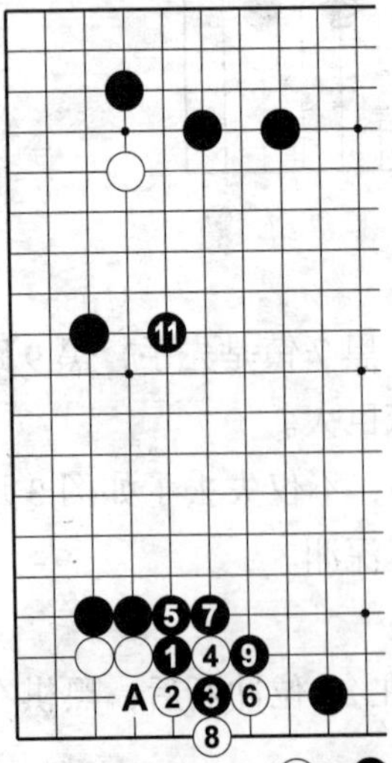

图5

白28断见小，黑35应该立即在I位跳，与左边构成一片。

白36靠严厉，黑棋没有补棋的缺陷暴露出来。

黑37在I位跳是救出右下三颗子的唯一方法。

白38连扳不合时宜，应该单在40位顶，与图4一样可以把黑棋吃掉。

白38失误，黑41、43连回三颗子，但被白44提子后，黑棋不如黑35时在I位跳的结果好。黑45点是想先手占便宜，让白棋在74位拐回，但没想到成了后手。

白46与黑47交换后，白48抢先走左下角，调子有些乱，应该继续左上角的变化。

黑51退不好，应该在52位扳。

图5　黑1、3连扳，为顾全右边几颗子，黑7不在A位断吃，而是从外边拐吃，白8只能提，

黑 9 先手打后，再在 11 位跳，左边的规模十分可观。

黑 51 退松缓，使白 52 成为了先手，即使这样，黑 53 也应该在 J 位扳争取先手。

白 54、56 后手扳粘，仅仅增加了角上几目棋，却失去了一个先手，白 54 无论如何应该在 76 位托安顿左上角。中盘战斗刚刚开始时，白棋就忙着收官，肯定是不合适的。黑棋争回先手，掌握着全局的主动。

第 9 局　攻杀不当

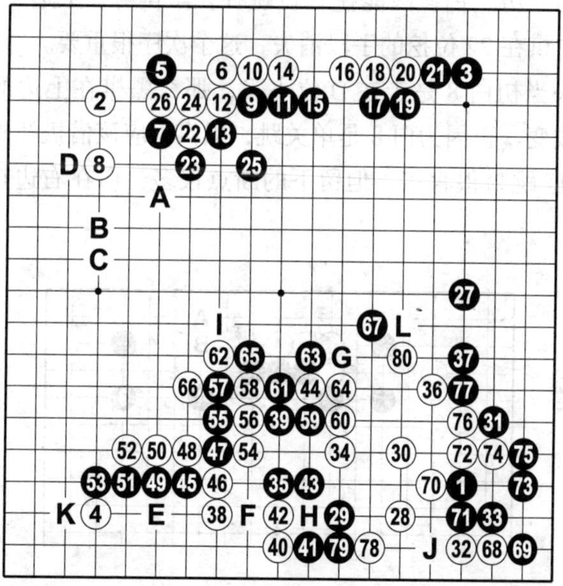

综述：在前一局中我们就强调过，布局构思一定要连贯，既

使是改变，也不能前后矛盾。这个问题在本局中也充分表现了出来。说明当初在构图时思维是局部的，没有全局的观念，这一点需要去认识提高。

最大的问题手是——

黑 29、黑 31、黑 41、白 40、白 60。

其次的问题手是——

黑 39、黑 45、黑 69、白 44、白 52、白 78。

黑 5 挂角时，白 6 采用一间低夹，进行至白 16，定式告一段落。

黑 17 跳封，明确表示想在右边做出形势，这个想法很好，但在此之前应该在 A 位先跳，由于白 8 是单关跳，黑棋在 B 位飞封变得严厉，白棋只能在 C 位跳补，黑棋再在上边封锁白棋，自然使白棋在 22 位挖的手段消失，这个次序很重要。

如果当初白 8 是走在 D 位小飞，那么黑棋在上边的走法就会随之改变。正因为白 8 是单关跳，黑棋也应该借机补棋。

黑 17 跳封很直接，但留下的断点很多，白在右边打入时容易腾挪。

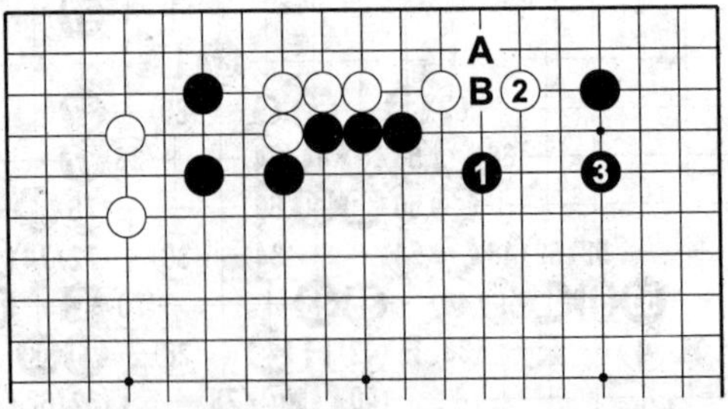

图 1

图 1　黑 1 单飞，白 2 跳后，黑 3 直接缔角，虽然不是很紧

凑的封锁，但白棋依然出不了头。而且黑棋还有在 A 位点的官子，虽然白 2 也可以在 B 位并，但对黑棋同样没有影响，这样黑棋可以兼顾着实空与外势。

白 22 至白 26 通连，并吃掉黑 5 之子很大。

黑 27 如愿占到左边大场，这是不能错过的。

白 28 挂角正常。

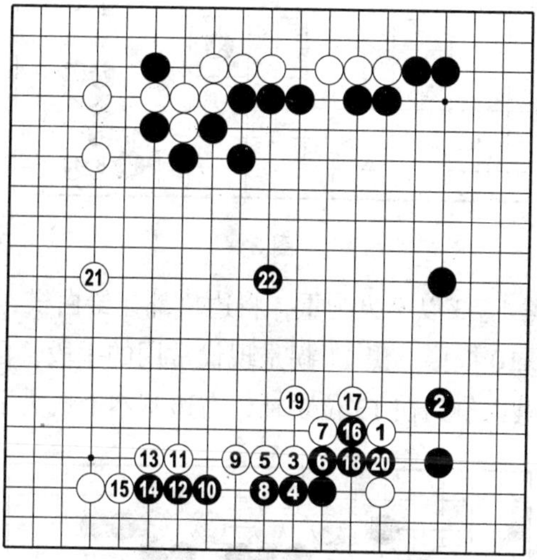

图 2

图 2　白 1 跳后，双方按照上边的走法再来一遍，只是将黑白换了个位，进行至白 21，成为模仿棋。黑 22 占据天元，应该没有不满。

黑 29 正确的方向应该在 30 位小飞，或者在 76 位跳，以右边和中央的形势为重点。

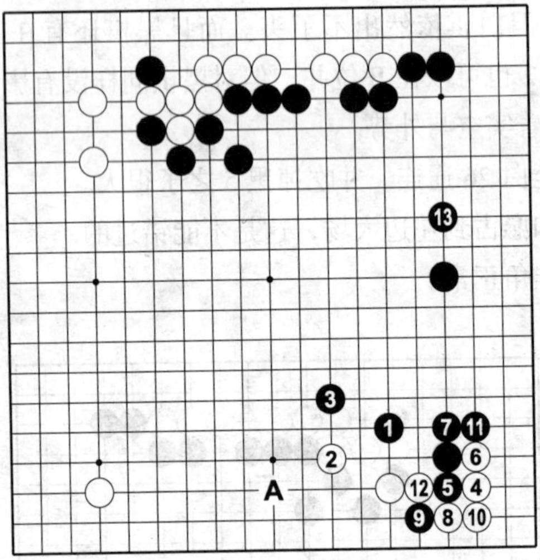

图 3

图 3　黑 1、3 以中央为重，将边角都让给白棋，特别是白 4 点角后在 8、10 扳接，黑 11 拐是现代常用的手段，白 12 断吃很开心，但黑棋也争到在 13 位跳补，右边基本上成为了实空。

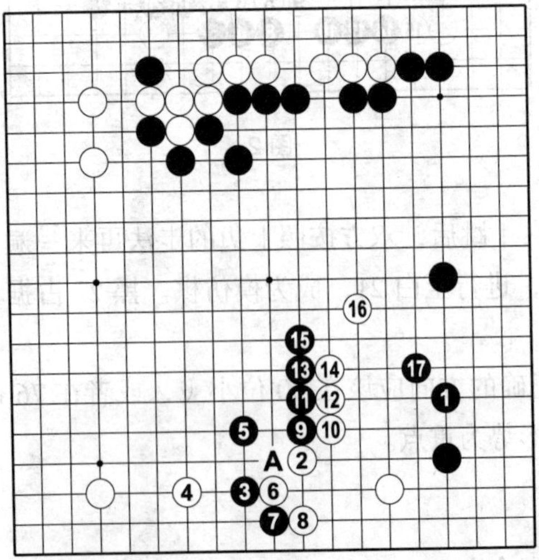

图 4

图4 黑1单跳，让白2大飞后，黑3再打入，虽然落后了一步，但也十分有力，进行至黑17只是一种变化，黑棋顺势成空，并打破了白棋成大空的可能性，黑棋中央的厚势使白棋在左边的发展受到了极大的限制。

图中白2如果在A位大大飞，黑棋可以直接在10位扩张右边，也可以在左下挂角，这样变化很多，但白棋很难顺势将黑棋右边的形势破掉。

白30跳后，黑31的小飞是顾空的走法，但现在是取势的时候，取地不合时宜，此手应该在76位跳。

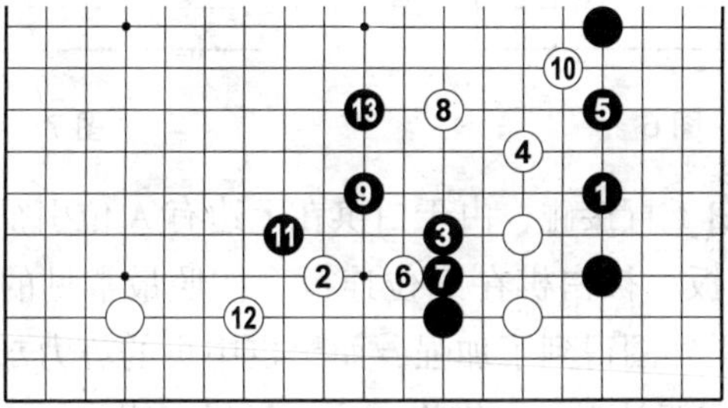

图5

图5 黑1跳，白2反夹，进行至黑13是一般应接，黑棋虽然在中央的形势由于白棋出头而消失了，但黑棋借助白棋的不安定，将右边成为实空。而且，有了黑9、11、13几颗子，对左边很有影响，这样黑棋不容易落空。

白32与黑33交换稍早，因为黑33可以脱先。

白34、36将重点放在中央，是非常好的想法，黑棋上边的形势得不到发挥。

白36小飞有些缓。

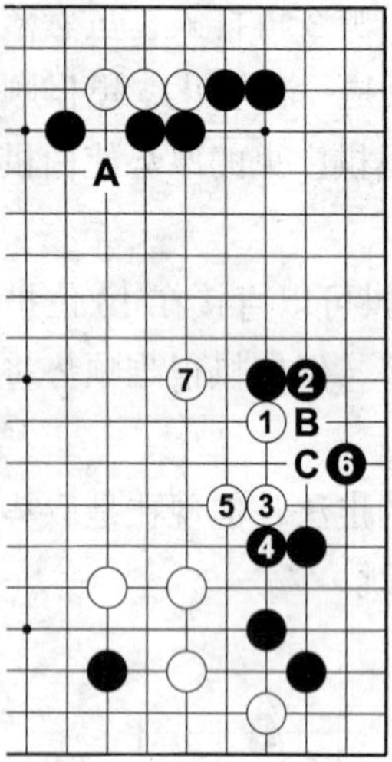

图 6

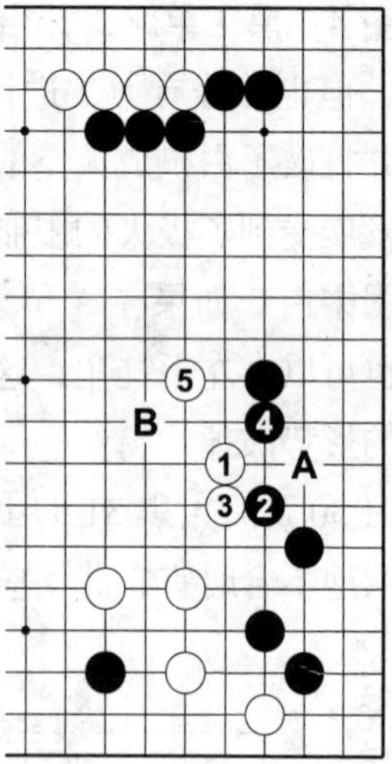

图 7

图 6　白 1 直接碰，由于白棋在上边有 A 位引征手段，黑棋不能在 B 位扳，被白棋在 C 位连扳，按照最常见的应接，进行至白 7，白棋外围得到了加强，而黑棋中央的势力却没有了，右边的形势还需要补强。白棋将来攻击黑棋下边与打入黑棋右边形成见合，这种以逸待劳的走法比较简明。

图 7　白 1 大飞，下一手要在 A 位跳下，黑 2 如果在 A 位补，白棋可以脱先。黑 2、4 顽强，创造在 B 位大跳的好点，白 5 小飞，与图 6 大同小异，这两个结果都比实战步调要快许多。

白 36 小飞虽然争得了先手，但对黑棋中央的形势影响也减少了。现在立即在 38 位反夹，会使白棋右下一块棋变薄。

黑 39 跳，此手在 54 位小尖是好点，同样是出头，却产生了 45 位飞压、E 位打入的手段。

白 40 小飞不好，这个地方应该保留不走，黑棋也不会在 F 位尖顶，与白棋在 46 位长交换，帮助白棋补强左下方。白 40 小飞，使自己右下一块棋变得更薄。

黑 41 没有抓住机会。

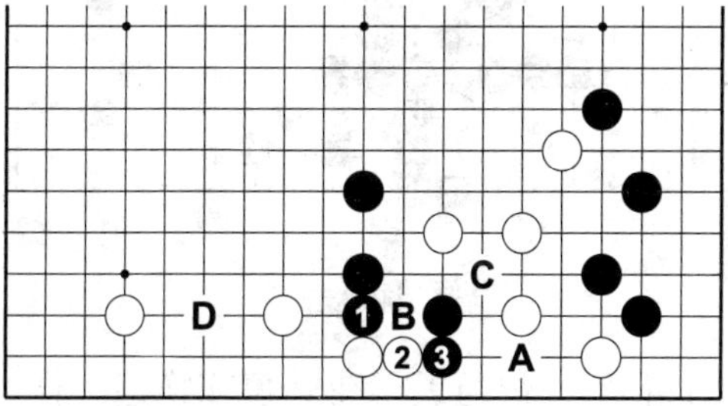

图 8

图 8　黑 1 顶是棋形，白 2 长后，不仅给黑棋在 A 位托先手破眼的机会，而且，由于有 B 位的先手，在 C 位尖断的走法也成立了。而且，由于白棋下边两颗子存在，白棋担心黑棋在 D 位打入，白 40 小飞只有负面影响。

黑 41 尖顶，比白 40 还坏，不仅把自己的形状走坏，反而让白棋补强。白 42 顶后，图 8 中黑棋的种种手段全部消失，反而被白棋多了一些利用。

白 44 小飞棋形不好,在 G 位大跳往中央去,步调会更快一些。

由于黑 41 的过失，白棋有在 H 位挤的应急手段，黑 45 飞压过分，应该单在 47 位小飞，白棋走 49 位，黑棋走 65 位，这样是一局漫长的棋。

被白 46、48 冲断后，黑 49 只有弃子，如果在 55 位长，白棋走 49 位，黑棋虽然亏损，但下边孤棋无恙。

白 50 压是为了征子，但白 52 再压与黑 53 交换就是大损了，应该单在 54 位打，黑棋走 55 位，白棋在 56 位冲时，黑棋仍旧不能在 58 位扳头。

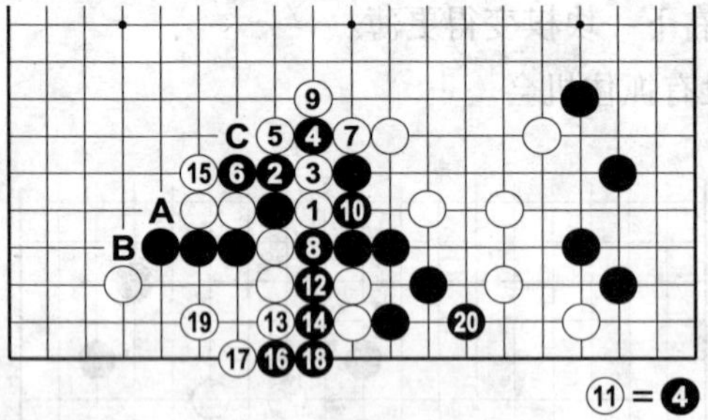

图 9

图 9　白 1 不在 A 位与黑棋在 B 位交换，一样可以打出去，黑 4 扳的手段不成立。虽然白棋在 C 位的征子不利，但白棋可以在 15 位征吃，同样是黑惨败的结果。

有了白 52 与黑 53 的交换，黑 55 长就没有必要了，应该在 59 位冲，白棋走 60 位，黑棋在 61 位单拐，这样可以少送死两颗子。

进行至白 58，黑棋再在 59 位冲已经来不及了。

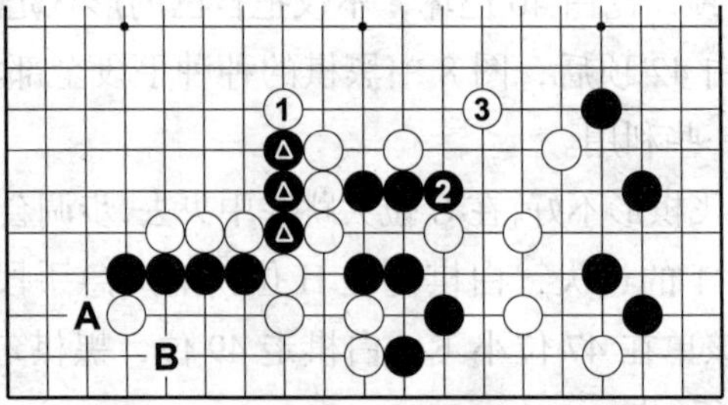

图 10

图 10　白 1 直接扳，让黑 2 冲出，白 3 再从外边飞封，以后黑棋虽然可以在里面做活，但让白棋成为一道形势通连，对黑棋上方形势影响太大。而且，白棋伺机走到 A 位或 B 位，黑棋左下角依然处在不安定状态，无暇出逃黑▲三颗子。

实战进行至黑 67，白棋虽然吃掉黑棋三颗子很大，但中央被黑棋封住了出口，这是一个遗憾。

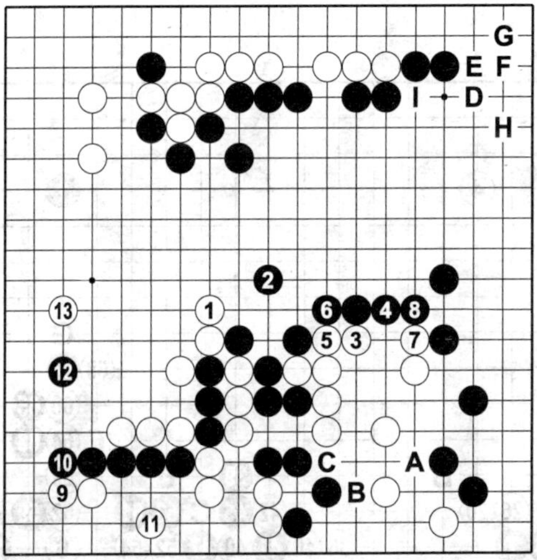

图 11

图 11　白 1 长是先手，因为有 5 位的冲断，黑 2 补必然，白 3 至白 7 是先手，再走回左下角 9 位，白 13 逼住后，黑棋很麻烦，净活的可能性不大，因为白棋外边太厚。白棋右下 A 位与 B 位是见合的两个点，由于在 C 位挤是先手，黑棋无法杀白棋。至于右上角，白 D、黑 E、白 F、黑 G、白 H，利用 I 位的断点，黑棋不容易干干净净杀白。

白 68 以下做活手段没有必要，既便是为了保险，白 78 也是恶手,使黑棋在 J 位吃白棋两颗子变得容易了,白 78 应该脱先。

黑 79 是绝好的机会，赶快抢占 K 位，当然也不能忘了在 I 位先打吃一下，这样白棋如果在黑棋右边大空里出不了棋，白棋的实空就有问题了。黑 79 错失良机，虽然白 80 也补了一手，但立即产生了 L 位的冲断，黑棋没有时间去抢占 K 位扳。

第10局　过于贪心

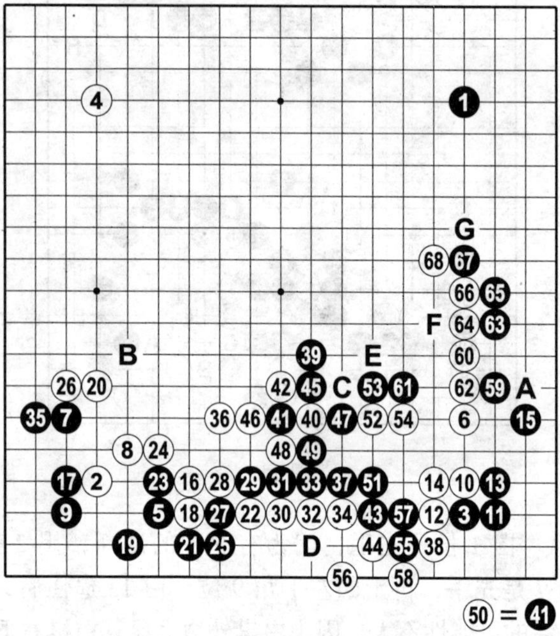

综述：在布局时要注意一个问题，那就是尽量不要走在二路，即使是先手也不会便宜。可以计算的是，在二路走一步，一般只有一目棋，在特定情况下或许会增加价值，但在布局阶段则会放慢自己布局的步调。所以，除了一些必须的二路防守外，为了增加目数走在二路是绝对不能提倡的。

最大的问题手是——

黑21、黑25、黑35、白26、白38、白52。

其次的问题手是——

黑 11、黑 39、黑 63、白 20、白 26、白 54、白 60。

黑 5 挂角时，白 6 也在右下挂角，将左下选择权交给黑棋。

黑 7 双飞燕，也是出于对白 6 脱先的一种气合。

白 8 小尖是争先手的走法。

白 10 走星位碰，不失为一种走法，但在黑棋上边没有夹击的情况下，白 10 直接靠三三会更好。

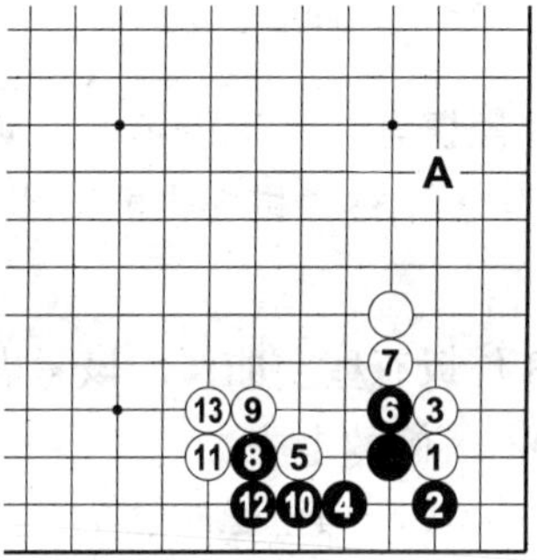

图 1

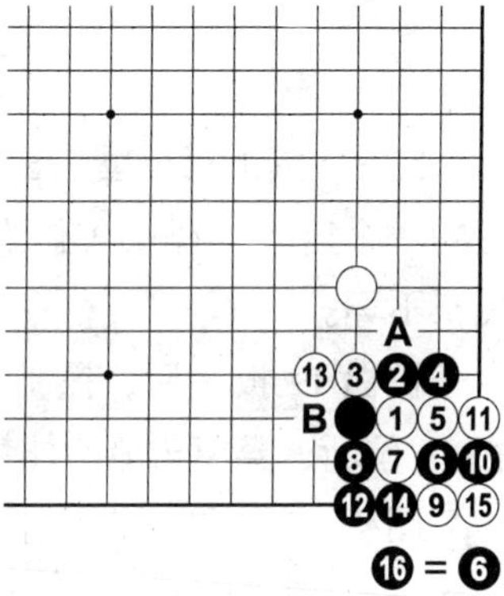

图 2

图 1　白 1 靠，黑 2 下扳，白 3 单退，黑 4 如果虎，白 5 可以在A 位大飞拆，也可以直接点，这都是可行的走法。

图 2　白 1 靠时，黑 2 外扳，进行至黑 16 扑，白棋先手做成外势，将角空让给黑棋，将来根据形势可以在 A 位虎或 B 位拐，都可以筑起一道外势。

黑 11 长进角，过于看重角空，此手应该在 14 位扳，选择取势的定式。

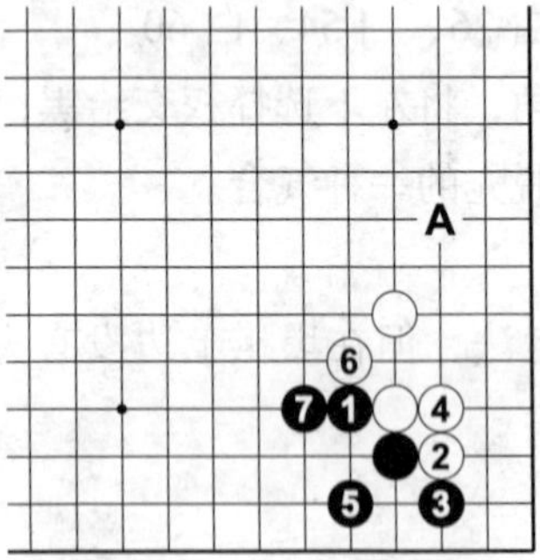

图 3

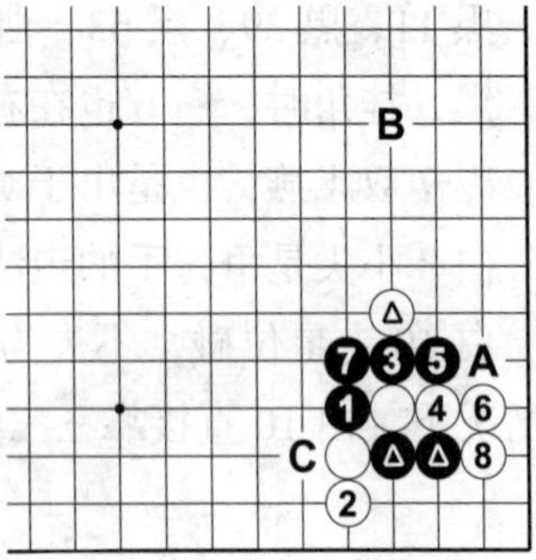

图 4

图 3　黑 1 扳至黑 7 长，本来是在黑棋有 A 位夹的情况下演变的一个定式，现在 A 位没有黑子，省去了被白棋夹击的可能，黑棋不坏。

被白 12 扳住后，黑 13 如果在 38 位扳有些委曲，应该考虑在 14 位断，弃掉角上的外势，这是很有气魄的走法。

图 4　黑 1 断，白 2 下立很重要，确保吃掉黑▲两颗子，黑 3 至黑 7 隔断白△之子，白 8 拐虽然是后手，但却很有必要，虽然在 A 位连爬几步可以争先，但帮助黑棋走厚反而吃亏。白 8 后，黑棋可以选择在 B 位拆大场、C 位扳，或者脱先，这样黑棋的步调很快，白棋的空却都在角上，发展不大。

黑 15 虽然做活了角上，但将来白棋仍有在 A 位靠的下法，而且白 16、18 与右边形成极好的配置，黑棋右左两个角都被限制在低位，黑棋的配置效率太低。

白 20 飞压有些过分，在 23 位拐已经可以满足，黑 21 再扳时，白棋能在 25 位扳住，白棋即使想在左边走棋，也应该在 B 位大跳，兼顾大局。

黑 21 扳仅仅是为了几目棋，却给了白棋补棋的机会，太不注重大局。

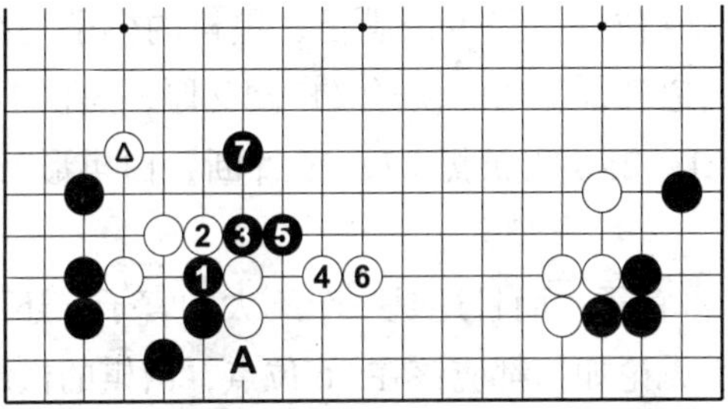

图 5

图 5　黑 1、3 冲断必然，此时白 4 不能从 5 位打弃子，毕竟白棋在◬位花了一手棋，进行至黑 7，黑棋在 A 位扳的官子依然存在，但白棋外边的形势不仅被黑棋打破，白棋左边几颗子还不好整形。

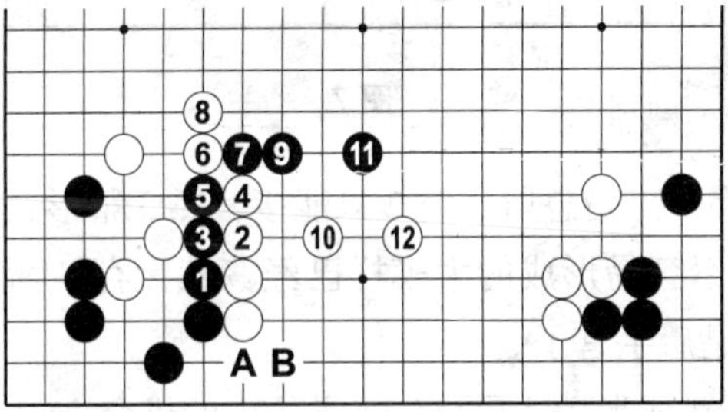

图 6

图 6　黑 1 冲时，白 2 退让，进行至白 6 扳，这样黑 7 断的威力就小了许多，黑棋在 A 位扳收官子时，白棋能在 B 位挡住，进行至白 12，是白棋并不惧怕的作战。所以，黑 1 冲时，白 2 如果退时，黑 3 不会继续冲，而是考虑在 12 位侵消，伺机再在 3 位冲。

黑 21 与白 22 的交换，使黑 23 的冲断变得苍白无力，黑 25 长更是在帮助白棋补棋。

白26在29位并已经可以满足，黑棋的棋子全在二、三线，白棋没有坏的道理，下边的模样又广阔又厚，黑棋十分难下。

有了黑21、25，再被黑27、29冲断，白棋形状破裂，不好善后了。

黑35又占官子，而且还是一个不大的官子，还不如在59位小尖大，此手无论如何都应该在36位点，白棋的棋形崩溃。

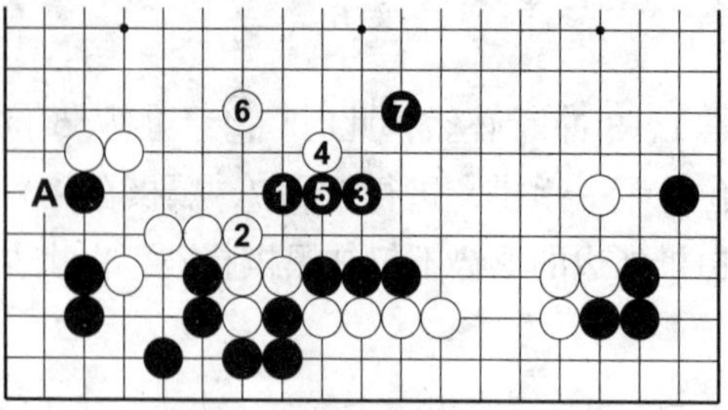

图7

图7　黑1点是急所，白2只能接，黑3整形，进行至黑7，白棋下边好不容易形成的大模样已经荡然无存，而A位无论对黑白双方都是后手官子。

被白36跳成形后，黑棋失去了领先的机会。

白38下立不好，此手在51位扳是最积极的下法。

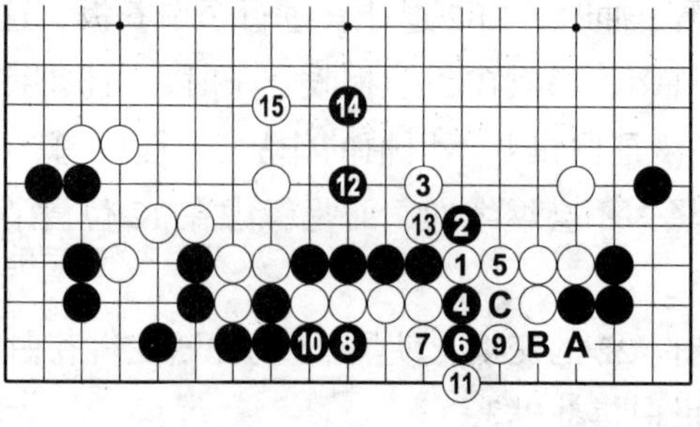

图8

图8　白1扳后，黑2扳是后手，下边黑4、6只是一个官子，白9尖后可以在A位扳。所以黑6下立不划算，黑棋只能暂时保留，以后在9位小尖，白棋走6位，黑棋走B位，白棋走C位。不过，黑6如果单在12位跳，白13与黑14交换后，白15可能走在10位。总之，在这个地方白棋即使不争先手，白38也应该在55位小尖，或者在43位长，同样是补棋，这样可以使黑棋在51位的长成为后手。

黑39应46位靠或者42位跳，实战步子太大，反而被白冲击。不好成形了。

白52夹是大俗手，本来C位的断点是黑棋的隐患，但白棋落一个后手却帮助黑棋补棋，这个损失有多大不言自明。

白52可以考虑在D位单补，确保自己的眼位，也可以考虑在60位单跳，瞄着C位的断点。

白52、54落后手，还被黑55、57先手破眼，亏损巨大。

黑59小尖，白60也应该在61位拐，黑棋走E位，白棋走F位，这样白棋虽然不如刚才，但局面还是不坏，毕竟占到了36位的要点。

黑63在66逼比较好，可以照顾下边一块孤棋。实战黑63至黑67过于看重取空，被白68扳后，黑棋如何往中央出逃已经成为问题，右边被白棋在G位打入后，仍然没有空。

第 11 局　生硬吃亏

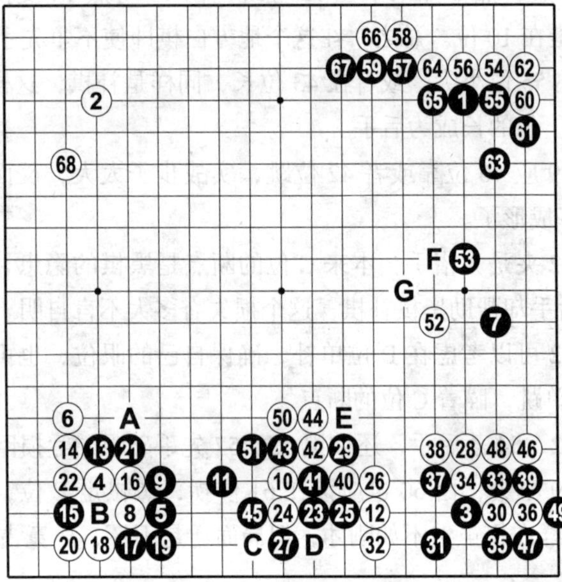

综述：无论是全局的构图，还是局部的手段，一定要顺其自然，不能刻意为了手段而手段，这样不仅不会起到应有的作用，反而容易使自己陷入困境。为了手段去走手段的棋一般都比较勉强，缺乏相应的条件，特别是在棋子还很零散的布局阶段，更不能如此。

最大的问题手是——

黑 23、黑 31、白 32。

其次的问题手是——

黑 11、黑 27、黑 29、白 16、白 28。

白棋以二连星对抗黑棋的星小目，黑5挂后再在右边7位构成中国流，是一种很流行的走法。

白8先尖顶，让黑棋在9位长，白棋再在10位夹，这是为了让黑棋走重，但因此也使黑棋出头快了一步，双方有利有弊，单在10位夹对中央更好一些。

在白6小尖的棋形下，黑11在A位小飞是很好的着点，不仅下一手在13位的手段得以成立，而且步调也比拆一要快。而且，黑棋将来更希望从40位方向反夹，而不是拆一做活。

白12大飞不如在26位大跳，这样对中央影响力更大，对右下挂角也更有力，黑棋反而不容易对白棋两颗子有所动作。

黑13、15是走11位时就想好的手段，但因为黑11不在A位，所以即使黑棋征子有利，黑棋的这个手段也不成立。

白16可以在B位团强硬吃掉黑棋。

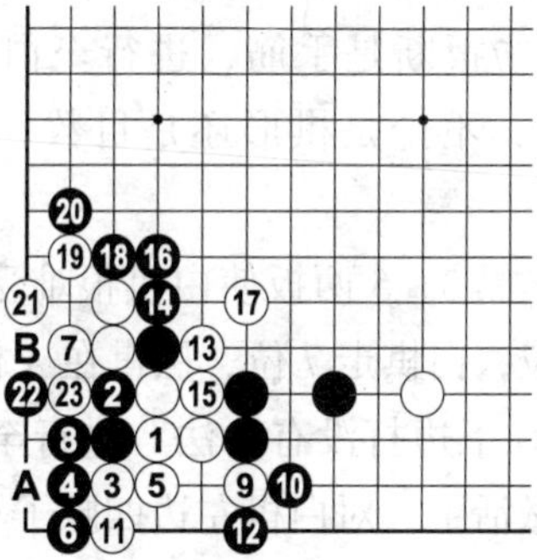

图1

图1　白1团，由于征子不利，白13接，进行至白23，虽然黑棋留有在A位做劫的手段，但已经被白棋分为两块，黑棋在A位做劫时，白棋可以在B位打劫，也可以脱先成为双活。白17小尖出头后，黑棋两块棋都很难处理。

实战进行至白 22，虽然也吃到黑 15 之子，但黑 17、19 扳接成为先手。

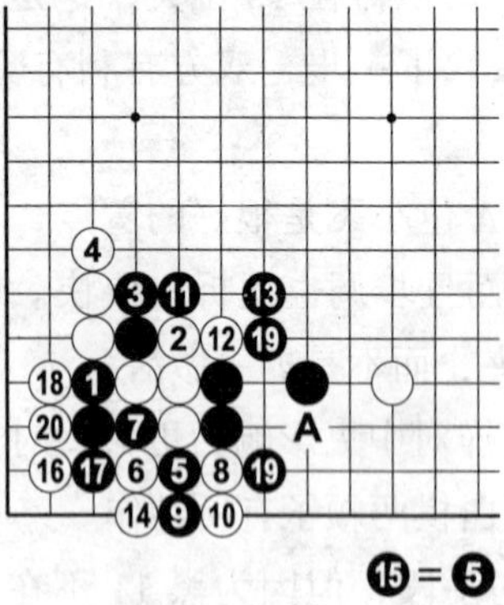

图 2

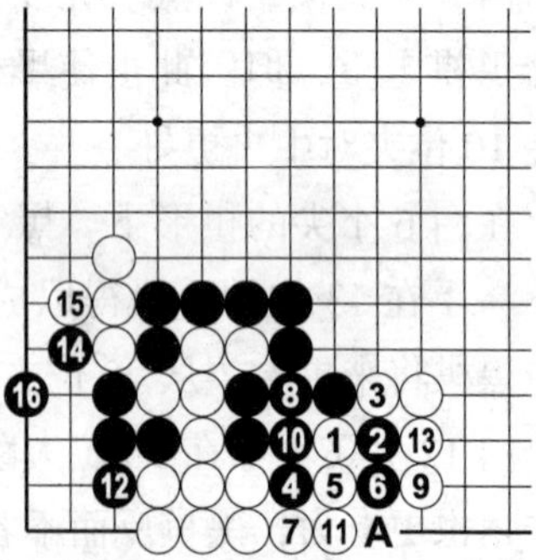

图 3

图 2 黑 1 先断，白 2 只能拐打，黑 3 借助征子有利出逃，白 4 只能长，黑 5、7扳断是手筋，进行至白 20，黑棋先手在外边形成一道厚势，不论是棋形还是目数，黑棋都比实战要好。

图 3 白 1 靠，黑 3、5 两扳使白棋很难受，白 7 如果在 10 位断打，黑棋走 8 位，白棋走 7 位，黑棋在 A 位下立，白棋反而差了一口气。白 7 在下边打没有办法，进行至黑 16，白棋虽然渡过，但黑棋角上做活了，对白棋左边四颗子马上就有严厉的攻击，白棋得不偿失。

黑棋急着在 17、19 扳接，是为了在 23 位打入。但在这种情况下，黑 23 打入没有好处，此手单在 28 位守角是本手。

由于左边黑棋很重，被白 24 挡下后，黑棋很难办。

黑 27、29 是打入后的腾挪手筋，但在此时却显得勉强。

白 28 挂角不够紧凑，此手可以在 34 位碰。

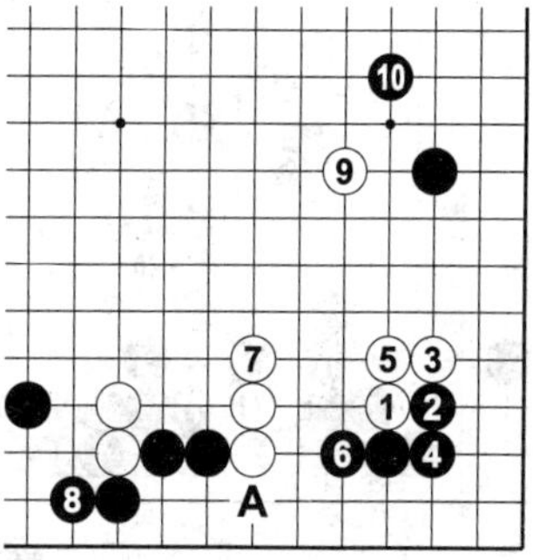

图 4

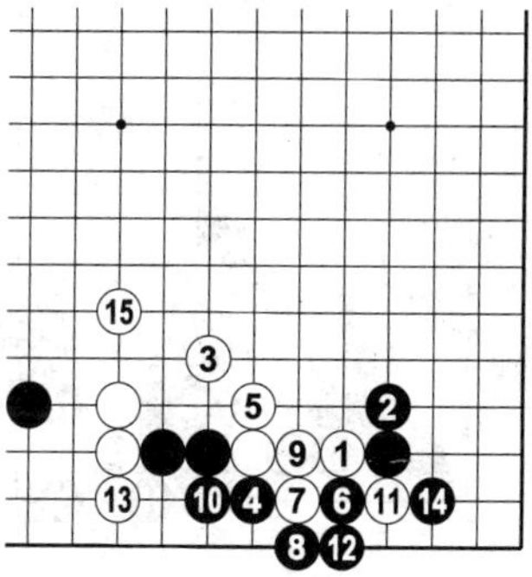

图 5

图 4　白 1 碰，再在 3 位连扳，这样进行至黑 10 后，白棋可以脱先，将来在 A 位立很大，黑棋角上活得很小。如果白棋对让黑棋下边连接感到不满的话，当初白 26 可以考虑更强硬的走法。

图 5　白 1 先碰，角上虽然受损，但可以走到 3 位的飞封，黑 4、6 扳过后，白 15 跳，黑棋右下角几颗子陷入被攻击的状态，这是白棋积极的下法。

黑 29 单在 31 位小尖是场合下法，白棋走 32 位，黑棋在 41 位贴，白棋走 43 位，黑棋走 42 位，白棋走 50 位长后，黑棋再在 C 位退，白棋的处境反而艰难。黑棋在 31 位尖后，还产生了在 38 位靠断的下法，白棋无法利用黑棋的弱点补强自己，这也是白 28 过于松懈的理由。

实战黑 29 跳太早，此处即使要跳，也应该在 42 位跳。

白 30 托角后，黑 31 再尖已经晚了一步。

白 32 下立，此手在 34 位顶也很有力。

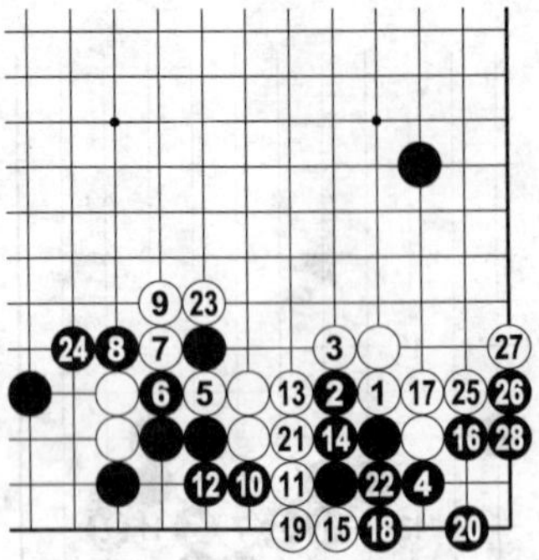

图 6

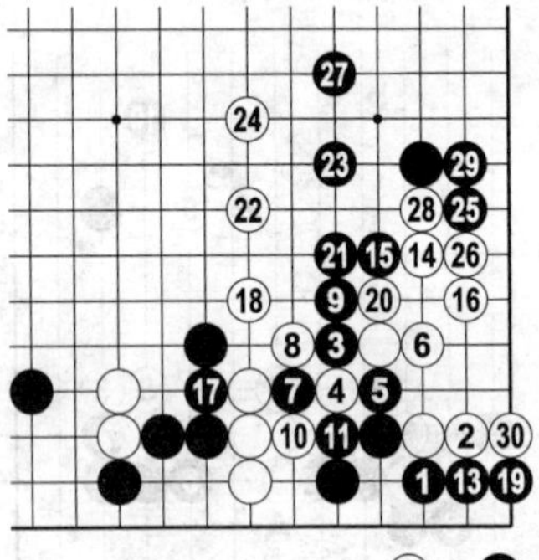

图 7

图 6　白 1 顶，黑 2、4 是最顽强的手段，进行至黑 28，白棋外边很厚，黑棋角上活得也很小，目数上要便宜一些。

黑 33 扳吃白棋一颗子不好，反而让白棋利用了，此手应该单在 35 位扳，白棋走 33 位，黑棋走 36 位，白棋走 39 位，黑棋在 49 位做活，始终给白棋留下 38 位靠的缺陷，白棋不好脱先。

黑 33 在 35 位虎扳时，白棋如果在 34 位顶，黑棋就在 36 位打吃争先手。

图 7　黑 1 扳时，白 2 长，黑 3 靠出后，黑棋在 9 长和 11 位打都很重要，逼使白棋成为愚形，进行至白 30，白棋右边被压迫得后手做活，下边一块棋成为无根的孤棋，而黑棋顺势经营右上方，白棋很被动。

实战黑 33 扳，虽吃掉了白棋两颗子，但让白 46、48 都成为了先手，白棋很厚。

白 40、42 先手冲断，黑 29 之子的多余充分显露了出来。

黑 43 应该单在 D 位接，白棋走 43 位，黑棋走 45 位，白棋要在 E 位打吃会落后手。黑 43 断吃虽然增加了一点目数，但却差了一手棋，一点都不便宜。而且，黑 43 如果在 D 位接，白棋也是在 E 位打，黑棋再在 43 位断，白棋走 44 位，就更明白差出一手棋了。

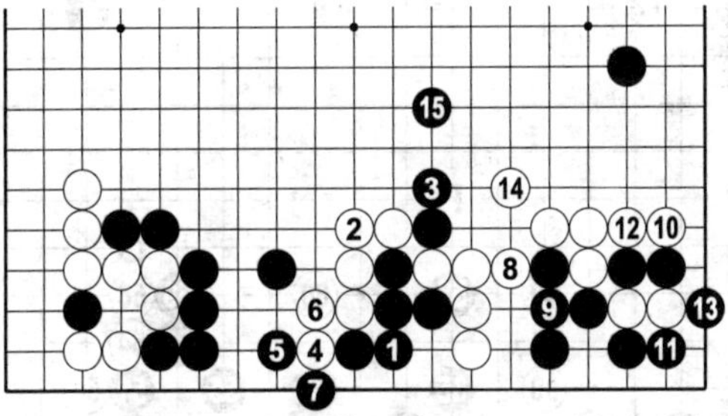

图 8

图 8　黑 1 接时，白 2 如果强硬，黑 3 有立即出逃的手段，进行至黑 15，白棋被分割成了两块，十分艰苦。所以黑 1 接时，白 2 走 3 位是本手，黑棋再在 2 位先手断打一手，步调就快多了。

白 52 是为了防止黑 29 之子出逃。

黑 53 小飞后，白 54 顺调点角，进行至黑 67，白棋又先手占据了右上角，白棋局面领先。

白 68 小飞很大，但在 F 位压的话就更能巩固优势了。

第12局　构图错误

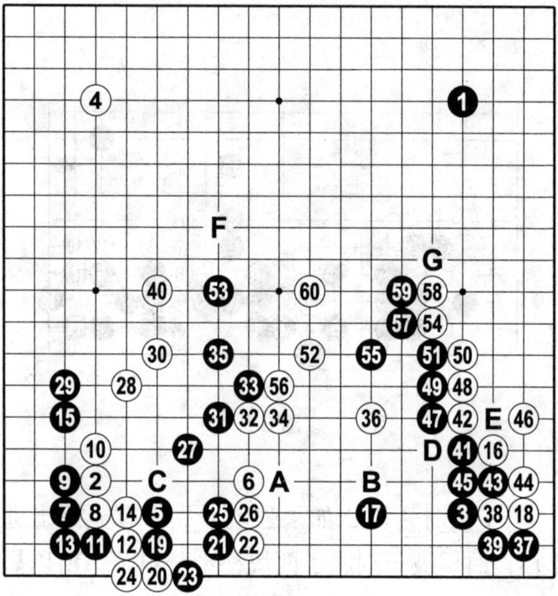

综述：完成一个定式很容易，但如果对于定式之后的变化没有了解的话，最好不要采用这个定式，免得造成全局的被动。

其实，我们在选择每个定式时，就应该将它今后可能发生的变化考虑进去，这样才能使整体构思得以实现。

最大的问题手是——

黑37，白22、白46。

其次的问题手是——

黑19、黑41、黑59，白32、白36、白54

白棋同样是二连星，黑5挂角时，白6走二间高夹，演变成黑 15 跳是定式，双方都属于正常应接，无可非议。

白 16 挂角，正好与白 6 错向，使黑 17 拆二成为好点。为了不让黑棋走到这个好点，白棋在走 6 位夹击时就应该考虑到，或许可以考虑在 A 位夹，黑棋如果依然点角，黑 15 跳后，白棋就可以在 B 位拆二。

黑 17 拆二后，白棋左右定式之间的配置不如黑棋好，在走白 6 时就一定要考虑到这个变化。

白 18 飞进角过早，右下角黑 17 拆二对左边白棋来说是绝好点，他对于白 16 之子都缺乏攻击性，有利有弊，所以，白 18 不必着急去处理白 16 之子，应该先在右上挂角为好，右下黑棋对白棋没有什么严厉的手段。

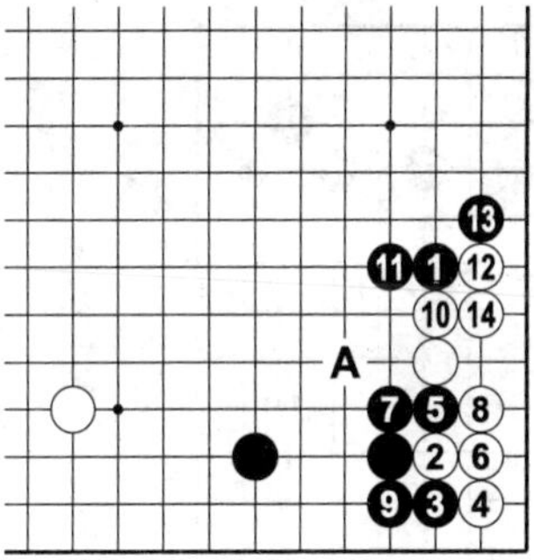

图 1

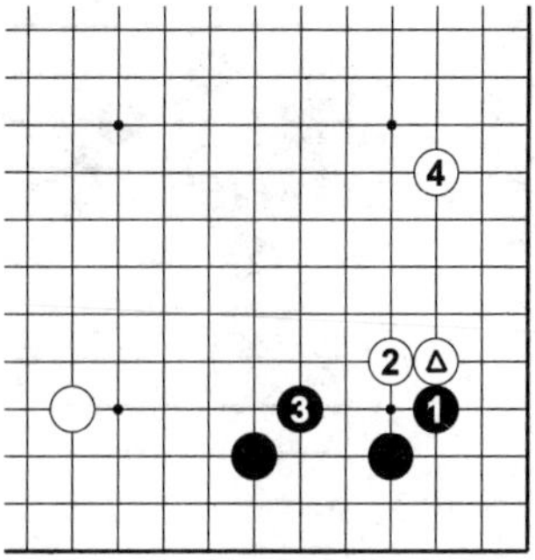

图 2

图 1 黑 1 一间低夹，是最紧凑的，白棋在 A 位出逃不利时，可以直接在角上做活，进行至白 14 轻松做出了眼，同时，下一手在 A 位跳很有力，黑棋的攻击成效并不明显。

图 2 黑 1、3 以守角为主，白 4 拆三，虽然黑棋角空很大，但黑棋比白棋多花了一手棋，这也是黑棋应该取得的利益。白棋不能恨空，白棋能拆到 4 位，安定白△之子，也应该可以满意了。

不论是图 1 还是图 2，白棋都有善后手段，无需立即补棋。还有，如果实在对白 16 之子不放心，白棋可以按图 3 进行。

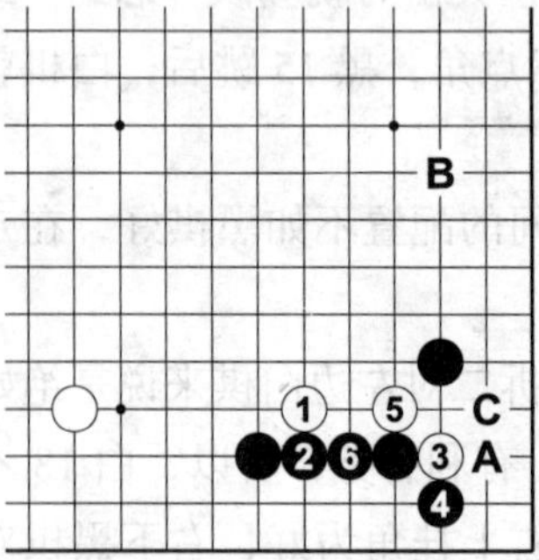

图 3

图 3 白 1 至白 5 交换，然后再脱先，就不会有太多担心了。黑棋如果在 A 位打，白棋在 B 位拆，将来在 C 位做劫很有力，黑棋如果在 B 位夹，白棋在 C 位立，黑棋攻不到白棋这几颗子。

黑 19 立即出动过早，此手在左上挂角比较普通。

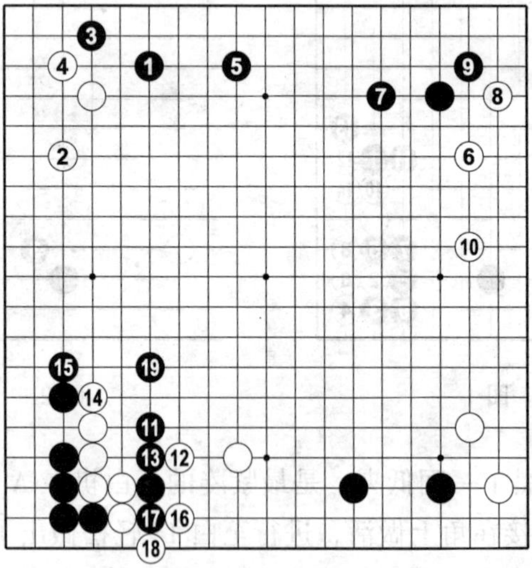

图 4

图 4 黑 1 先在左上挂角，进行至黑 19 是普通的应接，这样双方的棋子都没有大的发展，棋局进入局部作战阶段。

黑 19 动出过早，如果落了后手，就由白棋去选择在上边的定形，这是很重要的问题，不能不加以考虑。

黑 19 即使要动出，也是图 4 的动出方法比较好。

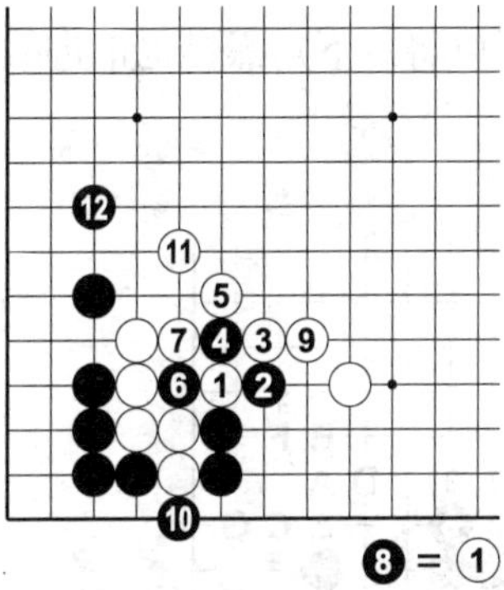

图 5

图 5　白 1 直接从上边扳过，进行至黑 12，白棋得先手，黑棋仅仅是从一路度过，白棋外边很广阔，黑棋一点也不便宜。

白 20 扳是作战的态度，但有如黑棋所愿的感觉。

黑 21 应该在 25 位跳，这才能分断白棋。

白 22 挡过分，应该在 C 位虎。

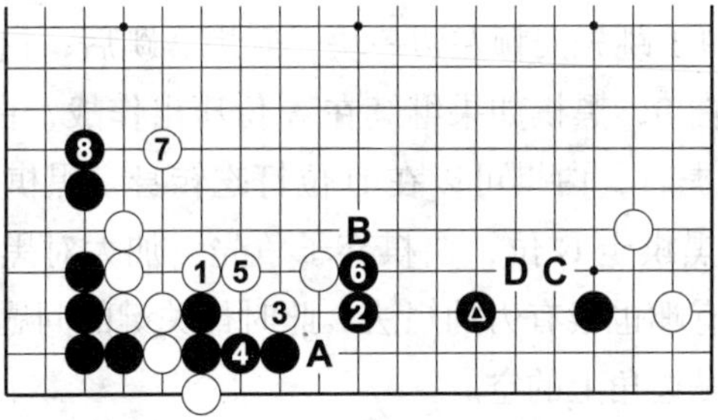

图 6

图 6　白 1 虎，黑 2 只好连回，白 3、5 是先手，黑 6 必须补，防止白棋在 A 位扳，黑 8 并后，白棋可以考虑脱先，也可以在 B 位扳。无论白棋哪种选择，当初黑▲的好点都变成了不好的一点，远不如在 C 位小尖或 D 位小飞位置好。

白 22 失误，使黑 17 之子更能发出光芒，真正成了攻守兼备的绝好点。

进行至黑 29，白棋被分成两块，黑棋只有一块，这是黑棋有利的战斗。

白 32 在 35 位跳比较好，这样可以将右下角黑棋也带进战斗中，这样白棋就不用自己忙于逃跑了。

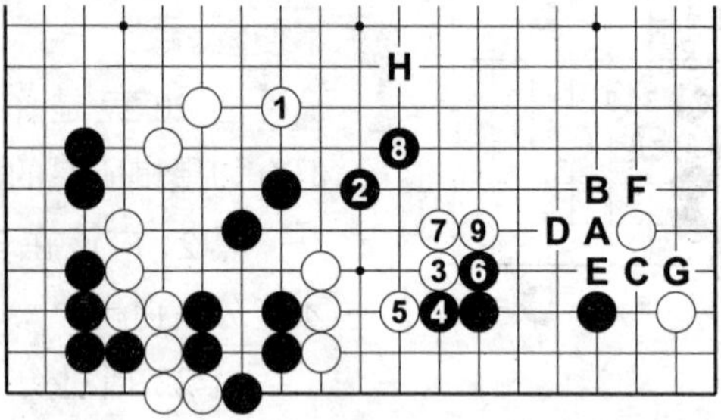

图 7

图 7 白 1 跳先安顿左边一块，等黑 2 跳后，白 3 再顺势肩冲，进行至白 9，黑棋如果继续在 A 位压出作战，白棋走 B 位，黑棋走 C 位虎时，白棋可以在 D 位打吃转身，黑棋走 E 位，白棋走 F 位，黑棋走 G 位，白棋弃子争先，加大对黑棋的攻击力度，这是很有趣也很有力的想法。此时最关键的问题是攻击的主动权，而不是边角上的空。

当然，黑棋也可以在 H 位先跳，或在 D 位飞出，双方都有许多选择，这个作战白棋比实战要好。

实战白 32、34 对黑棋没有影响力，被黑 35 虎后，白棋左边一块棋更薄了。

白 36 跳封并不是先手，下面空间太大，白棋根本杀不了黑棋，而黑棋却有可能对白棋左下角痛下杀手。

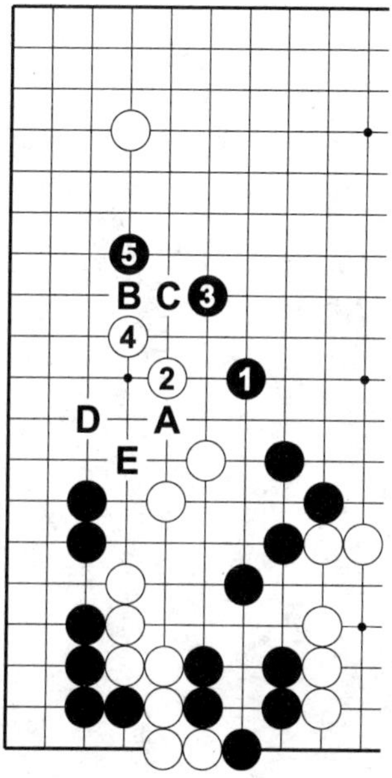

图 8

图 8　黑 1、3、5 三个小飞后，白棋就被全部封锁了进去，由于担心黑棋在 A 位靠，白 4 不敢在 B 位飞或在 C 位靠，否则被黑 5 飞封后，白棋在 D 位飞，又讨厌黑棋在 E 位小尖，白棋要做活必须付出代价。

黑 37 托太缓，由于黑 37 的托，使黑棋在 41 位压的手段也消失了。

白 40 跳要紧。

黑 41 现在才压出，已经今非昔比了。

黑 43 挖撞气，也不在棋形上，应该在 D 位退，使 47 位拐和 E 位断形成见合，这样黑棋才能分断白棋。

白 46 如果接在 E 位，黑棋无法分开白棋，白 46 虎是为了两三目的官子，太没有必要了

被黑 47 以下连续压出头后，白棋被分隔开，是白棋的失败。

黑 51 应该在 52 位飞，让白棋的出头困难，黑棋以后顺势在 51 位压得调子，同时，黑棋在 52 位小飞后，对下边一块也有帮助。

进行至白 60，白棋依然是两块孤棋，如果黑棋在 F 位跳出的话，白棋依然是苦战，右边被黑棋在 G 位扳，也很难受，这一切都是当初白 22 不会灵活转身的恶果。

第四章

星错小目布局

第1局　手筋太俗

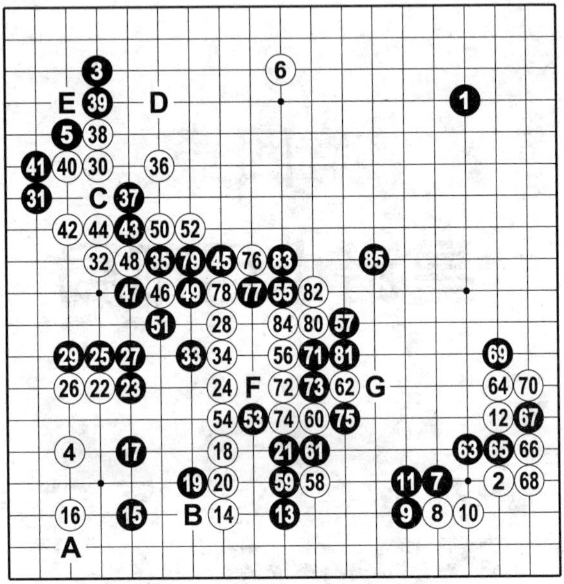

综述：使用局部的手段，一定要看适不适合大局，如果只是巧妙地运用了局部的手筋，但是却使大局受损的话，那么局部的手筋也就不成为手筋了，反而会成为恶手。而且，局部的手筋通常是在自己还欠缺手数需要补棋时使用的，如果已经补好了，再去用手筋吃掉对方的零星棋子，那就等于是吃废子了。

最大的问题手是——

白32、白42、白46。

其次的问题手是——

黑31、黑37、黑85，白14、白22、白60、白62。

黑 1、3 走星错小目布局，白 2、4 以小目、目外对抗。

由于白 4 目外的位置面向黑棋的小目，黑 5 守角是很好的着点。

白 6 分投是普通的下法。

黑 7 先挂白棋小目，避免走目外的大型定式。

白 8 托至白 14 逼，应该说是一个连贯的构思，好坏姑且不论，但构思时一定要有一个统一的概念，决不能等黑 13 拆后，再去想下面应该怎么走，那就容易造成被动了。

白 14 逼积极，但在右上挂角也很大，对于左下边，黑棋暂时没有特别的好点。

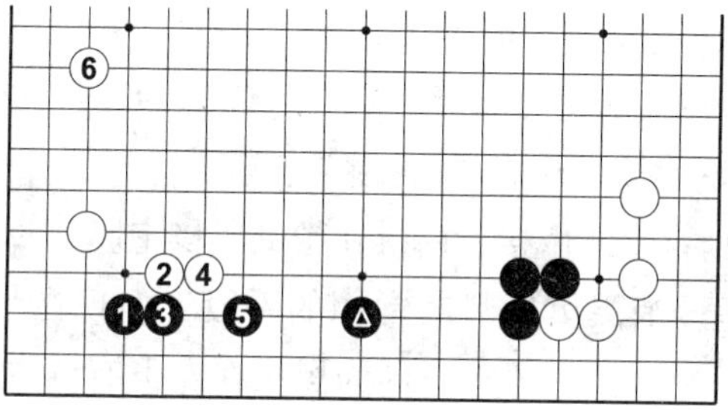

图 1

图 1　黑 1 是普通的挂角，进行至黑 5 跳，黑▲之子的位置自然变坏了，白 6 还可以在左边多拆一路，这个定式对黑棋明显不利。

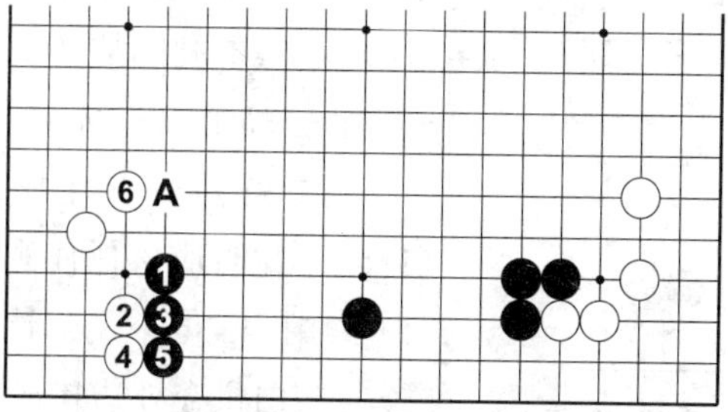

图 2

图2 黑1高挂，进行至白6也是一个定式，黑棋在下边的配合比图1好，但白棋的棋形也很不错，白棋也没有什么不满。

由此可见，白棋可以不着急在下边着手，有了白14之后，黑棋反而容易在左下角选点了。

黑15是平稳的走法，其实黑棋如果按图2的走法，当白6小尖时，黑棋在A位靠，白14之子自然落入黑棋的攻击之中，白棋反而给自己背了一个包袱。所以说，白14应该不着急现在去走。

白16占三子，双方成为互攻的局面。

黑19、21是借调子的走法。

白22小飞没有必要，黑23压，白24不能在25位长，白22就没有飞的必要，单在24位跳是正着。

黑25扳后在27位接，白棋在帮助黑棋走厚。

白30是侵消黑棋形势时常用的手段，但现在却没有必要，因为黑棋在左下有A位托、B位挡的手段，白棋已经很难攻击。

黑31小飞缓，应该在40位爬。

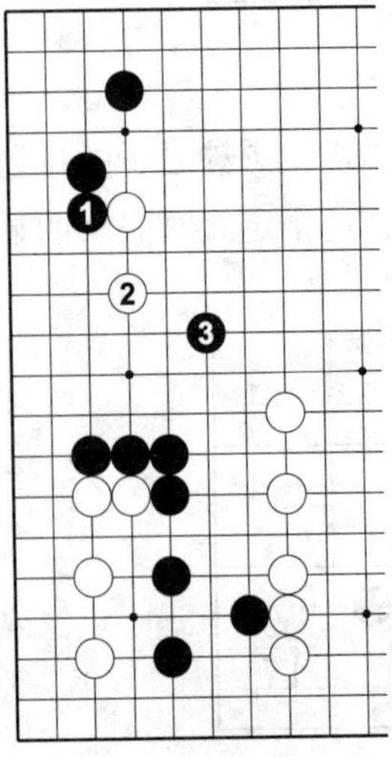

图3

图3 黑1爬是争先手的下法，待白2跳后，黑3大飞分断，这是白棋不利的战斗，所以说实战中白30肩冲没有必要。

白32过分，在帮助黑棋分断自己，此时应该抓住黑31的松缓，白32在46位小飞，让黑棋在三线连通，白棋在外边构成形势，白30之子反而会起到作用。

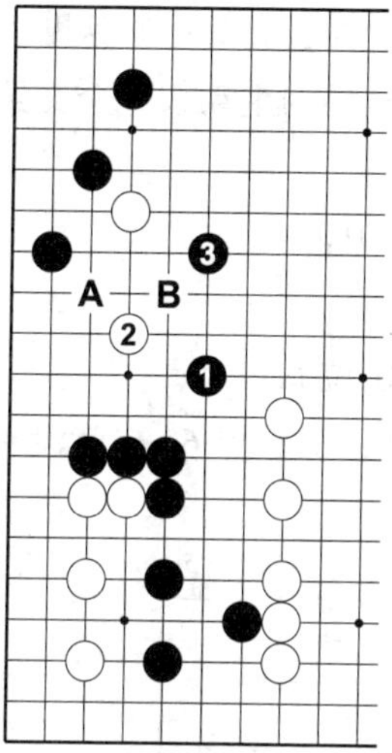

图 4

图 4 白 1 小飞，黑 2 大跳，虽然白 3 现在走 A 位穿象眼的手段还不成立，但白 3 跳之后，就具备条件了，黑棋如果在 B 等处补当然可以先手补掉这个缺陷，但也会让白棋外边走厚，这正是白棋所期待的，这样白棋的外势与当初白 6 的分投相互呼应，是白棋生动的布局。

实战被黑 35 飞断开，白棋苦战。

白 36 出逃时，黑 37 点没有必要。单在 45 位镇头很要紧，对白 30、32、36 三颗子置之不理，白棋反而很难补强了。

白 40 至白 44 是俗手，帮助黑棋走厚，白 40 应该单在 C 位挡。

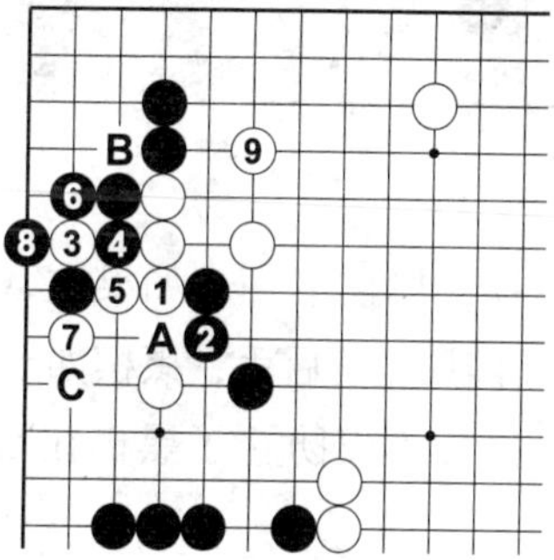

图 5

图 5 白 1 贴是棋形，黑棋如果仍在 2 位长，白 3 至白 7 的手段很好，先手防止了黑棋在 A 位的冲断。黑 6 如果在 7 位长顽强，白棋走 6 位，黑棋走 B 位，白棋走 C 位，白棋效果很好。所以白 1 贴时，黑棋只能走别处，由于有了白 1 之子，白 3 可以先手将黑棋分断，黑棋反而将自己走薄了。

白 46 以下是吃黑棋两颗子的局部手筋，但既然白棋从 38 至 44 已经补掉了断点，那么再吃掉黑棋这两颗子就失去意义，而且还在帮助黑棋走厚，对下边白棋产生负面影响。白 46 在 C 位跳是正着，利用E位的断点，今后对左上角收官有一些帮助。

白46至白52吃掉黑棋两颗子，将全局的主动权完全交给了黑棋，这是不顾全局的走法，损失巨大。

黑55、57发起了攻击，白棋出逃很艰苦。

白58点损，单在81位靠比较合适。

白60、62的手段也不好，应该在81位靠。

如果黑棋准备在71位尖断白棋的话，那么黑63点就没有必要了，因为这不是绝对先手。

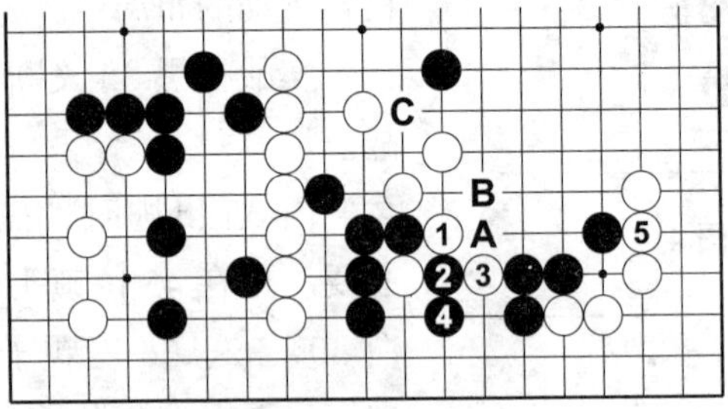

图6

图6　白1、3先交换，再在5位补，黑棋下一步如果在A位打，白棋走B位是没有成本的劫，黑棋只能落后手，黑棋如果不走，必要时白棋在A位接是先手，这样不仅防止了黑棋在C位的尖断，眼形也丰富了一些。

白72在73位团比较好，虽然有些难受，但黑棋无法断开白棋，黑棋如果要在F位强行切断白棋，白棋在84位顶就可以出头了。

白76以下的手段很损。

黑85在G位提一子是本手，即使黑85小飞有些勉强，但全局的形势还是黑棋好，白棋最重要的失误就是白40至白52连续的俗手。

第2局　打劫失误

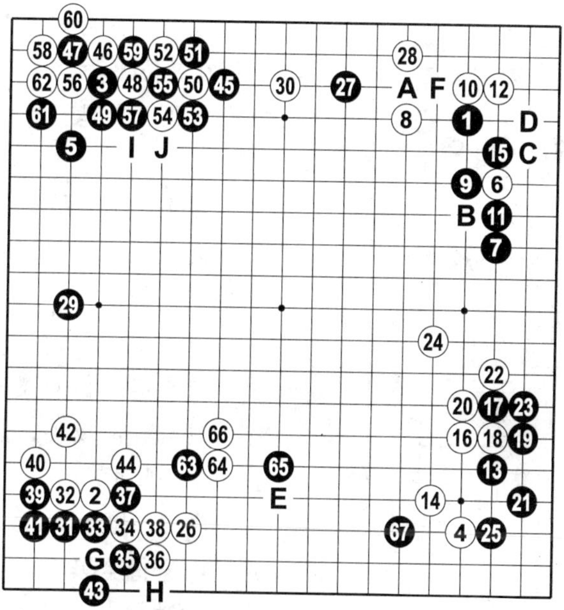

综述： 常言道“初棋无劫”，就是说在序盘时对打劫要有充分的重视，因为很难找到劫材。很多劫材与劫败后的结果相比，价值是不相等的。如果没有同等价值的劫材，所找的也就不是劫材了，只是一个不等值的交换。这不比在中盘阶段，往往开劫是出于无奈，有许多前因后果。而在序盘阶段，这是完全可以避免的。

最大的问题手是——

黑 11、黑 47，白 56、白 58。

其次的问题手是——

黑7、黑15、黑27、黑63，白10、白30、白46、白48。

由于白棋的结构有变，白4是面向黑棋星位的小目，白6挂是很常见的。

黑7夹的本意是惦记着走13位在右下挂角，不愿白棋在右边形成模样，否则黑7就应该直接在8位跳。

白8反夹是一种积极的下法。

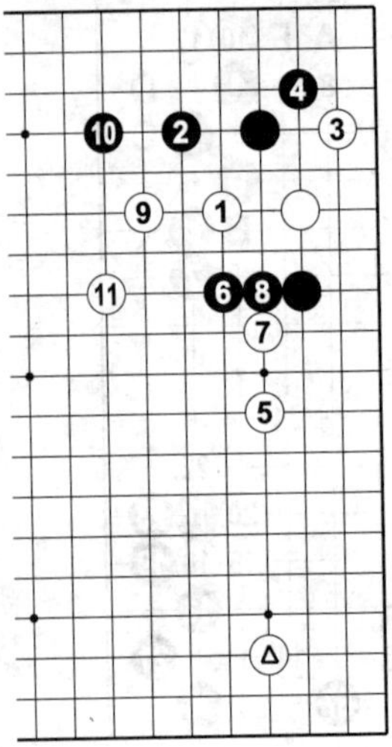

图1

图1 白1跳，然后在5位反夹，这样使白◎之子的作用得到充分发挥，这也是一种走法。

白8走A位双飞燕的比较多，现高一路反夹，黑棋的选择也多一些了。

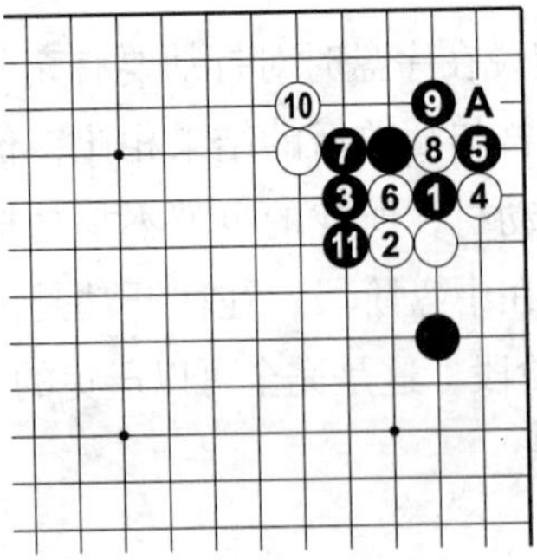

图2

图2 黑1尖顶，让白棋走重，进行至黑11，由于没有合适的劫材，白棋现在无法在A位开劫，而如果出逃右边几颗子的话，很有可能被黑棋先手提劫，这样白棋上边两颗子处于不安定状态，是黑棋有力的下法。

黑9压时，白10先在B位扳，与黑11交换后再托，这是正确的次序，白10单托有些危险。

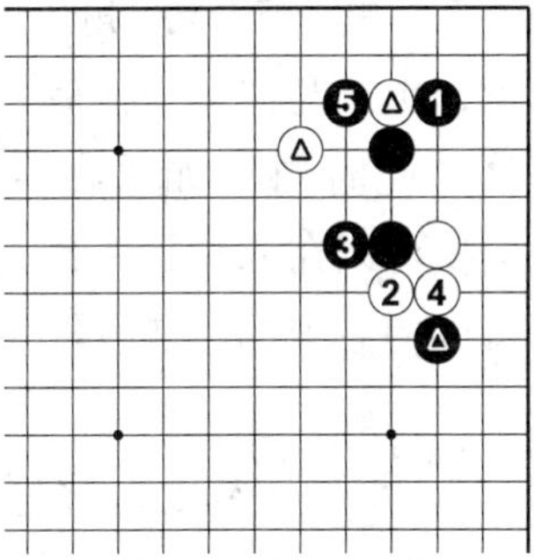

图 3

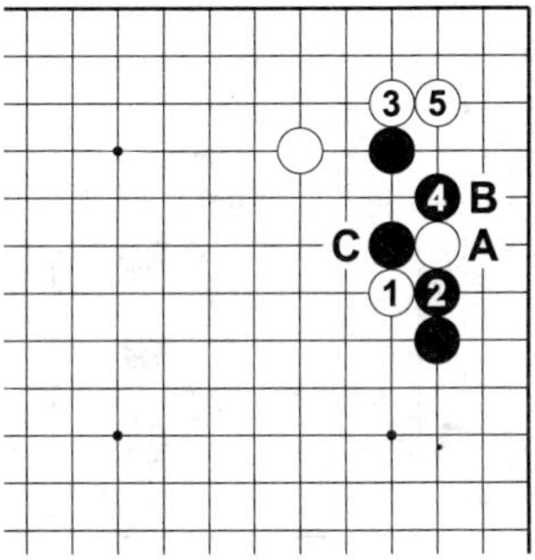

图 4

图 3　黑 1 扳，白 2 再扳时，黑 3 不在 4 位断而是长，进行至黑 5，白棋损失白△两颗子，黑棋只损失黑▲一颗子，黑棋的形状和实空都比白棋好，白棋明显吃亏。

图 4　白 1 先扳，待黑 2 断后，白 3 再托，此时黑 4 只能打吃，白 5 再长，将来留下在 A 位长，黑棋走 B 位，白棋走 C 位打吃的先手，这是正常的次序。

黑 11 顶，让白棋省去一手棋，白 10 反而成为好点，白 12 长角后，下一手在 C 位尖回成好点，黑 11 即使不愿按图 3 的走法，也应该直接在 15 位虎，以后白 6 出逃就不那么方便了。黑棋无须立即去补，要补也可以补在 D 位，实战黑棋的效率太低。

黑 13 如愿抢到挂角，但被白 14 小尖后，黑 15 在 20 位小飞是正着，现在去补右上角，被白 16 飞压后，黑棋右边全部处于低位，相互间的配合太差。

白 16 小飞是绝好点，右上黑棋的厚势得不到发挥。

黑 17 跳后，黑 21 本手应该在 22 位长，但由于与右上过于重复，黑棋临时改为在角上求活。既然如此，当白 16 飞压时，黑 17 应该如图 5 进行。

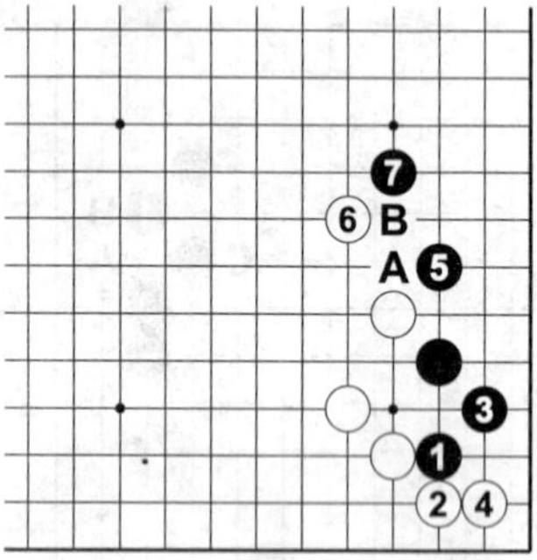

图 5

图 5　黑 1 直接在角上靠，白 2 扳，黑 3 与白 4 交换后，黑 5 再跳，此时白 6 如果在 A 位压，黑棋可以在 B 位扳头，这样多少可以使右上的厚势发挥一些作用。

白 26 大飞固然很大，但在 E 位拆大场更能兼顾右边的形势。

黑 27 逼是绝对先手，但由于黑棋下一步并不准备在上面走棋，黑 27 便可以考虑在 30 位拆大场，同样有 F 位的扳，白棋依然要补，如果在 27 位小飞，黑棋再占左边的大场，配合会比较协调。

白 30 选点不好，此时有几种方案。

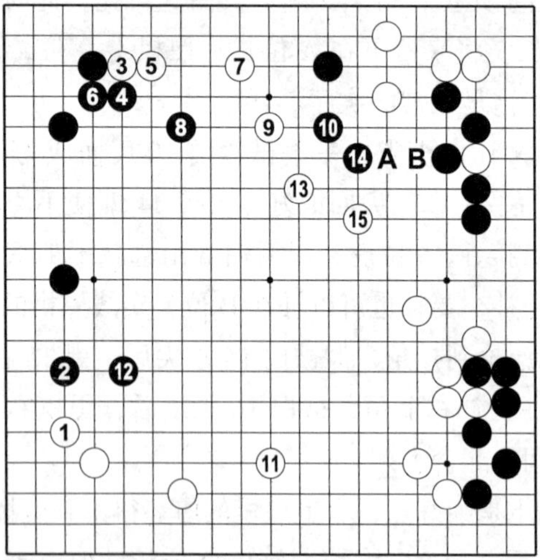

图 6

图 6　白 1 小尖先守角，黑 2 拆二很大，白 3 从左上直接动

手，黑 10 跳出后，白 11 先补下边，这样 12 位成了绝好点，黑棋不肯放弃，白棋再在 13、15 飞封，上边给黑棋留下 A 位、B 位种种手段，白棋也顺势将右边形势连成了一片，足以与黑棋左边的模样抗衡，这是一种走法。

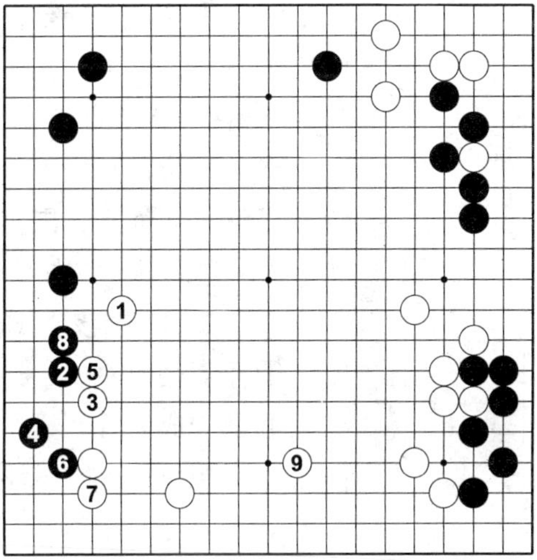

图 7

图 7　白 1 占据制空点，不让黑棋出头，完全以模样为中心，进行至白 9，白棋下边是一个巨大的飞机场，白棋以巨大形势与黑棋的实空抗衡，很有魄力，但必须有正确的攻击手段做后盾。否则，如果黑棋侵消白棋大模样时，白棋攻击不当的话，就会在实空上落后。

黑 31 点三三注重角空，单在 E 位打入也是很好的一个点，这也是白棋当初在 26 位大飞不妥的原因。

白 32 挡方向有误，在已经有了黑 29 之子的情况下，白 32 在 33 位挡要好一些。

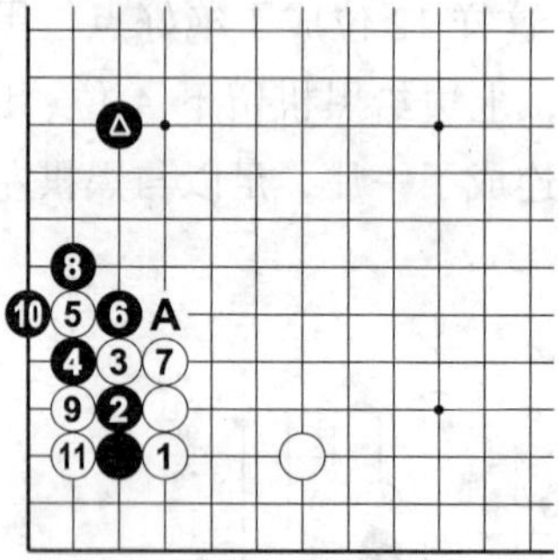

图 8

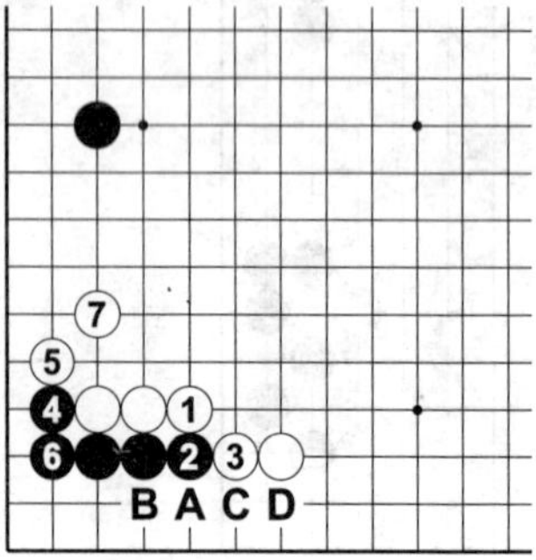

图 9

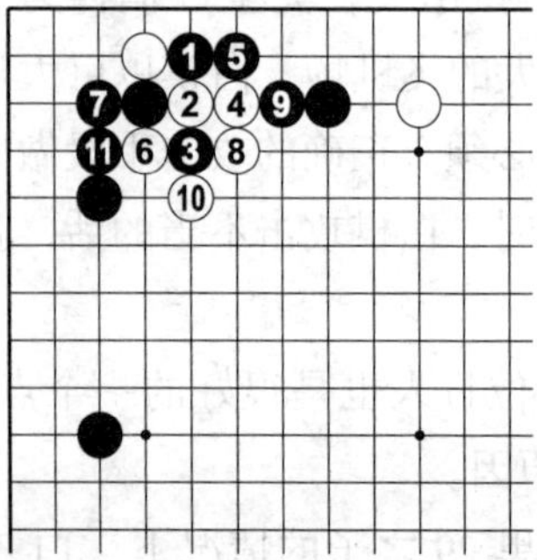

图 10

图 8　白 1 挡后，白 3、5 连扳，吃掉角上黑棋两颗子获取实空，而且，有了黑▲之子后，白棋容易在 A 位压加强下边。

白 34 应该在 37 位退。

图 9　进行至白 7，白棋虽然同样是后手，但在 A 位扳成为先手，黑棋走 B 位，白棋在 C 位、D 位都是先手，对下边有一些帮助，而且，黑棋也没有引征的可能，这比实战要便宜一些。

黑 43 应该在 G 位接做活，官子要便宜一些，还使白棋在 H 位的立成为后手。

黑 45 反夹，不逃黑 27 之子，这是一个很好的想法，将左上的模样做大后，白棋下边就难以做大了。

白 46 托是常用的破空手段，但在此时不合适，此手在 I 位侵消比较好，对全局都有照应。

黑 47 改在 48 位长好，让白棋活角，现在角空是小事，做模样是大事。

图 10　黑 1 外扳，白 2 只能断，黑 3 打后，再在 5 位爬，进行至黑 11，黑棋不仅保住了角

空，还使白棋左上几颗子走重，无法弃子。

白 48 应该在 49 位夹，黑棋走 56 位，白棋走 54 位，这是继 46 之后的常用手段，现在直接扳太重，缺乏灵活。

黑 49 退必然。

白 50 以下的开劫手段并不好，但这是在白棋走 48 位扳时就预想好的方案。白棋错误的根源是 48 位的扳，而不是白 50 以后的走法。

黑 55 在 J 位扳会更严厉一些，将这个劫变轻，白棋单方面而变重，黑棋就更好打劫了。

白 56 应该在 57 位接，让黑棋封住头，黑棋也不会在 50 位接，这个劫白棋的弹性就大多了。黑 55 在 J 位扳封住白棋十分重要。

白 56 是本身劫，但很损。

黑 57 应该在 62 位应劫，白棋只能在 57 位接，白棋如果在 50 位提，黑棋还好在 J 位扳住，这反而给了黑棋弥补失误的机会。

黑 57 意于断吃，过早结束了作战，有些不肯。

白 58 打吃太坏，无论如何都应该先在 50 位提黑棋走 J 位，白棋走 58 位，黑棋走 55 位，白棋走 61 尖或 59 位接，与实战相比，双方的实空相差太多，至白 62，白棋大损。

黑 63 很损，单在 65 位侵消比较好，下一手再走 63 位。

即便黑 63 与白 64 交换受损，但全局还是黑棋好下，黑 67 点后，白棋右边的形势变薄了。本来布局时黑棋在右边两个角的配置效率很低，但白 26 补得太远，在左上角又发生了想法与手法的错误，于是形势偏向了黑棋。

第3局　退让失机

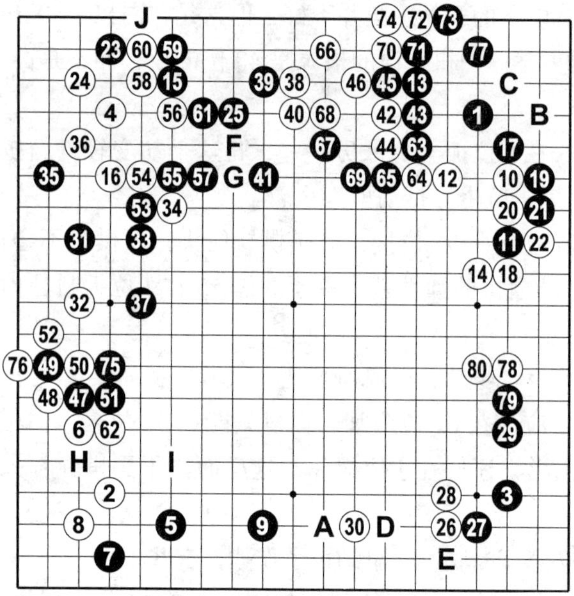

综述：局部常用的手段，常常会因为全局的形势而进行改变，不能一味照搬，特别是在分断对方棋子时，是不是有利，一定要有一个基本的判断。如果仅仅是为了手段而走手段，是很容易吃亏的，这也是提高形势判断能力的一个方向。

最大的问题手是——

黑53、黑57，白36、白54、白60。

其次的问题手是——

黑27、黑35、黑47、黑61，白18、白30、白66。

白棋走二连星，黑 5 挂，进行至黑 9，这是常见的变化，黑 7 也有直接在 A 位拆的走法。

白 10 挂角，在右边 18 位下一路分拆更为普通。

黑 11 一间低夹不失为很紧凑的走法，但在 B 位三间低夹，更能照顾右下方的形势。

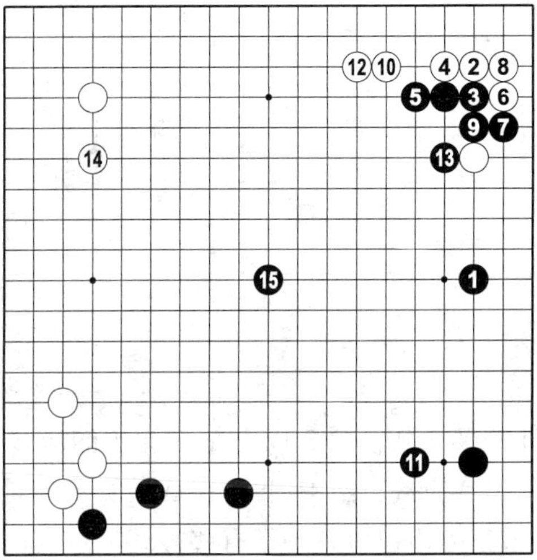

图 1

图 1　黑 1 夹，白 2 如果点三三，进行至白 14，这是一种正常的应接，黑 15 占据天元后，右下方的形势十分可观，白棋从何处入手侵消黑棋的模样，是一个很头痛的问题。

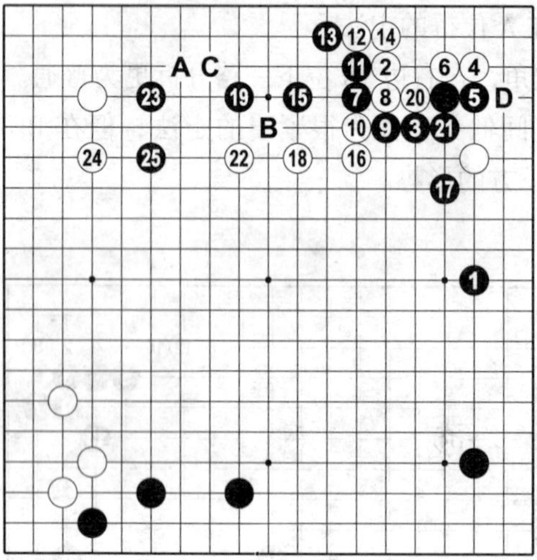

图 2

图 2　白 2 双飞燕，黑 3 以下是最简单的应接，进行至黑 25，双方都是正常应接，图中白 22 在 A 位大飞逼是好点，但被黑棋在 22 位跳，外边白棋三颗子有些被动，白棋在 B 位小尖的手段又不成立，因为黑棋有 C 位尖顶的下法，白棋出逃的步子要慢一些。这个作战方案黑棋可行。将来在 D 位下立很大，有一定的先手意味，黑棋要抓紧时间走掉。

白 12 跳出是很好的选择。

黑 13 小飞，着重于加强角部。

白 14 如果在 B 位小飞，与黑棋在 C 位交换后，再尖冲，这也是可以考虑的。

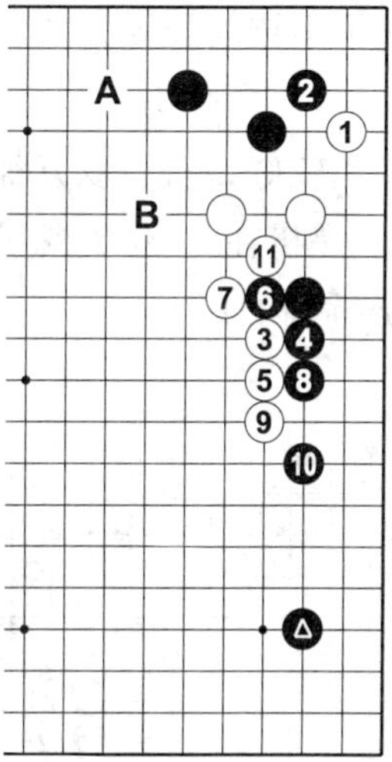

图 3

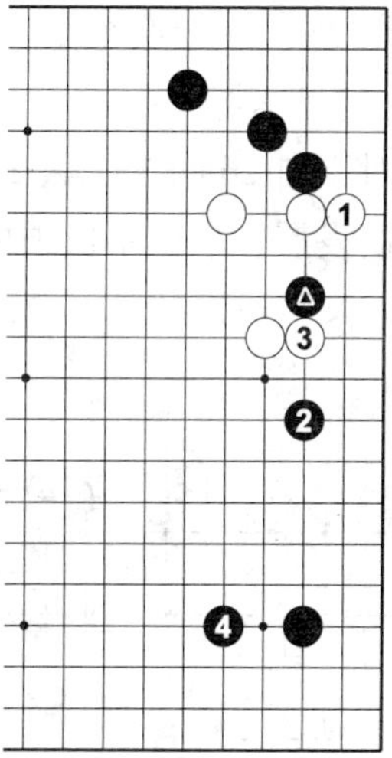

图 4

图 3　白 1 与黑 2 交换之后，黑 4 就只能逃跑了，进行至白 11，白棋虽然是后手，但以后在 A 位逼基本上是先手，而且，黑 10 与黑▲之子的配置也不理想，这个结果，白棋可以满意。

黑 17 尖顶，准备弃掉黑 11 之子。

白 18 在 19 位下立比较好，黑棋也不会去逃黑 11 之子，白 11 可以在 B 位跳，角上虽然有些差异，但大方向没变，所以，黑棋可能会采用别的走法。

图 4　白 1 下立，黑 2 弃子的可能性极大，让白 3 挡吃，黑棋抢占 4 位守角，这样比较灵活，但白棋能吃掉黑▲三子，也可以满足。

实战白 18 至白 22 虽然也是定式的一种走法，但是棋无需在右边开拆，还有，白棋实空上有些损，黑 13 小飞后，右上角完全成为了实空。

黑23、25走两个小飞，上边构成了不错的配置，从整体上看白棋有些不满。

对于白26的挂，黑27在30位夹比较好，右边双方都不会有大的发展，黑棋不惧怕白棋的反夹。黑棋在30位夹既扩展了下边，又将白棋赶了出去，黑棋还顺势拆到了右边。

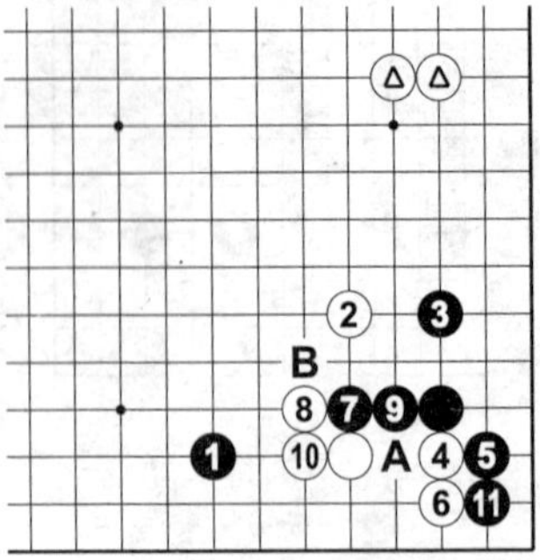

图5

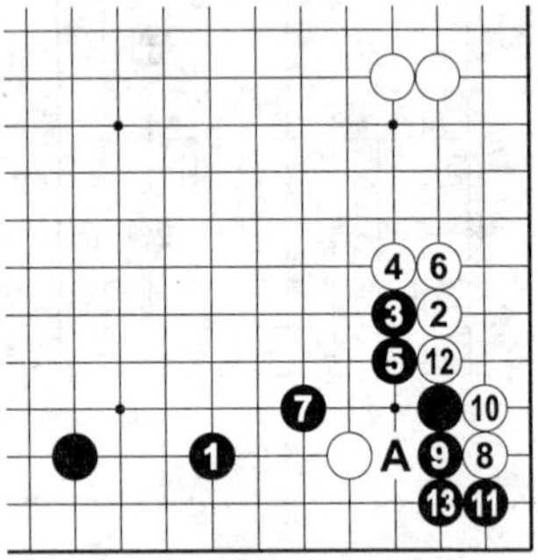

图6

图5 黑1夹，白2如果出头，黑3一间跳，为了防止黑棋在A位的尖顶，白4托角，进行至黑11，黑棋角上基本上活干净了，还给白棋留下在B位的扳断，白棋需要补棋。而且，有了黑3之后，白◬的厚势无从发挥。下边白棋即使在B位补厚后，结黑棋左下边两个拆二也没有攻击力，白棋有力无处使。

图6 白2反夹，黑3、5让白棋厚上加厚，白6接后，黑7是注重收势的走法，白8至白12是先手官子，这样，黑棋右下所得并不比白棋右边所得少，黑棋充分可行。况且，黑7在A位尖顶后，连官子都不给白棋，这是更积极的一种走法。

不论图5、图6，黑棋都没有不满的理由，实战黑27、29仅仅是为了自己的安定，对白棋的影响太小，而且让白棋拆到下边之后，对黑棋左下边三颗子有些影响。

白 30 拆在 A 位比较好，对黑棋的影响力要大一些，黑棋在 D 位打入并不可怕，而白棋在 E 位的立几乎是先手。

黑 31 是好点，由于白 16 是单关跳，被黑棋逼住有些难受。

白 32 紧逼很严厉，但同时也给自己留下了一定的缺陷。

黑 35 小飞没有必要，由于已经有了黑 23 与白 24 的交换，黑 35 小飞就是后手了，黑 35 单走 37 位跳比较好。

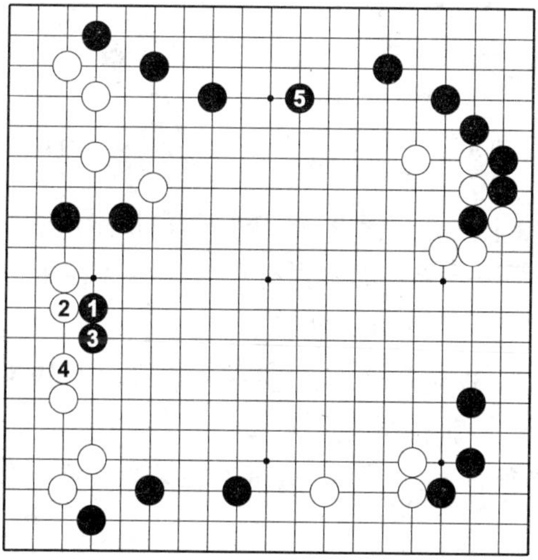

图 7

图 7　黑 1、3 简单处理左边，争先手抢占上边 5 位，这样黑棋在实空上领先于白棋。

白 36 应，被黑棋得利了，这个局部黑棋并没有严厉的后续手段，又做不出两只眼，白棋完全可以脱先。

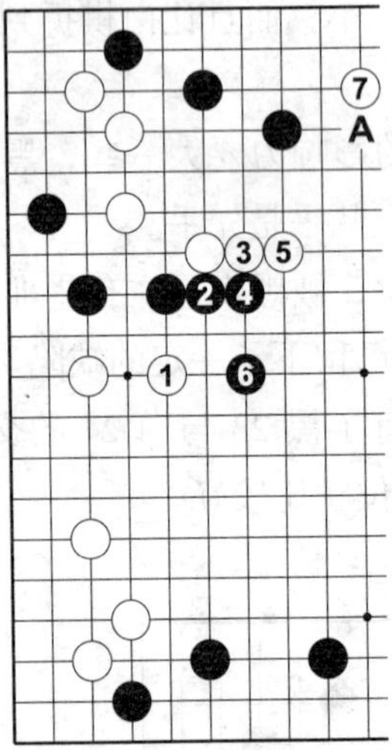

图 8

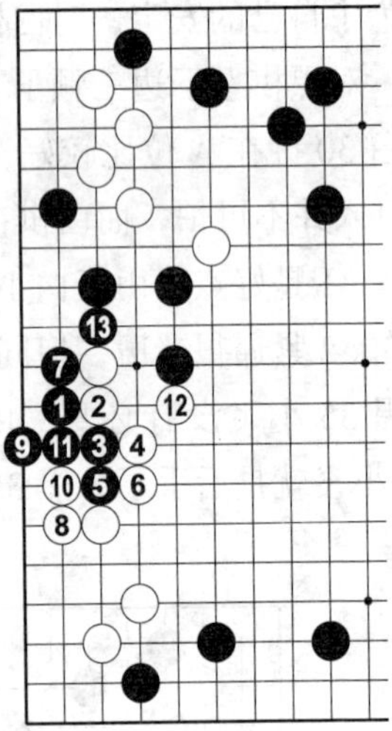

图 9

图 8　白 1 跳，让黑 2、4 压帮助白棋走厚，当黑 6 跳时，白 7 逼十分严厉，黑 6 如果强行在 A 位补，白棋在 6 位跳是绝好点，黑棋左边一块棋出头很辛苦。

黑 35 与白 36 都是缓手，选择权又回到了黑棋手中。

黑 37 跳是一种很厚的走法。

白 38 必须打入，上边如果再被黑棋补一手，白棋的实空就不够了。

黑 41 小飞，留下了被白棋在 F 位靠断的后患，此手在 G 位跳比较好。

白 42 肩冲，在出逃的同时将黑棋封在了里面，想法很好。

黑 47 碰是一种分断手段，但在此时并不太适用，因为黑棋左边有孤棋，不敢对白棋用强。

黑 47 可以考虑就地做活的走法。

图 9　黑 1 二路点，白棋没有反击的手段，进行至黑 13，黑

棋不仅活干净了，而且很厚，同时将白棋左下的实空也缩小了，这样黑棋看得清楚一些。

被白 50、52 强行打吃后，黑棋反而不敢用强。

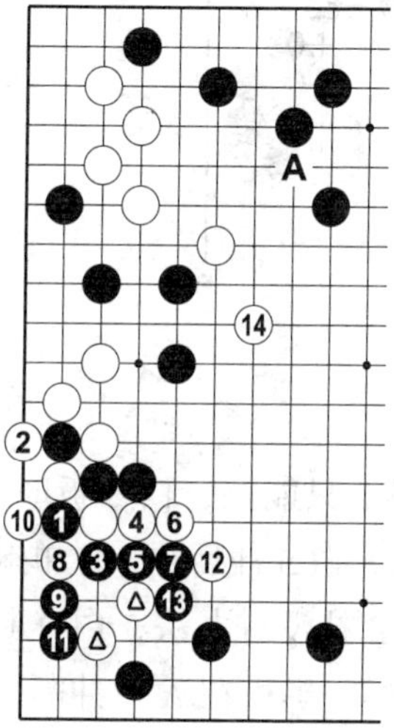

图 10

图 10　黑 1、3 从左下断打出来，将白棋角上△两颗子吃住，实空的确不小，但被白 14 小飞后，黑棋左边四颗子就太危险了。而且，左上白棋还有在 A 位靠断的手段，是黑棋很不利的作战。

黑 53 冲是为了补强自身，想法没有错，但手段并不手，应该在 62 位单拐，白棋走 H 位，黑棋走 75 位，白棋走 76 位，黑棋走 I 位，放弃吃白棋的可能，将外边走厚，将黑 47 碰的作用发挥出来。

白 54 挡无策，应该在 56 位靠，黑棋很难分断白 34 之子。

被黑 55 断了之后，白棋再在 56 位靠已经晚了一步，因为白 54 之子是多余的。

黑 57 退，因为断开了白 34 之子很高兴，连正确的走法也不去考虑了，黑 57 应该直接在 61 位顶，白棋不仅吃不掉黑 55 之子，在 58 位虎的手段也不成立了。

黑 57 不好，被白 58 虎后，黑棋左上损失很大。

白 60 冲是缓手，应该在 61 位顶，下一手有在 F 位扳断的下法，黑棋没有合适的应手，为了不被白棋吃掉，黑棋只有按图 11 进行。

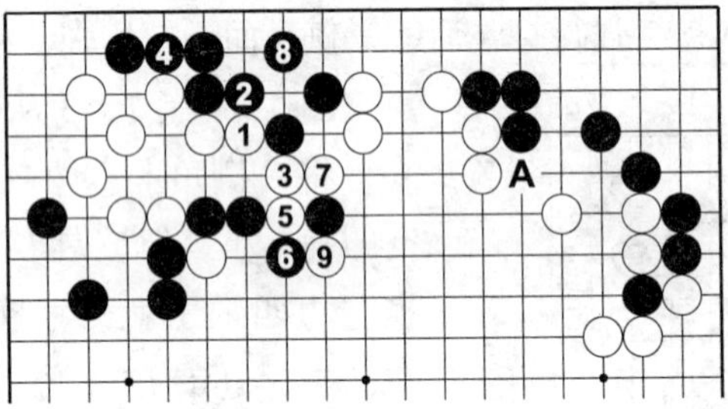

图 11

图 11　白 1 顶是要点，为了做活黑 2 只能挡，白 3 扳时，黑 4 已经无法切断白棋了，只能赶紧做眼，白 5 冲后在 7 位单退很重要，立即产生在 8 位点的下法，黑 8 补没有办法，白 9 断打，不仅全部连通，上边成了白棋的模样，黑棋在 A 位冲断的手段也自然消失了。这样白棋不仅弥补了实战中白 54 之手的失误，反而收益更大。

被黑 61 顶住，黑棋将所有的缺陷都补上了，将来在 J 位扳过还是先手，白棋失去了一个一举取得大优势的机会。

由于黑棋在左上已经加厚，白 62 补很有必要。

黑 63 冲断进入了中盘战，白 66 立即做活缺乏积极性，此时在 67 位小尖是要点，这关系着中央双方的厚薄，被黑 67、69 占到两个好点后，白 70 以下虽然先手做活，但很委屈，虽然形势还很复杂，但黑棋中央的潜力还是很大的。

第4局　攻守不明

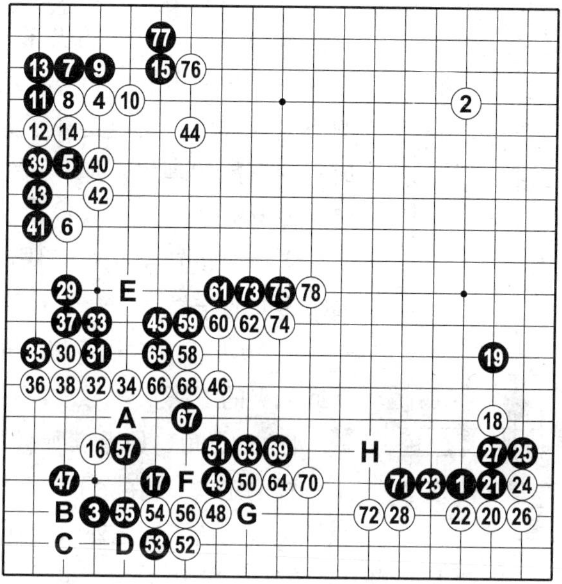

综述：攻与守是完全不同的概念，决不能准备去攻时，却忙于守，如果这样的话，不仅会失去战机，还会使自己大局落后。发生这种错误的最大原因在于对棋形的强弱不太理解，才会产生畏惧心理，着急着去防守。

最大的问题手是——

黑31、黑35、黑39、黑71、白50、白58。

其次的问题手是——

黑29、黑45、黑49、黑53、黑59、白36、白46、白52。

白棋依然是走二连星。当黑5挂时，白6一间低夹，将注意力转向左边。

黑7点角，进行至黑15，双方完成定式。

白16挂是预定的着点。

黑17小飞以静待动，黑棋对下边的势力有所期待。

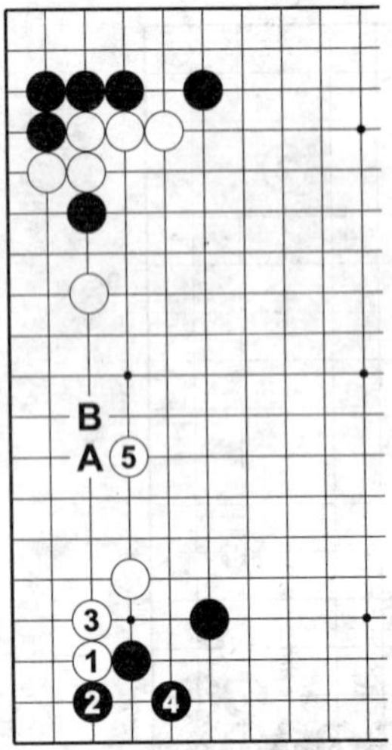

图1

图1　白1直接托角，进行至白5告一段落，从定式的角度来看，白5应该走A位或B位，因现在与左上角的势力相呼应，所以走在了高位，构成高低搭配的理想图形，这是很常见的一种走法。

实战白棋转身在右下挂角，这是追求多变的布局。

黑19与左上白棋一样，也采用了一间低夹的下法。

白20点角，如黑棋所愿走成与左上一样的定式,现在除了右上与左下的棋子位置有所不同之外,真的很相似。

黑29左边动手，此手应该选择在19位夹，以争先手为目的，攻击白棋左下的16之子，想法很积极。不过，黑29先在38位夹，白棋走A位，黑棋再在29位逼，效果会更好一些。不给白棋转身的机会，黑棋握有作战的主动权。

白30反夹之前，应该先在角上托，白棋走B位，黑棋走C位，白棋走47位，黑棋走D位，白棋走30位，这样白棋左下基本上已经安定了，所以当初黑29应该先在38位夹，不给白棋安定的机会。

黑31是大恶手，黑29的意图是攻击白棋，但黑31的意思却是忙于自身腾挪，这两手棋的意图互相矛盾，效率自然降低，黑31应该在E位跳，上下都瞄着白棋的薄弱之处，这种地方黑棋可攻可守的手段很多，根本不用忙着去做活。况且就是做活，黑 31 靠也不是好棋，不论从攻击角度还是防守角度，黑棋都应该在 E 位跳出。

黑 31、33 与白 32、34 交换，黑 17 之子的威力自然减小，而且白棋左下由单薄之形变为强硬铁头，黑棋大亏。

黑 35 夹不必要，将来在 47 位尖先手的机会也没了，除了在帮助白棋加厚之外，黑 35 毫无益处。

白 36 单在 38 位接比较好，保留在二线的种种手段，使黑 35 更坏，同时，也使黑棋在左上角无法采用强硬手段。

有了黑 31 至黑 35 的损着之后，黑 39 夹，这个手段是在有黑 29 之后就存在的，根本不需要损了那么多后才来走。而且，既然已经损了，那么就不能简单采用夹的手段，应该走出更有力的手段。

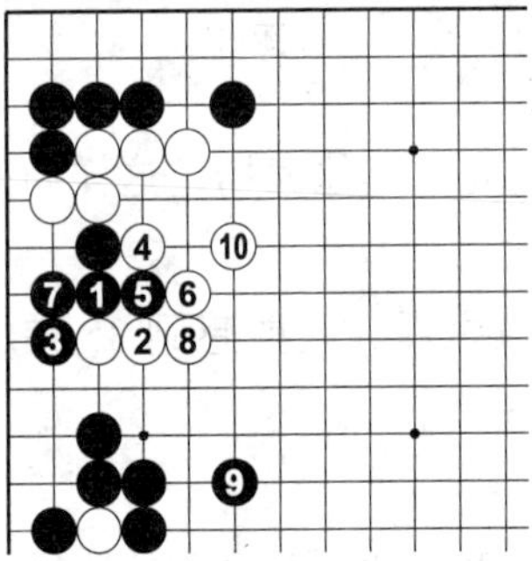

图 2

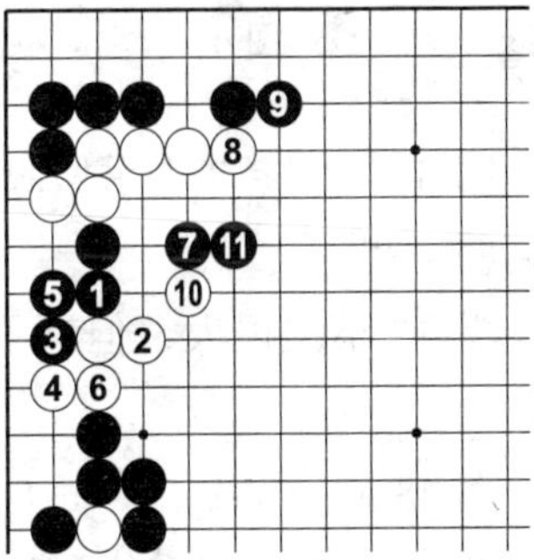

图 3

图 2　黑 1 顶，白 2 此时只能长，黑 3 扳，白 4 从上面扳过，白 10 后手补，但黑棋已经跳到了 9 位，比实战多出一步棋，这个差别很大。

图 3　黑 3 扳时，白 4 扳断是无理的下法，进行至黑 11，白棋已经无法善后。

实战黑 39 至黑 43，对白棋几乎没有什么影响，白 44 小飞后，黑棋反而要忙着出头了。现在可以看出黑 31 至黑 35 的坏处。如果白 36 单在 38 位接，会立即产生在 37 位挤的要点，黑棋更难收拾。

白 46 改在 B 位托，就地做活，已经可以满足。

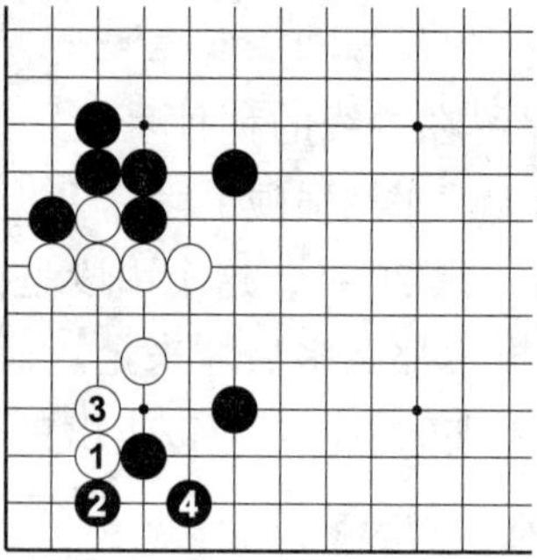

图 4

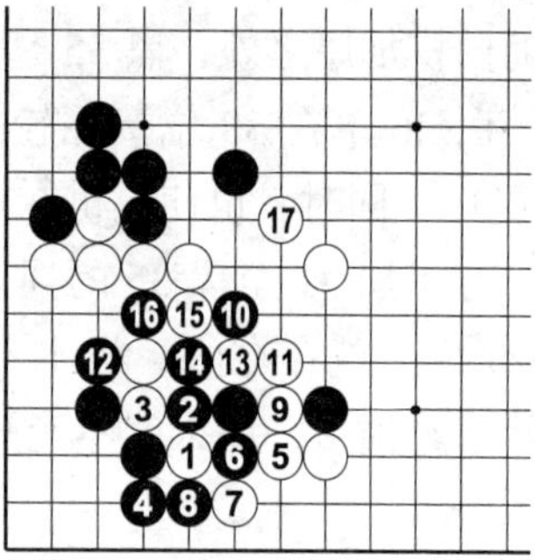

图 5

图 4 白 1、3 先手做眼，再脱先占其他大场，这样局面会更简明一些。

黑 47 小尖很大，但有了这手棋之后，更能感到 35 夹的坏处。

白 48 逼是先手。

黑 49 压出有些过分，在 56 位尖顶争先手是合理的选择。

白 50 扳是缓手。

图 5 白 1、3 直接靠断，为了防止白 1 之子出逃，黑 4 只好下立，白 5 至白 9 简单定形，黑 12 如果在 15 位双，白棋有在 A 位夹就地做活的下法，黑棋分开白棋也没有用。为了不落空，黑 12 爬没有办法，至白 17，白棋外边不仅厚实，目数也不少，比实战要好。

黑 51 只能在 56 位虎，白棋走 51 位，黑棋走 F 位，白棋走 G 位，黑棋是先手，从全局来看黑棋稍稍落后，但局面还早，白棋还有机会。

白 52 仍旧应该如图五的走法，外边多了白 50 与黑 51 的交换后，黑棋受损。

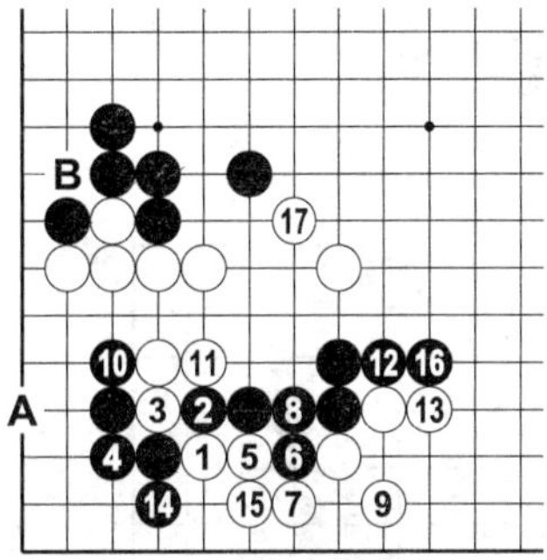

图 6

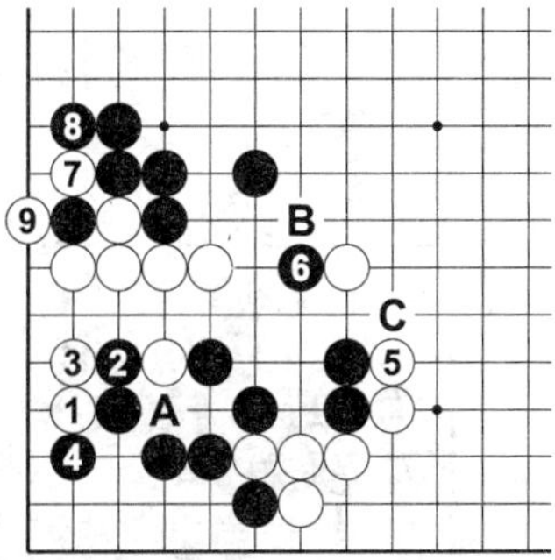

图 7

图 6　白 3 断时，黑 4 接，进行至白 17，白棋下边不仅成形，还有实空，而黑棋被分成两块，角上被白棋在 A 位大飞还是打劫活。白棋只要在 B 位断吃黑棋一颗子，就能活棋，黑棋的顽强也改变不了劣势的局面。

白 52 小尖是常规的走法，缺乏严厉性。

黑 53 应该在 54 位单立，这样不仅很清楚地连接了，还让对方少了许多利用。

白 58 补没有必要。

图 7　白 1 托，此时黑 2 不论是在 3 位外扳还是 4 位内虎，被白棋挡在 2 位后，立即就有在 A 位的分断。所以黑 2 长是必须的，黑 4 虎后，白 5 从外边挡，黑 6 靠勉强将白棋靠断，白 7、9 做活，留下 B 位扳、C 位退种种手段，白棋很简明。

黑 59 应该在 65 位冲，白棋走 66 位，黑棋走 67 位，白棋走 68 位，黑棋走 63 位，白棋走 64 位，黑棋走 61 位，不仅步调慢，还让白棋出头在先，对大局肯定不利。

黑 71 压毫无必要，至少应该保留在 H 位的先手飞。

被白 76 先手靠后，白棋形势明显领先。

第 5 局　错误思维

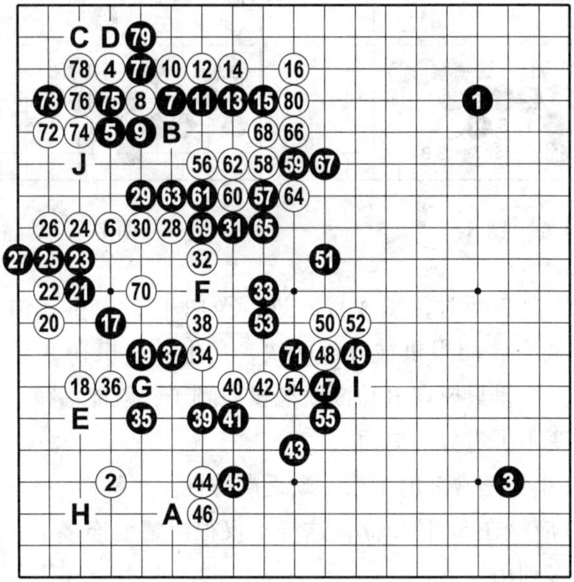

综述：在现代布局中，定式的作用已经大大减小了，大型定式渐渐被淘汰，就是简单的定式，也常常被省略或改变。但一局棋角上的变化，总会涉及到定式，对一些常形的基本定式，还是应该有一定的了解。定式阶段创新是可以的，但不能先亏损，先亏损的新手就不叫新手而是恶手了。

最大的问题手是——

白 8、白 20、白 32、白 40、白 44、白 54。

其次的问题手是——

黑 53、黑 73，白 56。

白棋以星向小目与黑棋星错小目相对抗。

黑 5 走在 A 位挂的也很多，这是限制白棋在右下角挂角的好点。

白 6 二间高夹是对白 2 星位的关注，应该对二间高夹定式有最基本的了解，才能选择这样的走法，但以后的变化，不仅使白 6 的原意落空，还使大局受到了损失。

黑 7 小飞是很少使用的定式，一般在 11 位大飞或 B 位跳。

白 8 尖顶是大恶手，如果想在 10 位托，那就直接在 10 位托好了，白 8 与黑 9 交换毫无必要，而且，在白 6 夹时，白棋是希望在左下方有所发展，但白 8 选择在上边 10 位爬的手法十分不妥。

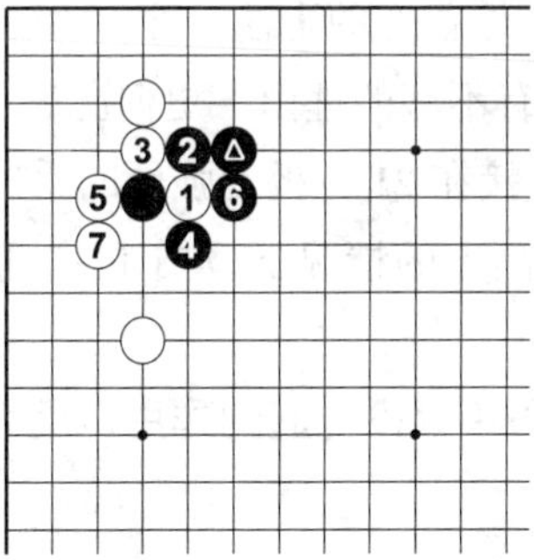

图 1

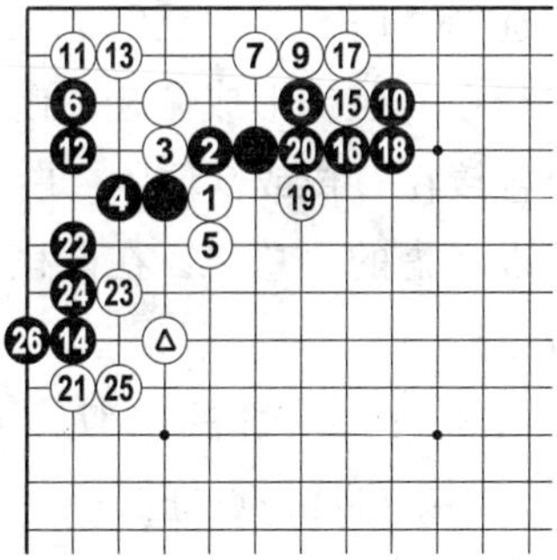

图 2

图 1　白 1 靠，进行至白 7，这是古老的定式，黑棋取势，白棋取地，由于黑△之子的位置过于局促，这是白棋有利的定式。

图 2　白 3 断时，黑 4 下立与白棋作战，但由于白棋已经

有△之子做援助，进行至黑 26，白棋取得先手，左上已经活干净，但左上黑棋还有一块棋没有活干净，这也是白棋不错的结果。

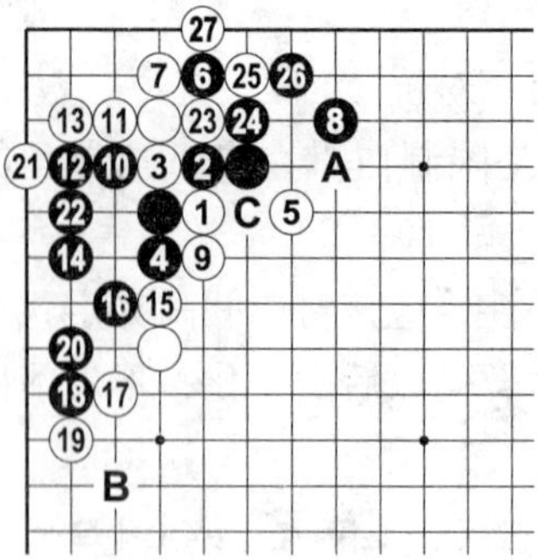

图 3

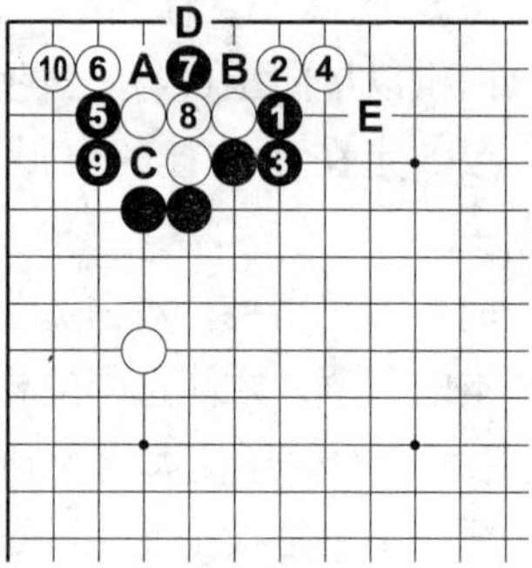

图 4

图 3　黑 4 退，是复杂的变化，每一个进程双方都可以有不同的选择。白 5 跳在至白 27 是白棋最普通的走法，今后在 A 位小尖与在 B 位虎形成见合，白棋没有不满的理由。更何况，白 5 如果直接在 C 位或 9 位压，白 17 直接在 21 位扳等强硬的手段都是可以考虑的。总之，在白棋二间高夹的情况下，白 1、3 靠断充分可战。

白 8、10 是大俗手，使白 6 之子不仅没有起到作用，反而变坏了，不如再远一点好。

黑 11 在 12 位扳的走法也有。

图 4　黑 1 扳，白 2 只能连扳，黑 5 靠后黑 7 点很重要，如果单在 9 位退，白棋就有可能脱先，黑棋以后再在 7 位点时，白棋有 A 位接的下法，黑棋走 8 位，白棋走 B 位，黑棋走 C 位，白棋走 D 位渡过，黑棋没有什么了不起。但交换了黑 7 之后，

下一手在A位断太大，白10必须补。如果单在A位补，角上官子受损，但黑棋在E位跳就不那么严厉了。无论白棋选择哪种补法，黑棋在F位夹都是好点，这也是黑棋有利的局面。

实战白16跳后，黑17可以在78位靠，与白棋在C位扳交换一手，对将来的走法有影响，此时白棋不好脱先，应该在D位扳。

黑17反夹是绝好点。

白18大飞再反夹是积极的应战。

黑19小尖普通。

白20小飞，突然又去捞取二路小空，与白8一样不可思议，使白6之子陷入危险的处境。白20应该在69位大跳先出头，这样对黑棋也有潜在的影响。

实战白20至黑26，白棋好像走了一串先手，但却将自己的棋子全部走重，无法灵活应变了。

白28再跳，步子小了一路，被黑31镇后，出头变容易了。

白32与黑33交换极不情愿，但白棋为了出头也只好委屈了。

不过，黑33可以先在35位跳，试白棋的应手，再决定中央着眼点，效率会更高一些。

白34大跳出头，同时对黑棋左边一块棋也有攻击力。

黑35跳时，白36并，是应急措施，如果单在E位并是本手，但担心黑棋在F位的靠断。

黑37顶有些损，帮助白棋补断点，此手单在G位接比较厚。

白40小尖步调太小。

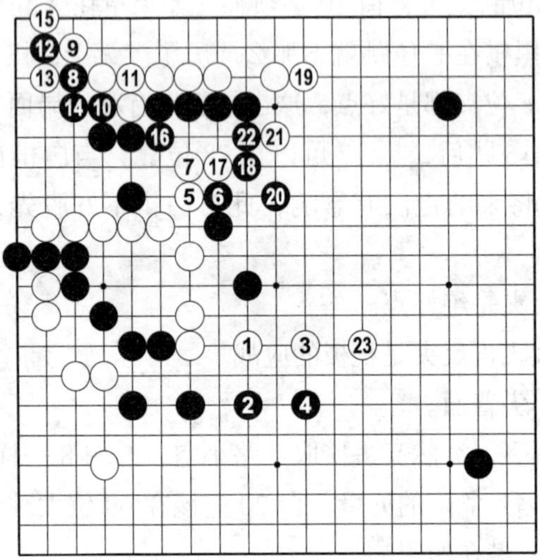

图 5

图 5　白 1、3 直接往外跳，白 5 以下冲击黑棋，是为了先手走到 19 位并，然后在 23 位出头后，这样可以保持一定的实空，比单纯出逃要好。

被黑 41、43 顺势走到，黑棋的棋形变厚，白棋的出头却变慢了。

白 44 点，被黑 45 靠后，白 46 立落后手不合时宜，应该在 47 位继续跳，现在出头是最要紧的，左下有了白 44、46 两颗子后，黑棋在 I 位点三三成为了绝好点，白棋得不偿失。

被黑 47 飞镇后，白棋大局完全陷入被动。

白 48 靠出十分勉强。

黑 51 顺势加强中央。

白 52 拐时，黑 53 有些着急，在 J 位接可以满足。

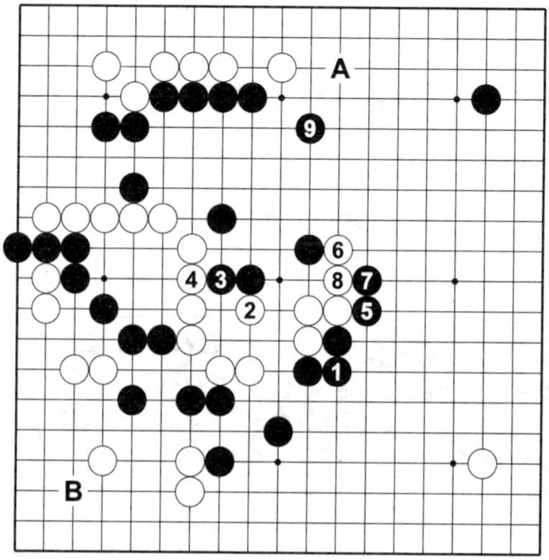

图 6

图 6　黑 1 单接，白 2 靠补断，黑 5 扳时，白 6 已经不能在 7 位扳，只有在 6 位靠，黑棋最强硬的走法是在 8 位挖，进行至黑 9，白棋中央一大块棋基本上属于单官，如何侵消黑棋右下方已经是一个大难题了，黑棋在右上方 A 位逼后，又是一个大模样。

白 54 顶没有必要，既然已经准备在边上求活，白 54 与黑 55 的交换就损了，在 J 位提子的手段消失了。

白 56 冲击黑棋想法是好的，但手段不好，在 61 位小尖会好一些。

黑 57 小尖冷静，白棋无法借用。

白 58 至白 68 的手段只有坏处没有好处，不仅帮助黑棋走厚，还给自己添了不少毛病。

黑 71 先在 75 位打吃会更为严厉一些。

黑 73 也应该单在 75 位打。

白 74 在 K 位做活是无奈的选择，实战白棋虽然吃掉黑 73 之手，但白 8 之子被黑棋吃掉，白棋崩溃。

第 6 局　攻击失败

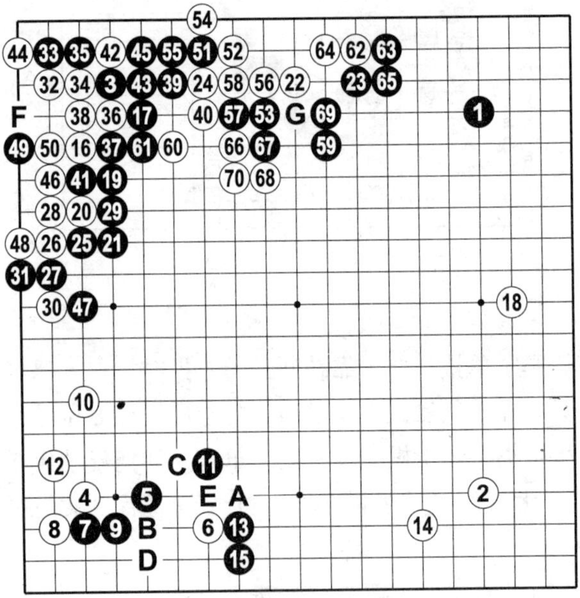

综述：攻击一定要有目的性，是为了取势还是为了成空，或者为了破坏对方的模样等等，不能盲目攻击，否则会将对方每块不安定的棋都攻击成没有后顾之忧，那就不能称其为攻击，而是帮助对方补棋了。

最大的问题手是——

黑 39、黑 51，白 12、白 34、白 56。

其次的问题手是——

黑 21、黑 25、黑 27、黑 41、黑 53，白 18、白 26、白 58、白 62。

由于白 4 的小目与黑 3 是错小目，黑 5 先在左上守角，与白棋在上边分投交换后，黑棋再在左下挂角。

白 6 小飞低夹，此手在 A 位二间高夹、B 位托都是现在流行的走法。

黑 7 托角一种选择，此手在 C 位小尖、D 位下跳都是普通的定式。

白 8 如果在 9 位扳的话，将形成图 1 的结果。

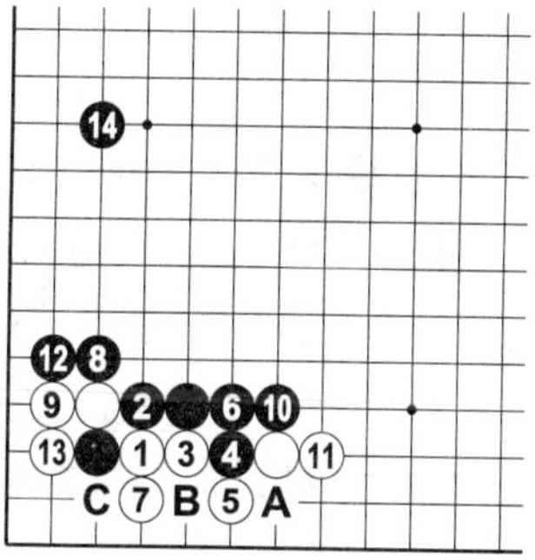

图 1

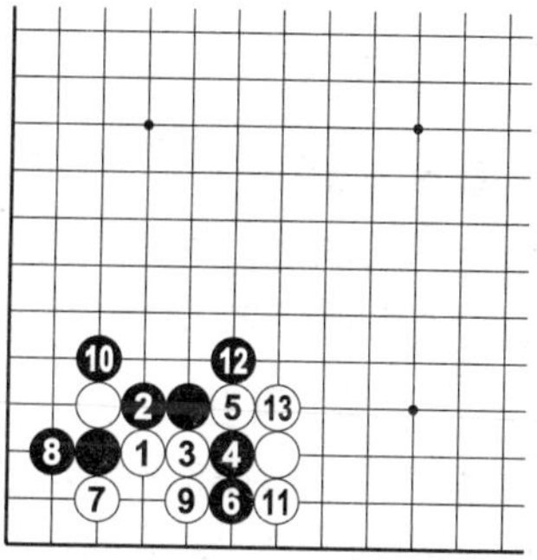

图 2

图 1　白 1 扳断黑棋，进行至黑 14 完成定式，这样黑棋左边的形势与左上角小目遥相呼应，白棋不能满意，因此图中白 7 应该在 8 位长，黑棋走 A 位，白棋走 B 位，黑棋走 11 位，白棋走 C 位的变化也是可以考虑的，但这是白棋后手的变化。

图 2　白 5 从上面打，左下角的厚势对下边很有帮助，但黑棋在左下角也有厚势，对左边黑棋有帮助。

白 10 拆二是比较流行的走法，步调比较快。

黑 11 小飞是为了在 12 位点，但直接在 E 位夹更为积极一些。

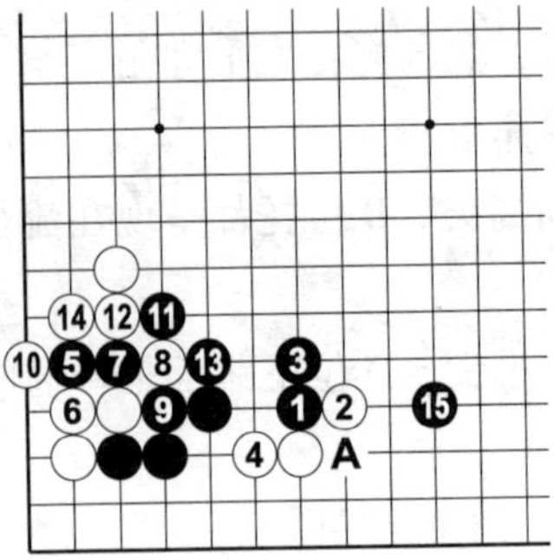

图 3

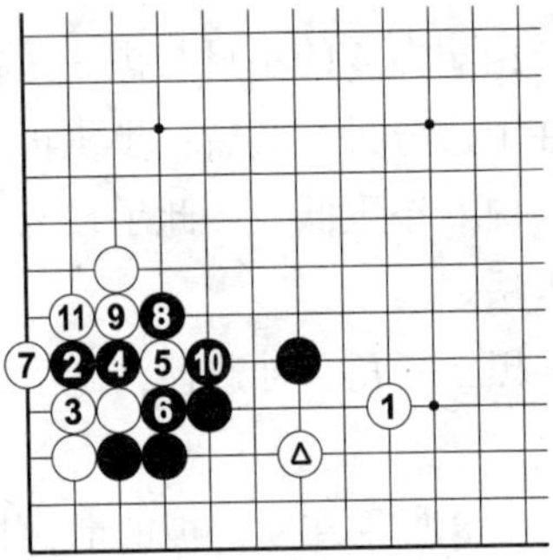

图 4

图 3　黑 1、3 压长，白 4 长是好形，也是为了防止 A 位的断点，黑 5 以下的手段在黑棋征子有利时可以成立，白 10 扳渡是必需的忍耐，黑 15 夹，白棋下边三颗子陷入被攻击状态之中。

黑 11 小飞有些松缓。

图 4　白 1 小飞应，左边的变化如图 3 一样，但黑棋却对白△和白 1 两颗子没有严厉的攻击手段。

白 12 松缓，让黑 13 靠下很大。

白 14 守角，伺机出动白 6 之子，想法很好，但被黑 15 下立后，黑棋实空很大，也很厚实，白棋稍亏，这主要是白 12 虎的责任。

白 16 抢到左上挂角，但白 16 与白 10 都在三线低位，所以黑棋也不必急于去夹击，而是应该小尖，这种下法很简明。

白 18 大场很大，但对黑棋上边的发展要有所限制。

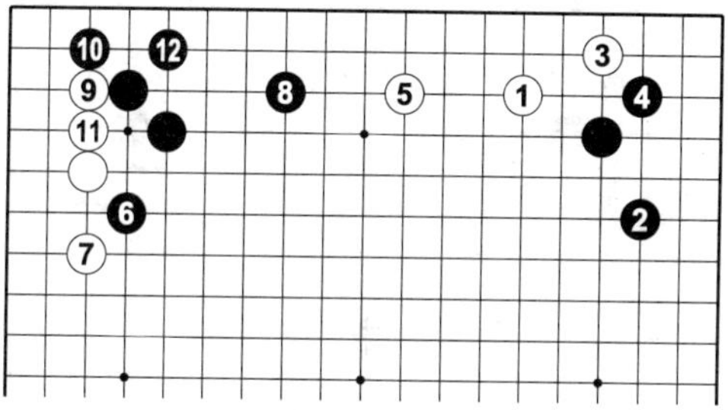

图 5

图 5　白 1 先从右上挂角，按照常规进行至黑 12，白棋将黑棋上边的模样打散，再争占别处也来得及。

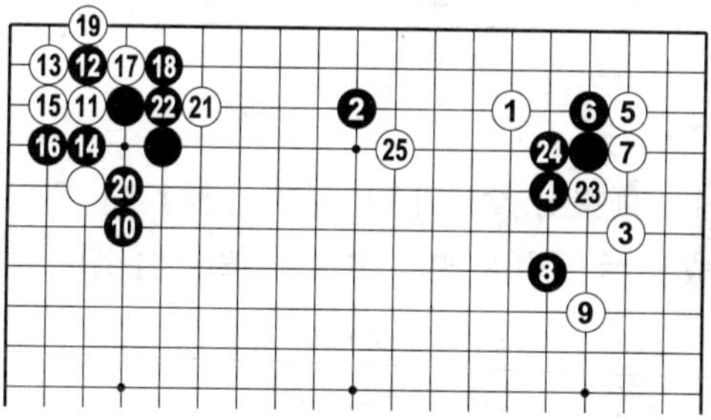

图 6

图 6　白 1 挂时，黑 2 夹，白 3 双飞燕，黑 4、6、8 竭力构成上边的大模样，黑 10 飞压时，白棋可以转身在角上求活，这样白 25 动出后，形成一个很复杂的战斗，黑棋左上边的厚势在左下白 10 之子的限制下，得不到太大的发展。

如果白棋对这两个图的结果不大满意的话，白 18 单在 22 位分投也是大场。

黑 19 飞压，明确表示要做上边的模样。

白 20 在左边已没有发展了。

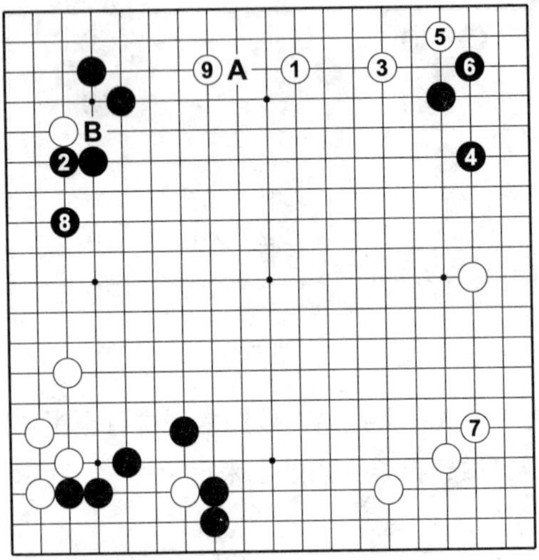

图7

图7 白1直接分投，让黑2挡，进行至白7，黑8补角与上边白9形成见后，黑8如果在A位逼，白棋便B位冲做活角上。见图8。所以，黑8拆一很有必要，形成白9的局面后，白棋右下的模样有发展潜力，局势双方可下。

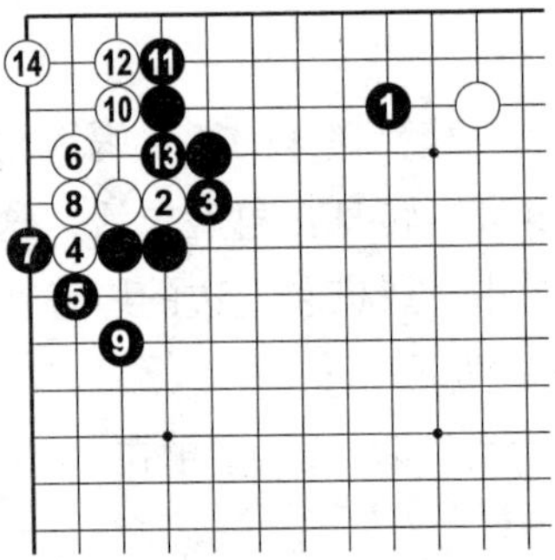

图8 黑1拆时，白2以下可以活角。

白20跳后，黑21再跳已经不着急了，应该先在上边拆大场，白棋在29位贴并不大，白10在低位，而且黑11之子也限制了白棋在左边的发展。

图8

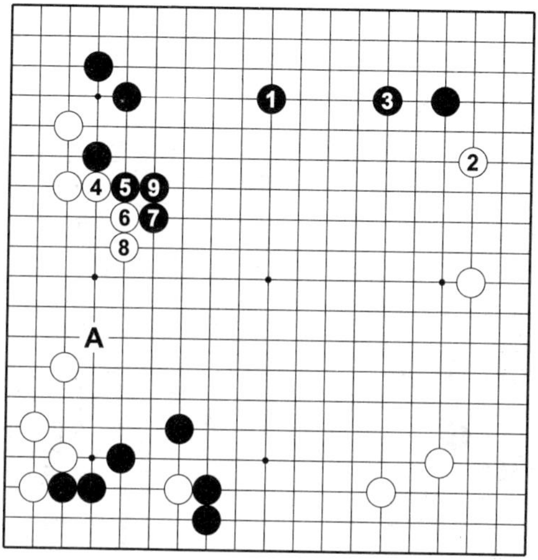

图 9

图 9　黑 1 拆是大场，白 4 贴时，黑棋可以走 5、7 连扳，进行至黑 9，白棋在左边留有 A 位肩冲的缺陷，无法做成大空，而黑棋上边却规模宏大。

被白 22 分投后，黑棋在左上的厚势发挥不出来。不过，白 22 在往右边一路为好，黑棋如果仍旧从右边 65 位逼，白棋在 58 位拆二很理想，与黑棋左边厚势保持着合适的距离。

黑 25 应该单在 29 位接，也是对白棋最好的攻击，白棋无处借动。

白 26 应该在 29 位冲，然后在 41 位接，这是做活最简明的走法。

黑 27 应该回到 29 位接，白棋也在 28 位接时，黑棋是否需要在 27 位扳，是可以重新考虑的。

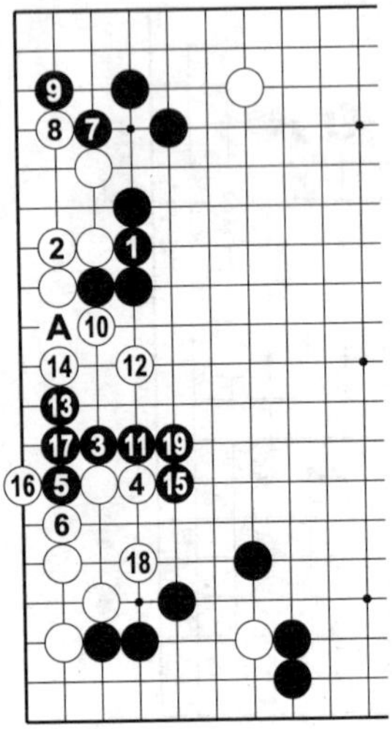

图 10

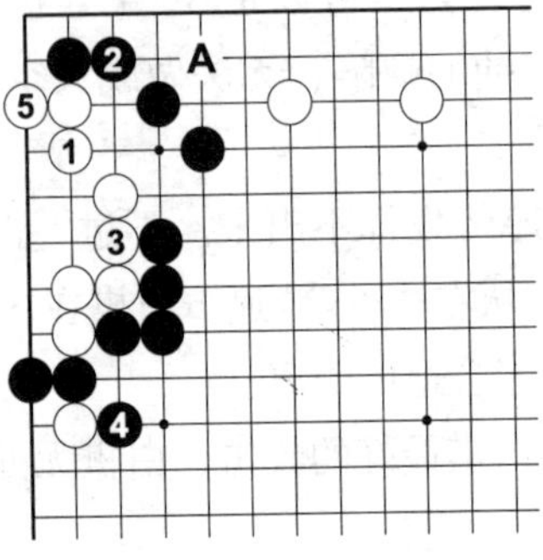

图 11

图 10 黑 1 单接，白 2 接时，黑棋不在 A 位扳，而是走黑 3、5 先从左下动手，再在 7 位尖顶守角，白 10 扳时，黑 11 贴出，白 12 小尖很委曲，但为了出头只能如此，黑 13 虎成为先手，进行至黑 19，白棋虽然没有生死之忧，但左下角被搜刮得只是做活，黑棋左下连成一片厚势，这是黑棋一边占便宜一边攻击的走法。

黑 27 扳头对白棋左下毫无影响，仅仅是为了攻击白棋左上，效率不够高。

白 30 夹有些损，但可以确保左上的活棋。

既然左边可以看成黑 47 与白 48 交换的结果，白 34 就应该如图 11 进行。

图 11 白 1 单退至白 5，同样是做活，虽然黑 4 是先手，但白棋在左上却没有损失，留下 A 位小飞，对白棋上边两颗子有所帮助。

白 34 至白 38 是俗手。

黑 39 尖顶也是俗手，失去了一个占便宜的机会。

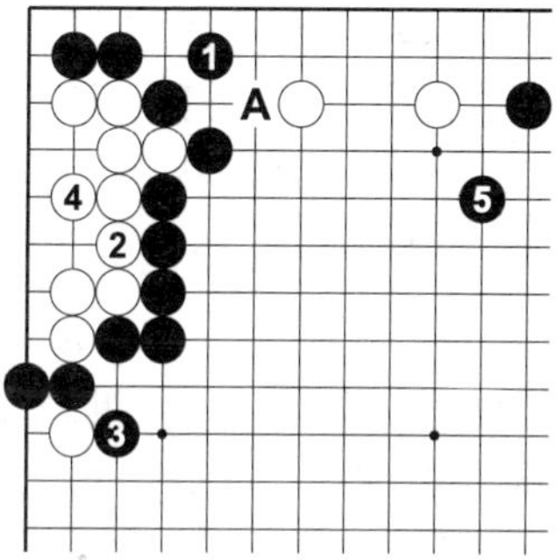

图 12

图 12　黑 1 单虎，对白棋上边两颗子是一个威胁，白 2、4 后手做活后，黑 5 小飞再攻击上边，黑棋左上整体棋形毫无缺陷，白棋除了在 A 位并是绝对先手外，其他都是后手，白棋上边两颗子往外逃很辛苦。

黑 39 看似先手，但却是先中后，与白 40 交换太损。

黑 41 冲本来是为了在 F 位的点，但被白 42、44 先手交换后，黑棋什么手段都没有了。所以黑 41 应该在 45 位单补，这手棋看似不起眼，却与黑棋的厚薄关系巨大。

进行至白 50，白棋不仅活干净了，还有 6 目棋，而且上边增加了白 40 之子后，白棋在 60 位小尖是先手，黑棋的攻击失败。

黑 51 扳去攻击白棋上边，想法不错，但攻击方法不对，上边什么都不要动，单在 59 位飞攻才是正确的攻击方法。

黑 53 点是手筋，但在这个局势中却不是手筋。首先，黑 51 与白 52 交换是俗手，白 54 顺手打吃成为先手，黑棋左上棋子成为愚形，白 24、40 两颗子已经变轻，白棋可以弃掉。

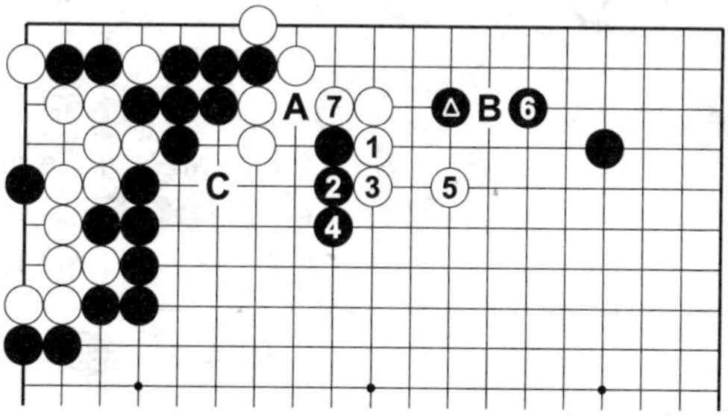

图 13

图 13　白 1 直接压出来，白 5 跳时，黑 6 虽然有在 A 位断

的下法，但黑▲之子被白棋在B位靠吃太大，黑6只能应，白棋再在7位拐回，下一步在C位小尖是先手，黑棋上边三颗子反而会成为白棋的攻击对象。

黑57是俗手，白58也是俗手，还是应该在G位拐，出头才是最重要的。

白62、64托退太早，帮助黑棋在右上角加强后，白棋已经可以轻松出头，这样就不用去做上边的一只眼了。

第7局　手段误用

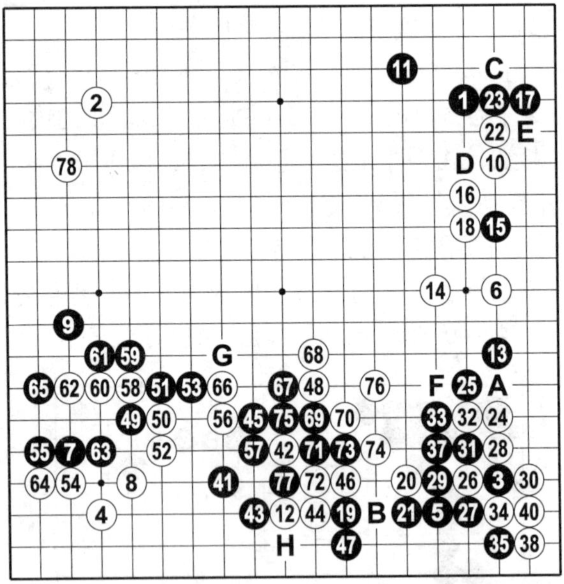

36＝26　39＝3

综述：每一个局部的变化都是与全局息息相关的，局部的利益是小利益，决不能因为小利而忽略全局。由此延伸，局部的手段或许是好手段，但如果与大局形势不符，也只能忍痛放弃，毕竟全局的优劣才是决定胜负的根本。

最大的问题手是——

黑 29、白 22、白 28。

其次的问题手是——

黑 21、黑 31、黑 67，白 14、白 16、白 18、白 30、白 64。

白 4 小目的位置与黑棋相背，黑 5 先守角是很常见的应对手段。

白 6 分投也无可非议。

对黑 7 的挂角，白 8 小尖是坚实的走法，但在右下有黑 5 之子的情况下，白棋在下边扩张的潜力已经不大了，白 8 应该采用夹击的手段，以扩张左上边为主会使步调更快一些。

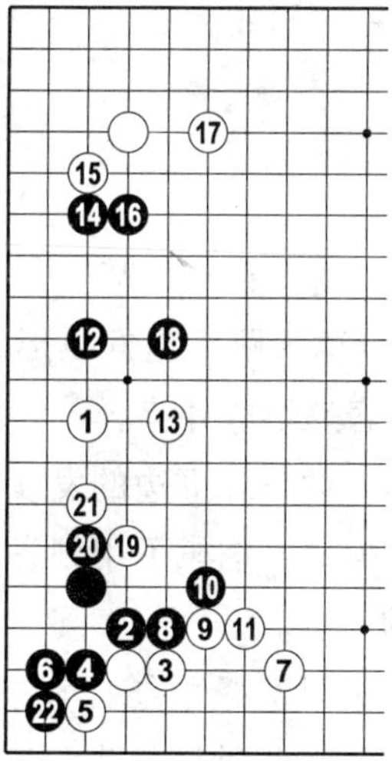

图 1

图 1　白 1 三间低夹，黑 2 尖顶，进行至白 11 是定式，黑 12 打入，演变至黑 22，双方都是最为普通的应接，白棋争得先

手，可以抢先在右边作选择，这是空与势兼顾的一种走法。由于白 7 是硬头，黑棋在下边很难有大的发展。

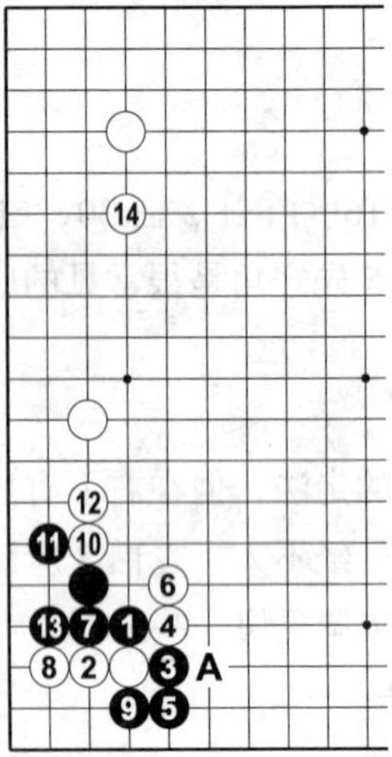

图 2

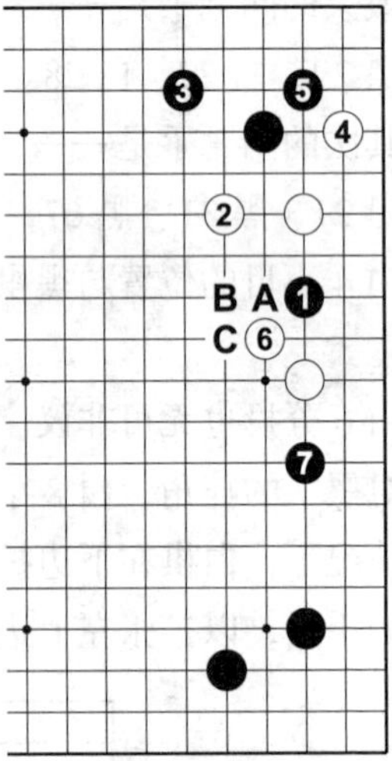

图 3

图 2　白 2 选择长，这是白棋取势、黑棋取地的定式，白棋是先手，白 14 在左上方单关跳也是好棋形，下边由于白棋有在 A 位扳的手段，黑棋不容易形成外势。

由于黑 5 小飞守角，白棋在下边的发展已经不大。所以，只需要限制黑棋在下边的发展，白棋不用刻意在下边经营模样。

黑 9 拆三是很好的着点。

白 10 挂时，黑 11 可以选择先在 15 位打入，争取先手。

图 3　黑 1 打入，白 2 此时只能跳，进行至白 6，黑 7 可以争取在边上逼，留下黑棋走 A 位，白棋走 B 位，黑棋走 C 位断的利用手段，这样步调会更快一些。

抢占白 12 拆是白棋预想的构图，但白棋下边的规模难以成大，所以白 12 还是在 A 位拆二更大一些。下一手白棋在下边就直接在 B 位紧逼，才是做模样的手段。

白 12 与黑 13 同样是拆大场，但黑棋的构图比白棋好，同时下一手有在 15 位打入危及白棋右边两颗子的手段，所以白 12 不如在 A 位拆二。

白 14 跳是为了对黑棋右下角拆三有所影响，正常应该在 17 位小飞，黑棋走 C 位白棋走 18 位，这样棋形比较好。

黑 15 立即打入稍早，由于有了白 14 的跳，白棋在 17 位小飞的可能性减小，将来黑棋有机会占到 17 位守角，黑棋可以考虑在 78 位挂或 19 位拆二。

黑 15 打入给了白棋在 17 位小飞的机会，白 16 无论如何应该先在 17 位小飞，黑棋走 C 位，白棋走 16 位，这样，黑 15 之子白白损了进去。如果没有黑 15，白棋在 17 位小飞后，是否补棋成为一个困惑。黑 15 给白棋创造了进角的机会。并使白 14 成为好棋，白 16 在 17 位小飞时，黑棋在 D 位压的手段不能成立。

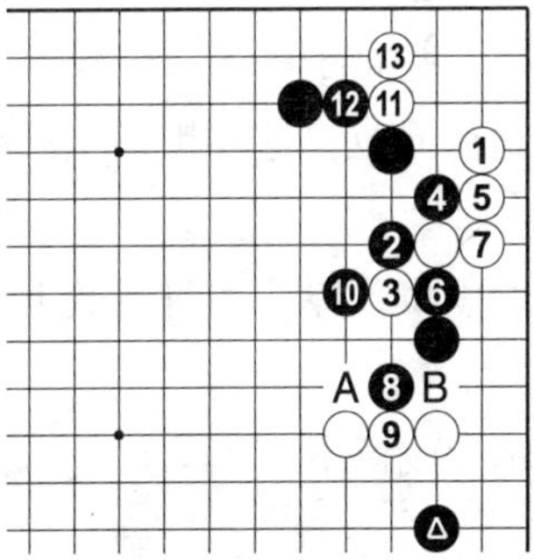

图 4

图 4　白 1 小飞时，黑 2 以下分断白棋，但白 7 接后，黑 8 无法征吃白棋，必须与白 9 接交换，进行至白 13，白棋角上活得很大，将来在 A 位拐后，立即就有在 B 位打吃扳渡手段，黑棋对白棋右边三颗子没有严厉的攻击手段，而有了白 9 之后，黑▲之子受损。所以，当白 1 小飞时，黑棋反击的手段并不可怕。

白16单尖不好，被黑17先手跳后，在实空上受损。

白18压虽然厚实，但目数亏损，应该在E位尖顶，这样不仅自己的空要大一些，而且对黑棋角部也有手段。

黑19拆二间接防止白棋的打入。

白20点是为在24位打入做准备。

黑21挡是一般的应接，但有些缓，在73位跳效率更高，这样白棋反而没有打入的时机，同时对白12之子也有影响。

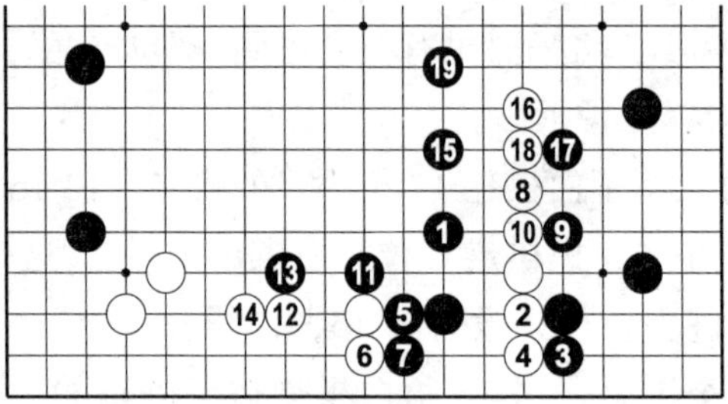

图5

图5 黑1跳，白2、4挡下，黑5、7的手段虽然有点俗，但很实用，进行至黑19，白棋仅仅是一连串的单关逃出，黑棋在外边形成了一道形势，右下角白棋有一些官子手段，但没有攻击手段，下边白棋的形势也全部被限制在低位，这样黑棋主动积极。

白22与黑23交换太损，不仅帮助黑棋走厚，而且目数上也不便宜，白棋将来要走也是在E位尖顶。

有了白20之后，白24打入也就顺理成章了。

黑25小尖是常用的攻击手段。

白26靠是后续手段，但白28却是大俗手，应该单在32位贴，在白20之子的配合下，黑棋不能在33位扳用强。

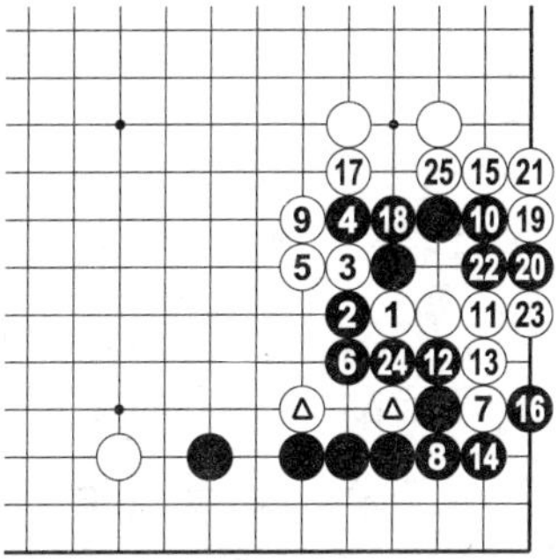

图 6

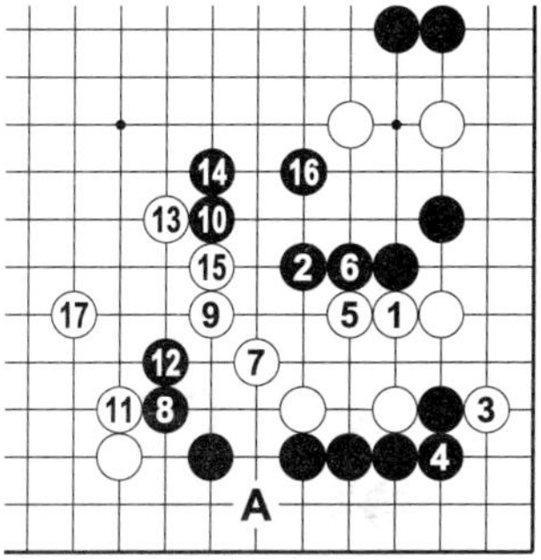

图 7

图 6　白 1 长时，黑 2 如果扳，白 3 可以断，由于有白△两颗子，黑棋为了不被吃，只能长出，被白棋在 9 位拐后，双方形成对杀，但黑棋正好差一口气。

图 7　黑 2 跳，白 3 再夹，黑 4 接忍耐，白 5 以下是最平稳的出头，进行至白 17，黑在下边的出头已经被封住，反而给白棋留下在 A 位点的手段，黑棋有了 14、16 两颗子后，右边虽然成形，但对白棋右边一块棋并无影响，黑棋的攻击没有明显成效。

黑 29 应该在 30 位下立，这手棋太大了，白棋有了白 28 之子后，出逃反而不方便了，因为角上所有的利用和眼位都没有了。

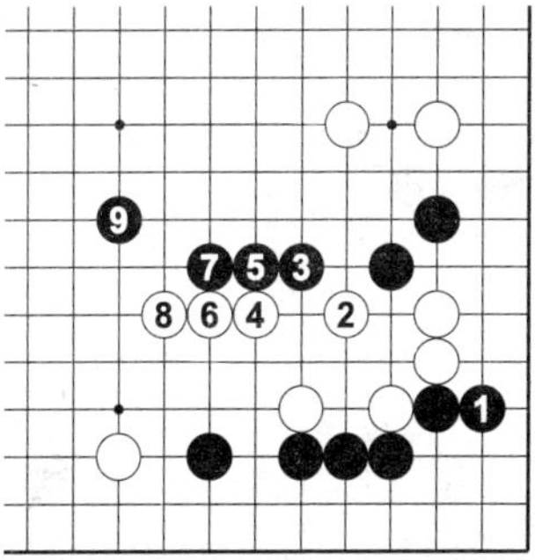

图 8

图 8　黑 1 下立，角上实空增加不少，并且让白棋的眼位消失，白 2 以后虽然也能出头，但进行至黑 9 后，黑棋明显比图 7 要强许多。

黑 29 冲给了白棋转身的机会。

白 30 反打看似必然，但却应该在 31 位接，黑棋走 30 位，白棋在37位出逃，使黑29成为俗手。

黑31仍旧应该在角上应，白棋在34位接。

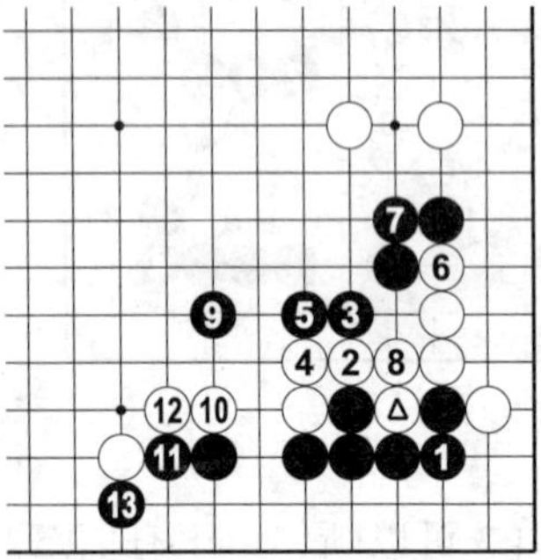

图9

图9　黑1单接，为了出头白2只能扳，黑3、5不用急于去提白◬之子，始终给白棋留着这个缺陷，先补强自己，这样白棋很难受，进行至黑13，白棋虽然逃了出去，但并没有什么收获，黑棋上下两块棋都很完整，这也是当初白28顶大俗手所造成的不良后果。

黑31虽然提了白26之子，但被白棋活在角上，目数很大，还给黑棋留下F位的断点，黑棋得不偿失。

黑41打入挑起新的战斗。

白42简单托过也可以。

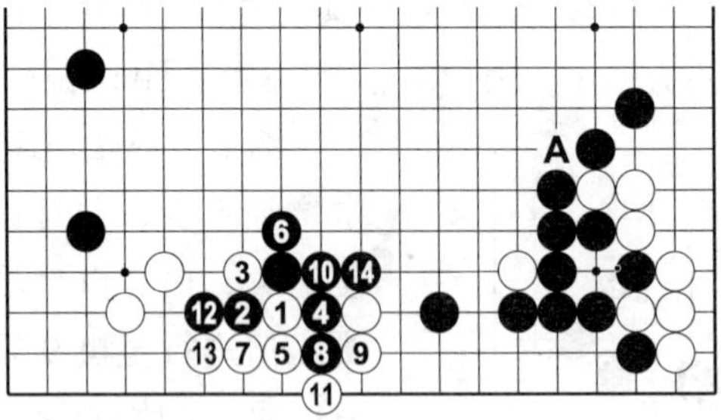

图10

图10　白1托，黑4打后在6位长是常用手筋，白7至白13忍耐，黑14拐后，白棋得先手，由于白棋在右上边的棋形很厚，同时留有A位断点，黑棋右下的厚味作用也就不大了。

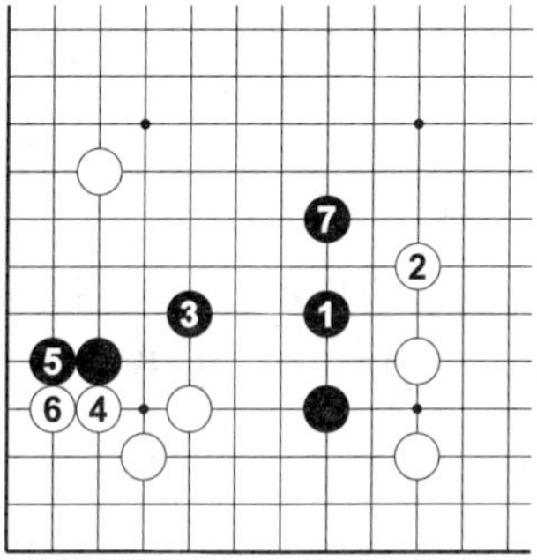

图 11

有了白 42 跳之后，白棋在下边反而失去了通连的手段，黑 43 单在 56 位跳就可以。

图 11　黑 1 跳后，下一手黑 3 可以将白棋完整地封住，进行至黑 7，黑棋在右下的形势就很完整了。

白 44 顶太早，应该抓住先手的机会在外边动手，白 12、42 两颗子已经比较轻了。

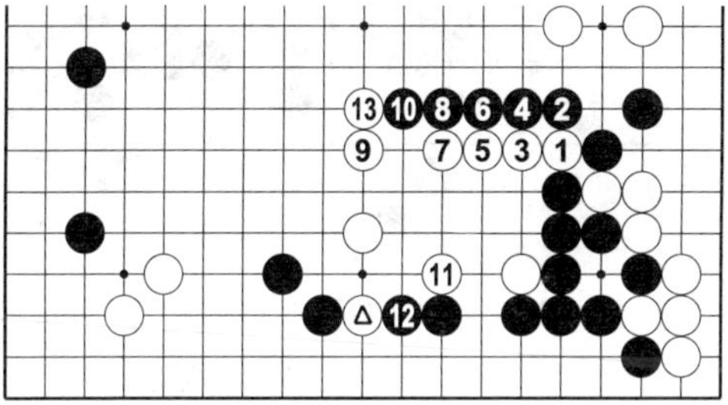

图 12

图 12　白 1 断，改变作战的主动权，进行至白 13 几乎没有变化，白棋在中央占据主动，下边白棋可以利用◎之子，产生种种手段，这样黑棋不仅攻不到白棋，反而会被白棋攻击，右下的厚势也失去了作用。

被黑 45 先出头后，白棋下边两颗子走重了，以后再在 F 位断时，黑棋有变化的余地。

白 46 与黑 47 的交换可以保留。应该单在 48 位飞，因为黑棋也不会在 46 位长，让白棋在外边补一手，黑棋吃亏。

由于黑 45 是小飞，黑 49 飞封时给白棋留有空隙。

白 50 靠直接动出作战，此手在 54 位尖顶补棋也是很好的方案。

白 58 至白 62 弃子的想法很好，但白 64 与黑 65 交换过早，应该先在 66 位出头，贯彻白 56 时分断黑棋的意图，这样白棋在 G 位长是绝对先手，保留在左边的种种手段和余味，黑棋作战就有负担了。

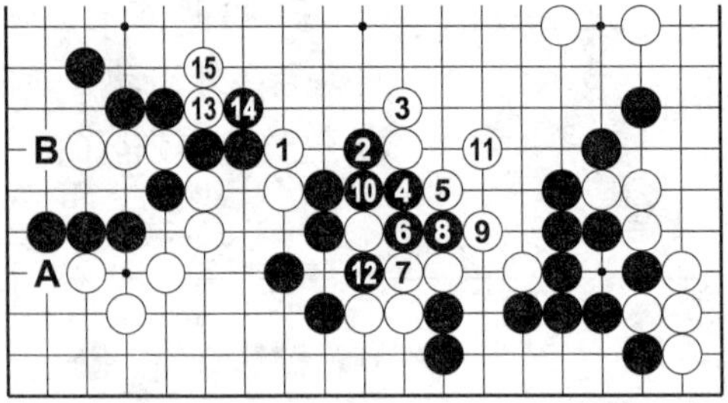

图 13

图 13　白 1 长出头，黑 2 以下如实战进行，但由于没有白 A 与黑 B 的交换，白 13 断十分严厉，白 15 长后，下一手在 A 位挡可以杀死黑棋，黑棋在 B 位托的手段已经不成立，黑棋很难办。

有了黑 65 托之后，白 66 出头的严厉性减弱了。

黑 67 以下做活的手段效率过低，为了两只眼帮助白棋完整成形，而且，白棋在 F 位断后，黑 13、25 两颗子无法出逃，黑 67 单在 76 位反攻为好，下边留有在 H 位的扳，白棋杀不了黑棋下边。而且，由于黑棋已经有了 65 之子，白棋在 G 位不是绝对先手。

黑 77 提子后手做活，步调太慢，对白棋也没有影响，黑棋局部的手筋耽误了全局的步伐。

白 78 在 F 位断也非常大，实空上更加实惠一些。

第8局　两步恶手

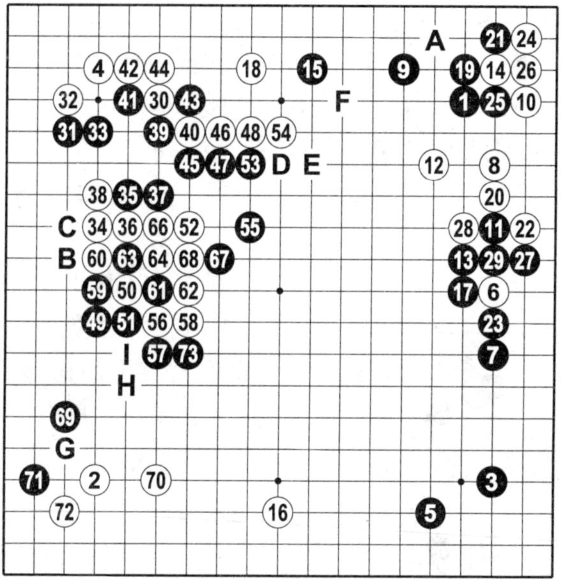

65 = 50

综合：手段的应用一定要因地制宜，一定要有合适的时机、合适的棋形、合适的作用，不能生搬硬套、颠倒次序。如果结果并不坏，或许不一定是自己的手段应用得好，而是对方的应接发生了问题。

最大的问题手是——

黑31、白40、白60。

其次的问题手是——

黑21、黑27、白20、白24、白54。

本局与前局相同，只是白 2、4 的位置变了一下，因此当白 6 分投时，黑 7 先逼，以右下方为中心。

白 8 挂至白 10 小飞，双方都是很普通的下法。

黑 11 打入率先挑起战斗，此手在 14 位小尖，让白棋 28 位补，也是一般的应接。

白 12 跳后，黑 13 立即尖出，明确强调右下方的重要性，如果在 14 位小尖，白棋走 13 位，这样黑棋取得先手。

白 14 在角上小尖后，黑 15 拆二必然。

白 16 拆大场与黑 17 压交换损了，应该立刻在 17 位压出来。

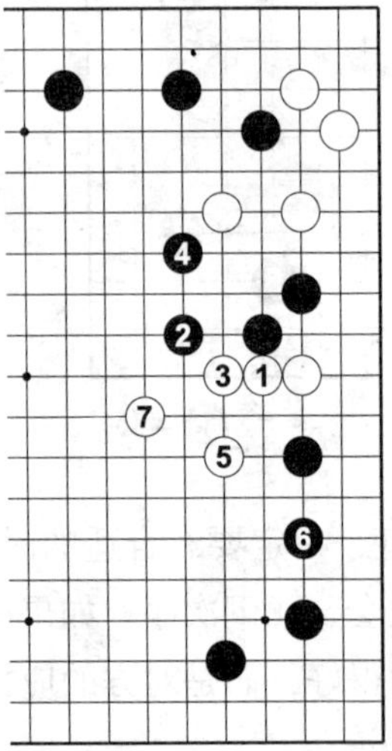

图 1

图 1 白 1 出逃，进行至白 7 是双方正常的应接，白棋不仅使黑棋右下方的形势受到了限制，右边黑棋还得忙着与上边连接，白棋争得先手后，再去占大场也来得及。

黑 17 压不仅实空很大，黑棋右边的形势也很厚了。

白 18 逼是先手。

黑 19 挡有必要，否则被白棋在 A 位小飞后，眼位不足。

白 20 顶是为了防止黑棋分断，但却是俗手。此手可以脱先，黑棋不会现在去后手分断白棋。

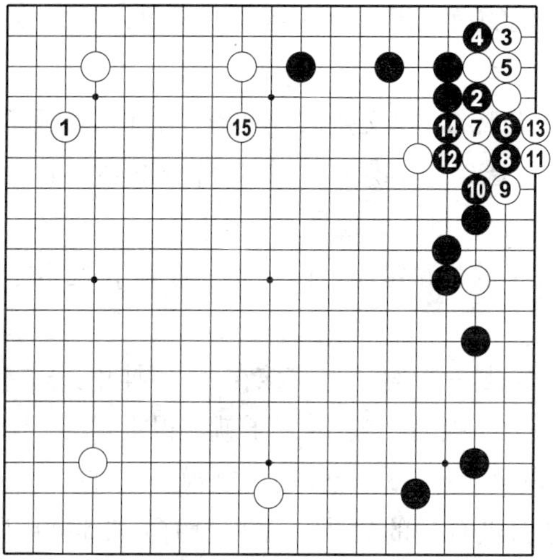

图 2

图 2　白 1 先守角，黑 2 至黑 14 是分断白棋的手筋，但在目数上很吃亏，白 15 跳，黑棋的厚势得不到多大的发挥，白棋在右上得 3 目，在左上也连走了两手，黑棋大局落后。

黑 21 应该单在 25 位挤，现在扳是次序上的失误。

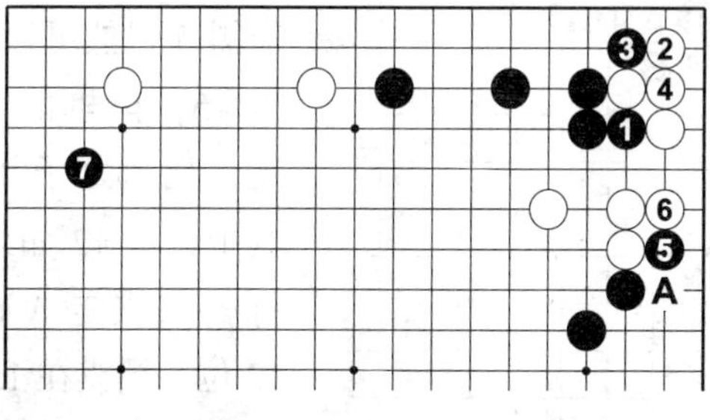

图 3

图 3　黑 1 挤，白 2 不能脱先，白 4 接后，黑 5 先扳一手防

止白棋在A位的扳，黑7抢先在左上挂角，使白20的顶成为一手坏棋。

白22扳与黑23顶交换已经便宜了，白24扳角不着急，因为对黑棋右上已经没有影响，白棋自身不必担心没有眼位，所以，白棋应该脱先抢占其他地方。

由于黑21的次序错误，白棋先手扳到了22位，黑棋的便宜所剩无几。

黑27扳只是一个官子，应该在31位挂角，这才是大局的重点。而且，黑27扳后，黑23之子就显得重复。

白30还是应该在31位守角，规模会大许多，白棋在左上方打入肯定是白棋有利的战斗，白棋没有必要将自己的形势补小了。

黑31应该退后一路在A位挂，白棋如果走32位，黑棋走B位，正好拆二，白棋如果在C位夹，黑棋依然可以按常规定式变化。

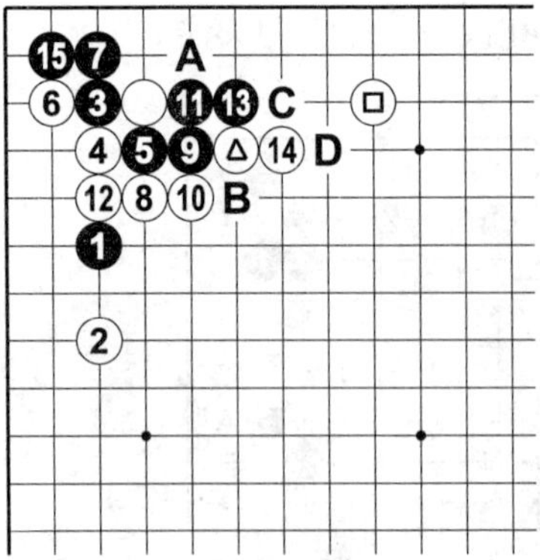

图4

图4 黑1挂，白2如果夹，黑3依然可以靠，白4外扳，虽然多了白◬之子，但黑5仍然可以断，进行至黑15，黑棋的角空十分可观，白◘之子却显得多余。其中，白12如果先在13位打，黑棋走A位，白棋走12位，黑棋在15位拐后，B位的断点很严厉。还有，黑15如果不想落后手，可以先在C位爬一手，与白棋走A

位交换后脱先，这样避免白棋在 C 位拐成为先手。

由此可见，黑 1 大飞挂时，白棋的反夹并不是很严厉，而实战黑棋小飞挂，白 32 尖顶后，白 30 之子正好等在那里，黑棋主动迎上去让白棋攻击，这肯定是被动的走法。

白 34 夹正好，黑棋逃起来十分辛苦。

黑 35 肩冲飞出是常用的手段，但在这个局面下，如图 5 进行比较好。

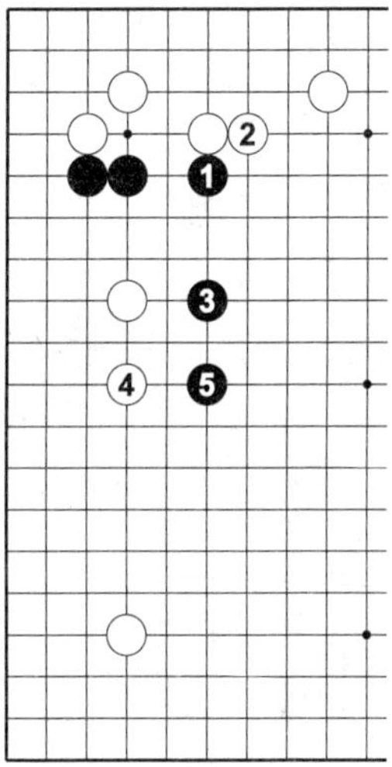

图 5

图 5　黑 1 靠，白 2 退是正着，黑 3、5 从外边出逃，这样对中央的形势有很大的帮助，比单纯逃效率要好很多。

黑 39 压是先手，白棋在 38 位的拐可以不走，白 38 应该单在 68 位小飞，这是兼顾全局的要点，38 位拐，正好凑黑棋在 39 位压补断，白棋在中央落后一手棋。

白 40 扳是坏棋，在这种地方只能在 43 位退，目数上一点也不吃亏，还使黑棋失去了多种利用，同时，黑棋不敢放大步子，因为要顾忌白棋的分断。白 40 扳帮助黑棋解决了所有的顾虑，同时让自己在左边的三颗子变薄，成为黑棋的攻击目标，这是一个重大错误。

黑 49 开始反攻，有些勉强，此手在 68 位小飞，白棋走 49 位，黑棋在 72 位点三三，是一种平稳的走法。

白 50 与黑 35 是同样的意思，但白棋的棋形不一样，白 50 可以在 61 位小飞，让 59 位的靠和 66 位的贴成为见合，这样白棋出头宽敞一些。

白 52 与黑 53 的交换受损，应该单在 56 位扳，黑棋此时不能在 61 位断。

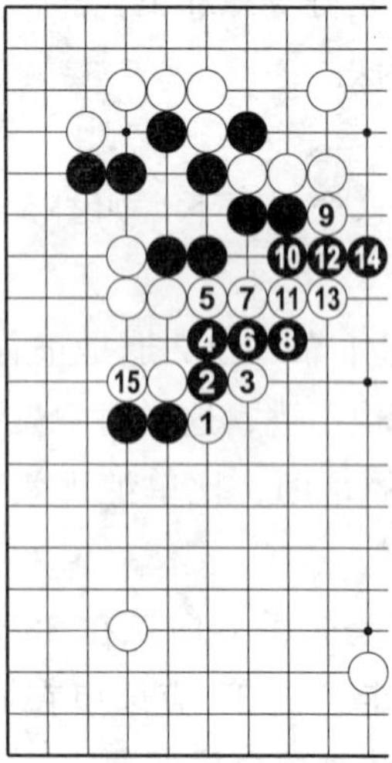

图 6

图 6　白 1 扳时黑 2 如果断，进行至白 15 成为必然，黑棋三块棋都无法处理。

图 7　有了白 1、3 的补强后，黑 4 如果仍然拐，白 5、7 的攻击十分严厉，黑 8 此时不能在 9 位扳，白棋有 A 位虎的下法，黑 B、白 8、黑 C、白 D，黑棋左上一块太危险了。黑 8 只能退，白 9 贴后在 11 位飞出，又将黑棋右上一块棋纠缠进去，黑棋十分难办。

实战白 54 应该在 55 位跳，黑棋不能在 54 位扳，而只能在 D

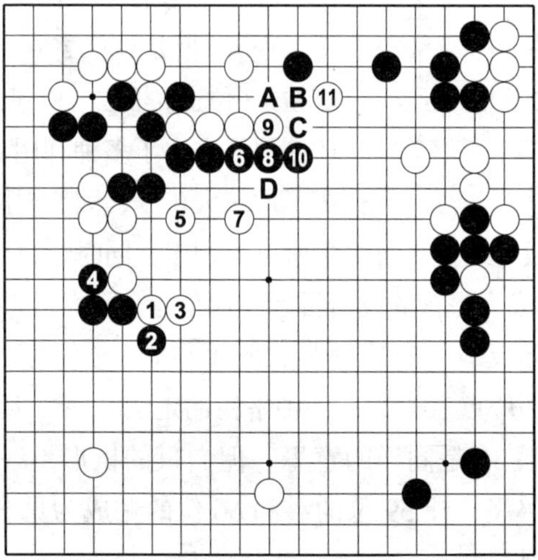

图 7

位长，白棋在 54 位贴，黑棋走 E 位，白棋再在 56 位扳，上边 F 位小飞分断与攻击黑棋左边子成为见合，黑棋依然是苦战。所以说当初黑 49 反夹有些急躁。

白 54 的长对右上黑棋并无影响，但让黑棋跳到 55 位，黑棋左上一块棋基本不用担心了。

白 56 扳只是为了出逃，失去了攻击意义。

黑 59 拐是破坏白棋眼位的要点，但却是后手，此手先在 69 位挂角才是本手。

白 60 顶又是一步坏棋，白白落了后手，将全局的主动权拱手让给了黑棋，缺乏大局意识。而且，白 60 这步棋本身没有什么价值，随便在哪里收一个官子都比它大。

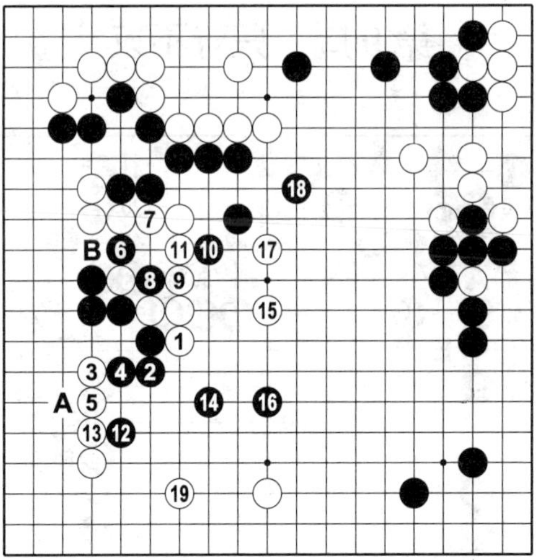

图 8

图 8　白 1 拐是要点，黑 2 长后，白 3 再点是好次序，黑 2 如果在 A 位挂，白棋就在 2 位打吃，左下方连成一片，黑棋只是在左边做活而已。白 3 点后，黑 4 顶很损，但为了补断没有办

法。黑 6 至黑 10 同实战一样是先手，但并没有分断白棋的手段，由此可以看出，白棋在 B 位挤是清清楚楚的一步废棋。黑 12 点又是损棋，但有了 12 位点，才能在 14 位飞出，进行至白 19，白棋顺势走向中央，左下大角实空很多，而黑棋上下两块棋依然不是十分安定，这样才达到了攻击的效果。

白 60 顶至白 68，白棋的棋形凝在一团，局势的天秤开始向黑棋倾斜。

黑 69、71 先手走到，把左边完全安顿好，白 70 无论如何都应该在 G 位尖顶，缩小黑棋的眼位，并增加自身的角空。

黑 73 贴有些过分，在 H 位虎是本手，同样可以起到攻击白棋的作用，而现在给白棋留下 I 位的点断，对黑棋始终是个后患。

第 9 局　只守不攻

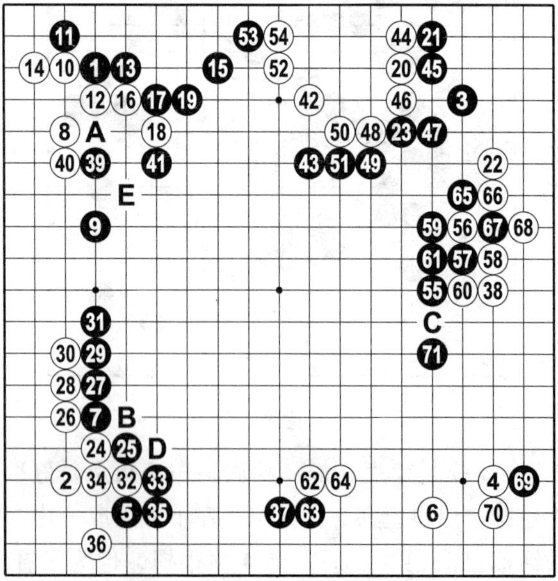

综述： 灵活就是不拘常规，要根据全局的形势走出轻快的着法，从而使自己在大局上领先，或者步调快而有发展，而绝不是东走一步、西走一步，然后放置不管。但如果对方把握得当，就将使自己吃亏受损，那么灵活也就不成其为灵活，而是对自己所下的棋子不负责了。

最大的问题手是——

黑 23、黑 27、黑 37、黑 43，白 22、白 24、白 66。

其次的问题手是——

黑 21、黑 39，白 10、白 20。

白棋以向小目对抗黑棋的星向小目。

黑 5 立即挂角，很积极。

白 6 一般立即走左上 8 位或 A 位挂角为多，或者夹击黑 5 之子，立即守角相对来说不是一种积极的走法。

黑 7 走大斜定式，期待着一个大型的定式变化。

白 8 在左上挂角，避开左下的大斜，看起来白棋对大斜定式不是很熟悉。

黑 9 二间高夹，此手在 34 位尖顶也是十分有力的下法，既然白棋脱先，黑棋就抢先定形，不给白棋选择的机会。

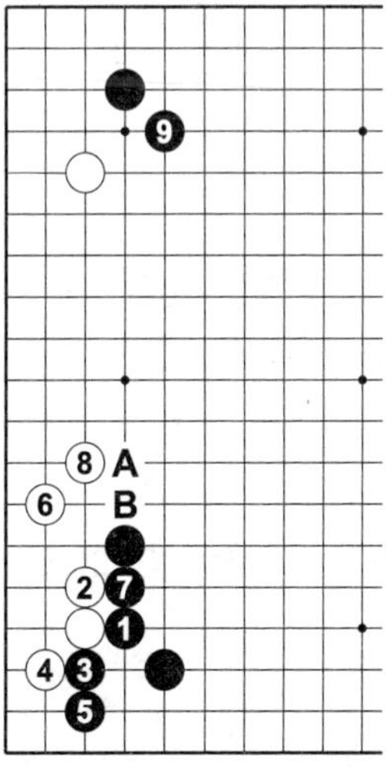

图 1

图 1　黑 1 尖顶，为了不被黑棋吃掉，白 2 长很正常，黑 3、5 扳退是最平稳的走法，白 6 小飞时，黑 7 完全可以不与白 8 小尖做交换，直接在 9 位小尖也很好，保

留在左下角的种种变化，比如将来在8位小飞，在A位跳等等。但即使黑7与白8交换，黑9小尖后结果也不坏，白棋在左边全部处在低位，黑棋在b位长还是先手，黑棋上下都非常的坚定，有发展潜力。

白10选择黑棋三间夹时的定式，此手还是直接在18位大跳普通，白10至黑19，黑棋左上不仅很厚，黑15、19的硬头对上方成势也很有帮助，加上黑9是二间高夹，产生了在39位的点，白棋选择的定式对黑棋有利。

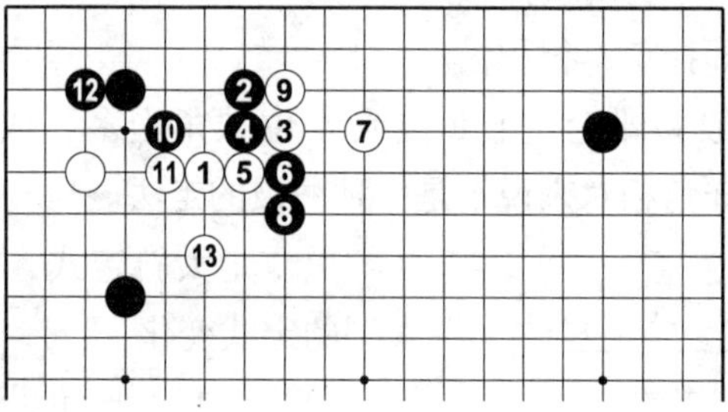

图2

图2 白1大跳，再在3位飞压，这样进行至白13的战斗两分，白棋顺势将黑棋上方的模样打破，白3如果不愿作战，在6位跳也是一种选择。总之，白棋选择二间高夹的定式比较合适一些。

白20再挂右上角，已经被动了，黑棋左边太厚，白20应该从22位挂，这才是正确的方向。

黑21小飞改在45位尖顶可以满足。

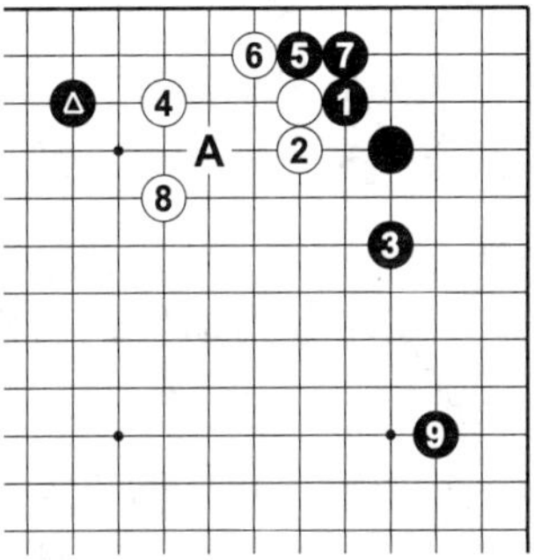

图 3

图 3　由于黑▲是硬头，黑棋应该将白棋往黑▲的方向赶，黑 5、7 扳接后，在 A 位的点十分严厉，白 8 跳是本手，黑棋顺势在右边拆到 9 位大场，这样黑棋的行棋非常自然。

白 22 及时转身是一种灵活的想法，但置白 20 之子不顾还是有些不妥，上边被黑棋全部成为空还是太大了。白 22 改在 44 位挡，就地求活比较好。

黑 23 单飞是缓手。

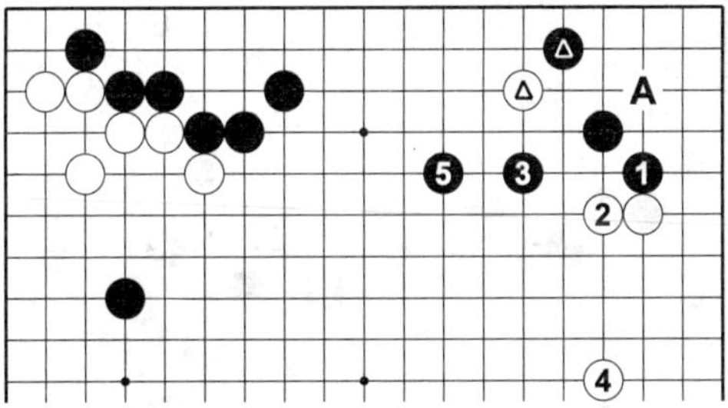

图 4

图 4　黑 1 先尖顶很重要，白 2 长后，黑 3 再飞，白 4 拆是正着，黑 5 跳补，上边全部成为实空，白△与黑▲的交换大损，使 A 位点三三的手段消失了，这也是白 22 不应该在上边脱先的原因。

白 24 脱先，连白 22 之子都不顾，这也过于灵活了，白棋应该抓住机会，立刻在右上定型。

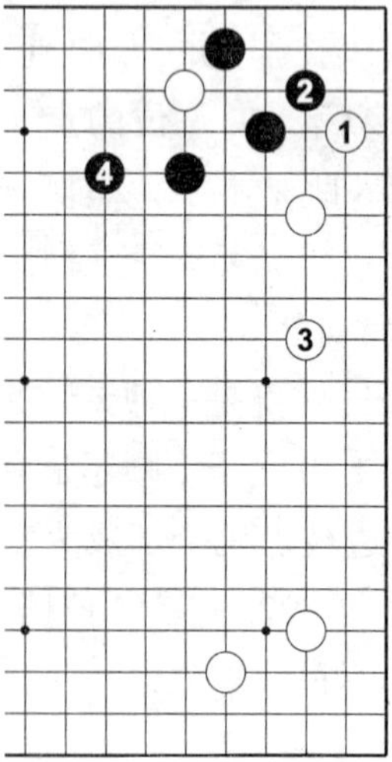

图 5

图 5 白 1 抢先小飞，黑 2 如果不走，白棋在 2 位小尖是先手，黑 2 应，白 3 拆，黑 4 如果仍然补，这与图 4 的差别就太大了，双方角上的目数完全不一样。

实战白 24 在左下角动出，白棋有意避开大斜的定式。

由于右上角黑棋有很好的攻击机会，黑 27 可以不按常规走，而是直接在 B 位接。

图 6 黑 1 单接，白 2 必须长，黑 3 抢先在右上角动手，黑 5 在 11 位三间夹也可以，二间夹是比较积极的走法，进行至黑 13，黑棋上面已经

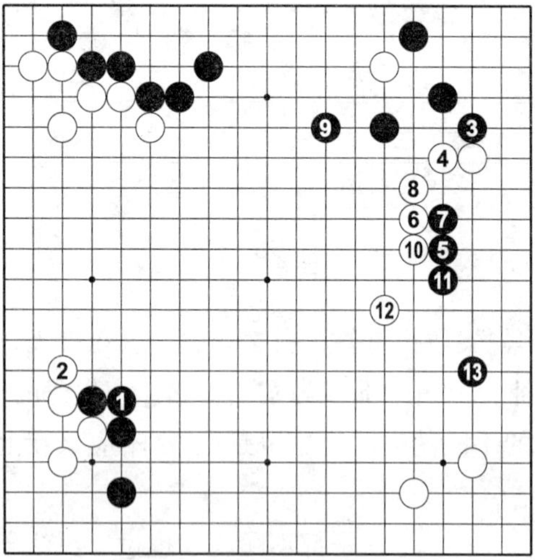

图 6

成空，还在右边活出很大的一块，白棋漂浮在中央，不能成其为形势，白棋对黑棋左下也没有攻击手段，这是黑棋明显领先的局势。

黑 27 至黑 31 长虽然不是坏棋，但黑棋在右边没有配置，这道形势有多大的发展很难说。

白 32、34 挖接没有必要，在 36 位跳只是一个大官子，此手应该在右边行棋。

黑 37 跟着应缺乏主动性，对右上角白 22 之子始终没有攻击意识。

白 38 单拆大场不如按图 5 定形。

黑 39、41 是封住白棋出头的好手段，但却过早，应该如图 4 的走法，先将上边的实空完成了才是最大的。

有了黑 41 之后，白 42 动出反而容易了。

黑 43 镇是为了中央的大模样，但过于单调硬围中央，容易落空。黑 43 应该在 44 位爬，将白棋往外边赶，黑棋左边的厚势就能发挥作用了。

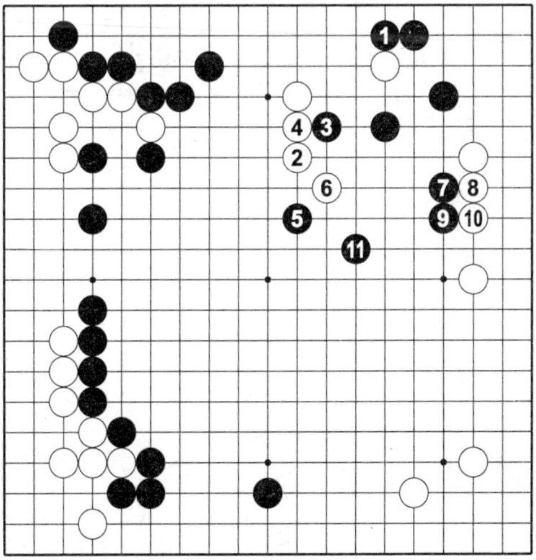

图 7

图 7　黑 1 爬，将白棋的根据地先破坏掉，白 2 跳出，黑 3 先手点，再在 5 位镇，白 6 小尖，黑 7、9 顺势在右边肩冲，再在 11 位飞，白棋无法与右边通连，只能在不大的空间寻找眼位，这样必然会把黑棋撞得坚实无比，黑棋中央的大模样自然形成。

实战黑 43 镇头后，白 42 至白 52 轻松做活，而且还有近 10 目棋，黑棋在目数上大亏，还失去了一个最好的攻击目标。

黑 55 再镇，明确要做中空的意图，但这种下法过于生硬，很难做成大空。

白 56 顺势补棋。

黑 57 是俗手，在 59 位单压一样可以封住白棋的出口。

白 60 打是俗手，应该保留。

白 62 在下面肩冲是为了不让黑棋中央成大，在右边 C 位扳，82 位跳也是很好的选择。

白 66 弃子没有道理，应该在 67 位接，这样在厚薄上相差很多。

由于白 66 是松缓，黑 71 应该在 D 位扳更为紧凑。

以下进入中盘棋，由于有 D 位的断点，白棋在 E 位的点，黑棋中央很难成为大空。

第五章

二连星布局

第1局　过早收官

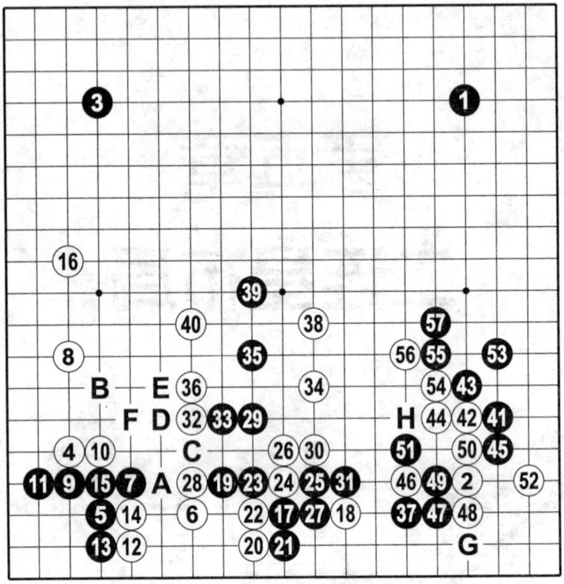

综述：在布局时收官，肯定是不合时宜的，不仅会失去很多变化，还会使棋子变得笨重，失去灵活性，这是一定要避免出现的问题。

最大的问题手是——

黑 21、白 12、白 20、白 30。

其次的问题手是——

黑 35、白 36、白 40。

黑 1、3 走二连星，注重势力。

白 2、4 以星目外相对抗。

黑 5 立即挂入，这是全局唯一可以变化为大型定式的地方。

白 6 放弃在 A 位走大斜，采用反夹的下法，加强对右下角星位的援助。不过，既然是走反夹，白 6 在 28 位高位要好一些，在势力上要多一些影响，在实空上也不亚于三线低位。

黑 7 小尖是必然的。

白 8 拆二多数在 B 位小飞。

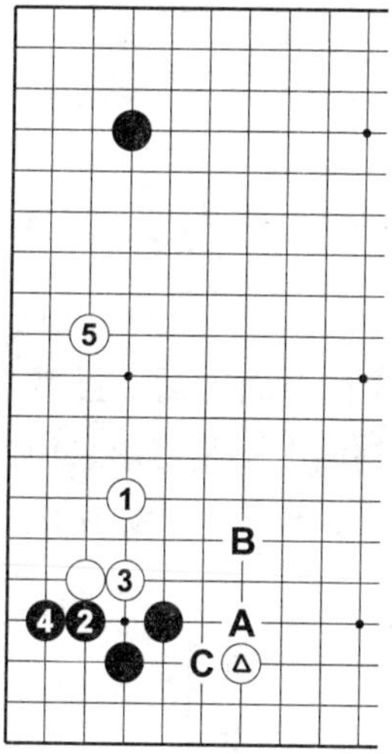

图 1

图 1　白 1 小飞至白 5 是定式，但白△之子是在 A 位，白 5 可以在 B 位跳，也可以拆。无论哪种选择，黑棋在这个地方的出口都很狭窄，而且白棋在 C 位小尖是好点，又是先手，所以白△应该在高位夹，而不是低位。

进行至黑 11，黑棋同样获取角空，但白棋却无法封锁黑棋出头，白棋既没外势也没实空。

白 12、14 是收官阶段时的走法，但现在布局刚刚开始，这种下法不仅帮助黑棋走得更厚，还使自己变得笨重，将白 4、10 两颗子彻底变坏。这个地方黑方绝不会着急去走，白棋又何必着急去消除种种变化呢？

白 16 拆二，加强左边是很有必要的，但在拆二之前，先在 C 位跳，看看黑棋的应手再补棋，这样是对白 6、12、14 三颗子负责。虽然这个跳远不如图 1 中的 B 位跳，但也只能亡羊补牢。

黑 17 反夹很严厉。

白 18 再在 C 位跳已经是后手，黑棋将在 37 位挂角，可这也是白棋没办法的事，只能忍耐慢慢等待机会。实战白 18 反夹有些过分。

黑 19 飞封，白棋的出口变窄了。

白 20 小飞是大恶手，只能单在 28 位冲，就地做活或弃子出头。

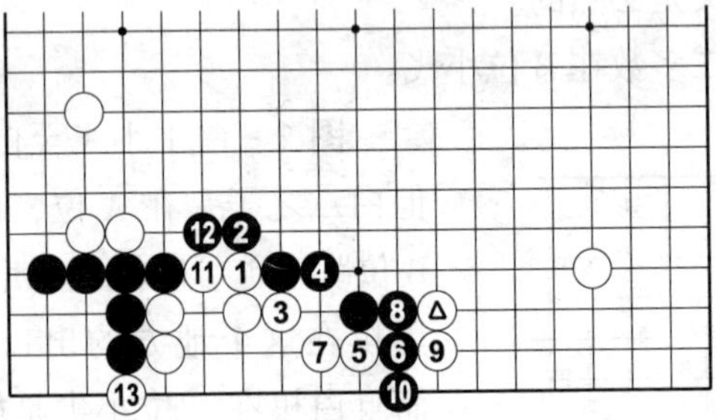

图 2

图 2　白 1 贴，黑 2 扳，白 3 至白 13 在下面做活，虽然外边让黑棋形成一道外势，白△又贴在黑棋的墙上不是好形，但白棋毕竟做活了，并且将角上官子也顺带收了，也算是无奈中的善后处理。

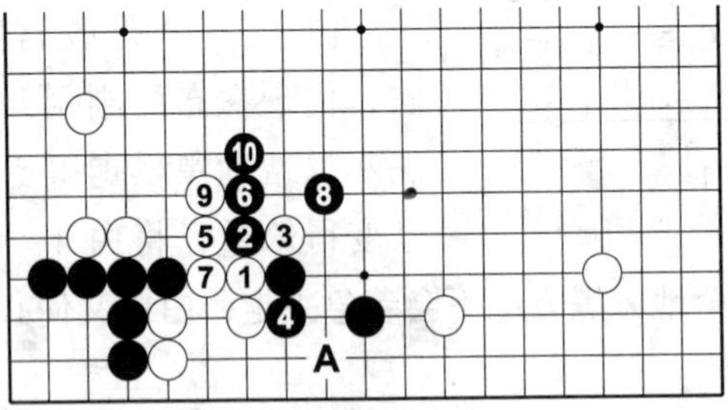

图 3

图 3　白 3 立即断，黑 4 如果在 6 位长，白棋可以在 A 位飞过，黑棋在 4 位挡，白棋就在 5 位打出去。现在被黑 8 枷死一颗子十分可惜，但为了逃命，这是必要的代价。

黑 21 挡是俗手，这种地方只要占到便宜，有利于全局就行了，并不是要真正杀掉白棋。

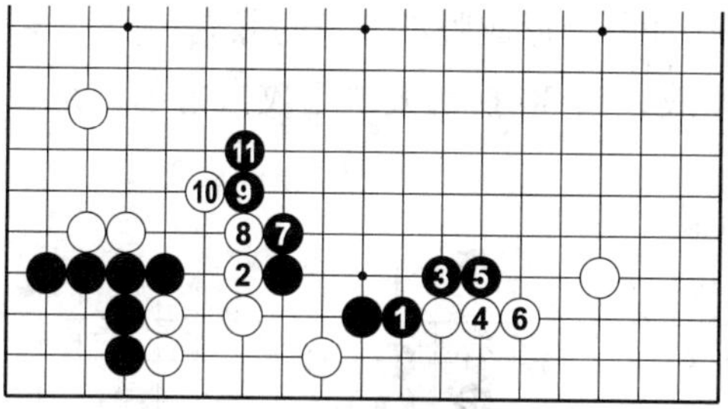

图 4

图 4　黑 1 顶是棋形，白 2 没有时间在 3 位长，只能忙着在下边出头，黑 3、5 是两步先手，进行至黑 11 完成外势，白棋活在里面十分委屈，没有潜力，也就没有发展，黑棋充分可以满意。

黑 21 挡给了白棋轻松出头的机会。

白 22 应该单在 28 位贴，此时黑棋无法在 C 位扳，只能在 37 位打入转身。

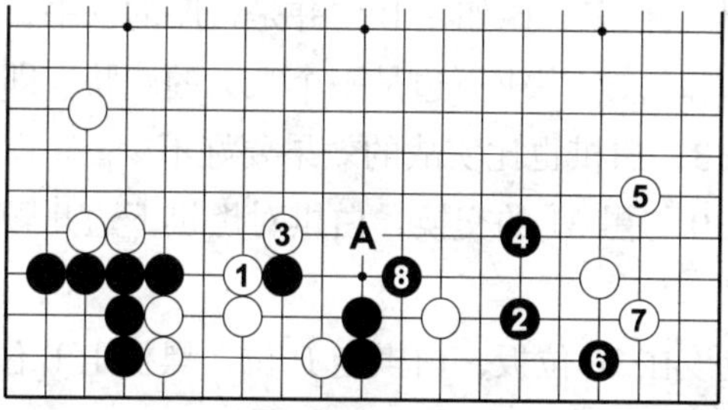

图 5

图 5　白 1 贴时，黑在下边暂时没有什么严厉的后续手段，

但在A位、8位等处都是先手。所以黑2打入时，白3先自补，进行至黑8是一种变化，白棋肯定不占便宜，但至少获得了安定，并取得了先手，这一点是很重要的。

白22直接冲断，形成脱不开身的混战。

既然是作战，白30拐就太缺乏攻击力了，是在帮助黑棋补棋。

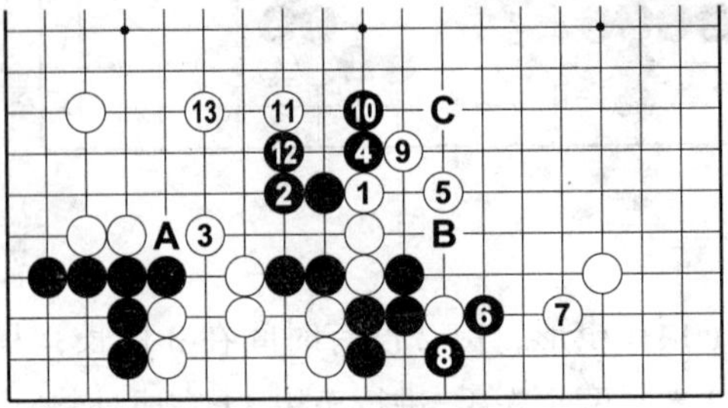

图6

图6 白1单贴，黑2只能并，白3再出头，由于下边黑棋两块棋都不安定，黑棋没有时间在A位冲出，黑4扳头，白5跳，黑6夹做活，白7小尖先手便宜，顺便加强角上，黑8补后，白9的走法很多，比如在B位并是很厚的一手，下一步可以在C位跳，同时，对黑棋下边是一个很大的威胁。即使按普通走法进行至白13，白棋也比实战的效果要好不少。

由于白30与黑31的交换，白棋对黑棋下边几颗子的攻击力减弱了。

黑35应该在36位扳，白棋走D位，黑棋走E位，白棋走F位，黑棋37位，这里争先手是很重要的。

白36是缓手。

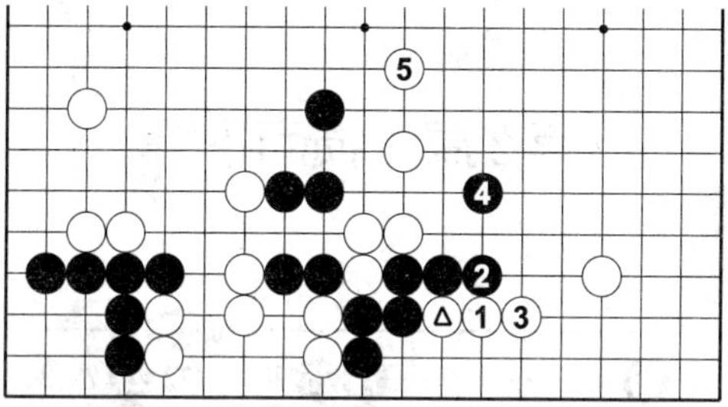

图 7

图 7　白 1 先逃出白△之子，使黑棋失去做两只眼的空间，进行至白 5，这样是互攻互逃的局面，白棋右下角没有受到伤害。

黑 37 小飞挂后，黑棋下边完全安定了。

白 40 又是大缓手，左边已经通连了，没有必要再补，在右下角补棋才是大场。

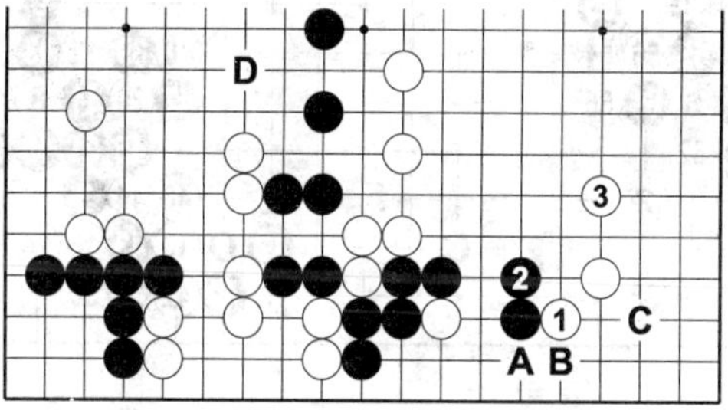

图 8

图 8　白 1 尖顶，再在 3 位跳，由于白棋在 A 位扳或 B 位立都是先手，黑棋在 C 位点三三的手段不能成立。这样白棋不仅拥有实空，对外边几颗孤子也是一个照应，而白棋仅仅只是将左边的棋形略有加大，意义不大。

被黑 41 双飞燕后，白棋更加被动。

白 52 跳使黑棋在 G 位扳成为先手官子，白 54、56 又是俗手，不如单在 H 位补回，进行至黑 57，黑棋既有实空，又有外势，明显领先于白棋。

第2局　损而不得

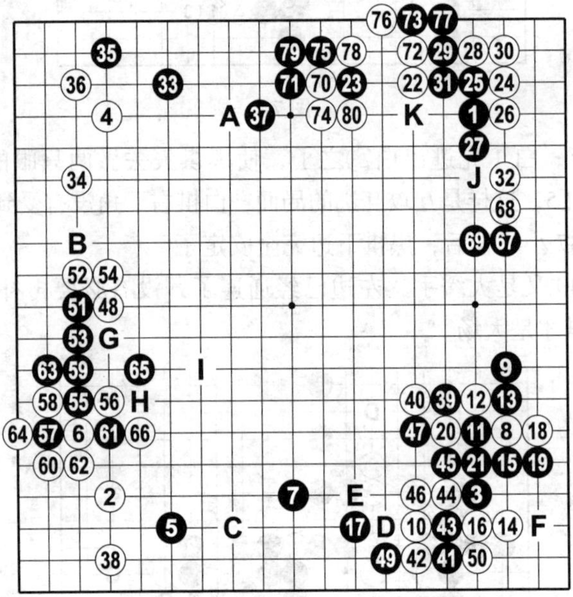

综述：如果付出代价才能吃掉对方的棋子，那么就一定要判断清楚得失，而不能盲目行事，否则就会得不偿失，打入也是这个道理。在本局中，黑棋在这两个方面都犯了同样的错误。

最大的问题手是——

黑17、黑41、黑71、黑77、白40。

其次的问题手是——

黑11、黑37、黑55、黑65、白70。

白棋以二连星对抗黑棋的二连星，双方都强调对外势的重视。

黑 5 先挂，再在 7 位拆，这是很常见的走法。

白 8 挂也很普通。

黑 9 一间夹，是期待走成图 1 的结果。

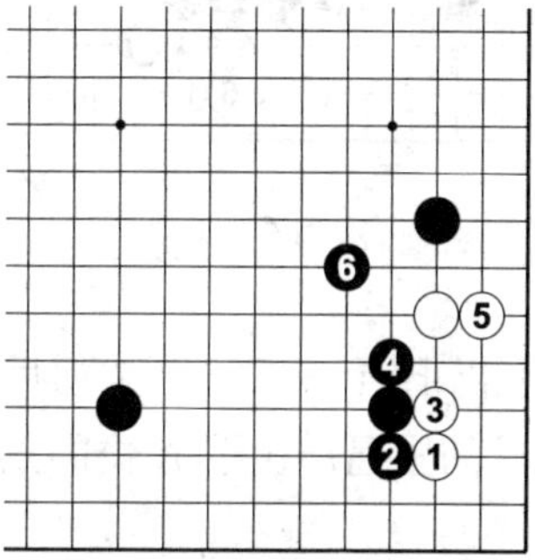

图 1

图 1　白 1 点角，进行至黑 6，白棋得角，黑棋成势，这是经常见到的变化，也是一个定式。

白 10 走双飞燕反夹，显然是不愿意走成图 1，但在有黑 7 配合的情况下，白 10 显得有些单薄。

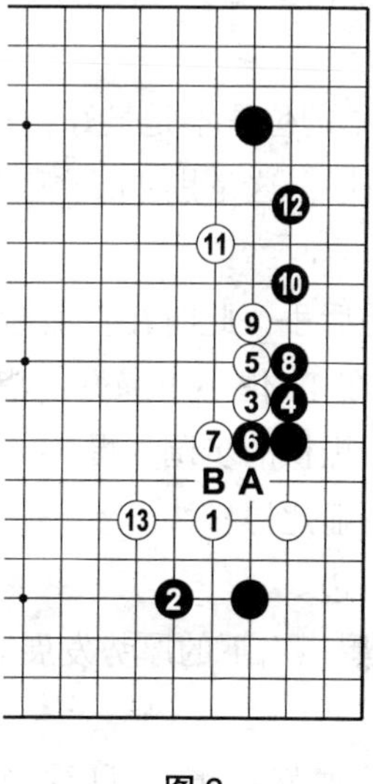

图 2

图 2　白 1 跳，这样进行至白 13 是一种定式，白棋以取势为主，对左边二连星也是一种配合。当然，图中双方都会有其他选择，比如白 13 在 A 位虎补，黑 12 在 B 位挖断等，变化很多，但都属于正常的定式范围，双方可下。

黑 11 压方向有误，应该在 46 位压。

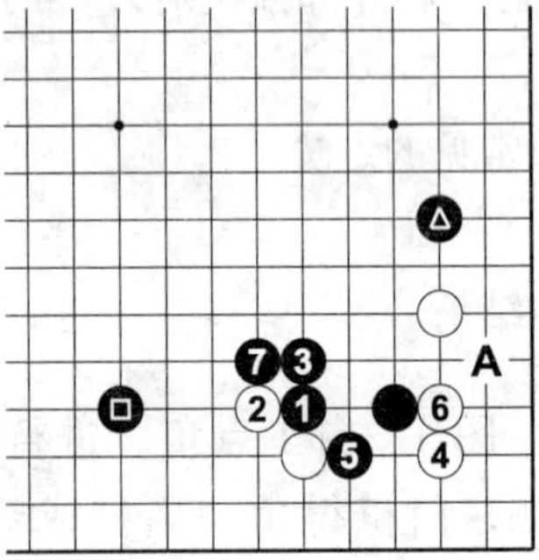

图 3

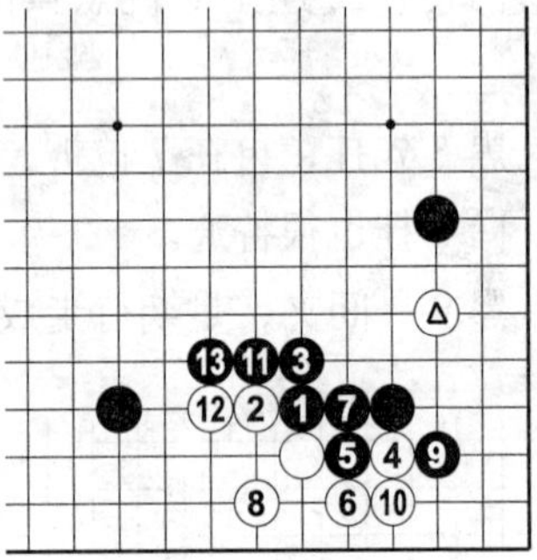

图 4

图 3　黑 1、3 压长后，白 4 如果仍旧点三三，黑 7 拐后，与下边黑◘之子配合极好，而黑▲之子的紧逼产生了 A 位的点，白棋不能脱先，这是黑棋有利的变化。

图 4　白 4 改变策略，在三路托，进行至黑 13 成为必然，黑棋同样取得了右边的形势，同样吃住了白△之子，将来在 A 位顶或 B 位挡都是先手，效果也不错。

实战黑 11 至白 16 的结果，黑 7 之子的位置不是最好，对白角毫无影响，黑棋相互间的配合也不理想，这是黑 11 压定式选择错误的结果。

黑 17 再逼已经是马后炮，而且还是后手，此时在左上挂角，在上边拆大场，甚至单在 20 位长都比在 17 位小飞逼好。黑 17 逼后，白棋顺势在白 18、20 先手便宜，黑棋的步调太慢。

白 22 抢先于右上挂角，白棋步调明显比黑棋快。

黑 23 夹，又将重点从右边转向了上边。

白 24 点角简明，白 32 跳出头后，黑棋右下的厚势发展被限制了。

黑 33 挂后，黑 37 在 A 位小飞棋形要好一些，以后在 B 位逼是好点，上边白 22 之子总是有活动余地的，黑棋加强左上边，将来在上边补棋时效率会高一些。

白 38 跳实空很大，下一手在 C 位打入也很严厉了。

黑 39 断打是缓手，应该在 B 位逼，白棋左下虽然无恙，但没有好的出头方法，黑棋在外边还不是大模样的情况下，无需花手数去走。

白 40 打吃过分，应该在 D 位顶，黑棋走 E 位，白棋走 48 位，白棋争得先手，已经十分充分了。

黑 41 损，此手单在 45 位打是一个机会。

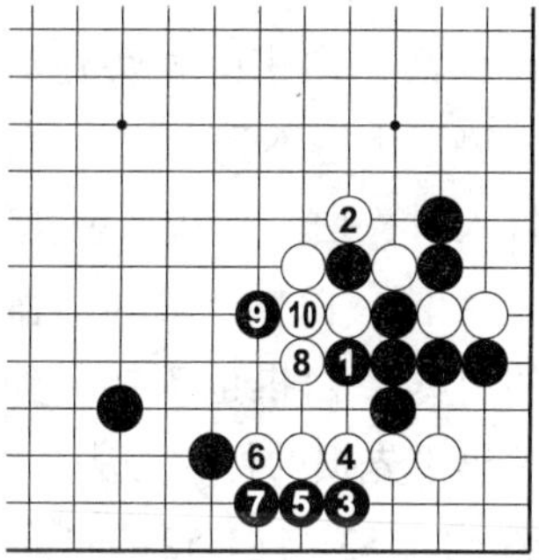

图 5

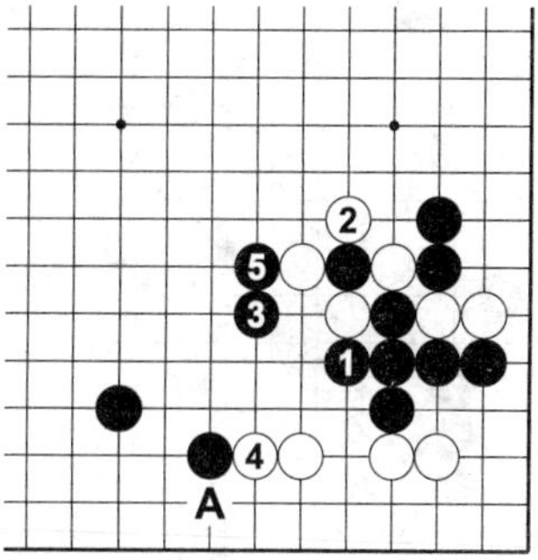

图 6

图 5　黑 1 笨打，白 2 提很开心，但被黑 3 点后，白棋左下角眼位顿失，进行至白 10，黑棋先手得到下边的目数，这是一种取地的战法。

图 6　黑 3 先飞断白棋，白 4 再顶是后手，被黑 5 压后，白棋外边提花的四颗子成为孤棋。而且，黑棋在 A 位下立是先手，白棋在外边提花不仅没有占到便宜，反而给自己带来麻烦。

黑 41、43 先损，再在 45、47 提白棋一颗子，付出的代价太大了。

白48抢到左边的大场，黑棋右下的厚势在白棋的限制下，很难有大的发展。

黑49是先手，但这么早与白50交换掉，不仅损失了一个大劫材，而且使今后在F位靠后连扳的手段失去了意义。

黑51在中央碰，两边都可以长，是打入的一种手段，但这是在白棋模样已经定形的情况下用得比较多，现在黑棋在B位、59位打入都能很轻松地做活，黑棋就没有必要将白棋走厚了。

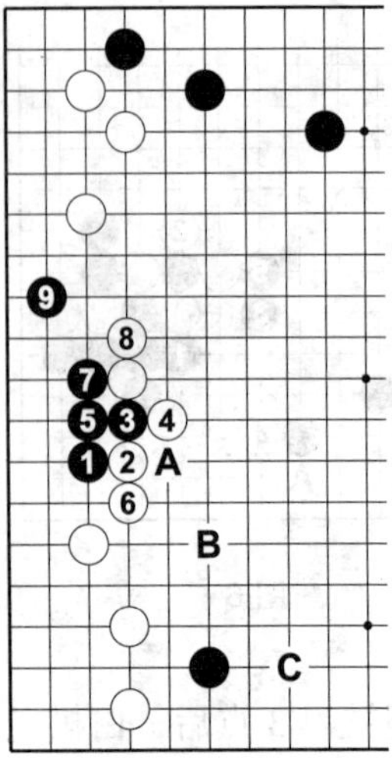

图7

图7　黑1打入时，白2如果强行封锁黑棋，进行至黑9，黑棋轻松做活，白棋的外势在黑棋右下厚势下也得不到发挥。所以，黑1打入时，白2会在7位扎钉，黑棋走A位，白棋走B位，瞄着C位的打入，白棋也不错，但这样是黑棋不先损的打入方法。

黑51、53与白52、54的交换，白棋右上非常坚实，而黑棋反而变得笨重了。

黑55应该在56位小飞，白棋走55位，黑棋在G位拐是好棋形，白棋虽然没有不满，但黑棋比实战要好。实战中黑55、57的手段不仅使自己出头的空间变小，在目数上也先损了。

黑65跳不在棋形上，应该在H位打吃，白棋现在不会去逃白56之子。

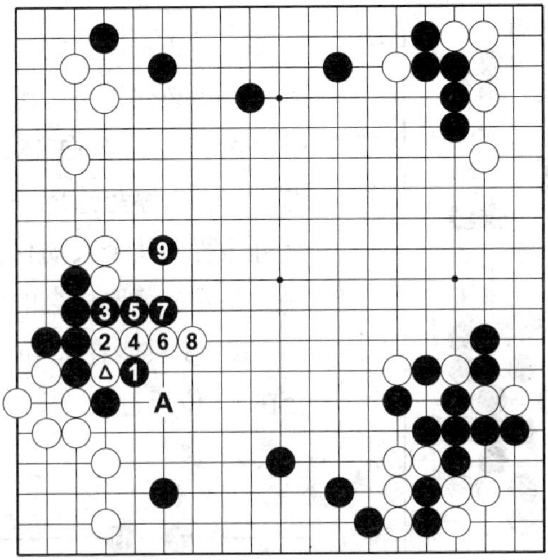

图 8

图 8　黑 1 打吃时，白 2 如果逃，进行至黑 9，黑棋逃了出去，而且下一手在 A 位救回两颗子分断白棋十分严厉，白棋反而要落后手。而且，有了黑 9 之后，黑棋在上边的形势得到了援助，白棋在左上的厚势却被限制。所以，白 2 是不会出逃的，白棋将来在 5 位小尖的可能性很大，弃掉白△之子，继续攻击黑棋。即使是这样，从黑棋的立场上看，黑棋也比实战好。

被白 66 打吃后，黑棋左边一块棋依然处在危险状态中。

黑 67 在 I 位跳是本手。

白 68 争先手的心情可以理解，但还是在 J 位贴比较好。

白 70 在上边动手。其实，此时在 I 位镇即可，黑棋左边一块如何出逃是一个难题。

黑 71 应该在 74 位扳，白棋在 72 位夹并不是绝对先手。

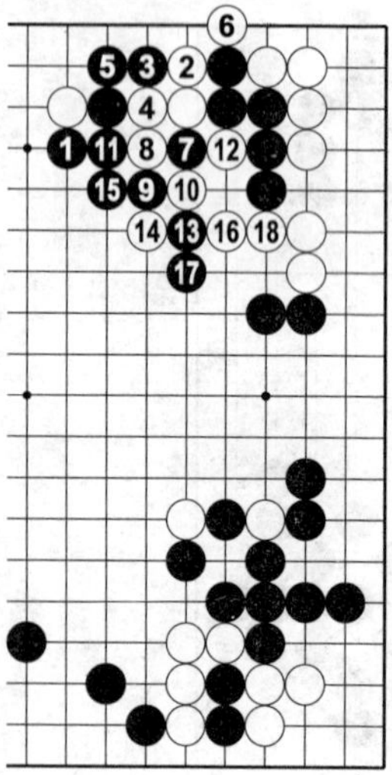

图 9

图 9　黑 1 上扳，白 2 夹减少损失，黑 3 尖顶，为了不被黑棋扳住，白 4 必须先挤，黑 7 以下是弃子手段，进行至白 18，黑棋争得先手与右下厚势连成一片形势，右上角还留下几个大劫材，这是黑棋顾全大局、争取机会的下法。

黑 73 只能在 K 位虎，白棋不会在 77 位扳过。

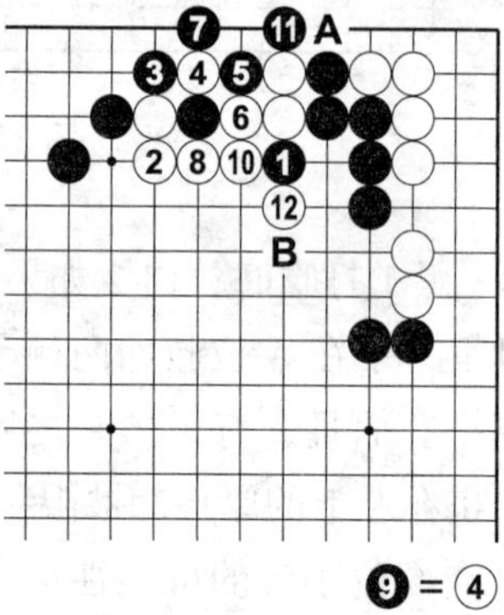

图 10

图 10　黑 1 扳时，白 2 长，利用 4 位的断点从外边出逃，这比单在 A 位扳过要好得多，进行至白 12，黑棋可以暂时脱先，也可以在 B 位继续纠缠，无论怎样都比实战让白棋做活要好。

黑 77 应该在 K 位虎或在 80 位贴。

进行至白 80，黑棋在上边的形势完全被破，还成为孤棋，黑棋完全陷入困境。

第3局　只攻不守

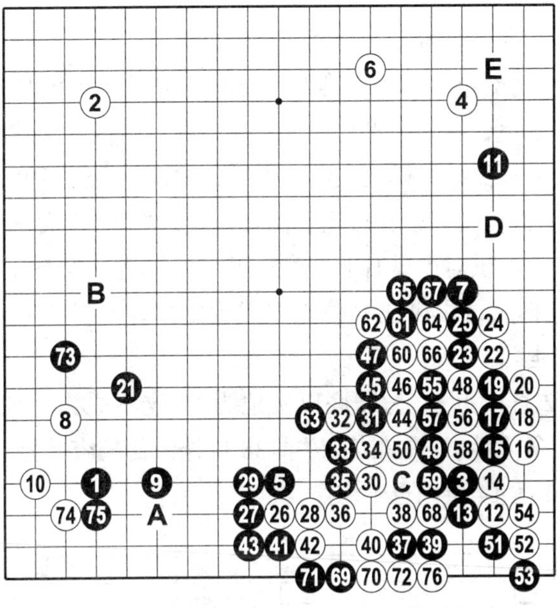

综述：在短兵相接进行攻杀时，双方的气一定要算清楚，在没有计算清楚之前，是不能轻易将自己投入危险之中的。防守中可能没有攻击，但攻击中一定要有防守。特别是双方搅在一起的时候，是不能有丝毫大意的。否则，一局棋会因为布局时死掉一大块而宣告结束。

最大的问题手是——

黑 27、黑 41、黑 51、黑 59、黑 73、白 32、白 40、白 50、白 52。

其次的问题手是——

黑 11、黑 37、白 6、白 12、白 20。

黑棋以三连星布阵。

白6大飞与二连星的意图相违背，白6应该在11位小飞为好。

黑7再拆大场，规模十分宏大。

白8再走，已经晚了一步。

黑9跳，强调对形势的注重，与右边遥相呼应，此时按一般常规在A位小飞就显得不合适了。

白10仍然小飞拘泥于常套，此时在B位拆大场是要点，对于黑棋左下角，将来白棋直接点三三为好，白棋现在就将棋子全部走在低位，而且黑棋又在做大模样，这样下会很不利。

黑11挂角没有必要，此手在C位跳，在12位尖三三都是很好的选点，白棋对黑棋右下大模样不容易侵消，至于右上，待白棋在D位拆后，黑棋在E位点三成为绝好点，黑棋完全没有必要着急去走。

白12直接点三三，彻底以实地为主，这不失为一种战术，但具有高度危险性，还是在17位或38位挂入比较容易打开局面。

黑13在14位挡也不错。

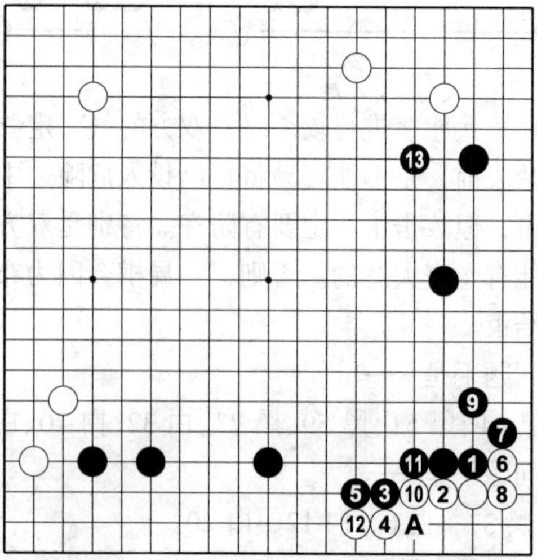

图1

图 1　黑 1 挡，进行至黑 13 是常见的应接，黑棋右边的模样非常可观。当然，白 12 也可以脱先，但黑棋在 12 位拐很大，因为在 A 位断吃一颗子是先手，不论白棋脱先与否，黑棋都没有不满的地方。

白 20 再爬没有理由，此处白棋应该争先手，即使黑棋应了，白棋也是吃亏，更何况黑棋可以脱先。

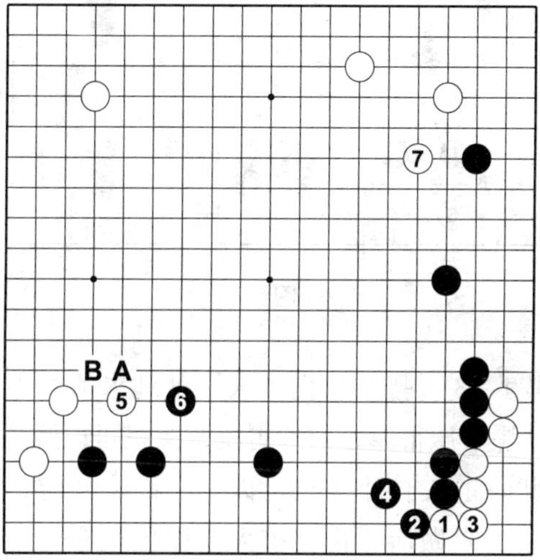

图 2

图 2　白 1、3 先手扳接，再在 5 位跳，防止黑棋在 A 位大飞和 B 位肩冲，黑 6 不能脱先，否则被白棋走到 6 位，黑棋下边的模样就前功尽弃了。白 7 再从右上飞，这样一点一点减小黑棋的大模样，并对自己做形势大有帮助，这是顾全大局的走法。

黑 21 脱先，抢占了一个很好的位置，白棋的形势被破坏，而黑棋下边却很可观。

白 22、24 先手扳到，白棋右下角全部算起来也不过十来目，与黑棋外势的价值无法相比。

白 26 碰，追求两边都能长到。

黑 27 应该在 28 位扳，因为角上三三还没有走到，黑棋可能不去走，将白棋往左下角赶比较好。

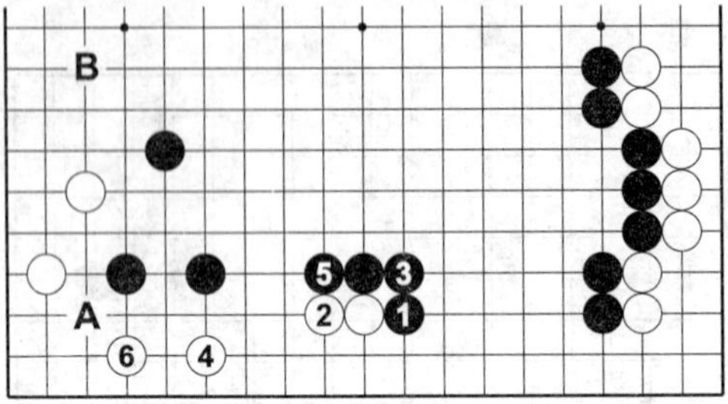

图 3

图 3　黑 1、3 扳接后，白 4 大飞就地求活，因为暂时没有出对的手段，黑 5 压很厚，白 6 再跳，黑棋可以脱先去经营中央的大模样，此时走 A 位小尖也可以，白棋走 B 位，黑棋将白棋下边搜刮成两只眼做活，再去扩大模样也很有效。无论哪种选择，黑棋都确保了右下边的形势和空，将白棋赶向自己本来就有漏口的地方，这样局面会简明许多。

黑 27、29 仅仅是厚势，还不是实空，而且从间隔来说，黑 27 在 28 位扳与右边相距四路，而实战与黑 9 只差两路，将对方的棋子往自己宽广的地方赶肯定不合适。

白 30 小飞成形，黑 31 再镇时，白棋有腾挪的空间。

白 32 应该在 38 位小尖。

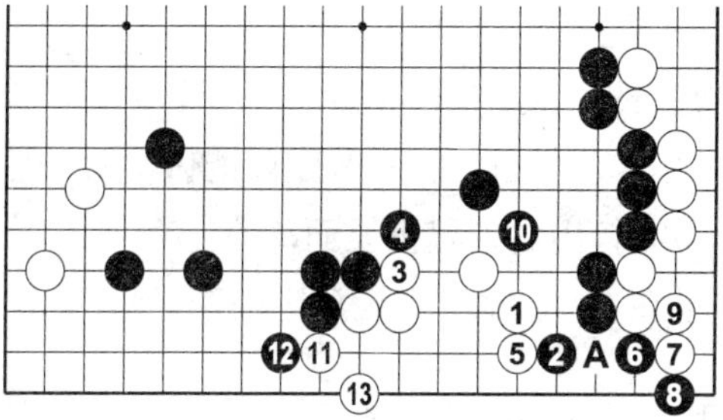

图 4

图 4　白 1 小尖后，很轻松就能做活，黑 2 在 3 位压是好点，但白棋有在 A 位扳过的下法，黑 10 补没有办法，一方面是防断，另一方面是防止白棋在此处做眼，白 11、13 扳虎后，就地活干净了，这是黑 27 行棋方向错误的恶果。

白 32 立即靠出，反而给了黑棋杀死白棋的机会。

黑 37 点虽然是好点，但在 44 位很重要，这是攻守的要点。

白 40 必须先在 44 位打，黑棋走 45 位，白棋走 46 位，黑棋走 47 位，交换之后，再在 40 位挡是正确的次序。

黑 41 扳杀心大重，应该立即回补。

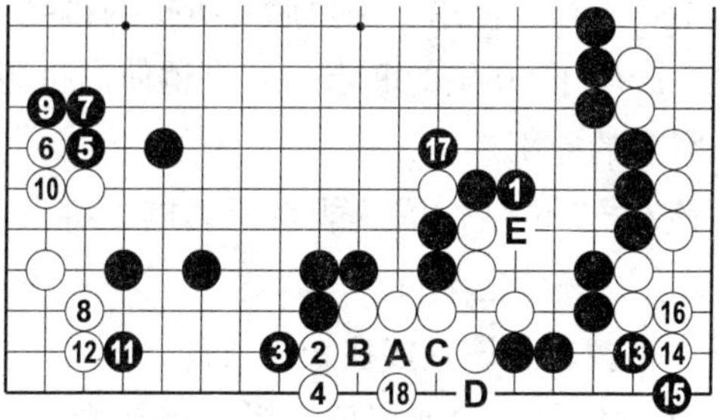

图 5

图 5　黑 1 长是要点，白 2、4 只能扳立求活，黑 5 至黑 11 左下先手便宜，再在黑 13、15 先手扳，黑 17 补后，白 18 后手

做活，黑棋取得先手，白棋在下半盘三块棋加起来不到 20 目，黑棋明显优势。图中黑 17 不可动杀心去走 a 位点杀白棋，否则白 18、黑 B、白 C、黑 D、白 E 笨贴就能做出眼来。

被白 44、46 打出后，黑棋反而危险。

白 48 如果在 58 位断，黑棋角上就已经死了。

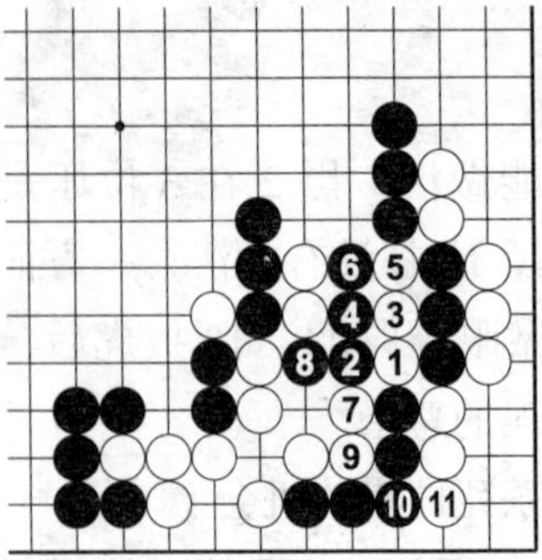

图 6

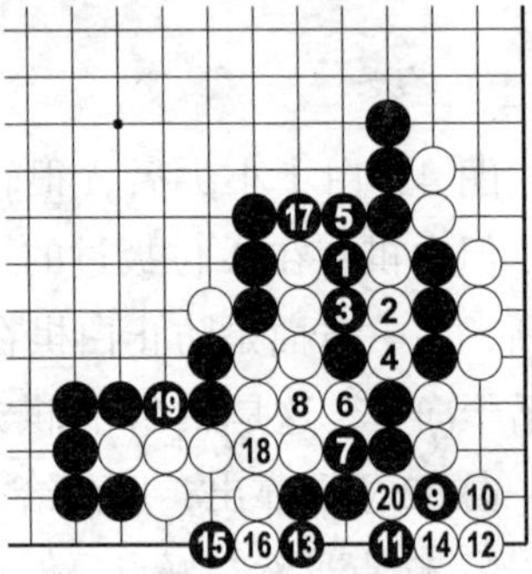

图 7

图 6　白 1 断，黑 2 以下只能弃掉右边三颗子，进行至白 11，黑棋全部被吃。

白 48 断不是不行，但给了黑棋顽强抵抗的机会。

黑 49 尖，产生了 50 位的断点，容易诱使白棋犯错误，这就是白 48 不够紧凑的原因。

白 50 应该在 57 位贴，依然能杀死黑棋，将来在 58 位扑与 50 位按形成见合，黑棋也不行。

黑 51 扳是骗着，应该直接在 55 位打。

图 7　黑 1 立即打，白 4 提后，黑 5 接是关键，这样白 6 断时，黑 7 打使白棋气紧，黑 11 只能做眼，如果在 12 位扳，白棋在于 11 位点，黑棋就净死了。现在至白 20 是劫杀，但黑棋外边筑成滴水不漏的铁墙，黑棋可战。

实战黑 51 错失了良机。

白 52 应该赶快在 56 位打吃，黑棋走 52 位，白棋走 58 位，黑棋走 60 位，白棋先手提通三颗子，全部得到安定，虽然没有吃掉黑棋，但从打入的结果来讲已经可以满足。

白 52 扳，给了黑棋反攻的机会。

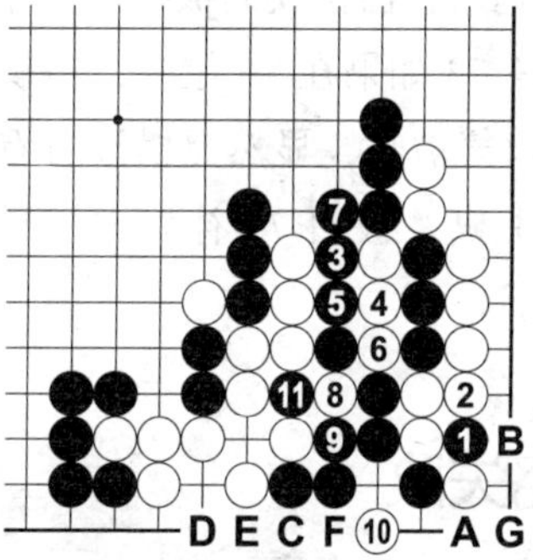

图 8

图 8 黑 1 先断打，再走黑 3 至黑 7 弃子，黑 9 再打吃时，由于黑棋在 A 位打吃先手，白 10 不能在 11 位粘。白棋如果在 11 位粘，黑棋走 A 位，白棋走 B 位，黑棋走 10 位，白棋走 C 位，黑棋走 D 位，白棋走 E 位，黑棋走 F 位，白棋在 G 位扑劫，成为两手劫，白棋比图 7 更糟糕。

黑 51 失误，但因为白 52 是更大的失误，反而变成了好棋。

黑 53 扳又将机会还给了白棋。

白 54 应该赶快在 56 位打吃，吃掉黑棋三颗子解决战斗，实战白 54 接，黑 53 扳的失误又成为了好棋。

黑 59 接错了地方，如果在 66 位接，就会成为图 8。但白 54 之子不在一路，连角上的两手劫也没有了，只能 10 位点，与黑棋打缓气劫。

被白 60 位冲出后，黑棋大坏，白 52、54 的失误又被黑棋弥补了。

白 64 应该单在 66 位断，黑棋也只能在 64 位接，黑外边的形就差很多。

白 68 挤是自杀行为，在 69 位做眼是长气的要点。

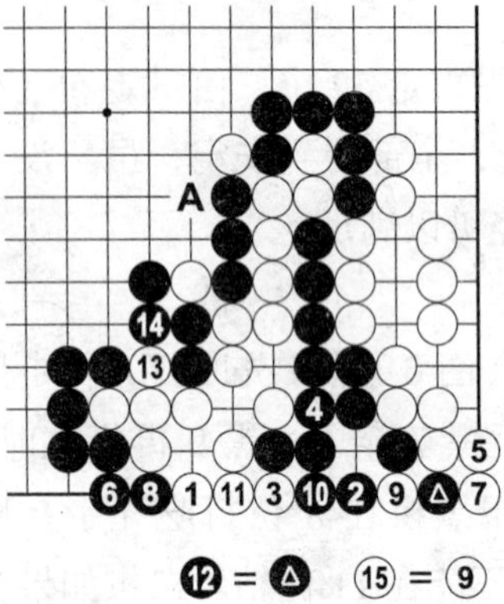

图 9

图 9　白 1 做眼，黑 2 也只能做眼，进行至白 15 提劫，由于白棋在外边 A 位打吃后有好几个本身劫，黑棋无法打赢这个劫。

由于白 68 着急破眼，被黑 69 点到后，白棋反而被吃。

黑 73 如果在 76 位挡，白棋差一口气被吃，显然黑棋没有看到这手棋，被白 76 补后，黑棋全死了。

第 4 局　战略失败

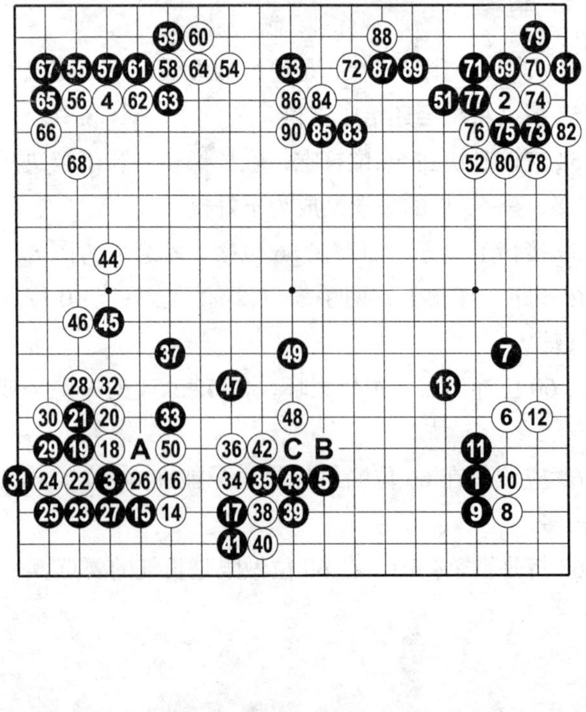

综述：布局最强调的就是棋子间的相互配合，如果左边想成势，右边想取地，相互间各自为阵，那么在大局上肯定会陷入被动。棋子与棋子之间要有一定的连贯性，是围、是攻、是守都要有一个连贯的思维，如果东一榔头西一棒子，在不知不觉中就会成为劣势。

最大的问题手是——

黑 17、黑 33、黑 35、白 73、黑 87。

其次的问题手是——

黑 15、黑 37、黑 45、白 14、白 48、白 54、白 72。

白棋以星向小目与黑棋二连星对抗。

黑 5 没有构成三连星，而是偏右了一路，这也许是黑棋独特的一种构思吧。

白 6 先从右边挂角，试探黑 5 偏一路的目的。

黑 7 并没有什么独特的想法，还是很普通的一间夹，进行至黑 13 是定式，黑 5 的位置反而不如在 43 星位。

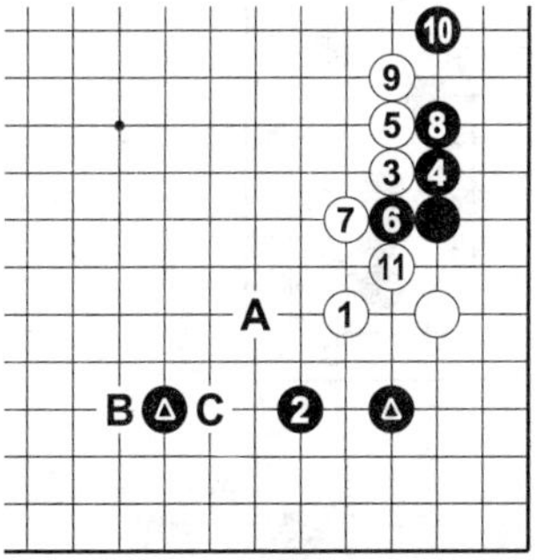

图 1

图 1　白 1 跳，黑 2 也跳，至白 11 完成定式，本来白 11 可以在 A 位跳，如果黑▲子是在 B 位，便产生了在 C 位的打入，现在黑退后一路使白棋在 A 位成为后手，这也许是当初黑棋走▲的意图吧。

白 8 直接点角，使黑棋的意图落空。

由于黑 5 的位置不好，白 14 在 38 位打入也很好，这样黑棋右边的模样彻底被打散了。

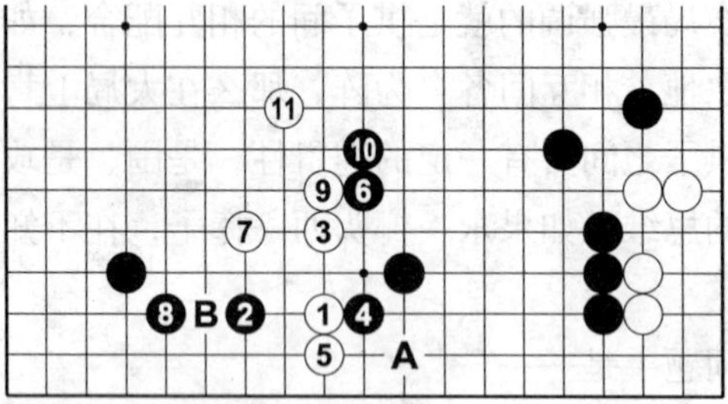

图 2

图 2　白 1 直接打入，黑 2 夹，白 3 跳，黑 4 如果单在 6 位飞，白棋有 A 位小飞的下法，黑 4 尖顶不得已，有了白 5 之后，白 7 直接在 B 位靠就地做活也是一种走法，进行至白 11 黑棋右边空留有 A 位的空隙，一点都不大，黑棋成大模样的意图被打破了。

实战白 14 挂角给了黑棋成势的机会。

黑 15 应该单在 17 位夹。

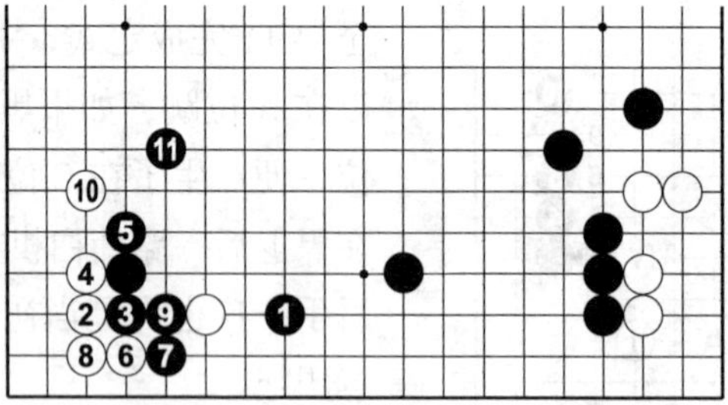

图 3

图 3　黑 1 立即夹，白 2 点三三，进行至黑 11，白棋左右占到了角空，但下边全是黑棋形势，这样黑棋的意图得到了贯彻，做成了很有潜力的大模样。

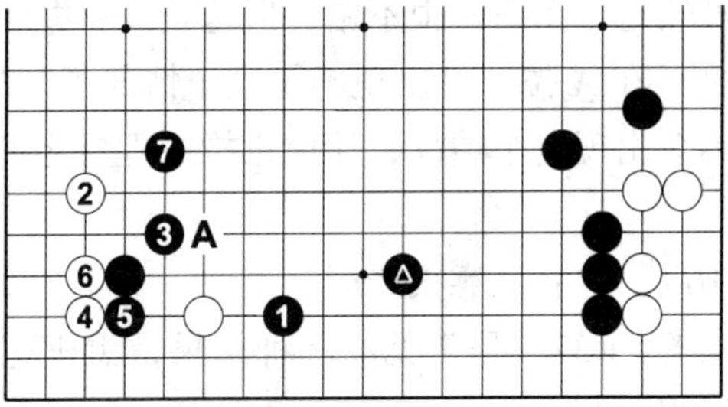

图 4

图 4 黑 1 夹时，白 2 双飞燕，进行至黑 7，结果大同小异，但由于黑棋已经有了黑▲之子，白 2 在 A 位跳的可能性很小。

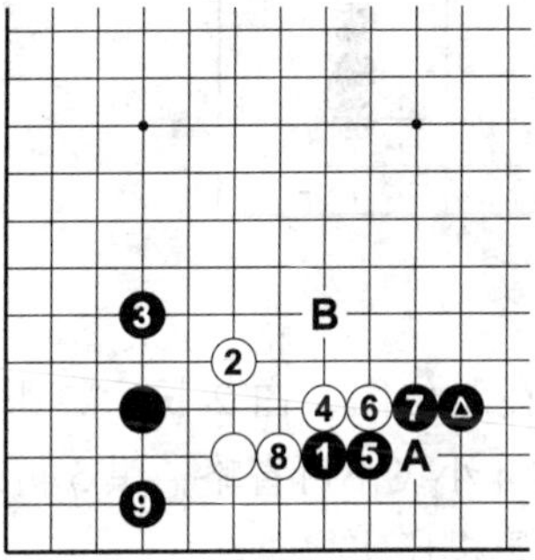

图 5

图 5 白 2 跳，进行至白 8，黑 9 本来应该在 A 位补断点，然后白 9 小飞，但由于黑棋已经有了黑▲之子，现在可以脱先抢到 9 位跳，下一手在 B 位点十分严厉。

从以上三个图来看，白 14 挂欠妥当。

黑 15 尖顶弥补了白 14 的不妥，走了尖顶之后，黑棋再脱先在 17 位夹，棋形已经完全改变了，这种走法是在黑棋左边有配置，强攻白棋时才有的手段，布局伊始这是不成立的，黑 17 只能在 20 位跳。

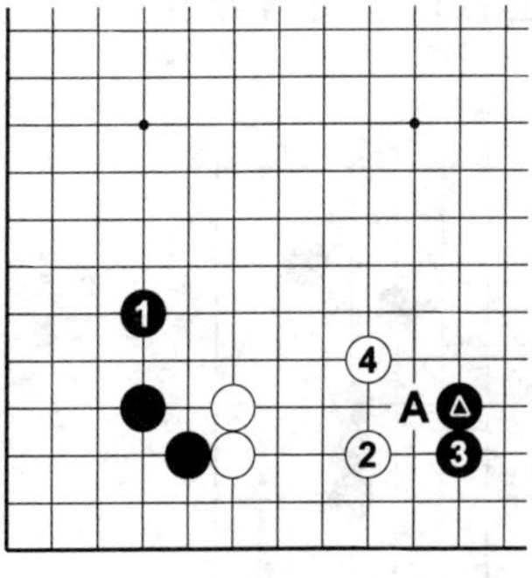

图 6

图 6 黑 1 跳，白 2 拆二，黑 3 扎行，白 4 跳补，黑棋暂时

可以脱先，虽然这个图白棋很不错，但这是没有办法的忍耐，如果当初黑▲之子在A位，就出现不了这个情况了，如果黑15不去尖顶，也不会出现这个情况，让白棋构成理想之形，正是之前失误的代价。

有了白16后，白18靠很严厉。

以下进行至白32，是常见的一种结果，黑棋完全被封在了里面，对大局很不利。

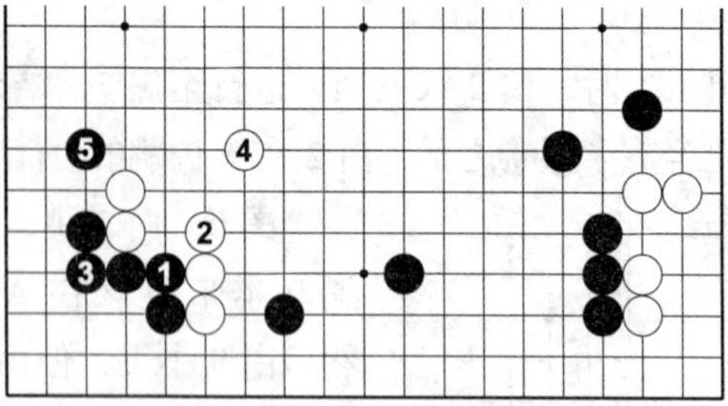

图7

图7　黑21不要爬，应该立即在1位团，白2长后，黑3自补，为了防止黑棋在A位冲断，白4小飞不可省略，黑5再跳出，这个结果白棋虽然没有不满，但黑棋比实战要好。

白32接后，全局形势黑棋非常被动。但正因为如此，黑棋才不能急躁，必须慢慢等待机会，越急只会使局势越不利。黑33点就是过于急躁的下法。

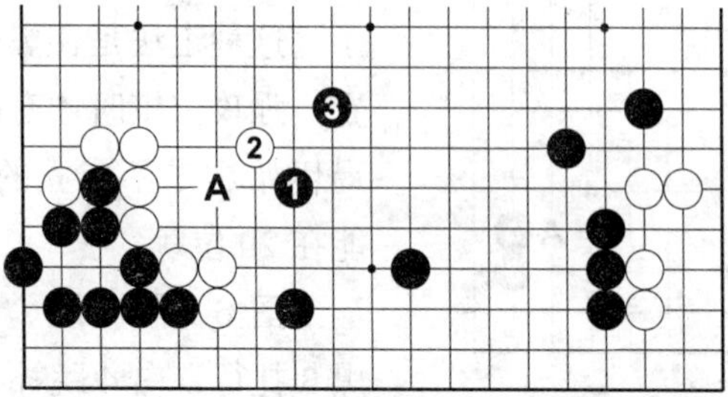

图8

图 8　黑 1 大跳，白 2 肩冲防止黑棋在 A 位点，黑 3 顺势小飞，自然将下边的规模扩大，对白棋右下一块棋虽然没有攻击作用，但却限制了白棋的发展，这是一种冷静的下法。

对于白 34 的压，黑 35 应该在 38 位退，这样白棋就会失去更多的利用。

黑 35 扳看似是先手，但却给自己留下了后患，并帮助白棋出了头，黑棋根本不用担心 A 位的断点。

黑 37 只能在 42 位贴，这虽然是一步俗手，但走了黑 35 扳之后，也只能这样善后了。

白 38 断没有必要，单于 42 位拐就很好，黑棋如果在 43 位接，白棋在下边留有 41 位的夹，黑棋如果在 38 位接，白棋有在 B 位的靠，白 38 先断弃子是一种常用手筋，但在这个情况下稍有些损。

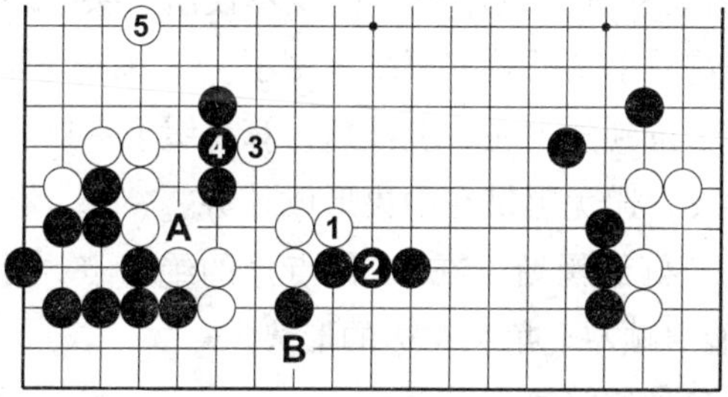

图 9

图 9　白 1 单拐，黑棋只能在 2 位接，白 3 点，让黑棋走重，再在 4 位大跳，黑棋不仅没有时间去走 A 位切断白棋，还要自己忙于奔命，下边白棋还留有在 B 位夹的官子，白棋比实战更好。

黑 45 与白 46 交换没有必要，应该保留。

白 48 小尖太松懈，应该利用弃子在 C 位压。

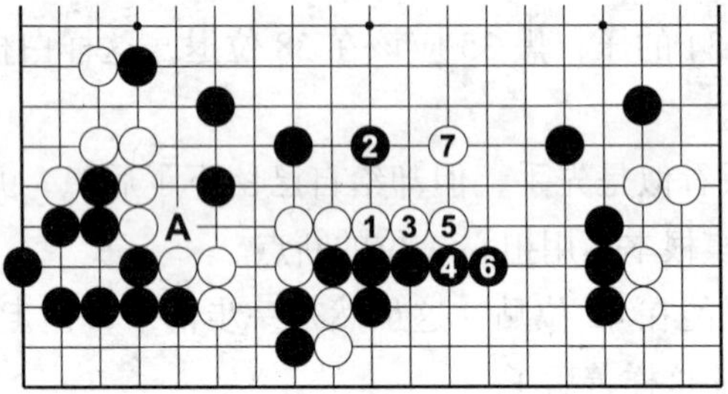

图 10

图 10　白 1 压，黑 2 跳向中央很有必要，白 3、5 连压是先手，什么时候被白棋扳头，黑都挡不住，黑 6 只能长，白 7 跳出，根本无需去补 A 位的断点，白棋不仅出了头，眼位也很全，比实战白 50 花一手棋补效率要高太多了。

黑 51 终于抢到先手在右上挂角，算是缓了一口气。

白 52 小飞，避免黑棋在中央形成外势。

白 54 逼正好给黑留下在 55 位点角的绝好点，此手单在 58 位小飞，更能照顾左上角和左边的形势。

黑 55 点角是好时机。

进行至白 68，黑棋先手掏空了白角，形势挽回了不少。

黑 69 再在左上角托，白棋的实空有些紧张了。

白 72 只能在 73 位虎，让黑棋在 90 位跳补，这是必须的忍耐，而且，白棋在 73 位虎本身就很大。

黑 73 如果直接在 84 位小尖，白棋就很难办了，见图 11。

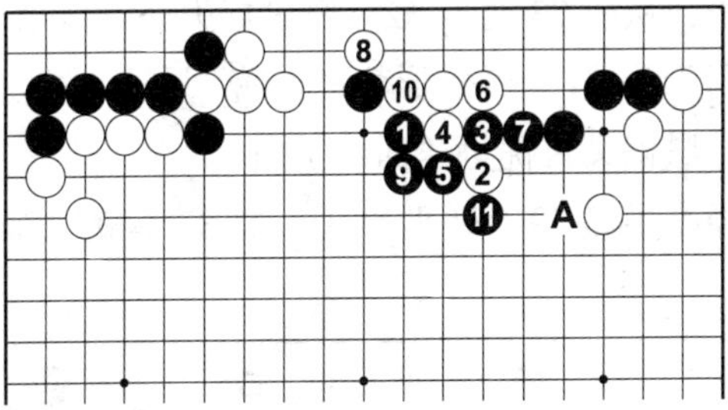

图 11

图 11　黑 1 小尖，白 2 如果在 3 位小尖，黑棋有在 A 位靠的下法，白 2 飞出，黑 3 靠断，白 8 托虽然可以逃回，但被黑 11 打吃后，中央成为黑棋的形势，白棋捞取一点边空并不便宜。

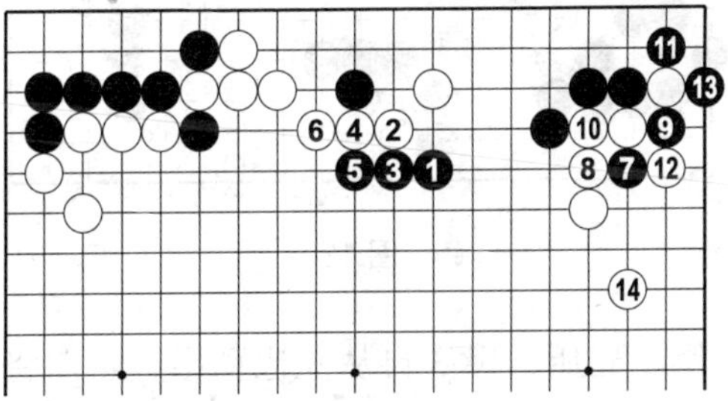

图 12

图 12　黑 1 至黑 5 弃子，然后再在 7 位夹，吃掉白棋角上一颗子，进行至白 14，黑棋是先手，再利用左边黑 45 之子，将中央的形势连成一片，这也是很不错的构图。

无论走哪种方案，甚至于黑 73 单在 79 位扳，都比实战中黑 73 弃子的结果要好，在白棋这么薄的地方，黑棋有各种手段，因此不能弃子，从黑 73 至白 82，黑棋损失非常惨重。

本来进行至黑 71，黑棋形势已经挽回了不少，但由于黑 73 以下的弃子，黑棋又将优势送回给了白棋。

既然已经有了黑 79、81 两颗子，黑 87 靠就没有必要了。

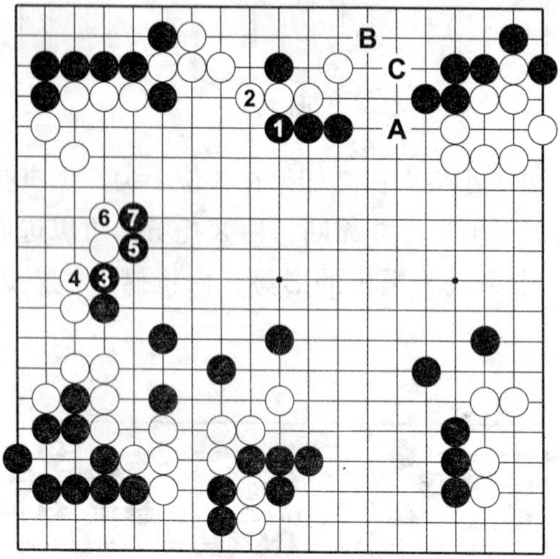

图 13

图 13　黑 1 先压，黑 3 再从左边动出，争取将中央的形势连成一片，同时使白棋左上方的形势被压缩，右上黑棋并不担心白棋的分断，白棋如果在 A 位跳，黑棋在 B 位点，一边收官一边做活，或者在 C 位小尖做眼，白棋都没有攻击黑棋的手段，这样黑棋还可以慢慢争胜负。

实战被白 90 拐头后，白棋左上方的形势反而扩大了，黑棋又陷入劣势。

第5局　错误定式

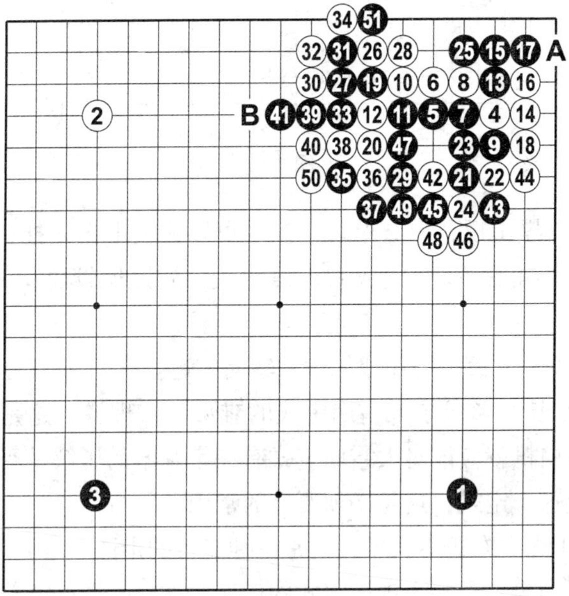

综述：如果遇到一个自己不熟悉的大型定式，首先要竭力避免，避免不了时，就应找最简单最普通的对策，哪怕是稍稍吃一点亏，也绝不能没有计算，只图一时痛快的贸然行事。毕竟，如果在定式中被吃棋，也意味着一局棋的结束。

最大的问题手是——

白26、白36。

白棋走星向小目，黑5高挂开始了右上角的定式，但途中定式改变了轨迹，一局棋早早就结束了。

白6托的走法很常见。

黑7如果在10位扳，将形成另一种格局。

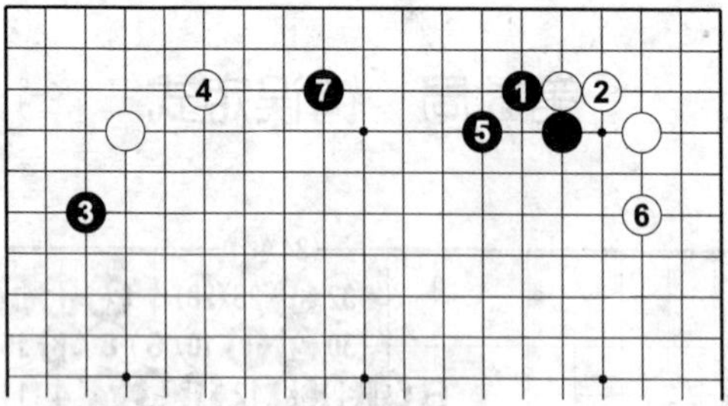

图 1

图 1　黑 1 扳，白 2 退时，黑 3 可以在左上角先挂，与白 4 交换后，再走黑 5、7 完成右上角定式，这是比较流行的走法，双方可下。

黑 7 顶、9 扳是将作战的中心转向右边。

白 10 长，形成了大雪崩定式的雏形。按理说，这是白的选择，那么白棋就应该对大雪崩定式有一个基本的了解，否则白棋应该避免这个定式，这是必须要有的常识。

黑 11 先在右边拆大场，也是一种流行的走法。

如果白棋不了解大雪崩定式的话，白 12 应该在 19 位长，虽然有些吃亏，但还不至于形成败局。

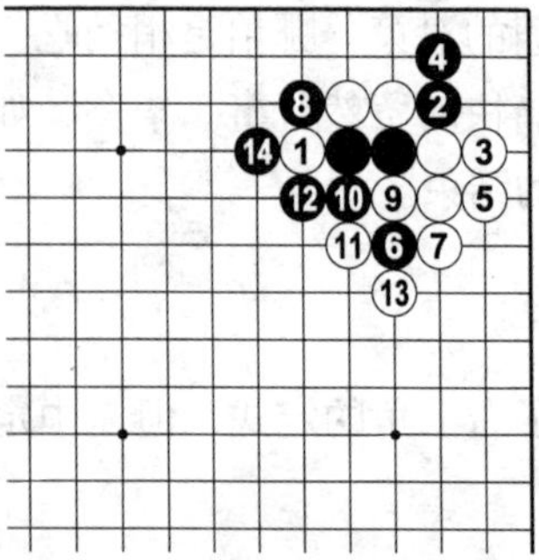

图 2

图 2　白 1 扳至黑 14 是小雪崩定式，从实地上讲黑棋有利，但白棋很厚，在有配置情况下，白棋并不坏。但由于实战谱白 2 的位置与黑 1 错位，白棋的厚势得不到多大发挥，白棋有些不情愿。

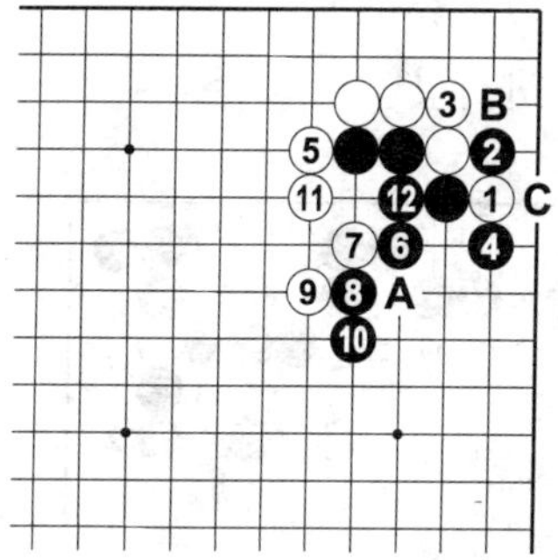

图 3

图 3　白 1 连扳，送给黑棋吃一子，这样在 5 位扳头时，不会形成小雪崩定式，黑 6 虎，白 7 靠是要点，黑 8 退在 A 位就松了，一定要扳，白 9 也必须扳，进行至黑 12，白棋可以脱先围左上边的形势，也可以从右边挂破坏黑棋的形势。从定式的结果和全局的配置上讲，双方都很满意。但是这里原来是白棋的小目，黑棋去挂，从这个角度上看，能形成这样的结果，黑棋应该稍稍有利。

为了避免黑棋在右边扩大势力，白 7 直接在 B 位打，黑棋走 C 位，白脱先的走法也有。

不管哪一种走法，哪怕是有一些吃亏，白棋都比棋筋顿死的结果要强。

白 12 扳，进行至黑 15，进入大雪崩的定式。

白 16 如果单在 18 位拐，是大雪崩定式的一种。

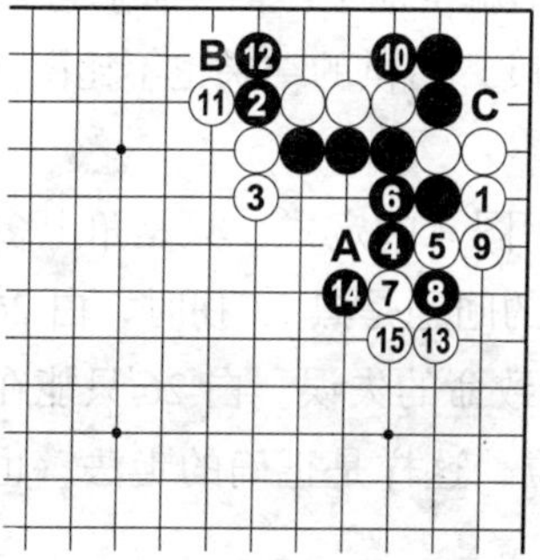

图 4

图 4　白 1 外拐，黑 2 断，白 3 长弃子，白 13 打吃是比较灵活的走法，保留在 A 位断和 B 位挡的两种可能，这是早期的定式，白稍有不满。后来，吴清源老师发明了白 16 先在 C 位拐的走法后，这个定式就用得少了。

白 16 先在角上拐，逼黑 17

也拐，白棋再在 18 位拐出，白棋就可以不弃子了。

黑 19 断时，白棋按定式应如图 5 进行。

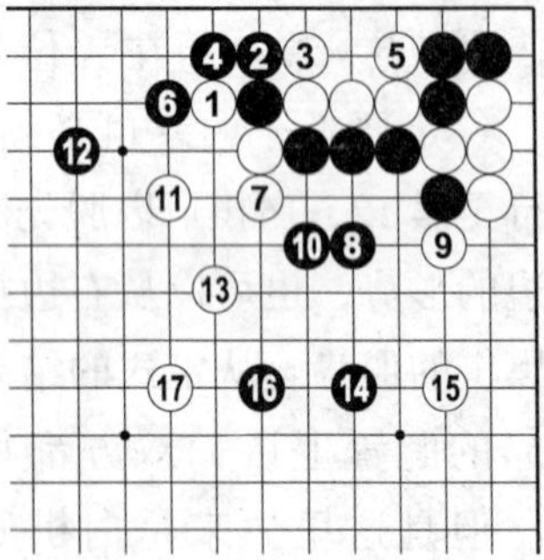

图 5

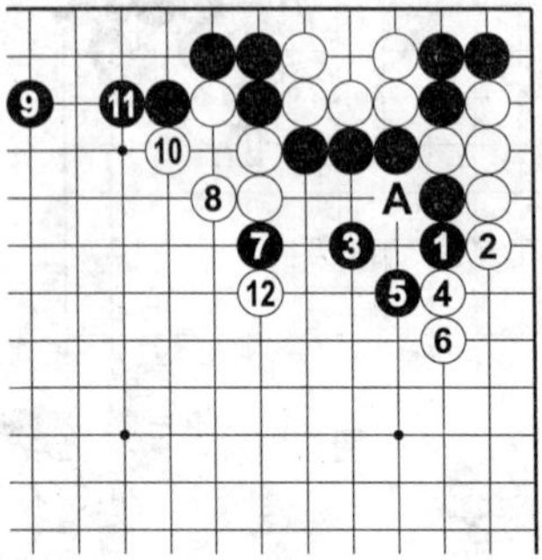

图 6

图 5 白 1 打吃，黑 2 立，白 3、5 挡后，黑棋角上三颗子被吃，进行至白 17，是一种常见的走法，也是最正统的定式走法。在现在棋中，黑 8 在 9 位长是一种新变化，很复杂，白棋如果不清楚各种变化，可以按最简单的应法进行。

图 6 黑 1 长时，白 2 不用着急在 A 位断，走成很复杂的变化，就在二路爬即可，此时黑 3 跳方是必须的，白棋再在 4 位长，如果被白棋在 A 位断滚打，黑棋形就全崩了。白 4 扳后进行至白 12，黑棋也没有什么了不起的手段，白棋的结果也不比图 5 差。

白 20 长是弃子的走法，还原成了图 4 的定式，只是角上多拐了一步，这都不是大问题。最要命的问题是黑 25 拐时，白 26 在二路打，突然又不想弃子了，这是致命的失误。白 26 只能在 27 位打，黑棋走 26 位，白棋走 43 位，这样是正确的走法，也是定式。

白 26 打吃方向错误，不肯弃掉三颗子，那么当初白 20 长就是一个错误了，白 20 应该按图 5 的走法，白 20 已经选择了弃子的定式，白 26 又突然反悔，这必然会导致更大的损失。

白 26、28 不肯弃子，黑 29 跳出，白棋里外两块棋都需要出逃，太辛苦了。

白 30 如果不肯弃子，就只能如图 7 进行。

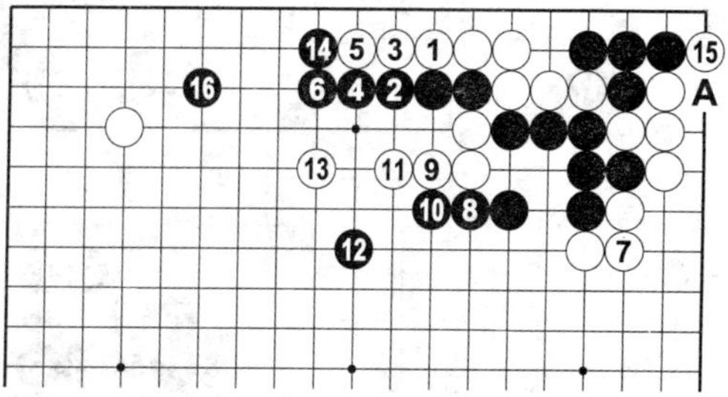

图 7

图 7 白 1 至白 5 在二路爬后，再在 7 位接，黑 8、10 连压两手，再在 14 位拐，由于有在 A 位的扳，白 15 需要补，黑 16 后，向外棋成为一块孤棋，连左上角都会受到影响，而黑棋在外面自然形成一道形势，白吃亏。

白 30 顶本身就是弃子的打算。

被黑 35 跳枷后，白 36 冲彻底走向死亡，此手只能在 43 位单接，黑棋走 38 位，白棋走 A 位，虽然很亏损，但也只能如此了。白 A 如果在 B 位补的话，黑棋在 51 位扑，角上就做活了。

白 36 强行冲出，看似黑棋断点很多，但白棋的气很紧，无法与黑棋对杀。白棋痛快完之后，也就宣告全局结束了，黑 51 扑，白棋棋筋被吃，无力再战。

第6局　子效不高

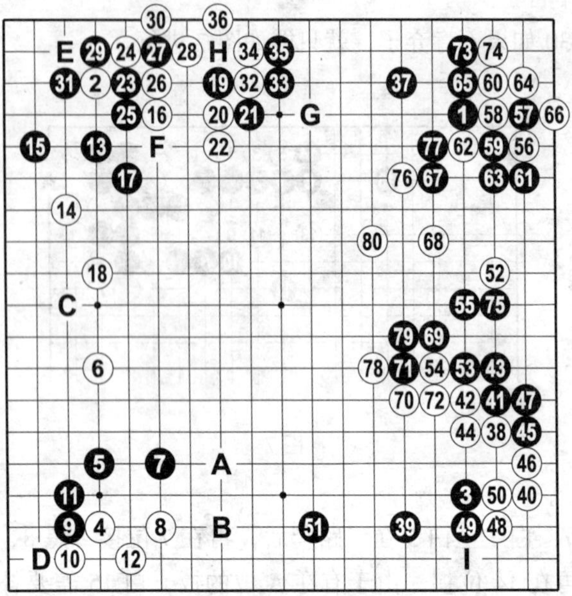

综述： 要使每一步棋的效率都达到最高，那是不可能的事，就是一流的专家也无法做到这一点，但尽量提高每一步棋的效率，却是我们追求的目标。专业棋手每一步棋平均效率要在7分以上，业余棋手可以降低一些标准，平均效率在5分左右就可以满足了，关键是少走0分甚至负分的棋，一局棋就会很漫长。双方本局就很典型地表现出了这一点来了。

最大的问题手是——

黑25、黑67、白32、白52。

其次的问题手是——

黑 77、黑 75、白 26、白 36、白 58、白 68。

白棋以对小目与黑棋二连星对抗。

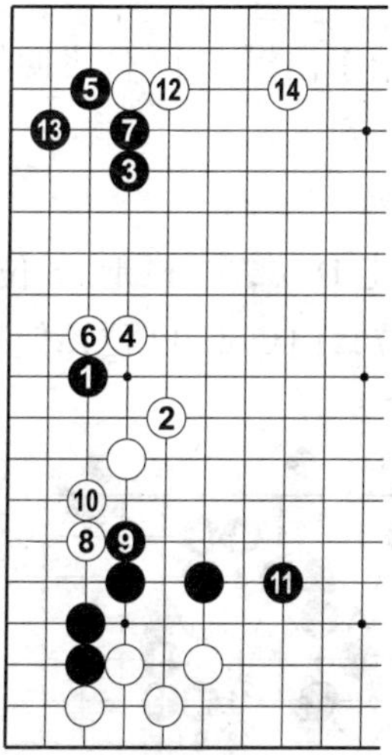

图 1

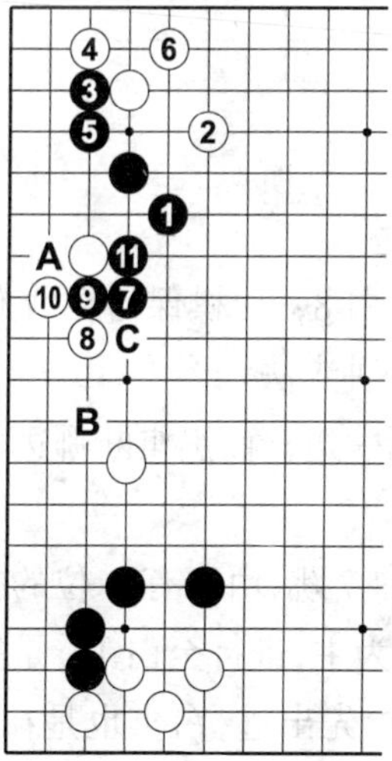

图 2

黑 5 挂角，进行走至白 12，演变成一个古老的定式，黑 9 一般是在 A 位跳，白棋走 B 位，黑棋走 9 位，白棋走 10 位，黑棋 C 位夹是积极的走法。

白 12 长改在 D 位目数会好一些，对黑棋的眼位也有一定限制，但因此使黑棋在 B 位的逼变得严厉，各有利弊。

黑 13 还是应该先走 C 位或者 18 位夹比较合适。

图 1　黑 1 先夹，与白 2 小尖交换后，黑 3 再挂，为了不使黑棋构成好形，白 4 飞压，进行至黑 7 形成转换，白 8 飞是取地攻击黑棋的意思，但与黑 11 跳交换是不是太早也是一个难题。进行至白 14，黑棋取得先手，应该说没有不满。

黑 13 直接挂角，被白 14 夹击后，黑棋就没有机会去走 C 位夹击了。

既然已经不准备去夹击左边的白棋，黑 15 也可选择图 2 的下法。

图 2　黑 1 小尖，进行至黑 11 是一种定式，黑棋基本得以安定，

外边也很厚，将来白棋如果在 A 位接，黑棋有在 B 位的打入，白棋如果在 C 位贴，黑棋便在 A 位断打，左边白棋虽然没有被攻击的危险，但白棋对黑棋也没有攻击力。

黑 15 在二路跳也是一个定式，但却给了白棋在 18 位飞回的机会，白棋左边的形状比较完整。

黑 19 至白 24 都在定式范围内。

黑 25 退是俗手，古老的定式是黑棋走 D 位，白棋走 26 位，黑棋走 31 位，白棋走 25 位，黑棋走 E 位，白棋走 32 位，但现在白棋流行图3 的下法。

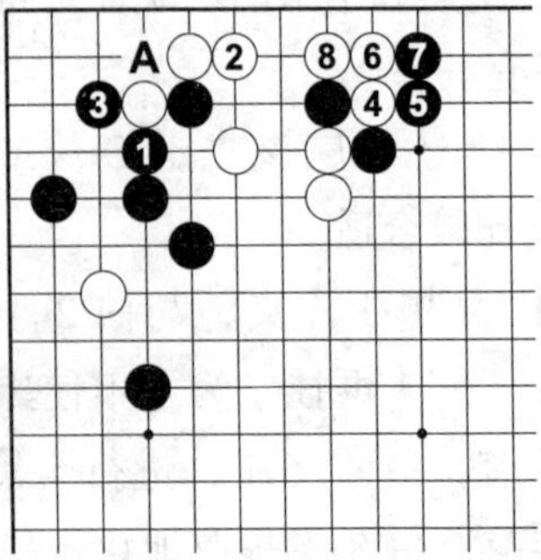

图 3

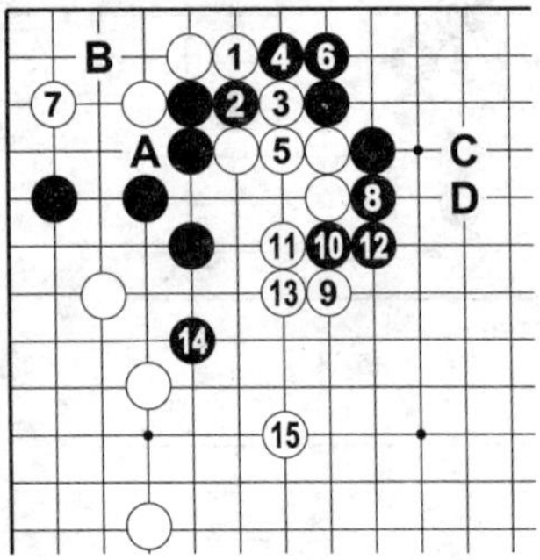

图 4

图 3　黑 1 顶时，白 2 单退，进行至白 8，白棋保留在 A 位的接。黑 5 如果在 A 位提，白 5 长也是一种走法。

黑 25 退，被白 26 挡后，黑棋必须断一边，而黑棋断哪边白棋就吃哪边，黑棋不如单在 D 位顶。

图 4　白 1 退，黑 2 冲断，黑 6 接后，白 7 跳，由于有 A 位的打吃，白棋不怕黑棋在 B 位点。黑 8 以上边为主，进行至白 15，是黑棋被攻击的状态，黑 8 也可以在 14 位跳抢先出逃，白棋也是在 9 位跳，伺机在 C 位或 D 位反夹，而不是在 8 位拐头，白棋可战。

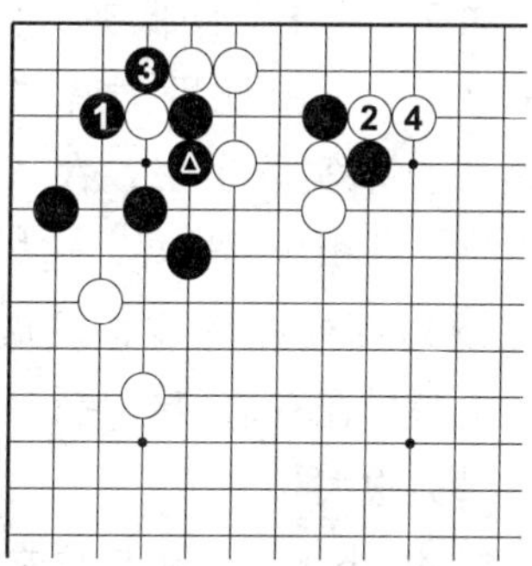

图 5

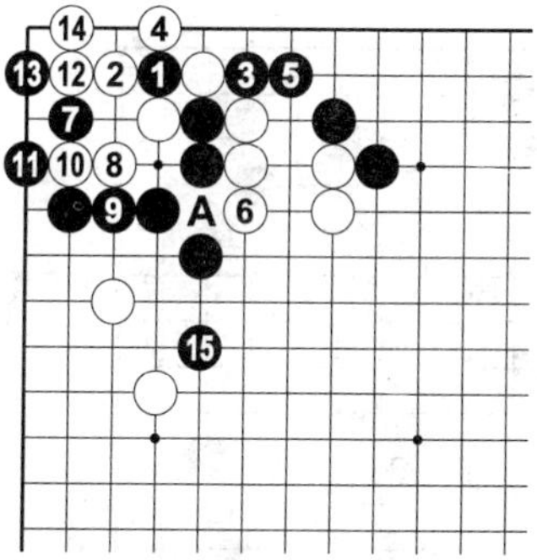

图 6

图 5 黑 1 先夹，要求在角上定形，白 2 断不肯被利用，进行至白 4，还原成图 3 的变化，只是黑▲之子的位置不同。这两个变化白棋都可行。

黑 27 应该在 29 位断顽强作战，效果要好一些。

图 6 黑 1 断在里面，白 2 只能打吃，黑 5 退后，白 6 长是为了整形，但被黑 7 至黑 13 先手便宜后，黑棋已经补掉了 A 位的断点，黑 15 出头，这个作战黑棋不吃亏，白棋角上活得太小，而黑棋上边的棋形也不错。

被白 28、30 提一子后，白棋已无后顾之忧。

白 32 断吃子没有必要，由于在 F 位长就是活棋，白棋应该大攻黑 19、21 两颗子，直接在 37 位挂非常积极，即使要吃黑 19 之子，也应该在 G 位夹，直接断吃一子太小。

白 36 改在 H 位补是本手，无论是从目数上还是厚薄上，以及劫材上白棋都应该在 12 位接补。

被黑 37 先手补回右上方，黑 25、27 的不妥得到了补偿。

白 38 挂角时，由于白 8 之子处在低位，黑棋并不担心白棋点三·三和走双飞燕。所以，黑 39 从右边夹击效果会好一些。

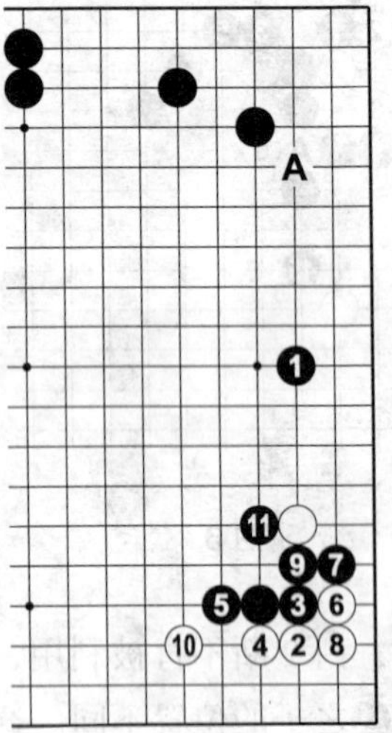

图7

图7　黑1三间低夹，白2点三·三，白10跳后，黑11虎补是一种坚实的走法，在A位小尖是一种积极的选择，这样白棋在下边都处在低线，发展不大，而黑棋在右边却有一个大模样，潜力很大。

白40小飞后，黑棋再在41位动手，稍稍有些迟了。

对黑41的碰，白42上扳没有问题。

白44接有些重，可以直接在53位压，或者在45位下立，步调都会快一些。

黑45、47立即扳接过早，此手在53位拐即可，右下角保留各种变化，白棋反而不安心。

白50立即补断效率太低，此手直接在51位反夹很严厉。

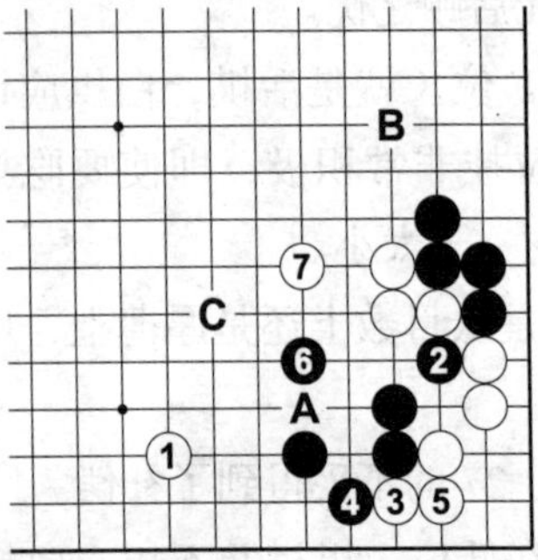

图8

图8　白1反夹时，黑2断并不严厉，白3、5扳接做活，为了防止白棋在A位靠，黑6跳是本手，白7也跳，下一手有B位夹、C位飞封等下法，黑棋断开白棋也无益。

白52应该先在右上角试黑棋应手，再决定右边的选点，即使要攻击黑棋右边，也应该如图9进行。

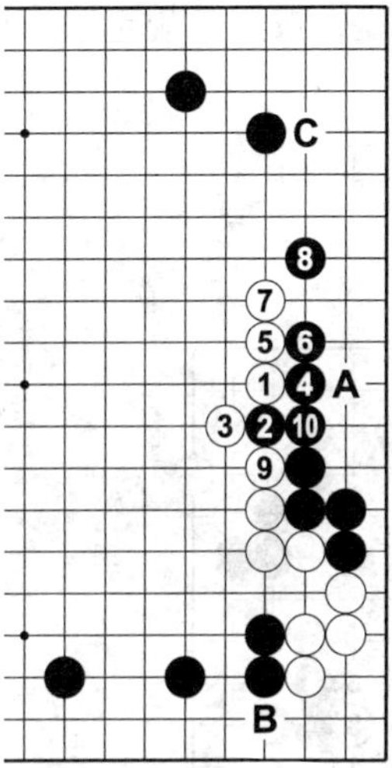

图 9

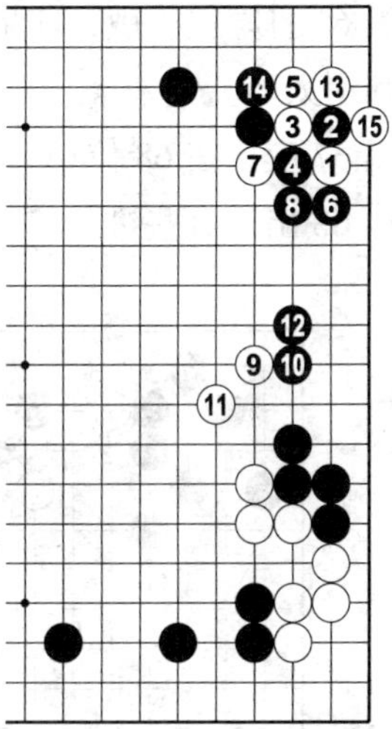

图 10

图 9　白 1 大跳，黑 2 尖顶很难受，但黑 2 如果在 4 位单托，白棋有在 6 位扳的下法，黑棋再在 2 位虎时，白棋走 A 位，黑棋走 10 位，白棋在 5 位接转身。所以，为了在右边保持目数，黑 2 只能走大俗手，白 3 在 4 位下立的走法也有，但顾及黑棋有 B 位下立破眼的手段，白棋没有必要用强，进行至黑 8，黑棋虽然在右边通连，但还不全是空，白棋有在 C 位靠破空的手段，而白棋在外也成为一道形势，没有不满。

黑 55 单在 69 位小飞比较好，出头比较快。

白 56 转向右上角腾挪。

图 10　白 52 时就应该先在角上试黑棋应手，黑 2 以下如果仍如实战，黑 8 接时，白 9、11 先在右边占便宜，再在 13 位拐打做活，就不用白白牺牲白 52 之子了。

既然已经有了白 52 之子，白 58 只好单在 59 位长，黑棋走 58 位，白棋走 62 位，可以就地求得安定。

黑 61 打吃很机敏，如果再在 64 位爬，按照常规走法，被白棋的利用太多。

黑 67 应该在 68 位小飞，将白 52 之子吃住。

白 68 出逃有些过分。

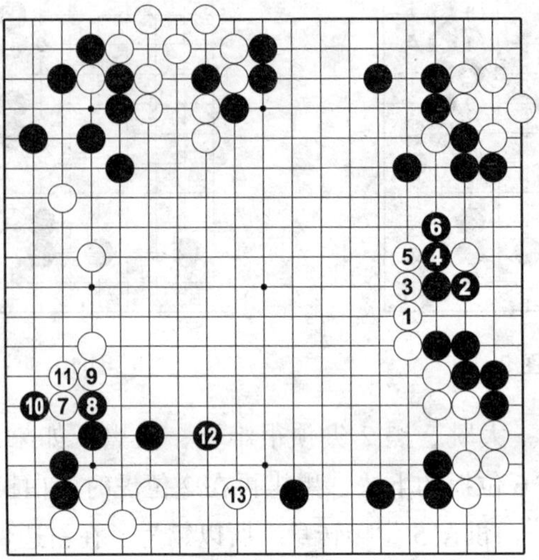

图 11

图 11 白 1 至白 5 弃子，使外边成为厚势，再从左边攻击黑棋，进行至白 13，这样白棋在左边获取的实空不比在右边舍弃的少，而白棋却没有负担，黑棋失去了攻击目标，这是白棋顾全大局的简明走法。

白 68 的过分给了黑棋很好的机会。

黑 75 太缓，即使让白棋走到 75 位也没有眼位，而黑棋如果没有 75 之子，也不会有危险，黑 75 如果在 80 位飞镇，白棋就很难逃出去了。黑 75 长在 78 位也是对白棋上下两块的威胁，右下白棋被黑棋在 I 位下立后，只有一只眼，这是当初白 50 补的后患。

虽然白 80 出逃后，白棋仍然会受到攻击，但已经缓过来一口气，今后双方如何攻防是胜负的关键。

第 7 局 大局缺乏

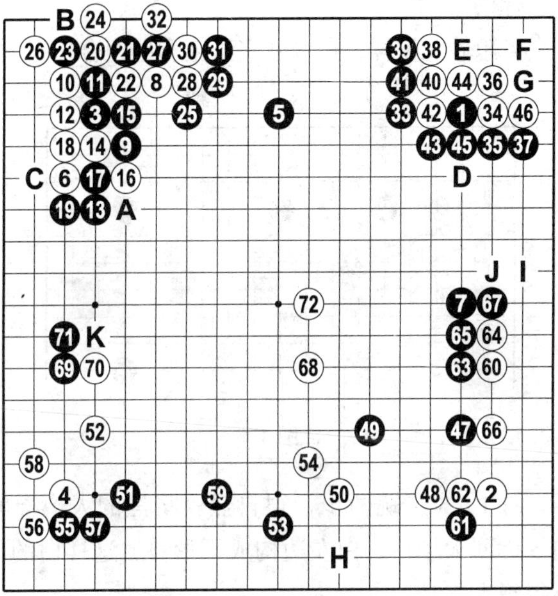

综述：贯彻自己既定的方针，这在布局阶段尤为重要，如果在三个角上都是取势，却在最后一个角上改为取地，这很容易使前面所做的努力化为泡影。而作为另一方，明知对方在构建大模样，自己还一味贪图小利，不抓紧时间去破坏对方的意图，也会很快让自己陷入困境。

最大的问题手是——

黑 51、黑 53、黑 67、黑 69、黑 71、白 34、白 60、白 70。

其次的问题手是——

黑 39、黑 49、白 14、白 26、白 50。

白 2、4 以向小目与黑棋二连星抗衡。

黑 5 构成三连星。

白 6 挂角时，黑 7 再在右边占据星位，构成了四连星，明确了要做大模样的意图。

既然黑棋想做大模样，白 8 双飞燕就有些迎合黑棋的心理了。

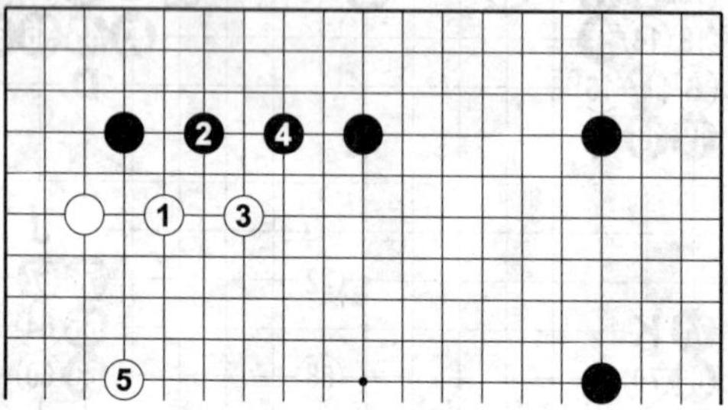

图 1

图 1 白 1、3 连跳两步，很自然就将黑的大模样的规模缩小了，白 5 拆回大场后，白左边构成了形势，这样白的局面也很宽阔，显得很大气。

实战进行至白 12，白棋虽然得到了角空，但在外势上却落后了一步。

黑 13 飞压是作战的态度，在 A 位跳是平稳的走法，比较适合经营上边的形势。

白 14 挤、16 扳断，借助黑棋的征子不利，是一个战法，但这个战法更多的是获取了一些边角利益，与大势关系不大。因此，白 14 不如堂堂正正冲断作战。

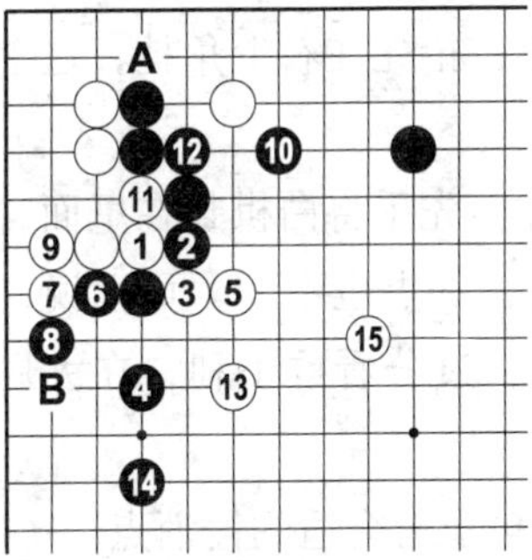

图 2

图 2　白 1、3 冲断，进行至白 15，黑棋虽然两边都顾全到了，但都没有多大的利益，而白 15 大飞后，黑棋上边的大模样由此而受限制。而且，A 位的官子也非常大。黑棋如果抢先在 A 位立则是后手，白棋有 B 位的夹，应该说这是白棋欢迎的作战。

黑 19 拐很强硬，让白棋忙于角上，没有时间动出白 16 之子。

白 20 扳、22 断是常用手筋。

黑 23 断打时白 24 下立不可忽视，这是必须要走的，否则白棋就崩溃了。

黑 25 跳回是正着，此时千万不能继续在 B 位打吃。

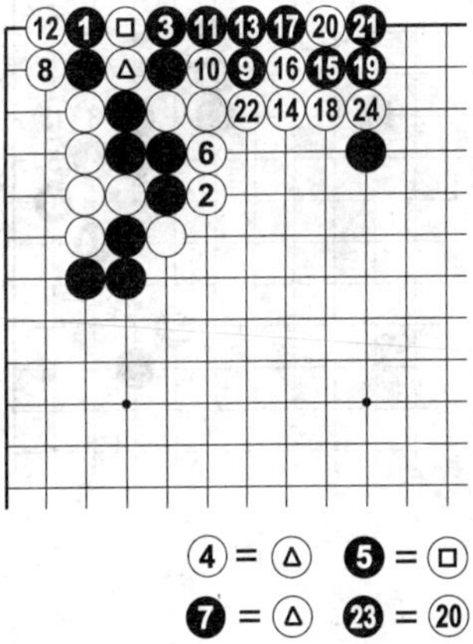

图 3

图 3　黑 1 如果继续打吃，被白棋一顿滚打后，白 12 扳，黑棋已经不能在 12 位拐了，因为白棋在 10 位挡，黑棋就死了。黑 9 只能跳，白 10 冲后，白 12 立即打是这个棋形的要点，否则黑棋在 12 位拐将成为先手，进行至白 24，黑棋彻底崩溃。

白 26 打改在 27 位比较好，角上黑棋并没有棋，只是多了 C 位扳的先手，而白棋却省出了一手棋，抢先在右上角挂，这个差别是很大的。

黑 27 多送一子，再在 29 位扳住，先手将白棋封在里面，完成了外势，白棋角上也就 15 目左右，一点也不大。可以说，白 14、16 挤断作战不符合大局的需求，过分看重小利，在大局落后了。

黑 33 在 D 位跳比较好，这样白棋没有合适的侵消点。

白 34 托角有些不顾大局，现在最重要的是侵消黑棋的大模样，而不是去占一两个角空。

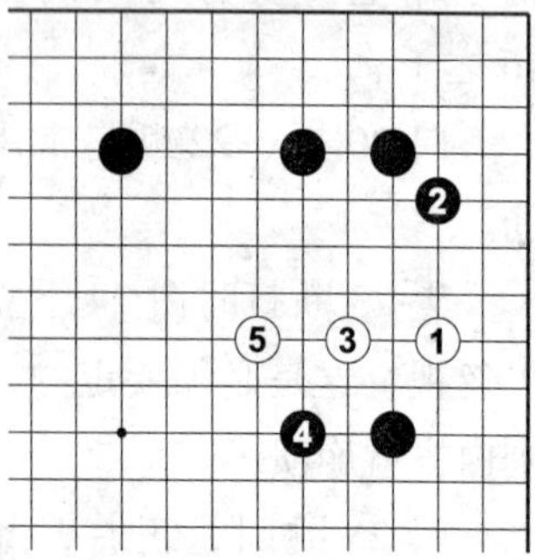

图 4

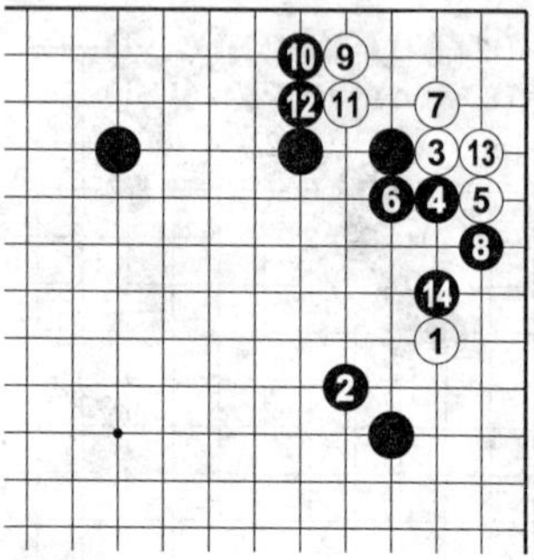

图 5

图 4 白 1 打入是一个可以考虑的选点，黑 2 小尖守角，白棋顺势跳向中央，自然破掉黑棋的大模样。

图 5 黑 2 小尖以中央势力为重，白 3 再托角，黑 4 扳时，白 5 连扳很重要，黑 6 接是正着，进行至黑 14，同样是活角，但白棋却成为了先手，与实战相比整整差出一手棋，这是至关紧要的。所以说，当初黑 33 如果在 D 位跳，白就不好打入了。

白 36 现在如果在 37 位扳，则会成为图 6。

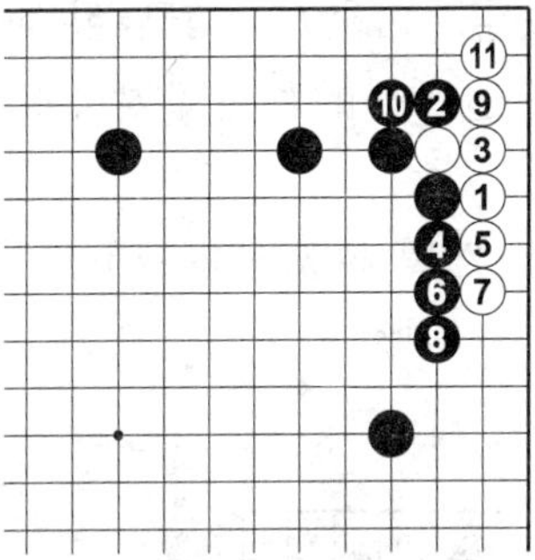

图 6

图 6　白 1 连扳，由于白棋在右边没有接应，黑棋可以在 2 位打吃，再在 4 位长，进行至白 11，白棋仍然只是后手活了一个小角。

黑 39 靠不如在 40 位尖顶，白棋只能在 E 位退，黑棋走 39 位，白棋走 F 位，黑棋走 46 位，白棋走 G 位，这样黑棋同样坚实，但双方的目数却不一样。

黑 47 的想法很好，以中央大模样为中心。

黑 49 大跳也不错，但有如图 7 的下法。

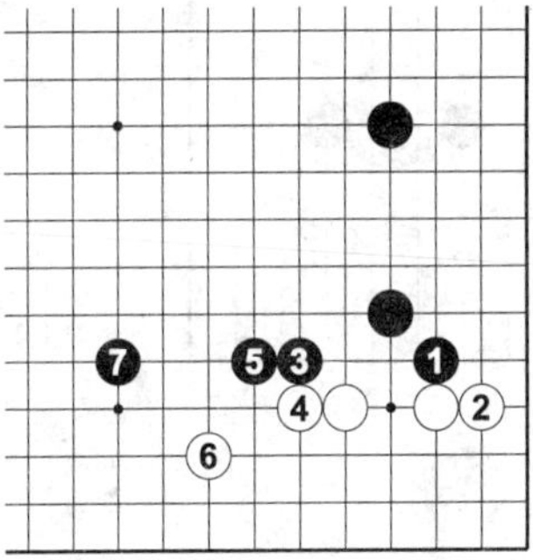

图 7

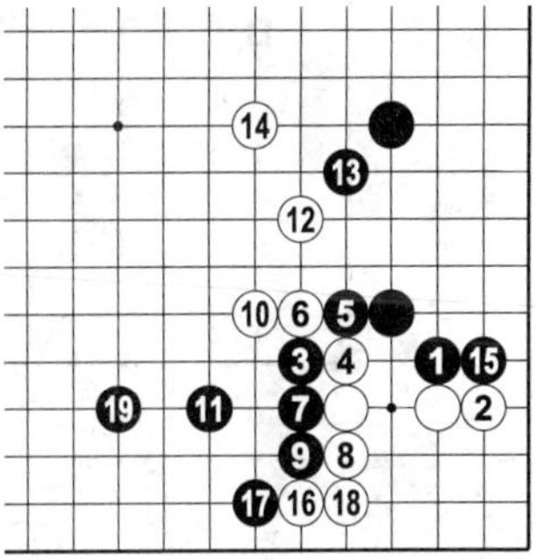

图 8

图 7　黑 1 尖顶后，黑 3 直接飞压，白 4、6 如果守住角空，黑 7 跳后，黑棋的棋形比实战更好。

图 8　白 4 冲出作战，黑 7、9 连压，白 8 如果在 9 位扳，黑 11 单跳，保留 8 位的断，白棋反而不好行动了。

进行至黑 19，这是双方最平稳的应接，白 14 飞虽然进入了中央，但仍然是一块孤棋，一时无法安定，白棋右下角已经被收缩成 10 目的小角，而黑棋在右边、下边所得的利益却很可观。这样，黑棋将局面逐渐简化。

白 50 不能再为下边的空忙碌了，既然黑 49 对白棋右下角并无严重影响，白棋就应尽快去破黑棋中央的形势。

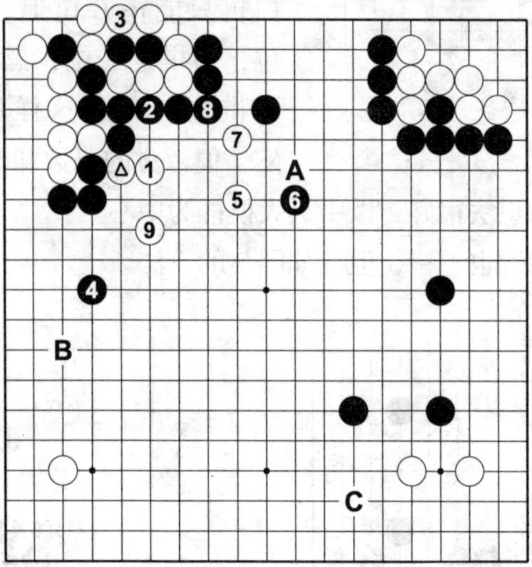

图 9

图 9　白 1 动出白△之子，黑 4 开拆，白 5 大飞时，黑 6 镇头是顾全右边形势的走法，白 7 先手利用后，再在 9 位自补，将来有在 A 位靠破空腾挪的手段，在 B 位逼也很严厉，黑棋没有时间去走 C 位。

黑 51 挂角，突然与前面所有的方针策略相违背，对白棋的边空产生了妒忌。其实，黑棋只要将中空做成，白棋再多的边空也是无济于事的。

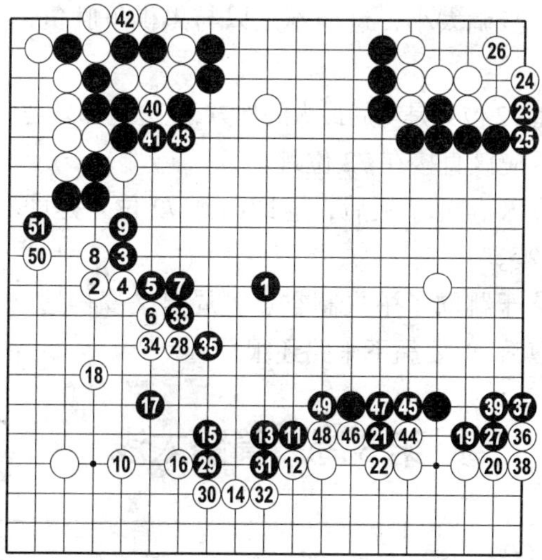

图 10

图 10　黑 1 占据天元，白 2 拆大场，黑 3 以下平稳地围空，白 10 守角时，黑棋也不用去寻找高效率的打入侵消，就按最老实的走法加强中央，大致走成于黑 51 的局面，白棋全盘三块也就 110 目，无法再多了，而黑棋一块大空至少有 120 以上，黑棋很容易就赢下全局。

黑 51 挂角，让白 52 小飞已经是个损失。

黑 53 逼与白 54 小尖交换，对中央模样又多一层伤害，虽然进行至黑 59，黑棋的形势仍旧不坏，但道路漫长了。

白 60 在右边打入太小了，无论如何应该在中央着手，哪怕是单在 68 位大跳，也可以伺机在 63 位打入。

黑 61 先点不必要，因为下边有 H 位的飞。

黑 67 拐太缓，边上已经不大了，白棋最多就是在 I 位小飞，黑棋在 J 位尖顶，白棋又将落后手。黑 67 占据天元，同样围住中空，而下边又成了黑空，也是黑棋大胜的局面。

白 68 的步调太小，这样不足以与黑棋争胜负，至少应走在 72 位。

黑 69 在 72 位守是全局最大的地方，左边逼都只是一些小利益。

白 70 压应该直接在 72 位跳。

黑 71 在 K 位先手扳后，立即回到 72 位才是中心，黑 71 单退落后手无策。

白 72 终于跳向了中央制空点，局势又变得遥远了。黑棋仍然占据着优势，但要赢下来路还很早。

第 8 局　算路太浅

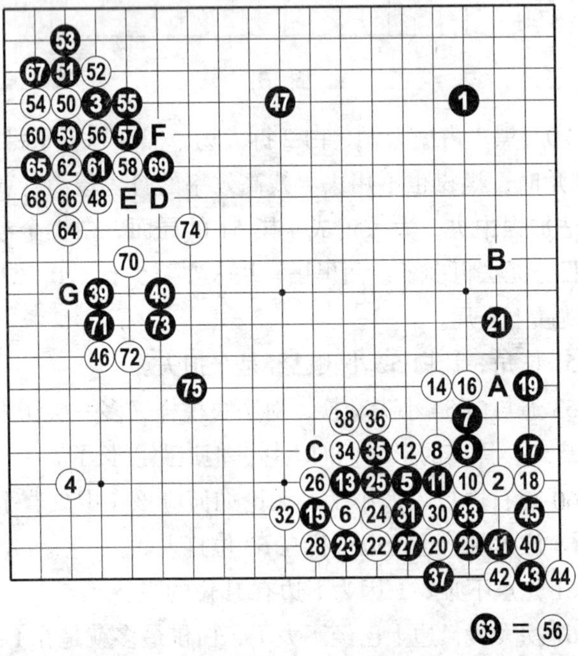

综述： 在定式中走一步新手，需要进行很多研究，演变各种变化，找出双方都能接受的结果，新手才能成立。

当看到不熟悉的新手时，不能凭着一时的冲动先断开再说，有时就是一个难以收拾的困境。如果想不出好的对策时，选择最平稳的对策是理智的态度。

最大的问题手是——

黑 13、黑 15、黑 41、黑 45、白 12、白 20、白 22、白 48、白 64。

其次的问题手是——

黑 27、黑 53、黑 59、白 8、白 26、白 52。

黑 5 立即挂角，而且是二间高挂，在刚开始布局的时候，这种挂法还是很少见的。

白 6 在 7 位小飞是最普通的下法，黑棋不论是在 32 位拆还是在左下挂角，白棋占据到 7 位后，对上边二连星就是一种限制。白 6 夹是对下边的重视，但却容易让黑棋构成外势。

黑 7 在 10 位碰的定式，在其他例子中已经有所介绍，就不再重复了。实战黑 7 走象眼是一步新手，引诱白来分断自己，应该是有风险的。

白 8 出于气合穿象眼分断黑棋，在没有准确的计算时，这只是一时的冲动，为了避免落入黑棋的圈套，白棋可以按图 1 进行。

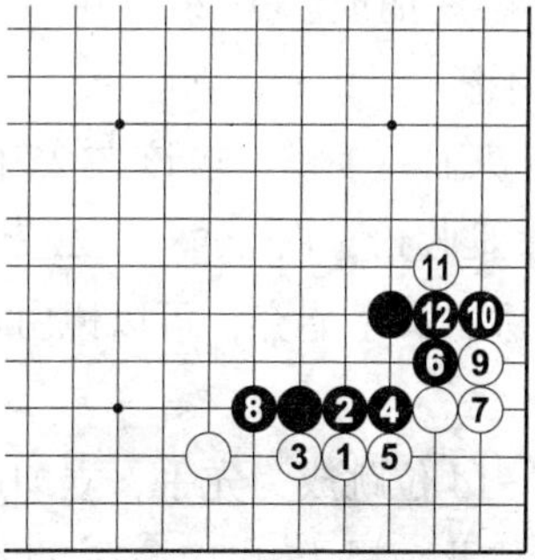

图 1

图 1　白 1 小飞，黑 2 不能在 3 位挡，否则白棋有在 2 位直接冲断的下法，黑 8 与白 9 是见合的好点，黑 10 也可以在 11 位尖。总之，白棋角上虽然断点很多，但却没有棋，白棋可以争得先手走其他地方，避免了不可知的变化。

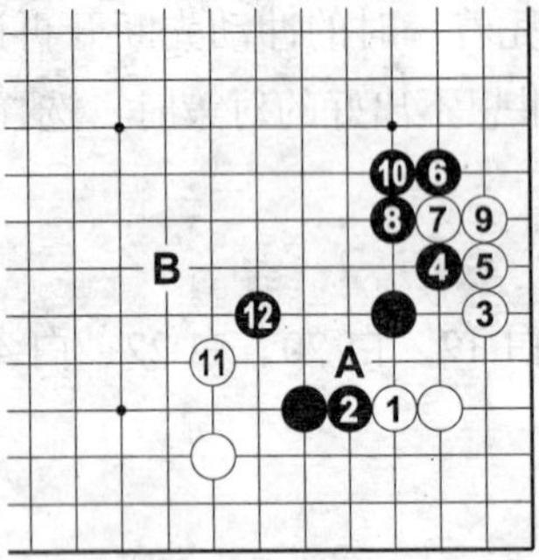

图 2

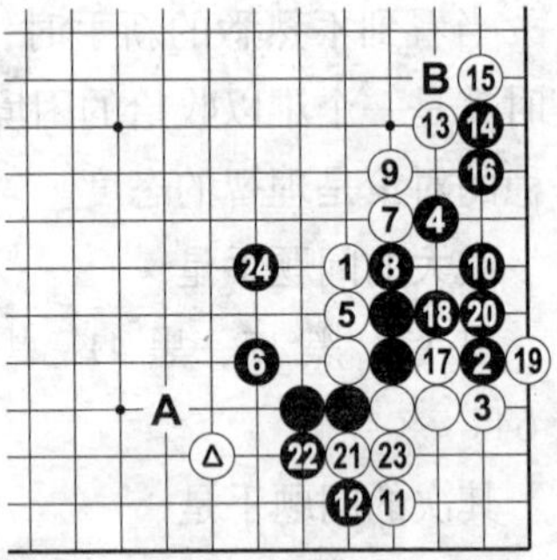

图 3

图 2　白 1 单并，黑 2 只能顶，白 3 以下安定，白 11 跳是先手，有在 A 位的扳断，黑 11 补后，白棋可以在 B 位小飞，也可以脱先，这样也能避免危险。

白 8 直接穿断，但也将自己分断开了。

黑 9、11 冲断必然，黑棋两块棋，白棋三块棋，应该是黑棋有利的战斗。

白 12 压是俗手，应该单在 14 位跳。

图 3　白 1 单跳，黑棋不能在 5 位冲，只能在右边先出头，白 5 再接，进行至白 23，白棋做活角上，右边一块也暂时无恙，白△之子随时可以弃掉，这样白棋不容易崩溃。黑 24 也可以在 A 位小飞，白棋在 B 位断，黑棋没有不满。

白 12 压帮黑棋出头，黑 13 压浪费了一手棋，应该在 25 位长，白 14 跳就成后手了，以后白棋很难收拾，白 6、8、12 三颗子都是贴在黑棋墙上的废子，既不好逃，又不能弃，可以说白棋的形状崩溃了。

黑 13 压给了白棋机会，使白棋在 14 位跳成为先手，立即产生在 25 位的挖，黑 15 必须补，即使如此，黑 15 也应该在 24 位虎，棋形要厚得多。

被白 16 压住后，黑 7、9 两颗子反而落入了重围，由此可见黑 13 有多不好。

白 18 可以硬攻黑棋两颗子。

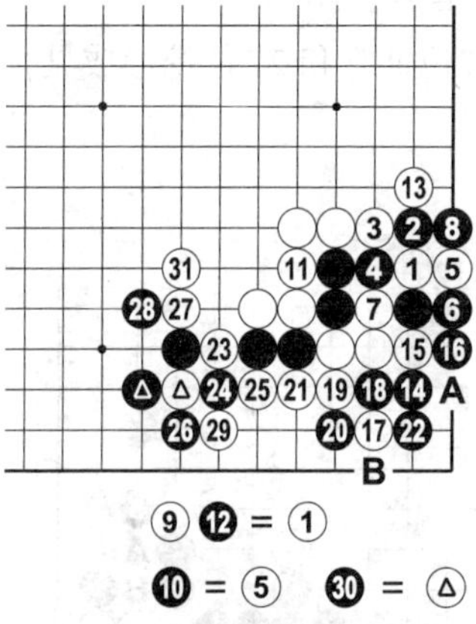

图 4

图 4　白 1 直接靠，黑 2 是唯一的逃生手段，进行至白 21 成为必然，黑▲扳的坏处充分显示了出来，黑 22 只能拐吃，让白 23 吃掉两颗子，由于白棋在 A 位扑后有 B 位下立的手段，白 29 打吃都是先手，进行至白 31，黑棋损失惨重。

白 18 挡未偿不可，但白 20 太缓了，应该直接在 A 位顶，黑棋依然无法逃出两颗子。

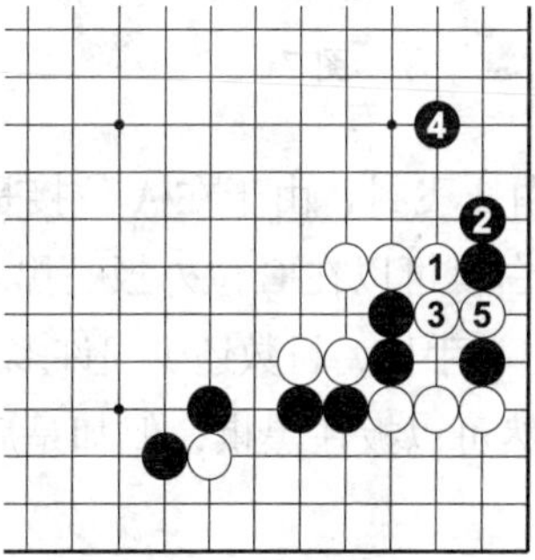

图 5

图 5　白 1 顶时，黑 2 无法在 5 位接，否则被白棋在 2 位扳住，黑棋损失更多。黑 2 只能出头，白 3、5 吃掉黑棋三颗子，收获颇丰，角上也不必再补活，外面也变厚了。实战白 20 小飞见小，对黑棋没有影响力。

黑 21 小飞后，挽回了一些形势。

白 22 小尖缺乏手段，太看重白 6 之子。此手应该在 25 位挖，黑棋走 24 位，白棋走 35 位，黑棋此时只能在 23 位拐，白棋在 31 位断吃两颗子，这样白棋外面完全没有后顾之忧，将来在 B 位逼很有力。

白 22 逃出白 6 之子，是在帮助黑棋走厚，攻击自己外面四颗子，太不好了。

黑 23 先打，再在 25 位接是好次序。

白 26 断多余，应该单在 30 位补是本手。

黑 27 先在 32 位退更为严厉，让 C 位征吃和 27 位挖形成见合。

黑 29 夹是手筋。

白 30 太损。

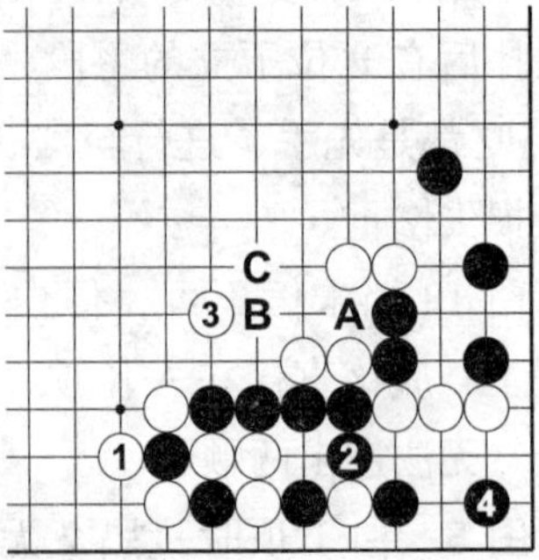

图 6

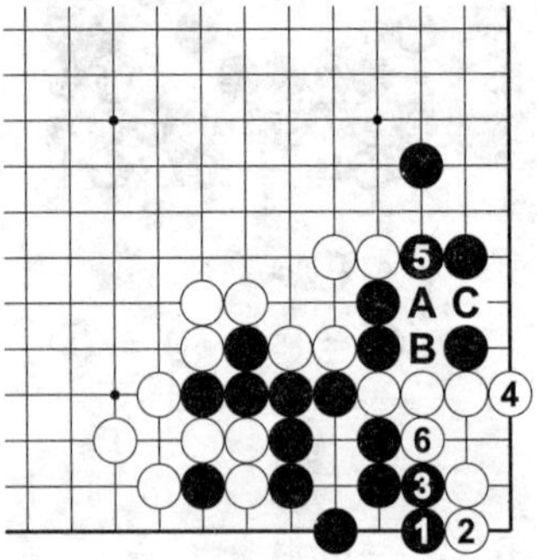

图 7

图 6　白 1 单提，黑 2 必须补，白 3 飞封，由于在 A 位接是先手，白棋不怕黑棋在 B 位靠，否则白棋可以在 C 位外扳。黑 4 补角后，白棋可以脱先，这与实战差出一手棋，目数还少损许多。

利用白 20、30 两颗子，白 34 虽然可以扳住黑棋，但却是后手，不如在 38 位单飞。

黑 39 占大场，白棋右下角已经难以做活，白棋全部的希望就在外边厚势的发挥，但又要顾忌黑棋的形势，白棋很难下。

白 40 跳试黑棋应手。

黑 41 如果单在 42 位小尖的话，是双方做活的结果。

图 7　黑 1、3 先做眼，白 4 下立是先手，下一手有在 A 位

扳的下法，黑棋走B位，白棋在C位冲，黑5必须补，白6就做活了。

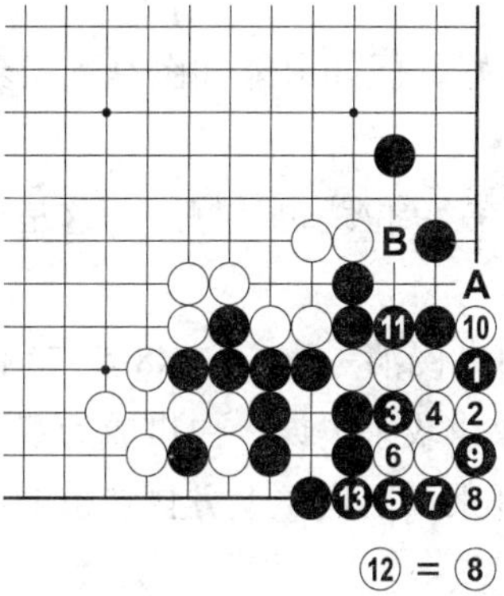

图8

图8　黑1先扳，此时白2只能挡，黑3与白4交换之后，再在3位小尖，进行至黑13，白棋要想成为缓后劫，必须在A位长，黑棋就算劫败也忙在B位补，白棋是缓两气的劫，黑棋一点也不担心。

实战黑41至黑45的下法成为了紧气劫，当然，黑棋如果不想杀白的话，可以做成双活。

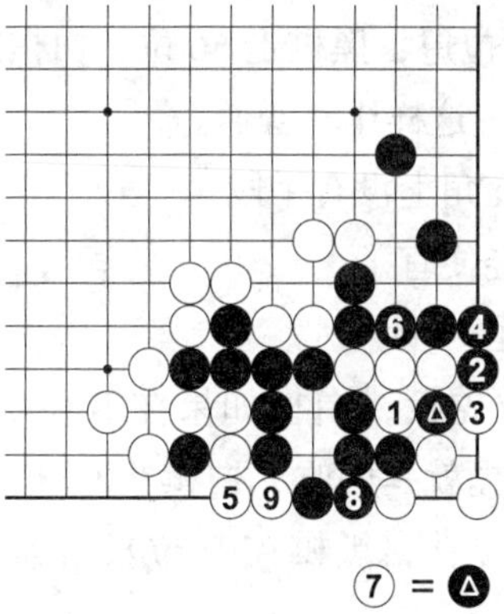

图9

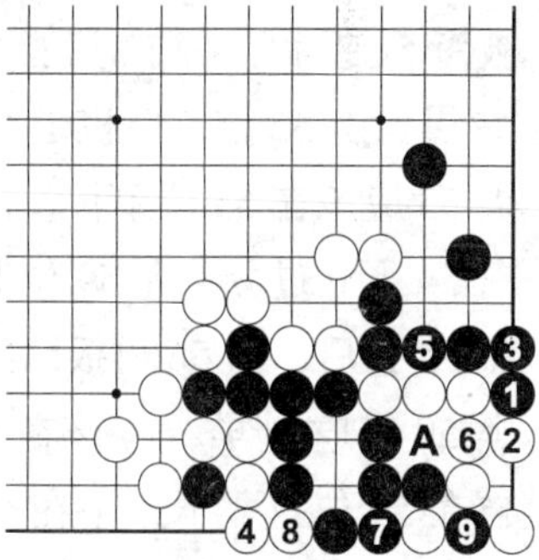

图10

图9　白1断吃，进行至黑10，成为了紧气劫。

图10　黑1单扳，进行至黑9仍然是打劫，但即使黑棋劫

败，白棋在 A 位打吃仍旧是打劫，白棋要么选择双活，要么选择开劫，即使全部劫败，但可以在外面连走三手，还是很有收获的，比实战要强不少。

白 46 留着角上手段脱先，非常好，但如果能如图 9 交换到再脱先就更好了。

黑 47 走三连星固然很大，但先在 49 位跳也是好点，这是双方势力的必争点。

白 48 打入方向有误，应该从中央侵消黑棋，白 48 在 73 位小飞是很好的一个点，右下角由于黑棋攻杀失误，白棋成为双活的可能性很大，只要把左下方扩张开来，黑棋左上方自然也就成不大了。

黑 49 顺势跳入，白棋反而不好继续去围左下方，而要忙于安顿白 48 之子了。

白 50 托有些损，单在 D 位跳出可以牵制黑 39、49 两颗子。

被黑 51 扳后，白 52 只能在 59 位退，黑棋走 56 位，白棋走 61 位，黑棋走 52 位，白棋走 69 位，这样比较普通。

黑 53 应该在 55 位单长，白棋在角上没有手段。

白 54 下立过分，在 59 位退已经便宜了。

黑 55 长后，白 56 再扳已经晚了一步。

黑 59 打吃过早，应该在 69 位先扳，白棋如果在 B 位扳，黑棋再在 59 位打，下一手在 61 位提就是叫吃，白棋在 60 位拐打的手段没有了。白棋如果在 62 位补，黑棋在 D 位长就连通了。

白 64 虎实空太损，应该在 66 位接。

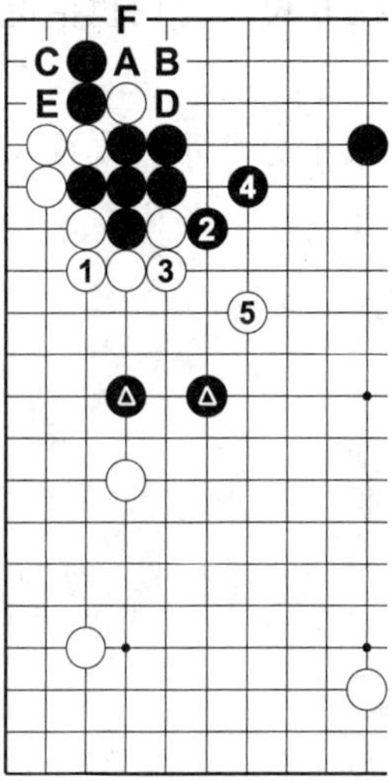

图 11

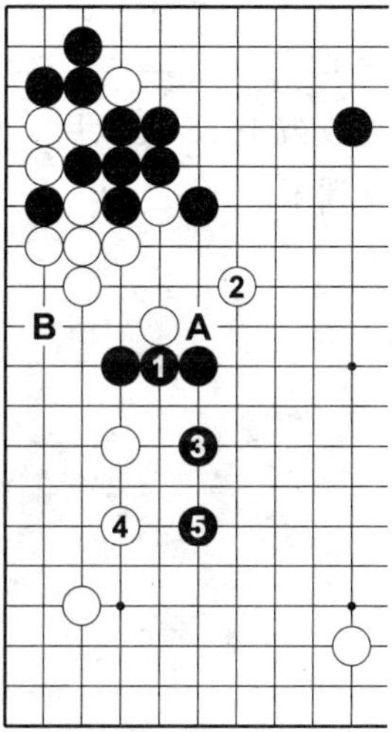

图 12

图 11　白 1 单接，黑 2 也只能在外面打，如果在 3 位断打，白棋在 2 位长后，在 D 位爬的手段就成立了，进行至白 4，白棋同样出头，但角上将来有白 A、黑 B、白 C、黑 D、白 E、黑 F 的先手收官，左上白棋完全没有任何担心，黑△两颗子则显得很薄，这是黑 53、59 的责任。

黑 65、67 是先手，目数上相差甚远，白棋的眼位也少了。

白 70 还是应该在 E 位接，下一手有 F 位的断，白 70 点帮助黑走厚，白 64 之子位置更坏了，G 位托过的手段也没有了。

黑 71 不用顶，单接比较好。

图 12　黑 1 单接，白 2 如果仍旧飞出，且不说已经单薄了，黑 3、5 顺势连跳，白棋左下方的形势彻底被破坏了。白棋如果

若在 3 位跳，黑棋在 A 位拐，下一手在 B 位飞，白棋活起来就太可怜了。

实战被黑 75 飞入后，白棋也是亏损十分严重，局面又转为黑棋有利了。

第六章

对角星布局

第1局　连续失误

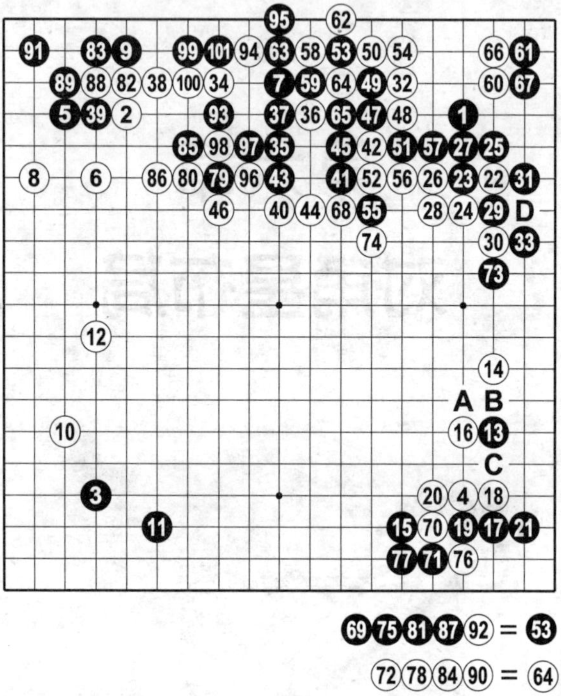

综述：布局的格局决定之后，中途放弃是十分可惜的。一般来说，布局时很少有万不得已的时候，放弃都是见不得对方成空，总想什么都属于自己的。但结果往往会不但得不到空，反而形势也被破坏了。

最大的问题手是——

黑 25、白 32、白 34、白 38。

其次的问题手是——

黑 15、黑 35、白 36。

黑 1、3 走对角星，注定局面会比较复杂。

白棋走目外，星也全在高位，双方对势力都十分重视。

全盘双方占了三个星位，黑 5 挂唯一的一个高目角。

白 6 小飞，此手在 89 位托是最常见的定式。

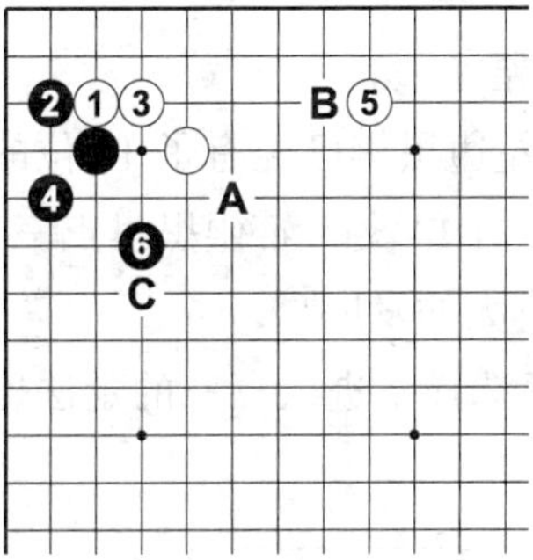

图 1

图 1　白 1、3 托退，进行至黑 6 是一种定式，黑 6 小飞，下一手在 A 位飞是先手，可以在左边成势，白 5 如果在 B 位大飞，黑棋也会在 C 位补，应手要根据对方的变化而改变。

黑 7 托是黑棋的一种趣向，如果直接在 82 位托，会形成图 2 的结果。

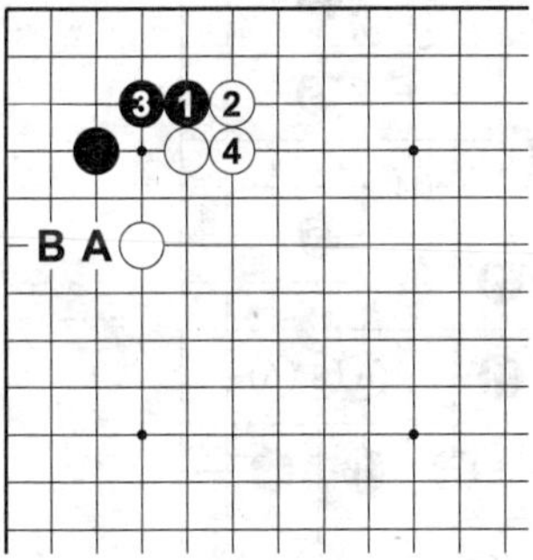

图 2

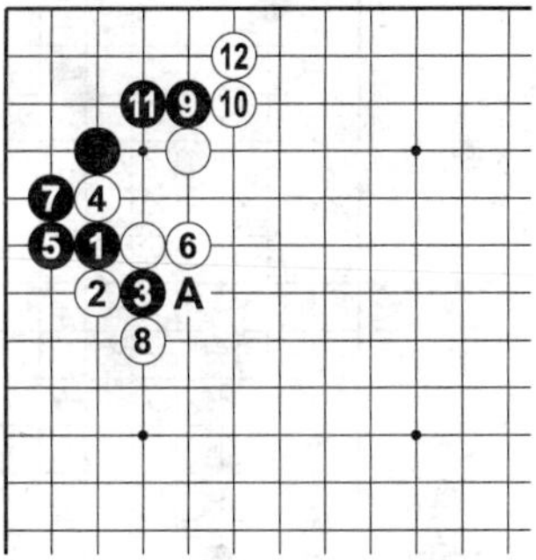

图 3

图 2　黑 1、3 托后，角上已经活净，白 4 接后，黑 5 可以脱先，也可以在 A 位托、B 位飞，这都是常见的定式变化。

黑 1 托时，白 2 如果在 3 位扳，前面几个实例中已经有所介绍，就不再重复了。

图 3　黑 1 从左边托，白 2 扳时，黑 3 立即断，进行至白 12

也是一个定式，将来黑棋有引征的话，在A位出逃很严厉，这也是各有所得的一个定式。

黑7拆大场，让白8跳之后，再走9位在二路侵入。这种走法不是没有，但主动放弃选择权，跟着白棋的意愿走，总是不占便宜的。

白10、12经营左边，结构很不错。

黑13挂角时，白14夹，因为左边黑棋已经有了11位的小飞，白棋不愿单纯地走15位小飞，白14夹，希望黑棋点三三，使黑棋在下边的位置全在低位，难有大的发展。

顾忌到白棋左边的形势，黑15选择不进入三三的走法比较妥当。

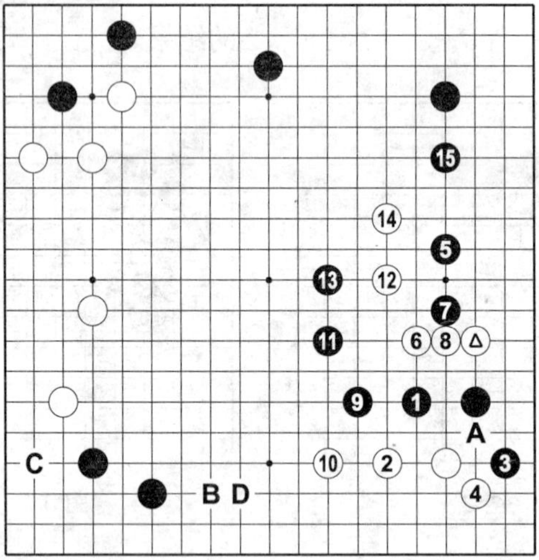

图4

图4　黑1跳出，白2跳时，黑3先小飞，如果单在黑5以后的下法，被白棋在A位尖顶很难受，白4小尖后，黑5反夹，将白△之子往外赶，黑9、11、13顺势走在中央，无形中限制了

白棋左边形势的发展，进行至黑 15，黑棋连右上角都顺带补了。应该说，这比实战的结果要强许多。下边白棋如果在 B 位逼，黑棋在 C 位跳，白棋如果在 C 位跳，黑棋在 D 位拆，这是见合的好点。

黑 15 虽然以双飞燕夹击白棋，但被白 16 压后，黑 17 最终还是要点三三。这样，黑 15 与黑 11 全处在低线，而且还落了一个后手。

白 18 挡，由于黑 17 点角前，没有在 A 位扳与白棋在 B 位断交换，白棋也就不肯在 C 位补了，白 18 至黑 21，是现在对局中经常出现的一种变化，黑 21 如果在 70 位接，对边上的扩张会有一些好处，黑 21 下立对实空有利一些，这两种走法都有。

白 22 在右上挂角，左右两边都是白棋的形势，白棋的布局顺畅。

黑 23 压是侵消白棋的形势，但被白 24 扳回，黑 25 虎又转为守空，这样的下法缺乏大局观。

黑 25 应该在 26 位长或者在 28 位扳，把头走在白棋的前面，这是至关重要的。

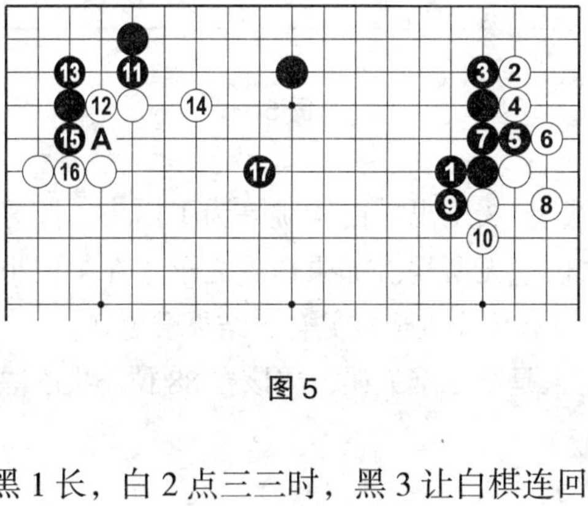

图 5

图 5　黑 1 长，白 2 点三三时，黑 3 让白棋连回，进行至白

10，白棋在右边虽然棋形很不错，但黑棋争得先手将左上角补回。白 14 跳时，黑棋能走到 17 位大飞，上边的形势也很可观，并且伺机在 A 位冲断，这是各有所得的变化。

白 28 接在上边是注重中央形势的走法，如果在 29 位接，黑棋走 28 位，白棋在 56 位长出作战也十分有力。

黑 29、31 断吃一子很大，如果在 48 位跳补，白棋在 31 位立就太大了。

白 32 虽然是此局第一步失误，但失误的程度却有点大，如果要在上边走，一定是在 48 位小飞，同样是分开黑棋，自己却不会被黑棋分开。或者，白 32 直接在 D 位打也很大。

黑 33 直接在 48 位压出，白棋很难办。

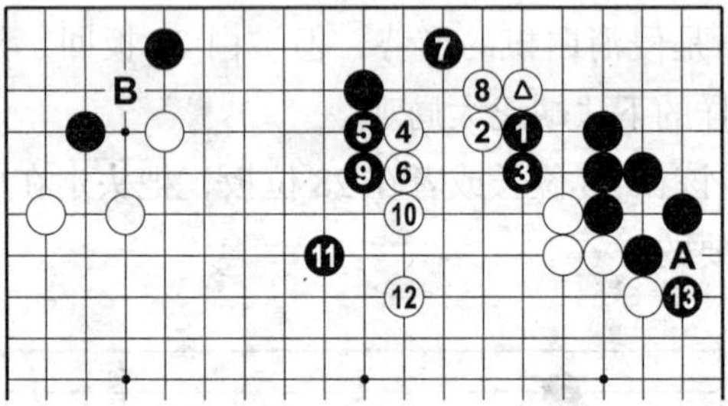

图 6

图 6　黑 1、3 压出，白 4 跳是为了出头，按普通走法进行至黑 13，白棋毫无所得。如果白△之子走在 1 位小飞，下一手在 A 位打吃和 B 位小尖形成见合，结果会更好。

白 34 打入是第二个失误，应该在 88 位小尖吃黑 5 之子。

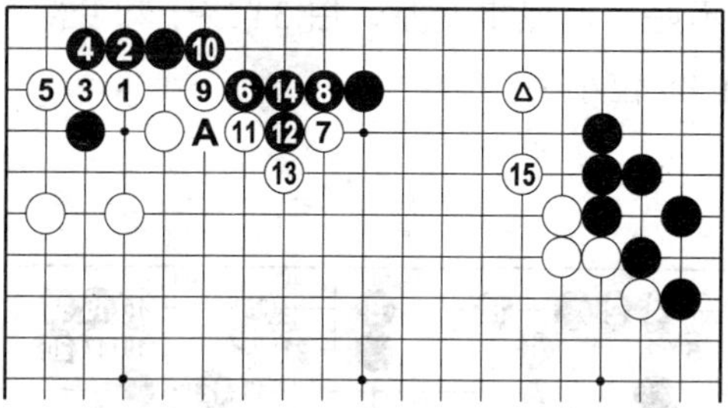

图 7

图 7　白 1 至白 5 先吃掉角上黑 1 之子，黑 6 连回，白 7 以下先手利用，再在 15 位补回，此时更显示出白◬之子不好，要多花了一手棋来补。黑 6 如果在 A 位靠，白棋有在 12 位的打入，黑棋不容易通连了。

黑 35 应该在 82 位顶，对于黑 7 之子，由于白棋两边都很薄，没有特别好的攻击手段。

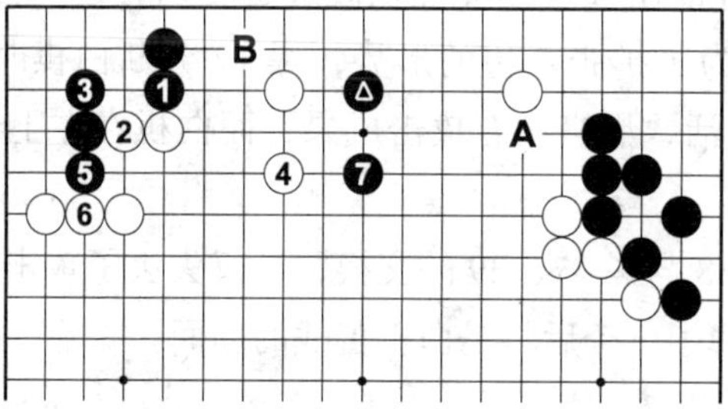

图 8

图 8　黑 1 先安顿角上，然后再在 7 位跳出作战，或者在 A 位压出弃掉黑▲之子，对白棋右上四颗子进行攻击，上边黑棋有 B 位的官子，白吃掉黑▲之子也不大。

白36点不好，使黑棋变厚，白34之子却变薄了，白36应该抓住机会在88位小尖。

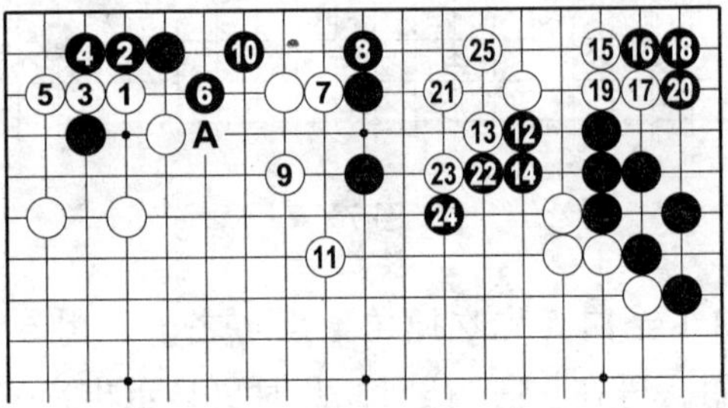

图9

图9　白1至白5后，黑6小尖出头，如果走A位靠，白棋有在6位扳滚打封锁，或在10位小尖破眼的手段。白7与黑8交换后，直接在A位压让黑棋渡过也可以，这样会更厚一些，白9、11是为了扩张左边的形势，黑12分断白棋时，白13至白25就地做活，黑棋没有攻击成果，而白棋在左上角和左边已经得利。

折36、38与黑37、39的交换，不仅失去了攻击的机会，反而使自己变薄了，今后将是白棋苦战的局面。

第2局　定式不熟

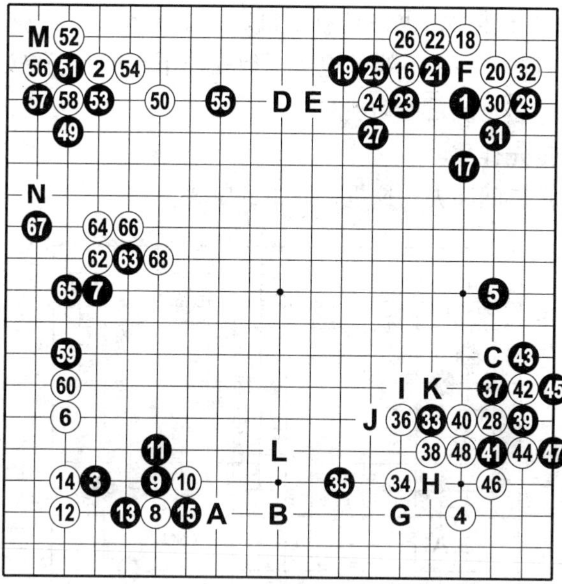

综述：定式在现代布局中已经越来越简单化了。虽然如此，但不去了解学习定式也是不正确的。不了解定式，就局限了选择，甚至有意避开定式，失去有利的选择。

走最简单的变化没有错，但如果这个变化与全局的配合不合适，那就是一个失误了。

最大的问题手是——

黑27、黑35、黑37、白28、白38。

其次的问题手是——

黑5、黑33、黑39、黑41、黑47、黑65、白34、白62。

白棋以对角小目与黑棋对角星抗衡。

黑5单拆大场，不如直接挂角积极，在白棋有两个小目的情况下，黑棋无论挂哪个角，无论是低挂还是高挂，都能发挥星位的作用。

黑5避开挂角，也许是对小目定式了解不多，而有意回避，从战术上讲这是一个不错的想法，但在挂角比拆大场更好时，却放弃挂角，总是缺乏主动性的。

白6抢先挂角。

黑7走三间高夹，这也是简单的定式。

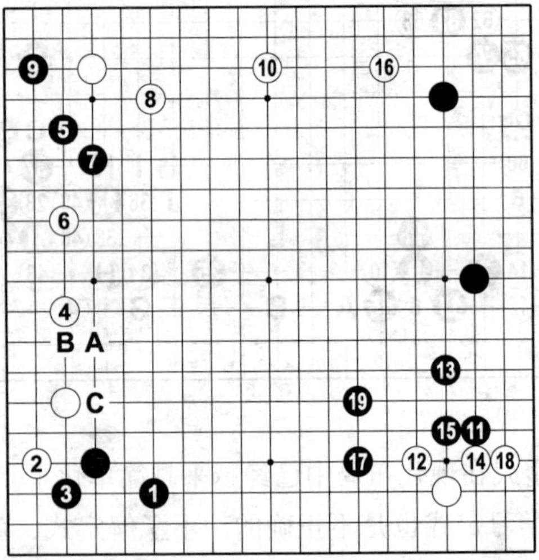

图1

图1 黑1小飞，白4拆二后，黑5挂左上角，白6二间夹的可能性很大，黑7选择最简单的定式，争得先手后在11位挂角，白16与黑17是见合的好点，进行至黑19，是双方都可以下的局面。对于右上角，黑棋准备将三三让给白棋，经营右边和下边的模样，左边黑棋有黑A、白B、黑C的扩张手段，黑棋有

发展的空间。但白棋三块棋占取了一定实地，比较扎实实惠，这是势与地抗衡的局面。

由于右下角白 4 小目的位置是低位，白 8 没有选择点三·三的下法很正确。

对于白 8 的双飞燕，黑 9 可以考虑图 2 的下法。

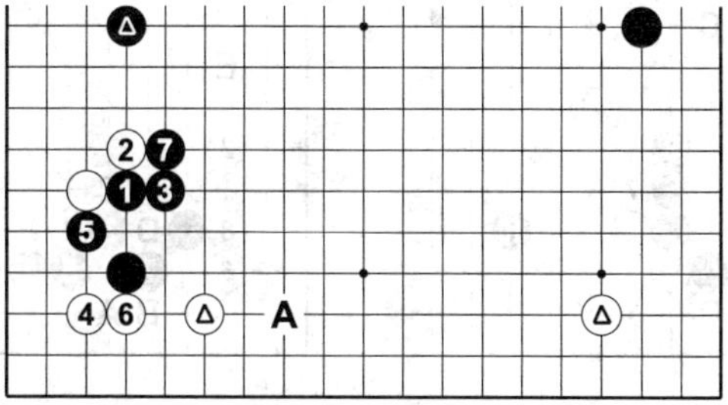

图 2

图 2　黑 1 靠至黑 7 是定式，白棋左右两边△子的位置都在低线，黑棋在 A 位逼是先手，这样黑棋更能发挥黑▲之子的作用。

有了白 10 扳后，白棋在下边可以构成比较理想的结构。

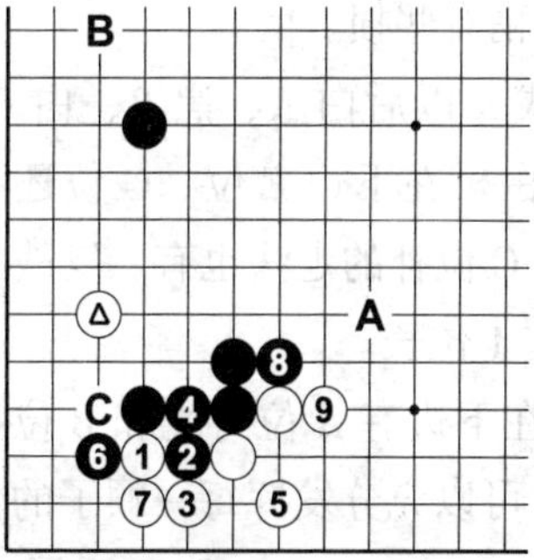

图 3

图 3　白 1 托，进行至白 9 是必然的变化，下一手黑棋在 A 位小飞是双方的好点，但左边被白棋在 B 位逼也是绝好点，黑棋在左上挂角的可能性会更大一些，白棋有机会走到 A 位小飞，下边的模样与白 4 相配合，十分可观。

黑棋左边虽然将白△之子分断，但即使封锁了白△的出路，白棋还有在C位的断点，黑棋也成不了大空，这样下白棋比较简明。

白12点三·三注重角空，那么白14就应该有作战的准备。

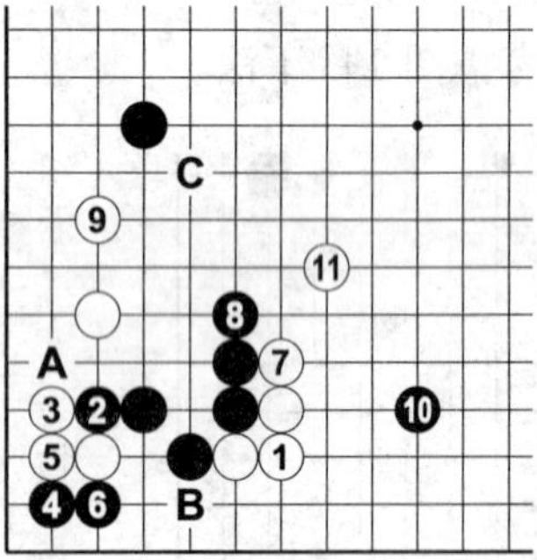

图4

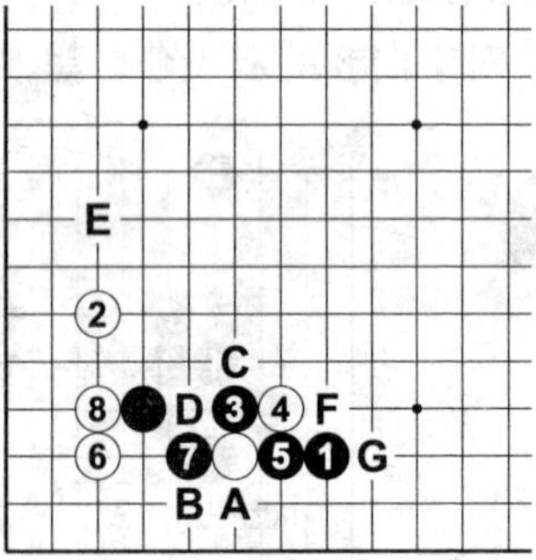

图5

图4　白1接，黑2以后至白11，是一个不多见的定式，由于白棋在A位退是先手，产生了在B位扳的手段。所以，由于左边白棋已经活干净了，白11之后，为了防止白棋在C位飞断，黑棋在C位小尖的可能性比较大，白棋可以在下边反夹黑10之子，开始第一场战斗。

白14单退，让黑15断吃掉，稍稍有些损。

图5　黑1至白8是常见的定式，以后白A、黑B、白C、黑D后，黑棋在E位逼不是先手，白棋在下边F位、G位还有利用，所以白8退之后，黑9立即在C位补的走法也有。实战黑11已经长到了此点，黑棋不必急于在1位长。

白16抢先在右上挂角很大，但在下边有A位打吃和B位拆的先手时，白棋在C位逼也是好点，可以充分发挥每一颗子的作用。

黑17直接在19位夹更能发挥黑5之子的作用。

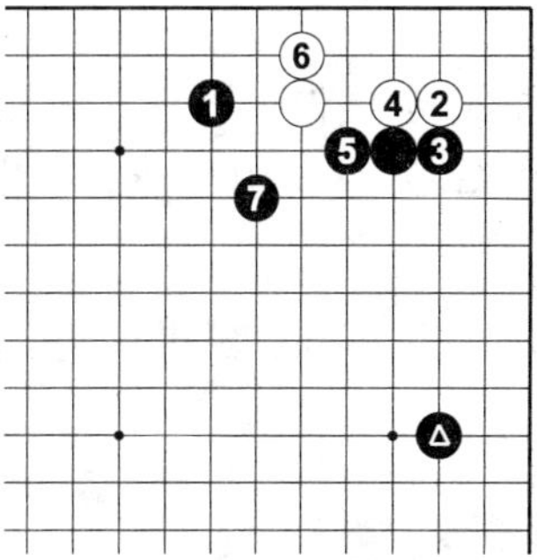

图 6

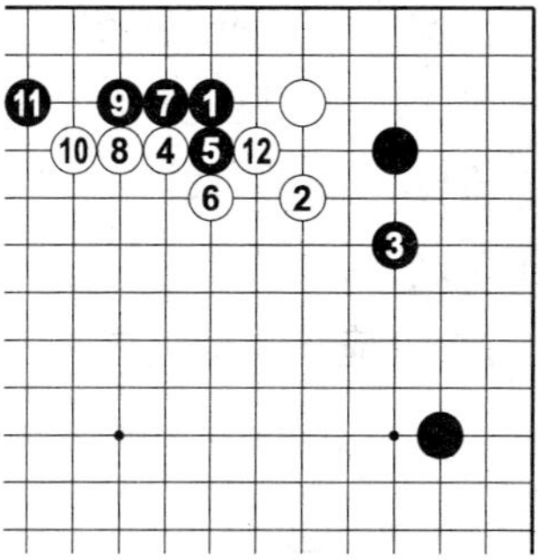

图 7

图 6　黑 1 走一间低夹，白 2 进三·三，进行至黑 7 完成定式，黑△之子的位置恰到好处。

图 7　黑 1 夹时，白 2 跳，进行至白 12 也是一种定式，黑棋获得先手，可以选择在右下挂角，黑棋比较主动。

黑 17 单跳，但给了白棋种种选择。

白 18 改在 D 位拆是不错的选点。

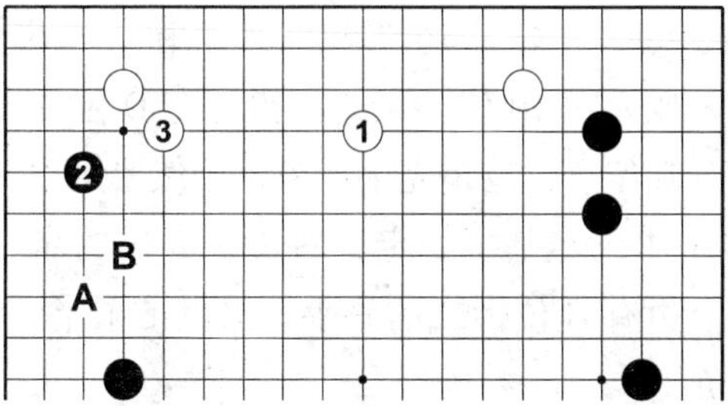

图 8

图 8　白 1 拆占大场，黑 2 抓住机会挂角，否则白棋走在 A 位太大。白 3 小尖是平稳的走法，黑棋如果在 B 位补，白棋可以争先抢占右下守角，黑棋如果在右下挂角，白棋在 A 位打入十分

严厉，这样白棋的选择更多一些。

黑 19 反夹很机敏，但进行至白 26 定式告一段落时，黑 27 征吃有误，此手只能在 E 位小尖或 D 位小飞，因为此时黑棋虽有黑 7 之子，但仍然是征子不利。

白 28 应该立即逃征子，由于黑棋征子不利，黑棋只能退让。

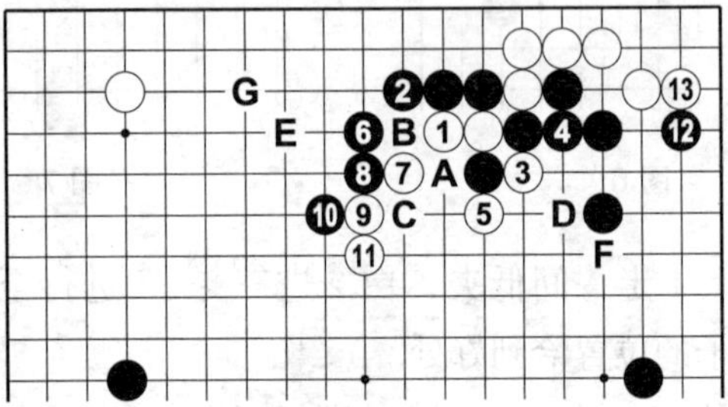

图 9

图 9　白 1 出逃，黑 2 只能退，白 3、5 是行棋的调子，黑 6 不能在 A 位逃，否则被白棋在 B 位长后，黑棋就两边为难了。黑 6 小尖，白 7 也小尖，如果在 A 位提的话，黑棋有在 C 位小飞的下法，白棋形不太好。小尖虽然有点俗，但却将头走到了黑棋前面，黑 8 如果在 10 位小飞，白棋有在 D 位的先手，所以可以脱先。上面 E 位点，也是先手，黑棋仍然要走回 8 位，进行至白 13，白棋中央已经基本安定，右边有 F 位的靠，做活时有 D 位的尖顶，上边有 G 位拆二的先手。黑棋忙了半天并没有收获，反而增加了负担。

白 28 即使是在右下守角，也应该在 41 位小飞为好，使右边 C 位拆二与下边 B 位大场形成见合。

黑 29 是先手便宜，白棋虽然可以脱先，但被黑棋搜刮得很惨，还必须利用在 F 位打吃的先手，那么将来逃出白 24 之子也失去了严厉性。

黑 33 镇不如单在 G 位逼，由于白 28 是大飞守角，C 位成为拆一，已经不是好点了。而黑棋有 G 位之子后，就产生了靠三·三活角的手段，白棋还得补一手，这是白 28 选点有误所造成的。

白 34 小飞以下边为主，一般是在 H 位小尖，防止黑棋在角上的种种手段。

有了黑 33 之后，黑 35 又转向下边就有些过贪了，不能两边都想占到。况且，白棋在 B 位是先手，黑 35 之子正好落入白棋的攻击之中，黑 35 单在 37 位靠扩大右边才是重点。

被白 36 靠出之后，黑棋再在 37 位靠已经晚了一步，此时只能在 I 位扳，与白棋在 J 位长交换，黑棋才有在 37 位靠的手段。黑 37 单靠是很危险的手法。

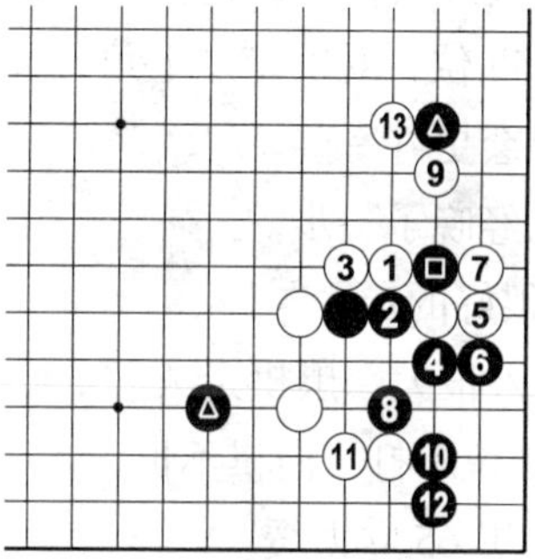

图 10

图 10　白 1 扳出，黑 2 只能断，进行至白 13，基本没有什么大的变着，黑棋虽然活在角上，但两个◭子受伤，◘子还被吃，特别是有了白 13 之子后，白棋逃出 24 之子就更为严厉了。

白 38 如果不愿黑棋活在角上的话，可以单在 42 位扳，黑棋走 C 位，白棋走 40 位，黑棋走 K 位，白棋走 38 位，这样白棋角上的空大增，这是注重实空的走法。

白 38 虎松缓，黑 39 应该在 40 位顶，以外边为主，白棋如果在 41 位退，黑棋走 I 位，白棋走 J 位，黑棋在 42 位下立，实空非常大。白棋如果在 48 位挡，黑棋走 39 位，白棋走 41 位，黑棋可以脱先。

黑 39 扳，被白棋在 40 位顶很大，对中央的形势有很大的影响。

黑 41 应该在 44 位长，白棋走 46 位，黑棋同样是先手，但目数相差很多。

白 42 断偏早，现在逃出白 24 之子或者在 49 位守角，都是很大的地方。

黑 47 过早，应该保留，将来在 K 位长不一样。

黑 49 终于挂角了，双方对挂角守角都不很在意，一直到各个地方的战斗告一段落才走回，也是比较少见的。

白 50 小飞，选择将头出在外边的走法。

黑 55 反夹，可能现在意识到了白棋有逃出白 24 之子的可能，但黑棋现在可以在 59 位逼，黑棋必须补棋，这样白棋就没有逃出征子的机会。黑 55 可以走在 56 位，既安定左上角，又将白棋向上边黑棋硬头的地方赶，效果会更好一些。

白 56 打吃后，黑 57 再做劫，已经晚了一步。

黑 59 是先手，又是作为劫材的很好的走法。

白 62 碰有些重，此时在 B 位打入很大，黑棋走 A 位，白棋走 L 位，右上的劫黑棋不敢轻意在 M 位断打，白棋不怕。

黑 65 立太缓。

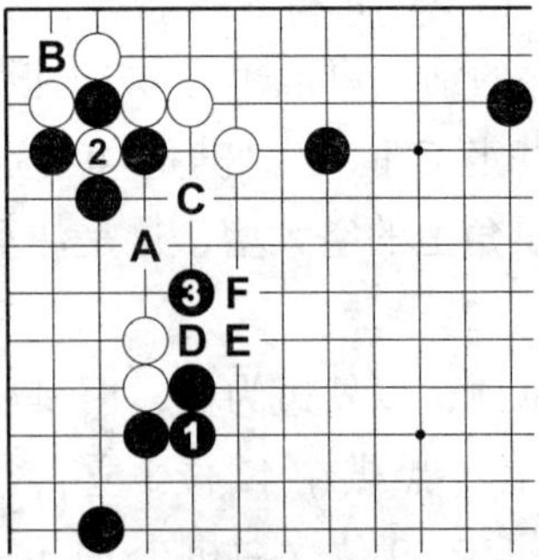

图 11

图 11　黑 1 单接，白 2 提劫，黑 3 将白棋两颗子枷在里面，白 2 如果在 A 位跳，黑棋在 B 位劫，右下角黑棋有劫材，这个劫白棋如果输了，被黑棋在 C 位尖出，两块棋都要死，所以这个劫白棋开不起。白 2 不能在 D 位拐。黑棋有在 E 位扳的下

法，白棋无法在F位扳，因为黑棋有3位的断。所以，黑1单接后，白棋反而没有好棋下了。

实战白棋在68位打吃，黑棋对白棋没有攻击力，相反，白棋依然有在H位靠断黑棋的手段。下边在B位的打入越发严厉了，黑棋包袱太多，并不轻松。

第3局　直线攻守

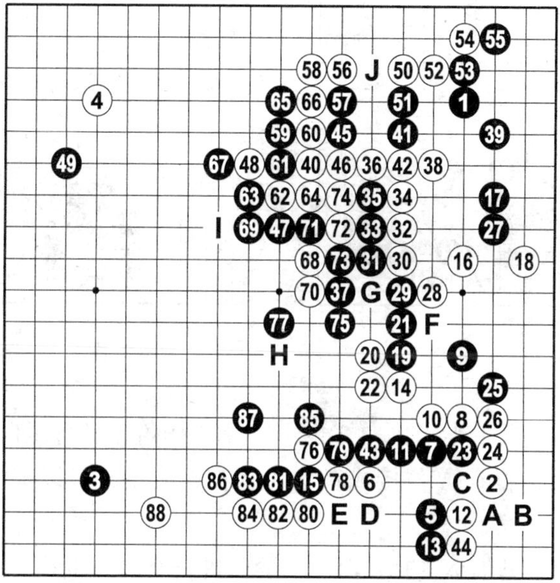

综述：攻守都要有策略，过于直线的攻守会导致许多不良的后果，如果再没有仔细的计算，情况就更糟了。能保持局势的平衡甚至取得优势，并不是这些下法很好，而是对方也在犯错误，或者犯的错误更多。

最大的问题手是——

黑 23、黑 27、黑 59、白 28、白 68、白 78。

其次的问题手是——

黑 13、黑 15、黑 33、黑 35、黑 45、黑 57、黑 77、黑 85、白 16、白 26、白 44、白 70。

黑棋连对角星，白棋走对角星小目，黑 5 挂角很普通。

白 6 一间高夹是激战的态度。

黑 7 在 11 位小飞是常用的定式。

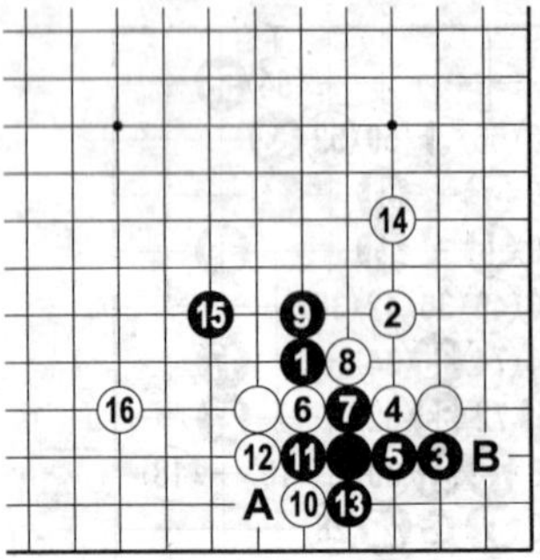

图 1

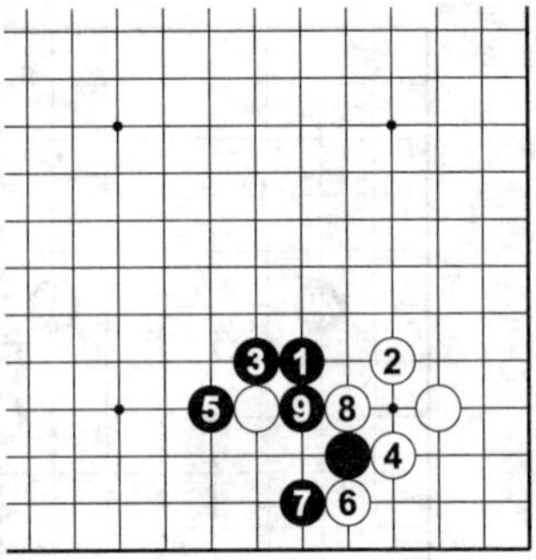

图 2

图 1 黑 1 小飞，白 2 也飞，黑 3 托角，进行至白 16 是定式，以后白棋在 A 位接或者 B 位扳都是先手，可以根据局势来选择。

图 2 黑 1 小飞时，白 2 小尖，进行至黑 9 也是定式，白棋角空很大，黑棋外面很厚，双方各有所得。

黑 7 跳后，再在 9 位反夹，是积极应战的态度。

白 12 先在 14 位小尖很重要，角上被黑 A、白 B、黑 C、白 24 交换是没有办法的事，这样角空虽小，但白棋也变厚了。

黑 13 有两种选择。

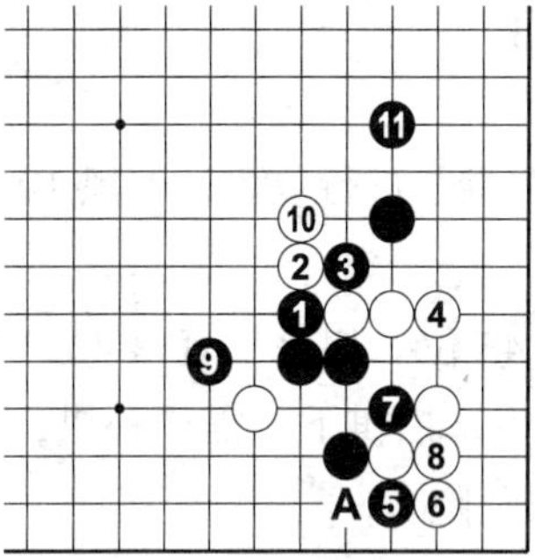

图 3

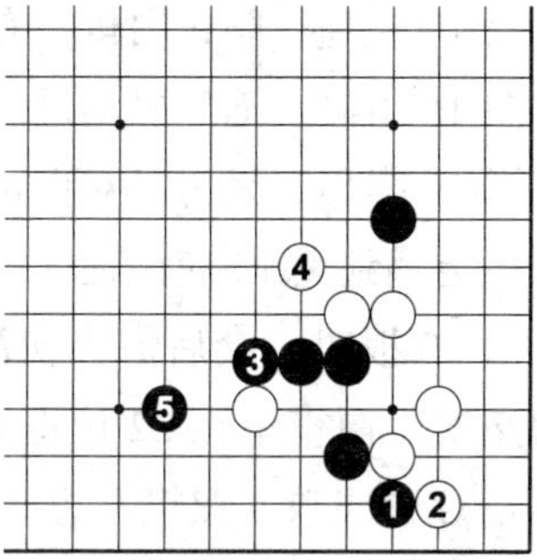

图 4

图 3　黑 1 直接拐，白棋不肯在 3 位委曲出头，所以扳出作战，黑 3 断是先手，白 4 下立是本手，黑 5、7 交换后，在 9 位跳出，白 10 长，黑 11 再跳，白棋为了出逃，必然使黑棋左边和下边得到加强，在 A 位断吃只是一个官子。而且，黑 3 之子以后也可以弃掉，这样黑棋非常主动。

图 4　黑 1 扳争取先手，这样黑棋能走到 3 位压和 5 位小飞两手棋，对外势和厚薄关系很大。

实战黑 13 下立，从官子的角度讲是正确的走法，但落了后手，在布局中就显得见小了。

由于黑 13 下立，被白 14 小尖出头后，黑 15 只能在 43 位压，现在反夹早了一些。

白 16 应该直接在 43 位压，黑棋已经很难处理了。黑棋最强的应手只能在 D 位靠，但白棋可以脱先，将来有种种先手，比如在 22 位就是绝对先手，下一手在 E 位扳可以将黑全吃掉。黑棋如果在 E 位小尖连回，那么白棋在 D 位冲后，将来可以吃掉黑 7、11 两颗子，黑棋对白棋就毫无攻击的能力。

白 16 立即于右边反夹是很好的选点，但应该先在右下试黑棋应手之后再走，这样会更严厉一些。

黑 17 先逼，防止白棋在右上挂角。

白 18 阻渡，逼黑棋出逃。

黑 19 靠出，是为了对白棋右边两颗子进行攻击，但黑 19 靠后，更会感到黑 15 应该在 43 位压。

白 20 扳时，会后悔当初没先走 43 位。如果早有白 43 与黑 D 的交换，白棋单在 22 位退成为先手，黑棋下边需要补棋，白棋再在 G 位飞攻，黑棋左边两颗子很危险。

有了白 20、22 两颗子之后，以后白棋走 43 时，黑棋就走 E 位小尖退让了。

黑 23、25 太俗太坏了，再次给白棋创造了绝好的机会。

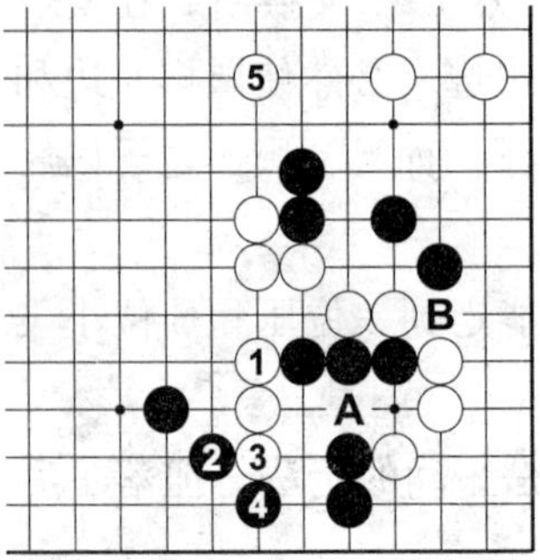

图 5

白 26 在 43 位压正是时候，黑 7、11、23 三颗子已经无法逃出了，白 26 的断点根本不需要补。

图 5 白 1 压，黑 2 只有尖回，白 3 冲后，白 5 跳枷，由于有 A 位的挖，黑棋在 B 位的断点不成立，黑 23、25 不仅走了一个大后手，还将自己推入了火坑。

白 26 接虽然不亏，但失去了一个一举取得优势的机会。

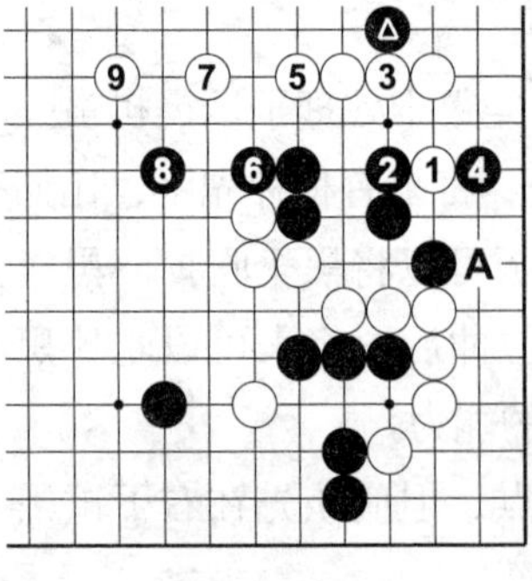

图 6

黑 27 并过强，现在不是强攻白棋的时候，而是应该自己先逃的局面，所以应该在 30 位跳，这是双方出头的要点。让白棋在边上求活，是黑棋最好的结果。

白 28 应该利用黑 25 的大俗手。

图 6 白 1 点同样是补断，但

却是先手，黑 2 如果在 A 位下立，白棋在 2 位贴是要点，黑棋很难受。黑 2 压时，白 3 顺手补断，黑 4 夹防白 A 位扳过，白 5 争先出头，进行至白 9，是白棋在攻击黑棋，而不是黑棋攻击白棋了。

白 28 只守不攻，使黑棋出头又走在了白棋前面。

黑 33 应该在 37 位虎，黑 35 也是如此。在这个地方，黑棋迟早要补回 37 位，那么就不如早补，免得把白棋撞厚。

有了白 36 之后，黑 37 再补，白 38 先手补断后，白 40 跳出头非常漂亮。

黑 43 终于补回了下边，白 44 也心甘情愿地落后手去补角，看起来双方对这个局部都没有攻击与防守的意识，认为这是应该有的定形，所以白棋也不去冲击，黑棋也不担心白棋冲击，这是很危险的。

白 44 挡仅仅只是一个官子，完全没有补的必要，此手应该在 H 位大跳出头，不仅对黑棋下边形势是一种限制，对黑棋右边也是一种攻击，同时还可以加强自己。

黑 45 点没有必要，反而将白棋走厚了。

有了白 46 之后，白 48 跳可以走得更强一些，比如在 63 位飞，让黑棋中央脱不开手，白棋会更积极主动一些。

白 50 转入上边很大，但先攻击黑棋右边一块，比如在 I 位飞镇会更积极一些。同时，对黑 49 挂角也是一种威胁。

白 50 至白 56 是转入取地的走法。不过，白 54 与黑 55 交换没有必要，因为现在白 54 扳不是绝对先手，黑 55 如果在 J 位扳，白棋反而失去了大局。

黑 57 与白 58 交换应该保留。

黑 59 点太早，上面的空很难成大，黑棋顺势而行才是自然的下法。

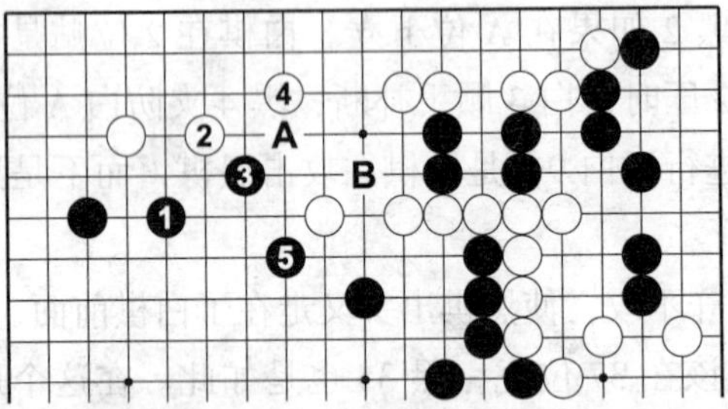

图 7

图 7　黑 1 跳，让白棋成上边的空，进行至黑 5，黑棋成外势，左边的形势可观，上边 A、B 等位的利用很多，白棋上边的空不大。

实战黑 59 直接动出，不仅让白棋安心了，还使自己走重了。白 68 跳是缓手。

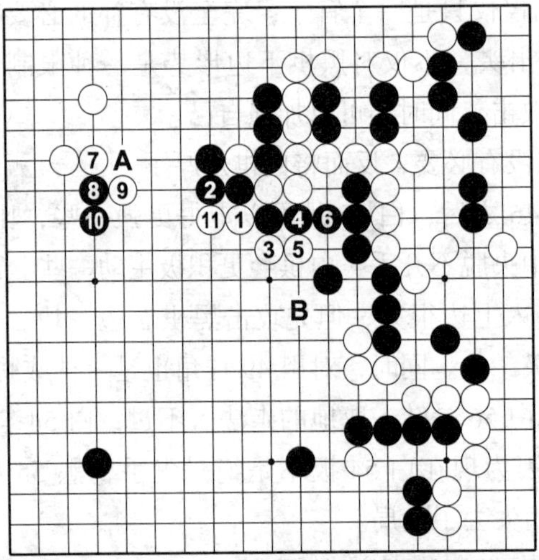

图 8

图 8　白 1 断打，然后白 3、5 将黑棋打重，并使黑棋失去

眼位，白 7、9 在左边先手利用，作为定式白 11 是在 A 位接，但现在黑棋两块孤棋不活，白 11 压后，下一手有在 B 位跳封的下法，上边黑棋也处在危险状态，黑棋十分危险。所以白 3 打时，黑棋只能弃子。

白 68、70 的攻击只是针对黑棋右边一块，效率太低，而且白 70 应该在 71 位接，被黑 71 冲断后，白棋反而成为孤子，攻守就在一步棋之间逆转了。

黑 75 长后，白 76 再在下边寻求手段，已经是不得已善后，白棋不仅失去了一个取胜的机会，还使自己陷入了困境。

黑 77 枷吃白棋两颗子过早，白棋中央两颗子很难出逃，黑 77 在 79 位顶是本手。

白 78 顶，仅仅是在下边做活，没有抓住黑 77 的失误，此手应该在 81 位扳。

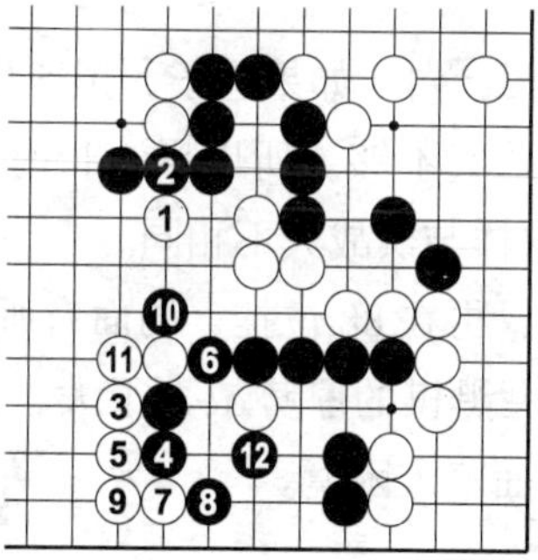

图 9

图 9　白 1 先手点，再在 3 位外扳，进行至黑 12，黑棋虽然做活，但白棋在外边成为厚势，再在左下角挂，这样还是很难讲的形势。现在全局的重点是要控制黑棋在左边的发展，而不是在

边上求活一块。

黑 85 打吃是缓气，应该在 86 位长，白棋现在不能在 85 位长，因为杀气白棋不够。

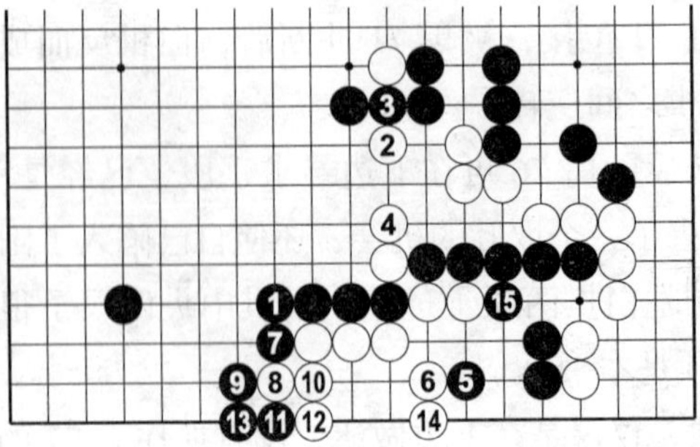

图 10

图 10　黑 1 再长，白 4 如果逃子，黑 5 先点，再在 7 位拐，进行至黑 15，白棋杀气不够。所以黑 1 长时，白 2 只能在 7 位爬，黑棋走 4 位，这样与实战大不相同。

白 86 先手扳后，再在 88 位挂，局面有所改观。总体上讲是黑棋领先，因为中央黑棋的厚势威力很大，但白 68 攻击失误，白 70 又冒进，使局面陷入困境。

第4局　选点不当

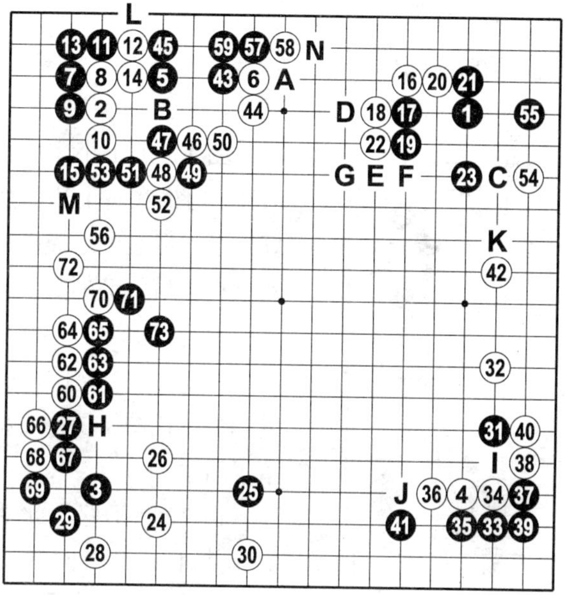

综述：在布局时演变的各种定式，在序盘进入尾声时会有种种后续手段，无论采用什么手段，最好都不要与布局时的方针相违背，以避免造成配合上的相互矛盾，这是不能忽视的问题。

最大的问题手是——

黑47、白22、白48、白56、白60。

其次的问题手是——

黑23、黑25、黑45、黑55、黑57、黑71、白40、白42、白58、白60。

本局双方都是对角星，这就注定了不会有大型的复杂定式。

对于黑5挂，白6二间低夹显得不远不近，此手要在A位之间夹，要么在43位一间夹，配置都会好一些。

黑7点三三，进行至黑15，白棋如果在B位虎补，白6之子显得过近，如果不补，黑棋将来有在45位夹的手段。所以说白6夹的位置有些不妥。

白16挂角扩展上边。

黑17压不好，应该在C位小飞。

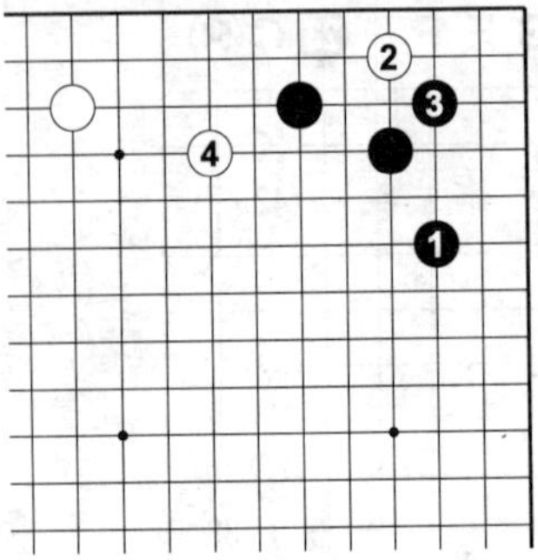

图1

图1 黑1小飞后，进行至白4，白棋在右上边虽然构成了好棋形，但左上边黑棋的手段依然存在，最关键的是黑棋取得了先手，这很重要。

黑17、19压长，虽然在实空和势上比图1要好一些，但却落了后手。

白22贴不好，此手在D位并是本手，黑棋同样要在C位小飞补，这样白棋上边就很完整了。

黑23跳太松缓，既没有守住角空，对白棋也没有影响，不如在C位小飞。

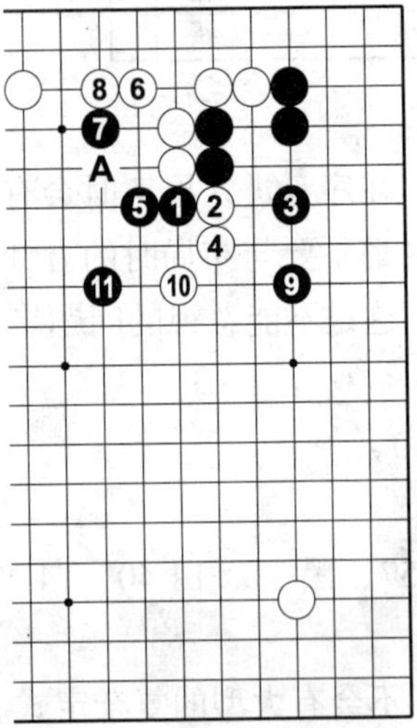

图2

图2 黑1先扳，白2断时，黑3再跳，黑5长时，白6如果在7位跳，黑棋在A位尖顶，白棋还得补回去。进行至黑11，黑棋既得到了右上角，又与白棋形成互攻的局面，顺势将白

棋上面的势力破坏掉。

有了黑 23 之后，黑棋再在 E 位扳的话，白棋就不会在 F 位断，而是在 G 位外扳了。

白 24 挂角时，由于左上角有黑 15 的出头，黑棋选择尽量让白棋进入三三的定式比较好。

白 26 跳出，不去点三三，选择不错。

黑 27 应该在 H 位跳，一是要照应黑 15 之子，二是与黑 15 之间有个高低搭配，如果上下都处在低位，很难有大的发展。

黑 31 挂角是最大的地方。

白 32 一间低夹，警惕不让黑棋在右边成势。

黑 33 点角获取实空，但却是后手。

图 3　黑 1 跳，然后再在 3 位反夹，这样使黑▲之子的作用得到发挥，进行至黑 11，上面有 A 位的扳，下边有 B 位的飞，黑棋很主动。

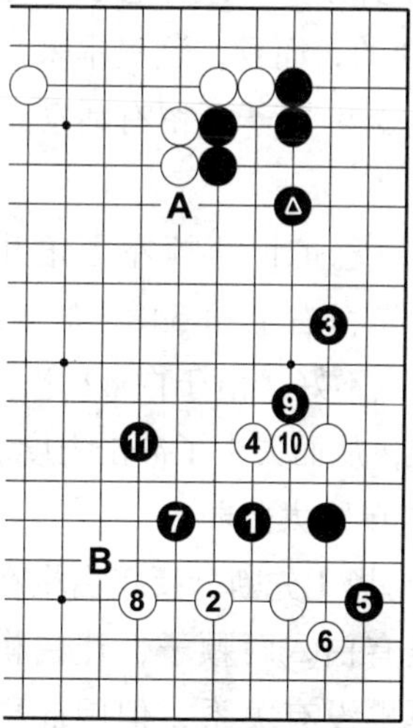

图 3

白 40 应该在 I 位接，白 32 走的是一间低夹，并不担心黑棋在 40 位夹，而白棋在 40 位二路爬回的话，黑棋在 J 位压头会成为了先手，白棋受损。

白 42 拆二应该再紧一路，在 K 位逼，这样将来白 54 的小飞才有力。

黑 43 碰是为动出黑 5 之子做准备，如果单在 45 位夹，担心被白棋在 B 位扳，就出不了头了。

白 44 长冷静。

黑 45 夹太早，使 43 碰的作用

减小，黑棋应该直接在47位跳出，白棋如果一定要从二路渡过，黑棋也可以满足。

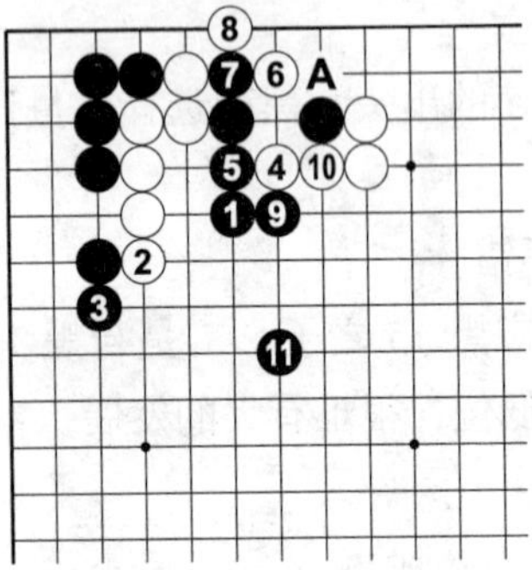

图4

图4　黑1跳，白2压不得已，否则会被黑棋封锁进去，白4、6是渡过的手段，但几乎没有目，黑9拐是先手，因为有A位的夹断，白10补，黑11跳出，白棋在上边的空与势都被大大搜刮，黑棋可以满意。

黑45先夹，被白46飞后，黑棋就出不了头了。

黑47靠无理，只能在上面L位扳过。

白48扳应该在53位压，让黑棋在M位长后，白棋再在48位扳，黑棋就没有分断白棋的手段了。

被黑49断，白50退弃子，这里弃子并不是一个坏想法，但在不需要弃子时弃子，在实空上总是亏损的，而且，这里本来是白棋的根据地，却突然间变成了黑空，黑49之子还留有活动余地，白棋亏损。

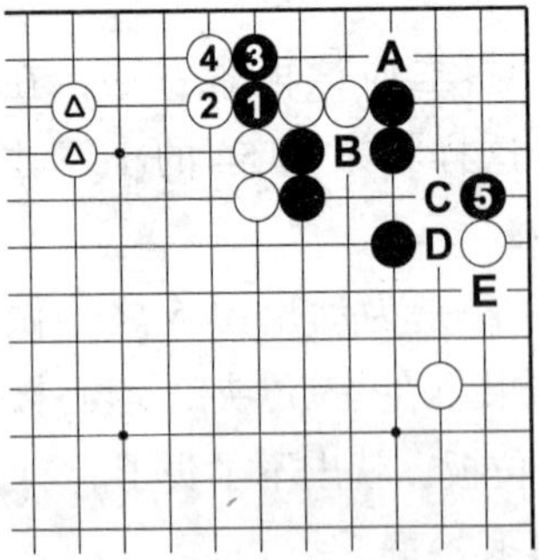

图5

白棋急急忙忙弃掉左上角几颗子，抢先在右上角54位大飞，但这个大飞不好，由于白42之子不在K位，从而失去了冲击力度。

黑54单跳太薄弱。

图5　黑1先断，反正白棋在上边已经有白Ⓐ两颗子，让白棋厚上再厚也没有关系，但因此黑棋在A位下立式B位接都成为了

先手，再在5位靠住，白棋难办了，如果在C位扳，黑棋有D位断，如果在D位顶，被黑棋在C位挡住，棋形又不好，如果在E位退又不一定是先手。所以，白54大飞没有什么了不起的后续手段。

白56小飞方向完全错误，白棋现在要紧的是扩张右边的势力，左边白棋有在61位肩冲的下法，黑棋做不出大空。

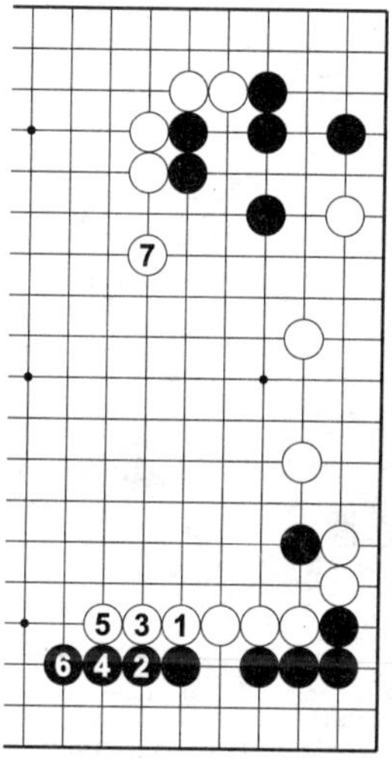

图6

图6 白1至白5连压，使黑棋在1位压的先手消失，再在7位跳，既扩张了上边，又发展了右边，这是与黑棋争胜负的走法。

黑57应该先在J位先手压后，在59位下立，下一手在58位跳一样很大。

白58应该如图6进行，上面有了白58之子后，也并不全是空，黑棋有在H位夹的手段，但如果脱先不走，黑棋在上面H位长后，白棋反而有了打劫回家的手段。

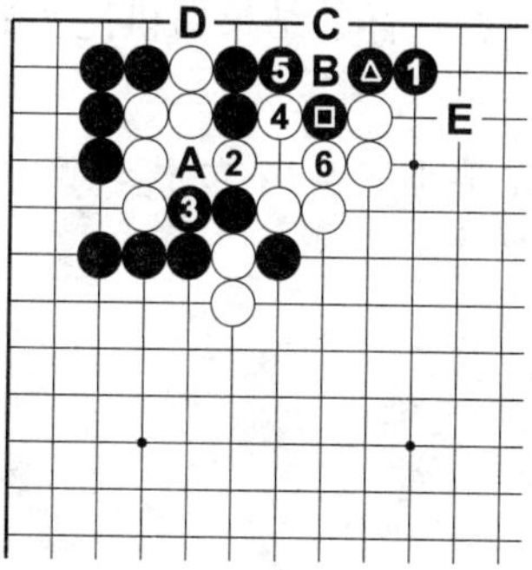

图7

图7 黑1长后，白2至白6的手段很容易走，白6打吃后，黑棋如果劫打不赢时，可以在A位断，但被白棋在B位提，黑棋走C位，白棋■位，黑棋走D位，白棋走E位，黑▲和黑1两颗子就完全失去了意义，不仅损了目，而且损了一手棋。

白60碰不好，刻意让黑棋走

在外边，但会对自己上边与左边的形势产生负面影响，既然左边已经走了白 56 之子，黑棋就只能如图 8 进行了。

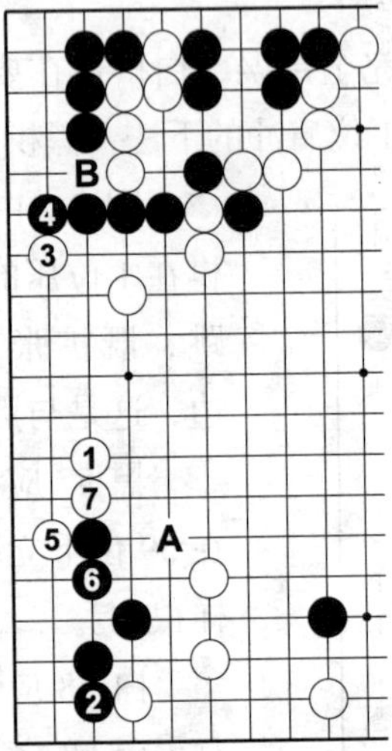

图 8

图 8 白 1 逼，黑 2 如果在 A 位跳，白棋以后在 2 位爬很大，白 3 是先手便宜，黑 4 如果脱先，白棋有在 B 位冲后紧气的手段，白棋外边就很厚了。进行至白 7，这样的结果白棋比实战要好许多。

黑 71 扳没有必要，应该在 I 位先手小飞，白 72 虎，黑 73 再跳也可以。不过这些都是中盘问题了。

第5局　无法兼顾

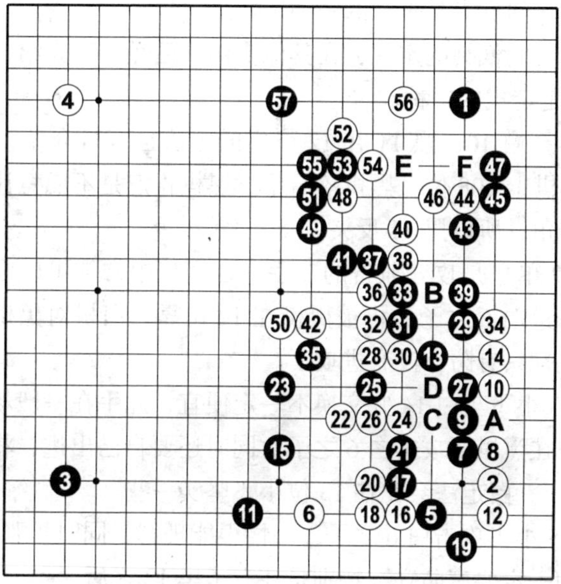

综述： 在防守时如果能有攻击，那是最好的，但这需要看是在什么样的局势下，总不能在打入对方模样时，也强调守中有攻，那样就有些勉强了。所以，对于防守，可以守中有攻，也可以单纯地防守。但对于进攻就不同了，不论是对攻还是一方进攻，都必须有防守。攻中如果没有守，就会出现漏洞，达不到攻击效果，甚至于是自掘坟墓。

最大的问题手是——

黑37、黑41、白42。

其次的问题手是——

黑13、黑15、黑23、黑29、白26、白30、白44。

黑1、3走对角星小目。

白2、4走对角小目。

黑3的小目与白2的小目相对，黑5挂角必然。

白6三间低夹是平稳的一种选择。

关于三间低夹的定式，在其他实例中已经有所介绍，现在黑7小飞也是定式的一种。

进行至白10，黑11在12位靠的走法也有过介绍，白棋走A位，黑棋走108位，黑棋落后手，黑棋肯定是不愿意让白棋先在左下挂角，所以黑11反夹。

白12单立是攻守兼备的一手，在实战中常常可以看到，如果单纯去逃白6之子，再被黑棋在12位靠，白棋对黑棋毫无影响，那就是只有防守没有进攻了。

黑13小飞与白14并交换不一定便宜，此手在一般场合下不亏，但现在黑棋要攻击白6之子，同时还要自己出逃，将来可能在27位压，白走法会比在13位小飞坚实一些。

黑15小飞攻击白6之子，心情很能理解，同时扩张左下角，但攻击中一定要有防守，特别是在有了黑13之后。

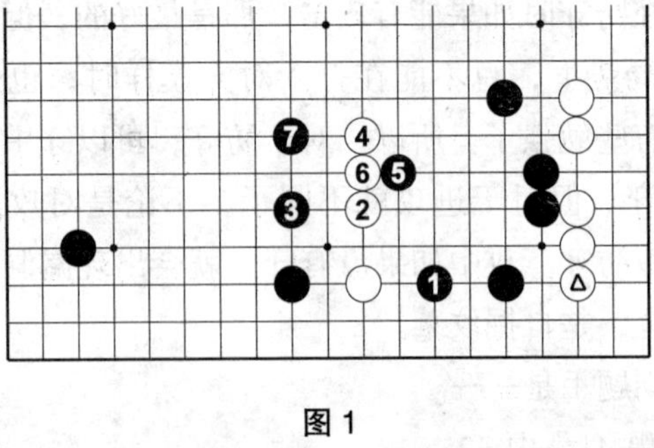

图1

图1 黑1拆一是要点，不仅给自己留下做眼的空间，可以

立于不败之地，还对白棋同样是一种攻击，进行至黑 7，黑棋左下角得到的扩展一点也不比实战差，但黑棋在右下一块棋却没有被白棋攻击的危险，做活是轻而易举的事情。在角上有白△之子时，黑 1 拆虽然窄小，但却常常是要点，防守中带着进攻，后发制人。

白 16 碰改在 18 位拆一的也有，但白棋恐怕担心黑棋从外边跳封，让白棋从下边托过，这样白棋留下的余味太多，白 16 碰是不让黑棋脱身，但稍稍有点损。

黑 19 其实也可以转身。

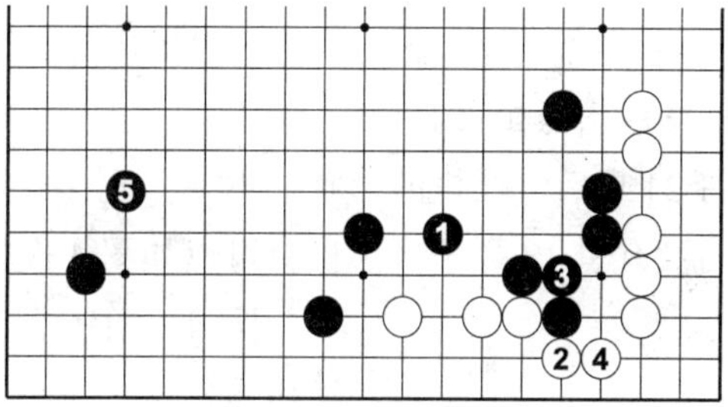

图 2

图 2 黑 1 跳封，白 2 扳过，黑 5 小飞，右下角黑棋的模样很可观，与中央连成了一片形势，发展潜力很大，白 2、4 扳过后，连角连边总共也就不到 30 目，而且没有发展潜力，黑还是可以满足的。

黑 19 小尖选择作战。

白 22 小飞时，黑 23 在 26 位先尖顶会安全一些，如果没有当初黑 13 与白 14 的交换，黑棋直接在 23 位跳不是问题，但现在要先安定自己，这对左下角的成势会更有帮助。

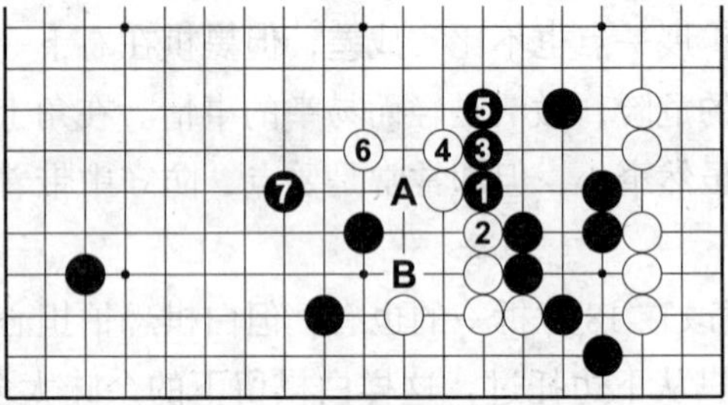

图 3

图 3　黑 1 尖顶，白 2 挤防断，黑 3、5 长后，下边一块棋就没问题了，白 6 跳，黑 7 小飞，将来根据局势，黑棋在 A、B 都是先手，这样攻击黑棋没有危险。

实战被白 24 靠后，黑棋的形状很不好。

如果当初没有黑 13 之子，黑棋就可以如图 4 进行了。

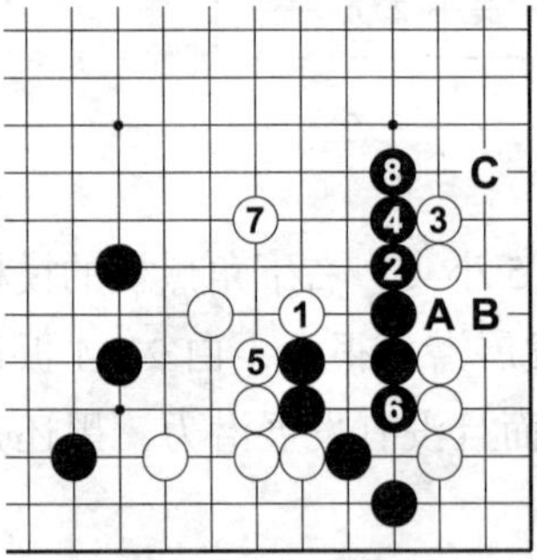

图 4

图 4　白 1 靠时，黑 2、4 连压，白 7 小飞是出逃的要点，黑 8 长后，白棋在右边已经出不了头了，下一手黑 A、白 B、黑 C 成为先手，黑棋在右上边与星位构成一道形势，大大缩小了白棋的角空，黑棋达到了攻击的效果。

但有了黑 13 之子后，黑棋反而没有好棋形了。

黑 25、27 的手段十分勉强，黑棋反而变得比白棋薄弱。而且，白 26 还有更好的走法。

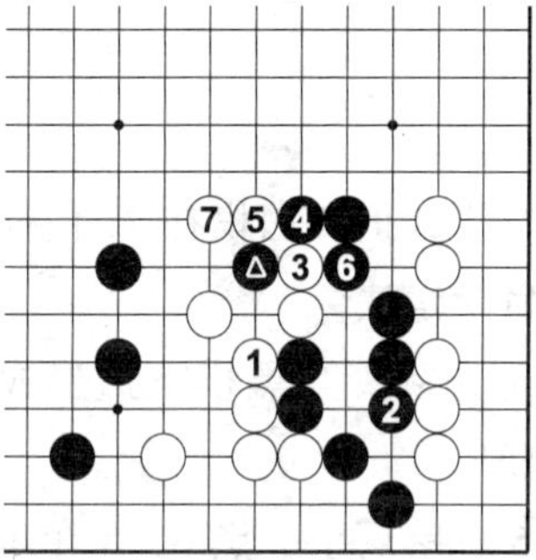

图 5

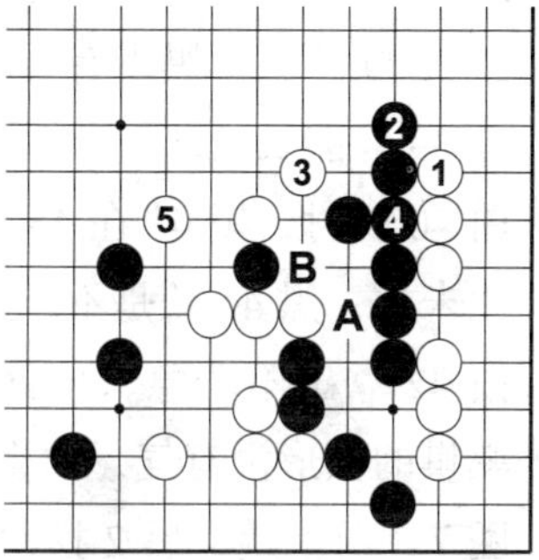

图 6

图 5　白 1 先挡，黑 2 只能补断，白 3、5 立即冲断很严厉，由于黑棋顾忌白棋在 6 位的分断，无法动出黑△之子，白 7 吃掉黑△之子后，完全活干净了，黑棋只能自己出逃。而且，白棋在左下角也可以随心所欲地打入，没有后顾之忧。

白 26 接后，再在 28 位夹，已经多花了一手棋，还没有吃住黑 25 之子，太松缓了。

黑 29 小尖还是应该在 B 位跳，出头要快一些。

白 30 并是缓手，由于白棋在 C 位顶是先手，白棋并不怕黑棋逃出 25 之子，白 30 在 31 位小尖是要点。

图 6　白 1 先长。黑 2 也只能长，白 3 再小尖，由于白棋在 A 位是先手，黑棋在 B 位长无济于事，黑 4 只能委屈补断，白 5 再补，这样白棋不仅出头很宽敞，黑棋根本无法再去攻击白棋，而且黑棋下边一块棋也要忙于奔命，左下也需要加强，黑棋很难下。

白 30 与黑 31 扳交换亏损。

白 34 爬时，黑 35 小尖是好手，产生了在 D 位的先手，白棋在 39 位扳就成为后手了。

黑 37 应该在 38 位长，扳太用强了，很危险。

白 38 断严厉，黑棋有些麻烦。

黑 39 只能长。

白 40 长时，黑 41 在 43 位跳是本手，但被白棋在 41 位征吃又心犹未甘，黑 41 长是不顾一切的冒险走法。

白 42 靠出不着急，应该在 43 位先跳，与黑棋下边形成对杀，黑棋的棋形没有气，白棋绝对有利。

图 7 白 1 跳，黑 2 拐，白 3、5 甘落后手，黑 6、8 在角上长气也可以，黑 10 封住白棋后，白 11 至白 15，几乎快做出两只眼了，就是杀气，恐怕黑棋也不止差一口气，黑棋大败。

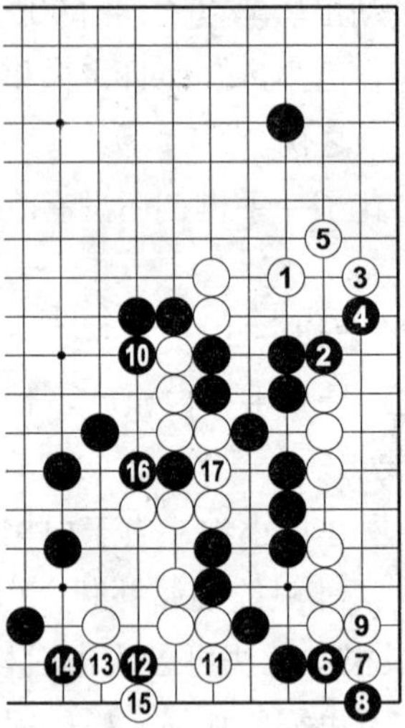

图 7

白 42 过于强调了防守，却忘了进攻，准确地说是没有去想杀死黑棋，被黑 43 跳回，逃过了一劫。

白 44 应该在 E 位跳，黑棋也得在 F 位补，白棋在中央就抢先出头了。

白 44、46 太俗，损失实空和厚薄。

白 48 虽然小飞出了头，但被黑 49 小尖后，白 50 要忙着在下边出头，上边被黑 51 至黑 57 封在里面，刚才可以一举取胜的局面又变得道路漫长了。

第 6 局　不擅定形

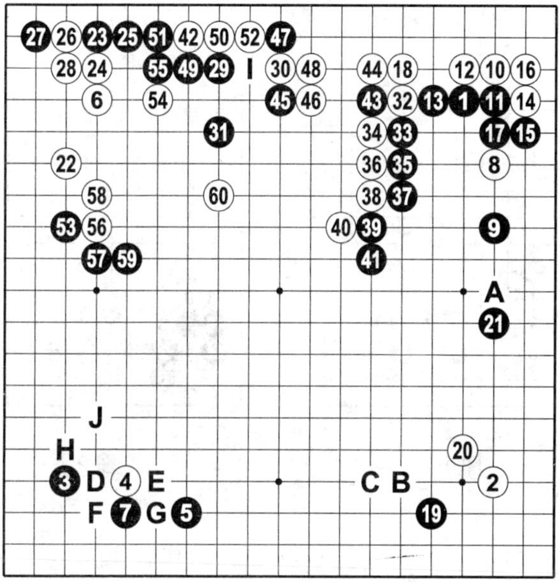

综述：当自己在别处占了许多便宜之后，在一个局部受到攻击也是情理之中。在这种局面下，不能还想占便宜，要有牺牲一点的想法，保持全局的领先才是最主要的。否则会给自己带来极大的负面影响，甚至导致全局失败。

最大的问题手是——

黑 47、白 32、白 34。

其次的问题手是——

黑 23、黑 37、黑 53、白 22、白 42、白 56。

黑 3 面对白 2 小目，白 4 采用了立即挂角的下法，很积极。

黑 5 也立即夹，不肯把左下角的选择权让给白棋。

白 6 脱先占据空角，这肯定不是一个坏想法，但直接在左下演变定式也没有什么坏处。

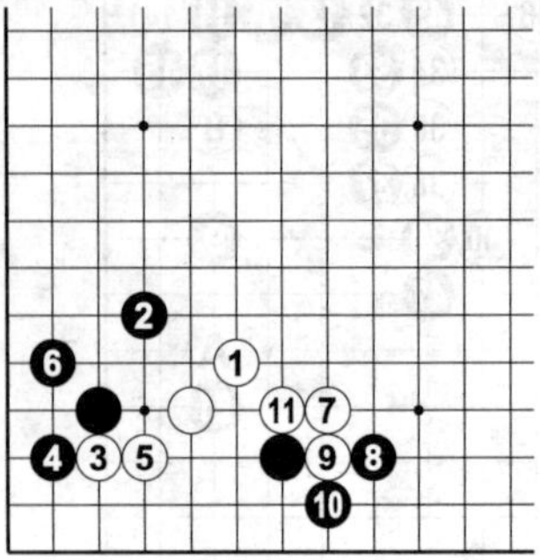

图 1

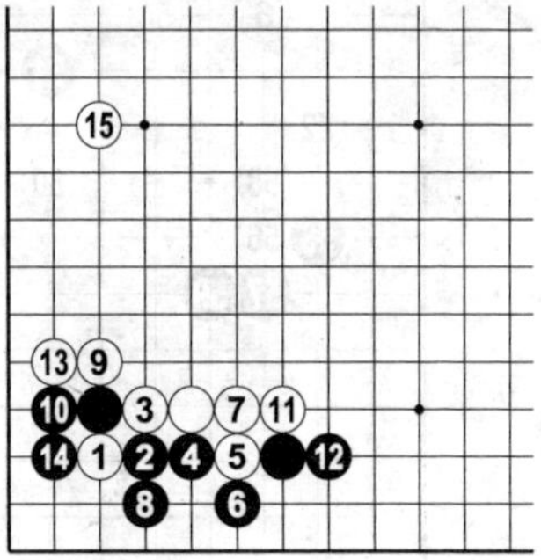

图 2

图 1 白 1 小尖，进行至白 11，白棋在下边的配置十分不错。

图 2 白 1 托，演变至白 15 成为定式。由于实战谱右下角有白 2 占角，黑 12 的硬头在右下角白 2 的阻制下没有多大的发展，白棋虽然落后手没有占到左上空角，但也没有不满。

黑 7 托过很大，在 J 位小飞也很常见。

白 8 如果在 19 位守角，黑棋在 A 拆大场，白棋走 18 位，这也是一局棋。白 8 立即挂角，是将注意力放在右边。

黑 9 如果在 18 位小飞，会形成图 3 的结果。

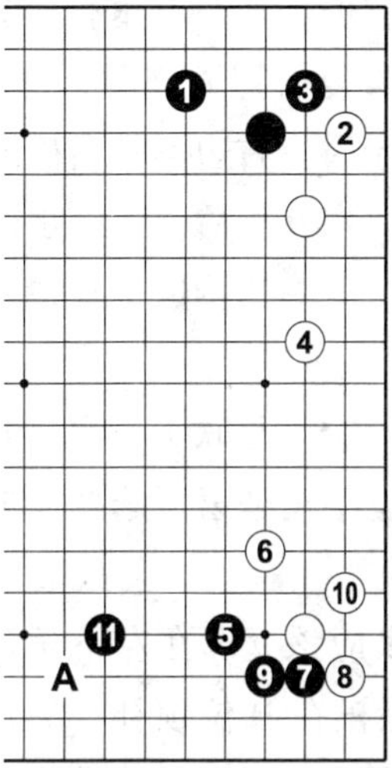

图3

图3 黑1小飞成为先手定式，白4拆之后，黑5挂角，由于黑棋在左下角有黑5之子，黑11可以不在A位拆，而是在11位大跳，这样黑棋在下边的配置不错。

黑9一间低夹是不愿让白棋在右边成势的下法。

白10立即点三三获取角空，进行至白18跳出后，与左上白6星位也是一种配合。

黑19抢先在右下挂角，是走黑9时的预定方案。

白20小尖是一个很不错的选择，下一手在A位逼与在B位飞压成为见合，黑棋的配置并不一定理想，不如图3简明。

黑2在左边拆二虽然很大，但下边被白棋先动手也是一个缺陷。

白22在左上小飞守角固然很大,但在B位飞压更能顾全大局。

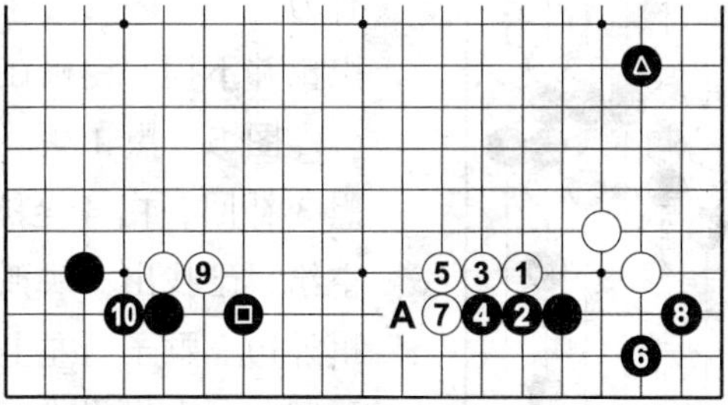

图4

图4 白1飞压，当白5再长时，黑6一般在A位跳，让黑

△之子的位置发光，白棋的外势不起作用，但现在左下角有黑□之子，这与黑棋在A位跳形成低位上的重复。黑6转身飞角，但白7拐后，黑8小尖又与黑△之子发生矛盾。右边不是白棋的形势，黑8小尖只是自己求活，效率太低。白9长后，下一手可以脱先再在左上守角，也可以在B位连压，与右边构成一片，这样白棋在大势上很主动。

黑23没有必要立即去侵消左上，由于白18是软头，黑棋并不担心白棋在上边形成形势，黑23在C位小飞是第一选择，或者在D位顶也比实战要好。

进行至黑31，白棋得到了先手。白棋应该立即在左下角试黑棋应手，在E位长也非常重要，防止黑棋在D位顶补，黑棋如果在F位退，白棋已经便宜了，黑棋如果在G位接，白棋在D位顶，黑棋走F后，白棋在H位扳，左边又成为白棋的形势。

或者白32再在B位飞压。总之，不论白棋走在哪里，都比实战白32压要好，这手棋对黑棋左上几颗子并没有什么影响，反倒把黑棋右边加强扩大了，并给自己制造了断点，非常不好。

白32至白36全是俗手，只有坏处没有好处。

黑37可以在38位扳，会更有力一些。因为有43位的断点，黑棋并不担心白棋在37位断。

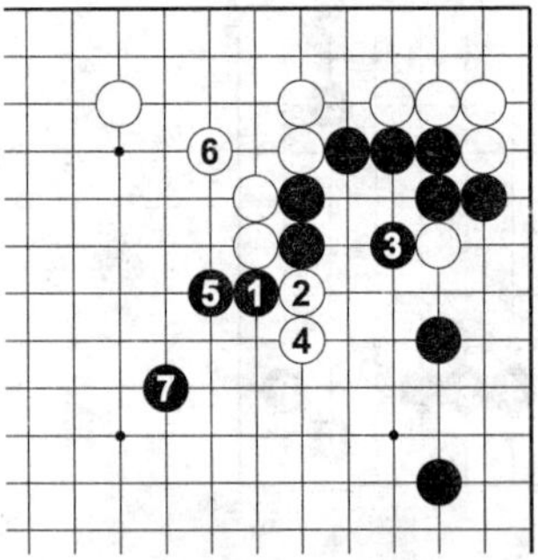

图5

图5　黑1扳，白2断时，黑3补回，白4至黑7，白棋凭空给自己找出一块孤棋，还使黑棋外边三颗子与左上方相互间有了照应，白棋很难下。

黑37多长一步，给了白棋喘息的机会。

白 42 点太早，应该先在左下试黑棋应手，上面白棋由于自身还不完整，条件并不成熟，如果冲击黑棋反而会给黑棋带来腾挪安定的机会。

黑 43 先断问白棋应手，是很好的手筋。

黑 45 靠也不错，要求要逃出黑 43 之子，但白 46 扳时，黑 47 夹有些莫名其妙。这手棋是在帮助白棋补缺陷，除此之外毫无作用。黑棋宁可单在 49 位压，让白棋在 50 位爬回。

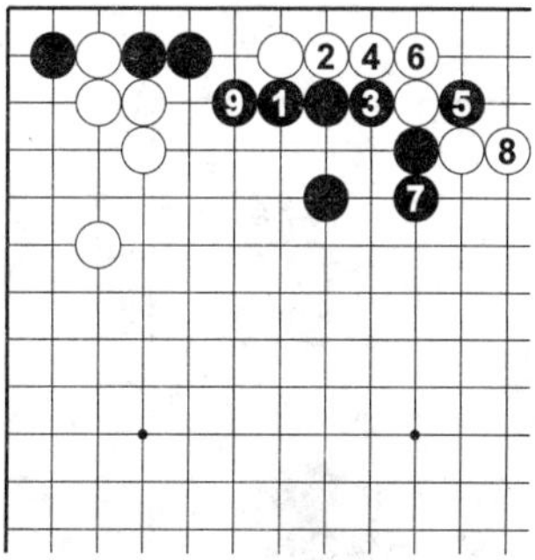

图 6

图 6　黑 1 压，白 2 如果仍旧爬回，黑 3 顶成为先手，然后在 5 位断吃，黑 7 长成为先手，再在 9 位退，黑棋基本上整形也不用担心白棋攻击了。

黑 47 最简明的下法应如图 7。

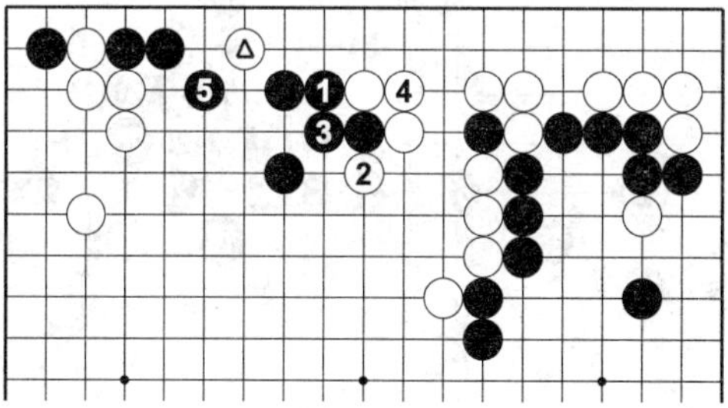

图 7

图 7　黑 1 顶，立即产生在 4 位的先手断吃，白棋只能补，黑 5 小尖，将白△之子吃住，基本做活了。

由于黑 47 的失误，黑 51 已经无法在 1 位顶了。

黑53反夹有些过分，在54位虎补是本手。

白56、58两手没有必要，应该直接在54位点，或在60位镇，看黑棋如何出逃，白棋再决定左边的下法。现在先与黑57、59交换，如果在上边没有攻击到应有的效果，白棋就亏损了。

被白60镇后，黑棋如何安置上方一块是中盘战的关键。

第7局 生硬战术

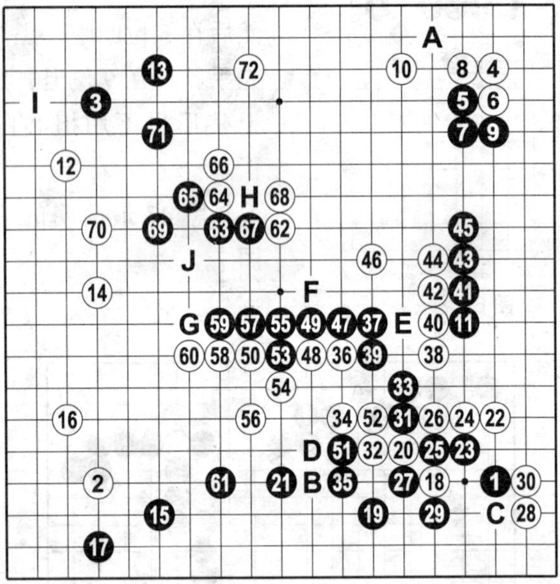

综述：无论在一局棋的什么阶段，我们都会出现一些似事而非的棋。有时候，最普通的就是最好的，奇着并不是在所有场合都会有效，顺其自然，应该按常规时就按常规，才是最有利于局势的。

最大的问题手是——

黑 21、黑 61、黑 71、白 22、白 38、白 64。

其次的问题手是——

黑 9、黑 17、黑 37、黑 53、黑 69，白 12、白 16、白 36.

黑棋走对角星小目。

白棋走对角星三三，三三之子由于处于低位，在现在对局中已经很少见到了。

黑 5 立即肩冲三三，这本来并不是一步值得讨论的走法，但白 8 拐时，黑 9 也拐，这个走法就可以重新考虑了。

从结果上看，黑棋是想在右边拆到大场。

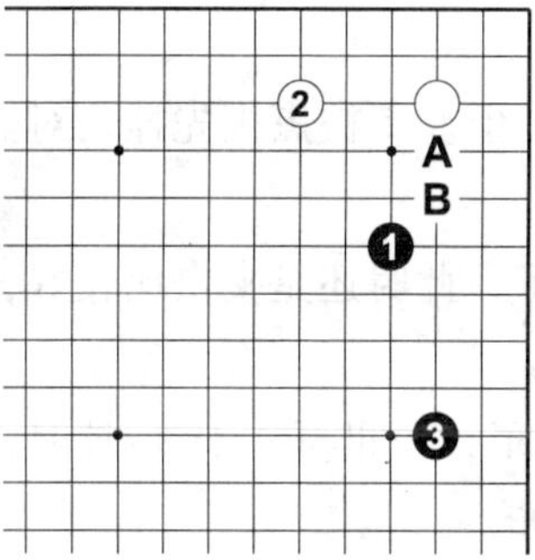

图 1

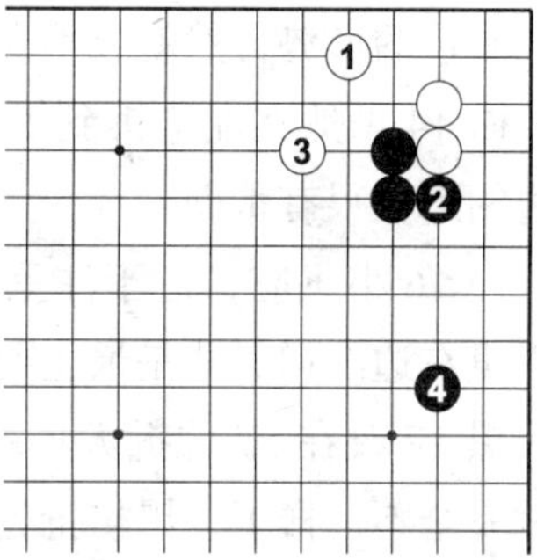

图 2

图 1 黑 1 大飞挂，白 2 拆，黑 3 占右边大场，这也是一个定式，黑棋不仅达到了自己的意图，同时留下在 A 位碰、B 位小尖的手段，比实战要灵活许多。

白 8 一般是在 A 位小飞时，黑棋才可以考虑在 9 位拐。

图 2 白 1 至黑 4 是定式，白棋的棋形明显不如实战，黑棋有种种利用。

白 8 拐，黑 9 应该如图 3 进行。

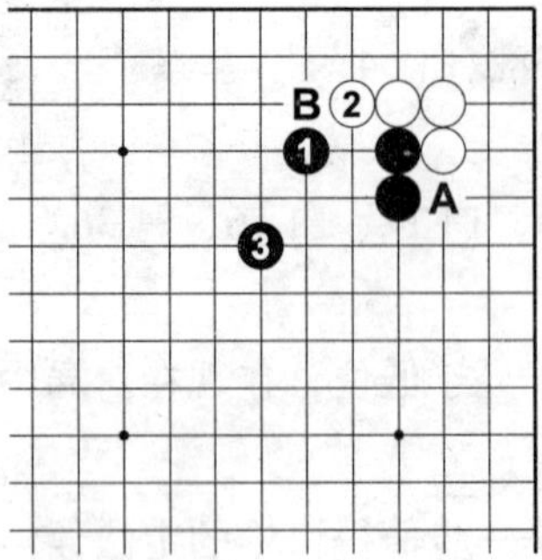

图 3

图 3　黑 1 跳是正着，也是定式，黑 3 小飞后，A 位与 B 位见合，黑棋总能挡到一个。在追求速度与外势的现代，白棋已经很少演变这个定式了，因为白棋在速度和外势上都落后于黑棋。

黑 9 单拐，被白 10 跳出后，黑棋反而亏损。

黑 11 还是应该在 41 拆大场比较合适。

白 12 先在右下挂角比较好，白棋如果为了在下边形成外势，黑棋右边的形势自然就成不大了。

白 14 虽然在左边拆到了大场，但左下被黑棋先挂，对黑棋右边的形势很有帮助。

白 16 小飞应，过于注重左边了，此时还是夹击比较好，限制黑棋右边的形势才是最主要的。

黑 17 改在 27 位拆大场就可以了，白棋再在 18 位挂时，情况就完全不一样了，黑棋抢先了一步。

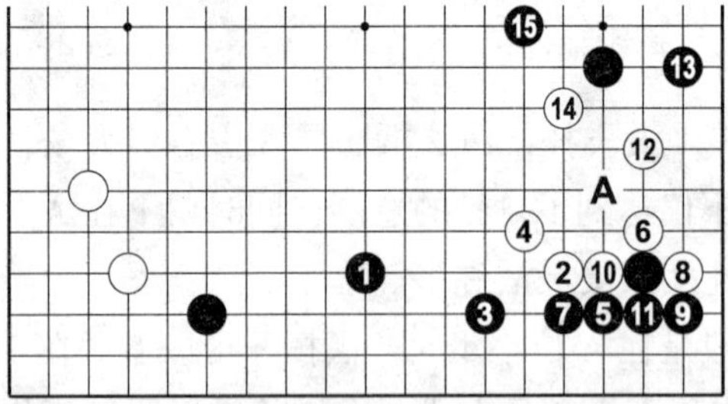

图 4

图 4　黑 1 先拆，白 2 挂入时，黑 3 再夹，进行至白 12，黑

棋两边都得到定形，并给白棋留下种种后续利用手段，黑棋没有不满。白4小尖时，黑棋如果强调右边，在A位小飞也是好点。

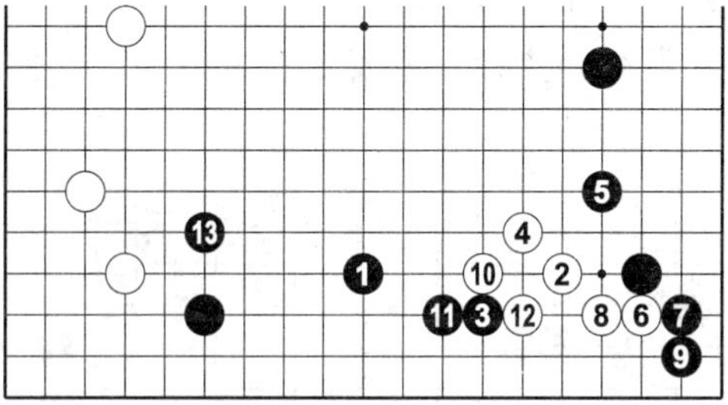

图5

图5　黑5小飞，白10、12是就地安定的手段，黑13跳，这也是不错的棋形。

黑17小飞，被白18抢先挂角，黑棋在速度上有些落后。

有了白20小尖之后，黑21再拆已经晚了一步。

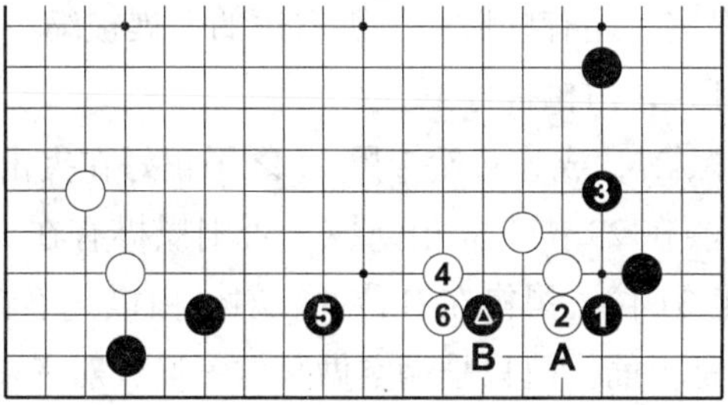

图6

图6　将黑▲之子看轻，黑1小尖先取角空，白4飞压时，黑5拆二弃子，白6挡后，黑棋不仅有A位扳的官子，有条件时还有可能在B位逃出黑▲之子攻击白棋。现在黑棋可以脱先在右上边补棋，完成右边的大空。这样，黑棋当初黑9、11两颗子

得到了发挥。

黑 21 拆，本身位置就不妥当，至少应该在 24 位小飞才是棋形。就下边而言，黑棋也应该在 B 位小飞。

白 22 打入没有必要，只要安定右下两颗子，白棋就可以满足。

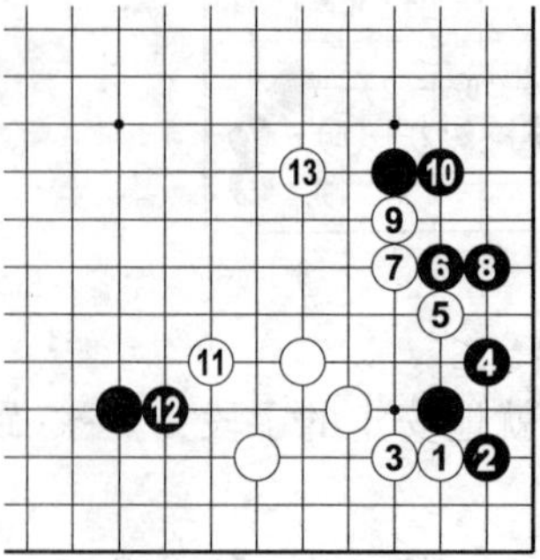

图 7

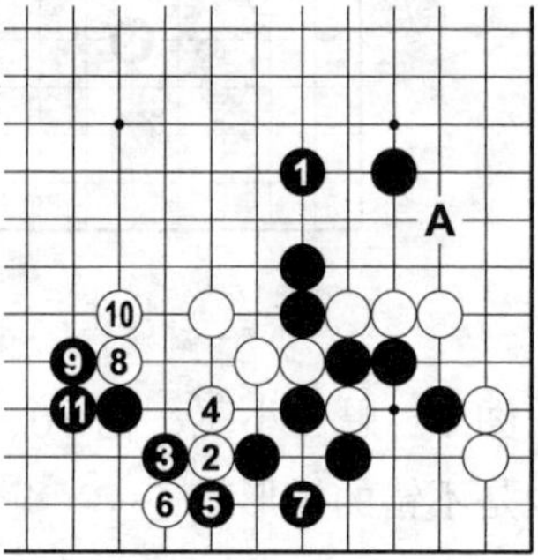

图 8

图 7　白 1 以下按常规简单处理就很好，进行至白 13，白棋不仅得到了安定，还有些形势，黑右边的发展被缩小了，下边还担心白棋的打入，白棋很好下。

白 22 至黑 27，成为必然，黑 11 之子正好在夹击的位置上。

白 28 不能在 29 位下立很遗憾，否则黑棋有在 32 位打吃的下法。白棋走 31 位，黑棋在 C 位并，对杀白棋气不够。

白 28 点是手筋，但只是掏空做眼的手筋，对黑棋没有影响。

黑 31 断打，挑起新的战斗。

白 34 小尖时，黑 35 是缓手。

图 8　黑 1 跳回，白 2 靠时，黑 3 尖顶忍耐，进行至黑 11，白棋外边仍然不安定，而黑棋在 A 位小尖非常大，可以把白棋搜刮成两只眼做活，黑棋右边自然成空，避免了被白棋分断的可能。因此，白 34 小尖改在 38 位穿象眼可能更积极一些。

白 36 应该在 38 位穿出。

黑 37 应该在 E 位跳方，这样黑棋两边都补到了，比图 8 的结果更好。

黑 37 的小飞使白棋在 F 位小飞成为了绝好点，白棋占据制空权，而黑棋的形状还不完整，不如在 E 位跳方，右边白棋的打入更显得严厉。

白 38 现在动出有些不妥，因为被黑 39 贴后，下边几颗子已经受损，而白棋在右边连压出头，已经帮助黑棋补掉了打入，白棋分断黑棋的意义就不大了。

白 40 至白 46，将黑棋往中央赶，自己下边几颗子也在黑棋的攻击之中，白棋分断黑棋没有好处。

黑 47、49 连压，白棋的气显得很紧。

黑 53 单在 55 位长比较好，白棋如果仍旧在 56 位补，黑棋保留种种先手，对下边黑空有好处。

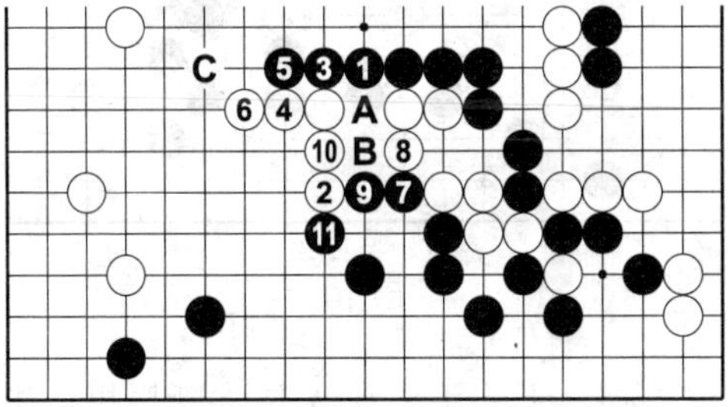

图 9

图 9　黑 1 单长，白 2 也跳，由于没有黑 A 与白 B 的交换，黑 7 扳、9 顶成为先手，白 10 只能接，黑 11 虎，同样是补下边的空，这样比实战要大许多，更重要的是让白棋的气全变紧了，将来黑棋 C 位跳的手段可以成立。

黑 61 补太小，应该走 62 位在中央大跳，下边只是一点小空，中央才是全局的中心。

白 62 大飞是好点。

黑 63 再出头已经慢了一步。

白 64 靠的手段不好，应该在 G 位拐，这是棋形的急所，黑棋很难受。

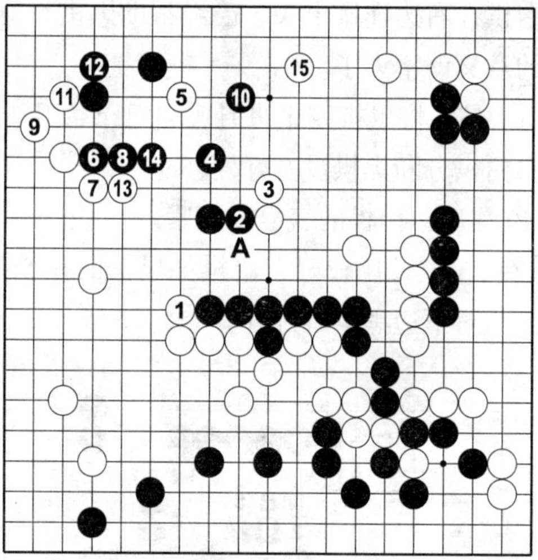

图 10

图 10　白 1 拐，下一手要在 A 位尖断黑棋，黑 2 顶为了补断，只好先损，黑 4 跳后，白 5 肩冲并不是要去分断黑棋，而是促使黑棋为了联络帮助白棋在左边补强，进行至白 15 形成转换，白棋不仅将左边安全化为了实空，上面还得利。

白 64、66 帮助黑棋走强。

黑 69 虎过于稳妥，应该更积极一些，使白 64 的不妥更充分体现出来。

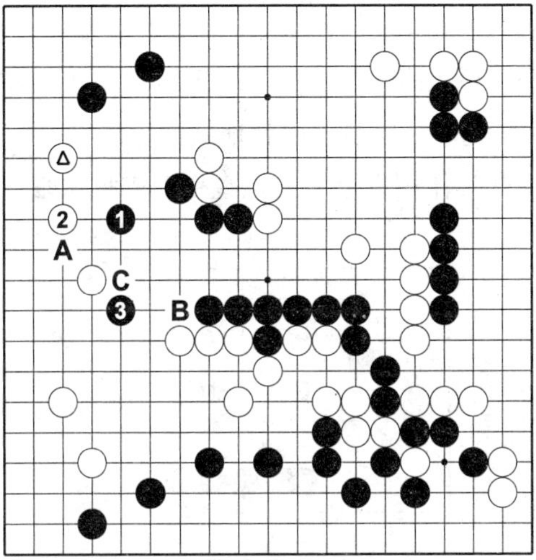

图 11

图 11 黑 1 小飞也是补断，白 2 也必须补，如果在 A 位小尖，虽然对左下边有些帮助，但白◬之子变弱了，黑 3 肩冲很厉害，白棋再在 B 位拐，黑棋在 C 位压，白棋无法分断黑棋，下边一块要忙于连接，黑棋自然将白棋左边的形势破掉。

既然黑 69 这么坚实地补断，那么黑 71 就应该在 H 位冲断，这个作战白棋比黑棋更危险。

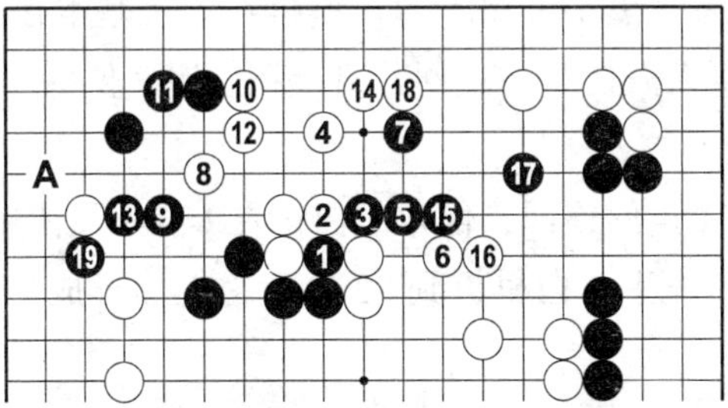

图 12

图 12 黑 1 冲断后，大致形成黑 17 的结果，白 18 可以在

A 位小尖，以左边为主，但被黑 18 位挡下也非常大，白必须放弃一边。还有白 14 如果在 17 位分断黑棋，由于黑棋在 14 位小尖、15 位贴都是先手，黑棋可以就地做活。

黑 71 单纯联络作用太小，应该直接在中央做眼。

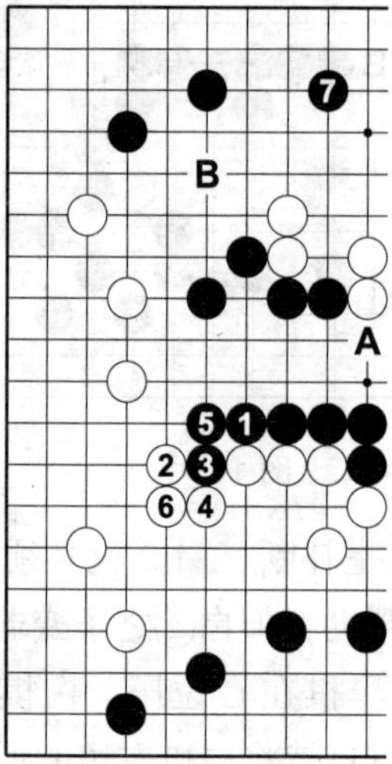

图 13

图 13 有了黑 1 至黑 5 后，黑棋在中央基本在 A 位扳就活干净了，黑棋无需在 B 位连回，直接在上边 7 位拆二，效率要高很多。

实战黑 71 虽然连回，但角上白棋在 I 位小飞依然存在，在 J 位点成为绝对先手，白棋拆到 72 位后，上面形成一个模样，黑棋很不划算。

图书在版编目(CIP)数据

手筋的妙用. 布局篇 / 孔祥明著 . –北京：人民体育出版社，2011

ISBN 978-7-5009-4006-7

Ⅰ.①手… Ⅱ.①孔… Ⅲ.①围棋–布局（棋类运动）–基本知识 Ⅳ.①G891.3

中国版本图书馆 CIP 数据核字(2010)第 244139 号

*

人民体育出版社出版发行
三河兴达印务有限公司印刷
新 华 书 店 经 销

*

850×1168 32 开本 11.5 印张 200 千字
2011 年 12 月第 1 版 2011 年 12 月第 1 次印刷
印数：1— 5,000 册

*

ISBN 978-7-5009-4006-7
定价：28.00 元

社址：北京市东城区体育馆路 8 号（天坛公园东门）
电话：67151482（发行部） 邮编：100061
传真：67151483 邮购：67118491
网址：www.sportspublish.com
（购买本社图书，如遇有缺损页可与发行部联系）